21世纪社会学研究生系列教材

社会研究

设计与写作

风笑天　著

SheHui YanJiu : SheJi yu XieZuo

中国人民大学出版社
· 北京 ·

序　言

为社会学以及相关社会科学的研究生写一本研究方法的教科书，或者说，写一本指导他们如何做研究的书，这是一件十分困难的事情。因为在一定意义上，研究的能力不是教会的，而是靠不断的学习和实践慢慢增强的。一本教材所能给予研究生们的，常常只能是一般性的原则、具体的研究实例以及一些相关的提示。

早在四五年前，中国人民大学出版社就热情邀请笔者撰写此书。笔者虽然答应下来，但却迟迟未能动笔。原因主要是感到自己对研究生层次的方法教材究竟应该如何写心中没底。为了完成这一任务，笔者多次向自己所认识的国内外同行进行了解，特别是借助在美国、澳大利亚、中国香港等地的大学做访问学者的机会，向熟识的同行请教。几次访问美国，还特地旁听了社会学研究生的方法课，以亲身体验他们的教师如何给研究生上方法课。结果发现，各个学校、各位教师的情况都不一样。

在美国的大学中，给研究生讲授社会研究方法课程的教师主要采取下列两种教学方式：一种方式是以讲授统计分析方法、特别是高级统计方法为主。除了简要介绍一些因果关系的基本逻辑和研究的构成要素外，几乎就只讲统计分析的逻辑和统计方法的内容。他们之所以这样安排，是因为在美国有大量的原始数据供研究者挑选和使用。同时，有些教授也认为，与其让学生自己学着去收集小规模样本的、质量得不到保证的数据来写论文，倒不如让他们学会研究的逻辑和统计分析方法，然后直接选用大规模的、通常是著名研究机构收集的高质量数据。如果是采用这种方式，那么可用的教材比较多，但基本上都是高级社会统计学的教材。另一种方式则是以讲解研究设计、特别是研究计划书（proposal）为主（但其中却不会有如何收集第一手资料方面的内容，即完全不考虑资料收集的过程和各种具体方法），教师按照研究计划书的结构，分别选用一些对应的经典著作相关章节和经验研究论文，指定学生一边阅读，一边讨论，最终学生完成其研究计划书的撰写并作为课程考核内容。采用这种教学方式时，大部分没有教材。教学一般是采用讨论班（seminar）的形式，比较困难的部分则由老师进行讲解。这样的教学方式对美国的研究生教学来说也是可行的，因为他们有非常丰富的经典著作和经验研究文献资料，同时研究生班级的规模通常也非常小，一个老师、三五个学生是很常见的现象。

而国内的情况则与国外大不相同。我们一方面缺乏比较丰富的二手数据来源，另一方面也相对缺乏丰富的经典研究的文献资料。因而比较多的老师（包括笔者自己）通常采取的研究生教学方式，还是以某种本科生教材（比如巴比的教材、纽曼的教材或者笔者的教材）为基础，适当挑选和补充一些新的内容来进行讲解。当然也有少数老师采取的是以讲解“研究设计与论文写作”为主的教学方式。另外，国内研究生班级的规模也大小不一，有的只有几个人，有的则达到几十人。班级规模小时教师可以采用讨论班的形式，规模大时则只能以老师讲授为主，很少能采用讨论为主的方式。这种教学规模和教学方式的不同，也在一定程度上导致了教材编写的困难。当然，最主要的困难还是笔者自己的学识水平有较大局限。

正因为感到困难，所以笔者的态度十分认真：每次到国外访学，都会专门抽出大块时间，泡在国外大学的图书馆里，查找和阅读社会研究方法方面的书籍，详细了解和收集各种资料，并多次当面向国外学者虚心求教、共同探讨和相互交流。与此同时，笔者还认真地对自己二十多年来的研究经历和教学方式进行总结，对自己不熟悉的领域和内容进行“补课”。也可以说，笔者是将这本教材的写作当作一次自我学习、自我总结的过程。因此，许多内容与其说是知识介绍，倒不如说是自己学习和实践的体会。

笔者认为，教材写什么在一定程度上与教材怎么用有关系。作为教材的编写者，不仅需要确定该写什么，不写什么，同时还需要确定如何编写。笔者首先的考虑是，研究生的研究方法教材要与本科生的有所区别。总体上看，本科生研究方法教材主要是介绍社会研究的基本概念、基本知识以及基本方法，而研究生研究方法教材则重点介绍研究设计、研究思路、论证逻辑、专门方法、特别技术以及研究结果的表达（即写作方法）。因此，本书基本上就是遵循着以研究设计和论文（及研究计划书）写作为主体的框架来进行编写的。

一般的研究方法课程比较重视教学生“如何做”，但却相对忽视与如何做密切相关的另外两件事：“如何设计”与“如何表达”，即做之前的思考和计划，与做完后的成果表达。对研究生来说，“如何做”往往是他们在本科阶段就已经学习过的，而“如何设计”和“如何表达”则可能是他们还欠缺的。因此，本书正是针对目前社会学以及其他各门社会科学研究生的这种欠缺所进行的一种尝试。本书的重点，正如书名所揭示的，主要放在研究设计与论文写作两个方面。本书的目标，就是帮助研究生和缺乏经验的研究者学习如何提出一个有意义的研究问题，如何寻找和设计一种恰当的方法来研究和解答所提出的问题，以及如何有条理地将研究的结果表达出来。笔者撰写的指导思想是：重点围绕“怎么进行研究设计、怎么进行论文写作”这两个方面进行介绍，同时尽可能多地列举实际的例子进行解析。目的是让研究生从对社会研究方法有所了解上升到能够实际进行一项具体研究。

本教材的内容在结构上可分为四个大的部分：第一章至第三章为第一部分，主要围绕着研究与设计的关系、研究问题选择、文献回顾等基础内容进行介绍；第四章至第七章为第二部分，主要围绕与研究设计相关的内容，特别是重点介绍了社会研究中最常见的调查研究、实地研究和文献研究的设计内容；第八章至第十一章为第三部分，主要围绕与论文写作相关的内容，除了逐一介绍论文各部分的写作要求外，还专门介绍了研究计划书的写作要求；第十二章是第四部分，通过一个实例，将前面各章的内容融汇在一起，帮助读者学习掌握问题选择、文献回顾、研究设计以及论文写作的全部内容。

国外教授在研究生研究方法教学中很少使用教材，而是大量采用研究论文作为例子进行教学。这种方式对笔者有一个重要的启示：要通过研究的实例来进行教学。因此，笔者在本教材中也相对较多地列举了各个方面的实例，特别是自己参与过的例子，希望通过这种方式给研究生和缺乏经验的社会研究者一些实际的启发和帮助。所举的例子在内容上大部分是相对简单的，主要是为了便于研究生理解研究者思考和设计的方法和过程，因而没有采用可能水平更高但内容相对艰深的研究实例。当然，就像任何其他方式一样，这种方式也有不足。因为笔者的经验和水平毕竟有限，希望研究生和其他读者在阅读时注意。

社会研究中存在着多种不同的研究方式，由于每种具体的研究方式所具有的特性不同，因而在实际社会研究中它们的应用范围和应用频率也不一样。本书选择了应用范围相对广泛的调查研究、实地研究以及文献研究三种方式的设计问题进行介绍。当然，这并不意味着本书中没有涉及的实验研究方式不重要，只是因为社会现实条件的限制，实验研究的方式在社会研究中的运用相对较少而已。同样，由于笔者自身研究经历的原因，有关论文写作的介绍，也相对较多地偏重于定量论文的格式和写作方法，相对较少地介绍定性研究论文的写作方法。这是本书可能存在的一个缺陷。

本书的读者对象以社会学、政治学、经济学、教育学、管理学、传播学、人口学、人类学、社会工作等社会科学专业的研究生为主，兼顾到年轻的社会研究人员。书中尽可能取不同学科的例子，大部分例子取自国内一流期刊《中国社会科学》、《社会学研究》、《教育研究》、《人口研究》等。笔者希望本书不仅对社会学专业研究生学习研究方法有所帮助，同时也对其他社会科学专业的研究生有所帮助。

在 1996 年笔者出版的第一本方法教材《现代社会调查方法》的“后记”中，笔者曾写下了这样一句话：“尽管我已经竭尽全力，……”如果说这句话是笔者当时写作状态的生动写照的话，那么笔者这次写作自己的第三本方法教材《社会研究：设计与写作》时的状态，就只能用“心力交瘁”、“弹尽粮绝”来形容了。“心力交瘁”反映的是笔者的精力和体力状态已难比当年；而“弹尽粮绝”则反映的是笔者的知识储备也基本上已经用完。因此，在前后长达四年反反复复的准备、断断续续的写作过程中，尽管笔者主观上依然想把这本教材写好，但自身学识水平和能力的局限性在客观上可能会阻碍这一目标。同时，也正是通过这次的写作，笔者又一次深深体会到要写好一本教材是多么的困难！

虽然从答应此事到完成此书写作的时间跨度并不算短，但由于中间各种事情较多，笔者真正写作的时间却相对仓促。因此书中一定有很多疏漏之处，敬请读者和各位专家批评指正。另外，尽管在编写过程中笔者尽自己的努力，去广泛地查找了一些资料，并尽量吸收和反映众多研究者的成果，但无论是整体视角、具体材料还是叙述方法等，主要反映的还是笔者个人的经验、体会、认识和看法，所用的例子大部分也是笔者自己的。因此，局限性在所难免，希望读者注意。

对于那些使用此书作为研究生社会研究方法课程教材的教师来说，笔者建议他们在教学中将此书与笔者的另一本研究方法教材——《社会研究方法》（第四版）（中国人民大学出版社，2014）结合起来使用。在那本教材中，笔者主要介绍了社会研究方法的基本体系、四种主要的研究方式、研究的基本程序等基本知识。而这本教材则可以说是那本教材的深化、补充和拓展，内容相对来说更为集中、更为实用，也更为深入。当然，笔者更加鼓励他们在使用本教材的同时，根据自己的研究经验选择和补充更多新的、更合适的研究实例和相关材料，特别是补充本书中较少涉及的一些主题和内容，有针对性地组织教学，以便取得更好的效果。同时，笔者也希望老师们以及社会科学相关专业的研究生们，将你们在教学、学习和使用中的感受、遇到的困难，以及你们的建议、批评和希望反馈给笔者，以便笔者不断改进，让这本书将来更好地为大家的方法教学和研究实践服务。

最后，笔者要感谢那些向笔者提供资料、意见和建议的同行们，特别是美国明尼苏达大学社会学系左际平教授；美国阿拉巴马大学伯明翰分校社会学系黄声雄教授；美国纽约城市大学社会学系彭玉生教授；澳大利亚拉筹伯大学社会科学学院德沃斯教授；香港浸会大学社会学系赖蕴宽教授、阮丹青教授。同时笔者还要感谢中国人民大学出版社的信任，感谢人文分社社长潘宇博士和策划编辑宋义平先生的辛勤工作，正是他们的热情鼓励和积极支持，帮助笔者完成了这项十分困难的任务。

风笑天

2013 年 12 月 31 日于南京

目　录

第一章　导论

给一年级研究生讲授《社会研究方法》课时，我往往会在第一堂课的开场白中向他们提出这样一个问题："你们大学本科四年学到了什么？"学生们的回答自然是多种多样。而最后我总会告诉他们我自己对这个问题的回答："其实，你们只学会了一件事，这就是学会了学习。"我还会举出许多例子证明这一点。接下来，我会再问他们第二个问题："那么，你们在即将开始的研究生阶段又将学到什么呢？"此时学生们的答案我想读者很快就能明白："学习做研究。"

是的，研究生阶段的主要任务就是"学习做研究"。这或许不只是我个人的看法。尽管在本科阶段社会学（以及其他社会科学）专业的学生也会学习到研究方法方面的课程，但那时的重点主要是了解和掌握社会研究方法的基本知识。进入到研究生阶段后，学习做研究的任务便非常突出地摆在每一个研究生面前，成为他们必须认真对待和努力完成的重要任务之一。

本书的目标就是针对社会学（以及其他社会科学）专业研究生的这一学习任务，在他们已经学习和了解了社会研究基本方法的基础上，有针对性地进行研究实践方面的指导和训练，特别是开展有关研究设计和论文写作方面的指导，帮助他们在进入专业研究领域的同时，熟悉和掌握社会研究的实际过程，并能够实际操作和运用各种社会研究方法，为他们顺利完成学位论文的研究提供有力的支持。

一、科学研究与研究设计

研究设计和论文写作是本书的两大主题，研究设计是本书最核心的内容。作为社会学（以及其他社会科学）的研究生，在学习和探讨社会研究方法及其研究设计时，首先应该对社会研究的本质有一个明确的认识。特别是要对科学研究的要素是什么、理想的社会研究与现实的社会研究之间有什么差别、研究设计在社会研究中有什么作用等问题有所了解。

1. 科学研究的要素

一般来说，科学研究的最基本要素包括假设、证据和逻辑。换句话说，科学研究依靠假设、证据和逻辑来完成。这里所说的假设，包括理论和猜想，指的是研究者对事物和现象所具有的一种抽象的、思想上和概念上的观点、判断或看法。而这里的证据，则指的是研究者从现实中获取的各种经验的材料。科学研究的过程可以说是始终围绕着“提出理论或假设——收集经验证据——验证理论或假设”的模式进行的。在这一模式中，理论或假设除了必须清楚、确切外，还必须是可以操作化为经验世界中具体的和可观察的事实的。这也是科学研究与纯思辨的研究相互区别的一个重要特征。同时，经验证据对理论或假设的验证过程又必须符合逻辑推理。

科学正是在不断地提出解释现象的各种新的理论、假设和猜想，不断地收集和寻找新的经验证据去支持或反驳这些理论或假设，并在逻辑推理的帮助下，不断地排除各种错误的理论或假设、同时也不断地发现错误的证据的过程中，一步步向前发展的。正如有的学者所指出的：“在科学研究中，测量和实验结果、观察或访谈数据、数学或逻辑分析，所有这些都能够成为支持理论、假设或判断的证据或案例的一部分。”而“科学的进步既靠新的理论和假设的提出，也靠通过新获得的可靠证据来排除现存的理论、设想或过去被接受的事实。”①

2. 社会研究方法的规范化与本土化

社会研究的目标是要发现并解释社会世界中存在的客观规律性。而社会研究的各种方法作为研究者探索社会世界奥秘的工具和手段，在这一过程中具有十分重要的作用。与各种科学的方法一样，社会研究方法也必然受着科学一般规律及固有特征的制约和影响。其中，对研究方法的规范化要求就是这种制约和影响的一个重要体现。

社会研究方法的规范化，指的是在具体的社会研究中，研究者要自觉遵循前人通过多次反复实践所总结出的、相对成熟的普遍性原理、原则、方式、方法及技术。这种相对成熟的普遍性原理、原则、方式、方法及技术，正是构成社会研究方法知识体系的基本内容。具体来说，无论是探寻现象之间因果关系的逻辑，还是从总体中抽取样本的概率抽样原理，无论是概念操作化的程序和方式，还是问卷设计的原则与方法，直至当面访谈、电话访谈的技巧，参与观察的技术，调查数据的编码、录入、清理程序等，都已形成了一些科学的、固定的、有相当规范的知识体系。正是依靠这种规范化的原理、原则、方式、方法及技术，每一项具体的社会研究才有可能最大限度地接近社会世界的本来面貌，才有可能揭示出隐藏在大量社会现实背后的本质规律性。

社会研究方法的规范化除了要求社会研究者在研究的过程中必须遵循科学的原则和程序，不能随心所欲、我行我素以外，还有另一个重要的含义，这就是，任何一项具体社会研究的程序、方法及其成果，都必须接受整个社会研究共同体的检验和评价。而共同体进行这种检验和评价所依据的，也正是源于科学基本原则和程序的规范化研究方法。因此，在一定意义上，社会研究方法的规范性是衡量社会研究整体水平高低的一项重要指标。

如果把社会研究方法的规范化看作一种理想的取向的话，或许就可以把社会研究方法的本土化看作一种现实的取向。社会研究方法不仅是一种理论知识，也是一种实践性很强的知识，它的一个基本特质就是要面对现实，面对具体的、特定社会的现实。换句

---

① ［美］理查德·沙沃森等：《教育的科学研究》，17页，北京，教育科学出版社，2006。

话说，社会研究方法是一种与具体的社会学（或某一社会科学）经验研究紧密相关的知识，其价值也实际体现在各种具体的社会学经验研究之中。

应该注意到，社会研究方法的规范化在一般原理上、基本程序上以及具体方法技术上对研究者所提出的要求，往往是一种理想的状态；而社会研究者在实际研究中对各种方法的具体应用，则往往是一种现实的状态。二者之间存在着差距，存在着矛盾。对理想状态的探讨是基础，对现实状态的探讨则更为综合。一个研究者不了解、不掌握社会研究方法的各种基本程序，不懂得、不学会社会研究中的各种具体的方法和技术，显然是做不好社会研究的。但是，研究者如果不懂得将各种规范的方法技术与现实社会中的各种制约条件联系起来，不懂得在现实条件下灵活运用各种规范的方法和技术，同样也是做不好社会研究的。因此，有必要认真探讨各种社会研究方式和方法在中国社会和文化环境中的适用性和局限性，探讨它们在中国人心理上可能产生的各种反映，并在此基础上对研究方法进行相应的调整、改进和创造，使之能更好地接近中国社会的现实、接近中国人的社会生活和心理世界。

举例来说，城市入户调查一直是许多社会研究课题所面临的任务和所采取的方法。但随着整个中国社会的急剧变迁，社会流动的程度加大，特别是随着社会心理、社会规范以及社会信任状况的变迁，中国社会中人与人的关系也随之发生变化，城市入户调查的抽样和实施变得越来越困难。各种教科书中的理想模式越来越难以在具体实践中得到贯彻和落实。其结果就是一些城市入户调查资料质量的下降。因此，如何改进抽样方法、如何应对城市住房变迁带来的新的困难、如何提高入户调查的成功率，以及如何增加多种有效的城市居民调查的途径，等等，就是这方面值得认真探讨的一个重要问题。

3. 研究设计及其意义

研究设计是研究者为了回答研究问题而对所采取的研究方式、论证模式、探寻思路、逻辑框架以及具体操作方案的思考和计划的总称。在研究设计中，既包括诸如研究的思路、策略、框架、逻辑等相对宏观、更具指导性和方向性的内容，也包括诸如抽样设计、测量设计、资料收集方法、实施计划等相对具体的、细节方面的技术性问题。需要特别说明的是，尽管在研究设计中包含了具体的资料收集方法与研究实施这样的技术性的问题，但更为重要的则是其前一方面的内容，即有关研究思路、策略、框架、逻辑等的指导性、方向性问题。正如澳大利亚社会学家德沃斯所说，研究设计“是一项逻辑工作”，它“所承担的任务是确保收集到的资料能尽可能清晰地回答问题或检验理论”，而且，“研究设计涉及的是一个研究的框架结构：是原理性的而非执行性的”①。而无论是研究问题的提出，还是为了解答这一问题所进行的研究设计，都“必须体现研究者对现存相关理论、研究方法和实证性工作的充分理解”②。

在社会研究中，研究设计是研究者为达到研究的目标而预先进行的“路径选择”，也是他对为达到研究目标而如何利用“船”或“桥”所进行的规划与考虑。一项具体

① ［澳］戴维·德沃斯：《社会研究中的研究设计》，15～16页，北京，中国人民大学出版社，2008。
② ［美］理查德·沙沃森等：《教育的科学研究》，3页，北京，教育科学出版社，2006。

的社会研究，一旦研究问题确定下来，留给研究者的最重要的工作或许就是研究设计了。研究问题指明了研究者所要达到的目标，而研究者所进行的研究设计就是在对如何最好地达到目标进行路径的选择和规划。在一项社会研究的过程中，研究者往往会遇到多种不同的抉择，而其中最重要的抉择往往发生在研究设计阶段。需要指出的是，无论是路径的选择，还是“船”或“桥”的规划，抉择的依据始终都只有一个，这就是能否恰当地、正确地回答研究的问题。正是研究的问题指引着研究者的研究设计，而不同的研究问题也将引导研究者采取不同的研究设计。比如，有关社会中某种现象的“是什么”、“发生了什么”的问题，往往会引导研究者进行描述性研究的设计；而针对某种现象“为什么会发生”的问题，则往往会引导研究者进行解释性研究的设计。

二、社会研究的类型

为了更好地学习和了解社会研究的设计方法，有必要将现实中各种各样的社会研究进行分类。然而，就像对其他现象进行分类一样，社会研究往往会由不同的分类标准而得出不同的类别。换句话说，对于同一个对象，分类标准不同时，所得出的类别就会不一样。比如，我们可以列出下列一些有关社会研究的分类结果（见表1—1）：

表1—1　　社会研究的分类标准及其类型

社会研究的具体类别	分类标准或依据
1. 探索性研究、描述性研究与解释性研究	目的、作用
2. 知识导向的研究与问题导向的研究	起源、动机
3. 理论性研究、应用性研究	性质
4. 理论建构的研究与理论检验的研究	与理论的关系
5. 定性研究与定量研究	范式
6. 横向研究、纵向研究	时间维度
……	

上述这些社会研究的类别，有些或许我们已经在大学的社会研究方法课程中学习过，有些或许还不太熟悉。为了更好地学习和掌握社会研究的设计方法，有必要对这些分类稍作解释和区分。当然，由于不同的分类与研究设计之间的关联程度不同，我们在解释和说明的详细程度上面也会有所偏重。

1. 探索性研究、描述性研究与解释性研究

虽然我们可以从目的上将社会研究区分为上述几种不同的类型，但实际研究中它们却往往是相互联系的。不同的问题类型要求研究者进行不同方式的研究来获得答案。当然，不同类型的研究问题之间有时也存在一些中间地带，或者说，存在着某些过渡的形式。比如，在描述性问题与解释性问题之间，就存在着关系性问题，即“哪些现象与这些现象相关”。正是这种不同的问题类型，决定了我们的研究设计朝着不同的目标前进。需要说明的是，对于同一类型的研究问题，我们可以使用不止一种具体的研究方法。最明显的例子是，对于描述性问题，我们既可以通过定量的统计方法来描述，

也可以通过实地研究等定性方法来进行描述。当然，这两种不同方式所描述出的画面是会有十分明显的差别的。而在具体研究中我们究竟该用哪一种方式，依然主要取决于我们的研究问题。

从严格的研究设计的意义上说，探索性研究似乎不应该被提及。因为探索性研究往往是针对某种新现象、新问题，在缺乏前人研究基础和研究结果的背景和条件下，研究者在很小的范围、对很少的对象所进行的初次的和初步的探究。这种研究的目标主要是达到对这一现象的初步熟悉和了解，以便为今后更加系统、更加严格的研究打下基础和提供思路。正是由于缺乏相关的前人研究结果，同时研究者的目标又只是希望对现象进行初步了解，所以，研究者往往只能凭自己已有的经验对研究做初步考虑。

对于研究设计来说相对重要的类型是描述性研究和解释性研究。有学者甚至认为，各种社会研究的目的大体上都可以归结为回答两类基本问题：一是回答“发生了什么”，二是回答“为什么会发生”。① 社会研究方法的教科书中一般将前一种类型的社会研究称之为“描述性研究”，而将后一种类型的社会研究称之为“解释性研究”。描述性研究的目标主要是回答社会现象“是什么”或者“发生了什么”的问题，即它主要关注对现象或事物的了解。无论是对社会热点问题的研究，还是对社会舆论、社会心理、社会文化现象的研究，以及对一般社会状况、人们社会生活的研究，往往都是这种描述性研究发挥作用的领域。因此，在人们认识各种社会现象及其规律的过程中，描述性研究始终是必不可少的一环。尽管许多研究者认为，描述性研究比较简单、比较浅显，特别是不能回答社会现象产生的原因，但实际上，各个层面、各种主题、设计良好的描述性研究，同样可以极大地丰富我们对社会现象的整体状况、对各种社会形态及其本质的认识。

此外，描述性研究还在解释性研究的形成过程中具有重要的基础作用。许多有关社会现象及其规律的解释性研究正是建立在前人对这一现象系统、全面、丰富、精确的描述基础之上的。正如许多学者所指出的，通过“细致的描述可以激发出解释性研究中‘为什么’的问题”②，“因果性研究建立在理论和描述性研究的基础之上”③。进一步说，要探讨和解释“为什么存在或出现某种现象”的问题，首先就要弄清楚是否有“这种现象真的存在或出现”的现实。比如，要探讨“为什么甲现象与乙现象相关”，或者“为什么甲现象会影响到乙现象”的问题，首先就要弄清楚是否有“甲现象与乙现象相关”的现实，或者“甲现象的确影响到乙现象”的现实。而探讨和回答“是否存在着甲现象与乙现象相关的现实”以及“是否存在着甲现象影响到乙现象的现实”的问题，正是描述性研究所具有的功能。因此可以说，在一定的程度上，没有科学的描述性研究，许多解释性研究就成了无源之水。无论是解释性研究问题的提出还是问题的探讨，都会受到极大影响。

---

① 参见［澳］戴维·德沃斯：《社会研究中的研究设计》，1页，北京，中国人民大学出版社，2008。

② 同上书，4页。

③ ［美］理查德·沙沃森等：《教育的科学研究》，101页，北京，教育科学出版社，2006。

描述性研究的设计应考虑一个主要的因素：描述的目标。如果一项研究以描述总体的状况为目标，那么以随机抽样为基础的定量研究将是最为恰当的选择。这种定量研究可以比较精确地描述所研究总体的分布特征、趋势、结构特点、客观行为以及主观态度。还可以描述不同现象之间、不同研究对象的特征与他们的行为、态度之间的简单关系，尽管这种简单关系并不一定就是因果关系。这种关系可以清楚地体现现象之间相互联系的某些明显特点。而为达到这一目标所选择的研究方式最常见的就是调查研究。无论是发放自填式问卷的调查，还是调查员入户面访，或是电话访谈、邮寄调查、网络调查，在合适的环境条件下，都能够较好地达到这一研究目标。正是通过严格的随机抽样、可靠的变量测量、有效的数据收集和分析，才使得科学的描述与日常生活中充满偶然性的观察区分开来。

比如，如果要描述大学生总体的择业意愿，我们就可以采用定量的调查研究的方式，设计随机抽样的方法，来取得较大规模的大学生样本；同时将择业意愿操作化为具体指标，用精心设计的调查问卷来进行定量测量。最后通过统计分析的方法，对采用自填问卷方法收集到的数据资料进行各种定量分析，得出能够推论到大学生总体的各种分布、比例、关系等定量结果。

如果研究并不以对总体的描述为目标，而是以某个局部，或是某个特定的群体、机构或者特定的环境为描述的对象，那么以个案研究、实地研究等方式进行的定性研究则成为最好的选择。定性研究的方式可以深入、细致、丰富、生动地描述少数研究对象的内部结构、发展过程，以及内在的、精神的、个体的、特定的行为方式和心理状态，很好地回答“发生了什么”、“如何发生的”等问题，还可以理解在某种特定的社会背景中起作用的各种因素之间的复杂关系。同时，“这种科学描述可以形成对重点群体或场所的系统观察，其发现的规律有可能推广到未来其他类似的群体或场所”，“这样的研究结果也可以作为发展新理论、进行新实验或改善影响推广程度的调查项目的基础”①。

需要指出的是，科学的研究设计与具体的研究目标以及客观的社会现实之间具有十分密切的内在联系。因此，在实际的社会研究中，“使用多种研究方法，把考察总体特点的定量研究和考察局部环境的定性研究结合起来，通常可以极大地加强研究设计的科学性”②。记住学者们的上述论断，并努力在具体研究设计中朝着这个方向努力，就会使我们的描述性研究取得更好的效果。

尽管描述性研究具有重要的基础作用，但人们对社会现象的认识不会始终停留在精确描述的层面上。人们还希望在了解现状的基础上，进一步询问“为什么”的问题。解释性研究的目标正是直接针对社会现象“为什么”的问题。即在已知社会现象的状况、特征、分布和趋势的基础上，针对各种社会事实“为什么会如此”、“为什么会发生”等问题，给出内在的、揭示规律的、同时也有经验证据支持的解释。或者说，解

---

① [美] 理查德·沙沃森等：《教育的科学研究》，99页，北京，教育科学出版社，2006。
② 同上书，101页。

释性研究关注的是对现象何以如此的说明。

比如，描述某一段时期研究生招生中男女生比例的变化情况。比较不同性质的学校中这种比例的变化趋势，发现女生比例越来越大；或者比较不同专业研究生招生中的男女生比例变化，发现不同专业中这种比例的变化趋势各不相同。这是描述性研究所关注的事情。而当我们通过描述性研究发现，研究生招生中，女生的比例的确在逐年增大，同时，不同专业中，这种男女生比例变化的特点和趋势又各不相同时，就会激发研究者提出和探索“为什么研究生招生中女生比例越来越大”的问题。而解释为什么女生比例会越来越大，或者为什么不同专业中男女生比例的变化趋势有所不同，则是解释性研究关注的事情。这种解释性研究通常的目标是探索和发现现象之间的因果联系。因为只有弄清楚现象之间的因果联系，才能从根本上解释为什么甲现象会与乙现象相关，或者为什么甲现象会影响到乙现象。

解释性研究的设计中，基本的考虑应该是变量的因果关系及其可能的模型。而要证明所研究的现象之间具有因果关系，必须在三个关键的条件上给出充分的证据：一是这两种现象相关；二是时间上一种现象发生在另一种现象之前；三是要确保没有其他因素导致这两种现象相关，即要排除“所有当前可设想到的、针对所观察的关系的相反解释”①。在实际研究中，随机性实验的设计是探讨因果关系的最好方式。但由于这种方式在社会研究项目具体实施上的各种困难和障碍，它除了在教育研究和一部分管理研究中有所运用外，在社会学研究中采用得很少。

总的来说，对于认识任何一种社会现象，这两种研究类型都是需要的。描述性研究是这种认识的基础，解释性研究则是这种认识的深化。从人们认识社会现象的整体上看，二者相互联系，相辅相成，服务于认识总目标的不同侧面。同时，应该说明的是，虽然这里将社会研究分成描述性与解释性的类型，但现实社会中的一些研究往往同时具有上述两种类型的特征。只不过其中的一方面相对较弱，而另一方面相对较强罢了。比如，一些描述性研究对所得出的各种描述结果也常常会进行一定的理论分析或者尝试性地提出某种因果解释；一些解释性研究也常常会在研究报告中给出一定的描述性结果，以此作为对所研究现象的因果关系进行深入分析和理论解释的一种基础和背景。

2. 知识导向的研究与问题导向的研究

这是以社会研究的目标或原动力来对其进行区分所得出的两种类型。所谓知识导向（knowledge oriented）的研究，指的是以增加、积累、创造、修正、完善各种有关社会的知识为目标、为研究原动力的研究类型。由于这些知识往往以理论的形式出现，所以，这种研究类型有时也被称作理论导向的研究、基础研究等。

所谓问题导向（problem oriented）的研究，则指的是以了解、分析、解决现实社会问题为主要目标和原动力的研究类型。由于这类研究的结果往往期望对现实社会中

---

① ［美］理查德·沙沃森等：《教育的科学研究》，102 页，北京，教育科学出版社，2006。

各种实践进行指导、干预或产生影响，所以这种研究类型有时也被称作现实导向的研究或应用性研究、对策性研究等。

社会研究有两个相互关联的目的：一是增加对社会相关现象和事物的理解，也可以说是增加对有关社会现象和事物的“知识”；二是为解决实际社会问题、为社会决策提供依据，即力图用研究结果去为干预和改变“现实”提供帮助。当一个研究问题的答案对于现实问题的解决没有实际价值，但对于这一研究领域中的知识积累有着重要意义时，我们称这类研究为知识导向的研究。反之，如果一个研究问题的答案对于解决现实问题具有直接作用和重要效果时，我们就称这类研究为现实导向的研究。简言之，知识导向的研究重点关注于“知”，而现实导向的研究则重点关注于“行”。从研究设计的角度看，知识导向的研究往往更多地具有前述解释性研究的特征，其理论性更强；而问题导向的研究则往往更多地具有前述描述性研究的特点，其应用性、对策性、实践性的色彩更强。

3. 理论建构的研究与理论检验的研究

社会研究的主要目标之一，是发展出能够为我们更好地观察、认识社会现象，认识人们的社会行为的理论和原理。这些理论和原理可以为我们的观察提供特定的眼光和视角。同时，这些理论和原理又必须接受经验观察的评价和验证，即通过经验研究来进行确认。有关经验研究与理论之间的关系，一般归纳为两种类型：理论建构的研究与理论检验的研究。

这两种类型的研究是依据研究与理论之间的关系来进行区分的。重要的是，与理论之间的不同关系决定了经验研究设计中的思路和逻辑的截然不同。理论建构研究的目标是要产生一个与研究所做出的一系列经验观察结果相符合的、但同时也是暂时的、看似合理且有待检验的解释。理论建构研究的逻辑起点是经验的观察，其终点则是抽象层次的理论解释。从研究设计的角度看，理论建构的研究通常采用定性研究的方式和研究方法，比如扎根理论的方式等。其在研究程序上的灵活性、互动性更为突出，对研究者个人的方法素养和应变能力要求较高，更多地注重归纳逻辑的运用。

理论检验研究的目标则是要对前人提出的理论进行经验的验证，以判断、推翻、修正或补充前人理论的正确性、完备性和适用范围等。理论检验研究的逻辑起点和终点正好和理论建构的研究相反：它是从已知的、抽象的理论解释出发，通过逻辑演绎，推论出若干假设，然后通过操作化方式，将理论假设中的概念转化为经验世界中可以观察的事物（指标），最后用经验世界中的观察结果来验证假设。从研究设计的角度看，理论检验的研究通常采用定量研究的方式和方法，在研究程序上则具有更明显的固定性和标准性。

需要说明的是，实际社会研究中并不是所有的研究都与理论有着这么明显的关联。一些以了解社会现状、解决社会问题为主要目标的社会研究，以及一些针对社会中人们的偏见和误解而进行的社会研究，往往就没有十分明确的理论框架的指引。

4. 定性研究与定量研究

这是从研究范式上对社会研究进行分类所得到的两大类型。同时，这也是与研究设计非常相关的一种分类。所谓定性研究，用有些研究者的话说，就是“以研究者自身作为主要的资料收集工具，通过深度访谈、参与观察、实地笔记、开放式问题等途径，收集文字、图像、样式等形式的定性资料，通过寻找这种资料中的模式、主题以及整体特征来分析资料的社会研究方式。这种研究方式所得到的结果，往往具有特定的脉络背景，其报告往往采取背景描述和直接引用被研究者原话的方式进行叙述”①。

而所谓定量研究，则是“采用结构式的、具有信度和效度的资料收集工具，或通过档案数据资源，来收集基于精确测量的定量资料。具有变量的形式是这种资料的特性。同时，资料的分析包括建立变量间的统计关系。而且只要应用恰当，这种研究的结果可以推广到整个的总体中”②。

在定性研究和定量研究这两大类中，又可依据研究的内在逻辑、因果推断的性质以及资料收集方式等的不同，进一步区分为更小的类别。比如定量研究可细分为实验研究和非实验研究两大类。每一大类又可进一步细分为更小的类别。定性研究也可以进一步细分为文本分析、历史—比较分析、实地研究等。详情见图 1—1：

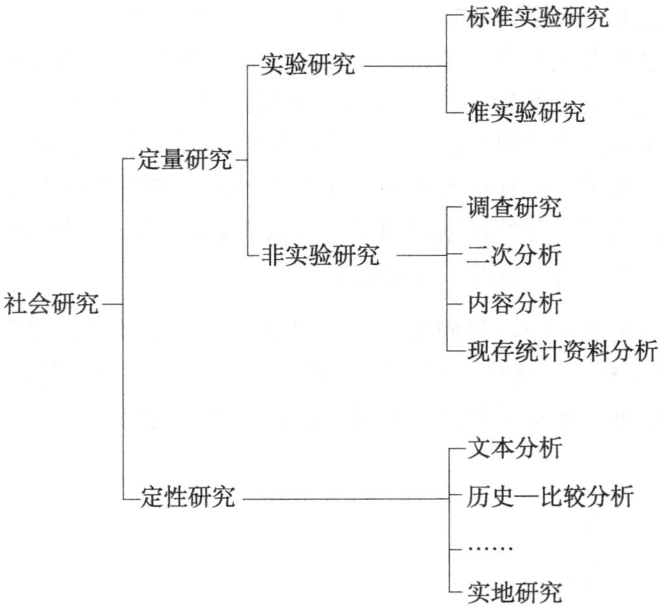

图 1—1　社会研究分类图

每一类具体的研究方式在实际社会研究中的应用范围、使用频率等有所不同，研

① Ajai S. Gaur & Sanjaya S. Gaur, *Statistical Methods for Practice and Research*, London, Sage, 2009, pp. 28 - 29.

② Ibid., p. 29.

究设计的要求和关键点也都不太一样。在本书中，我们仅针对在实际社会研究中应用最为广泛的调查研究、实地研究、内容分析、二次分析等几种研究方式介绍相关的设计方法。

三、社会研究中的变量关系

1. 变量语言

社会现象是纷繁复杂、多种多样的。社会研究作为一种科学的探究活动，需要借助从自然科学中发展起来的变量语言。所谓变量，就是指那些有多个不同类别（或亚概念、取值）的概念。利用变量的语言，可以更方便也更规范地探讨各种社会现象的性质、特点，以及不同社会现象之间的关系。

举例来说，笔者在给社会学专业研究生上研究方法课时，发现一个很有趣的现象：一个班 50 多名研究生中，男生往往不到 10 名。为什么会出现这种现象？我问同学们，大家给出了各种回答："因为男生对包括社会学在内的文科普遍不感兴趣，所以报考文科研究生的人数相对较少。而女生则刚好相反，所以报考社会学专业的女生多于男生，考上的学生中自然女生多于男生了。""因为男生的学习态度不如女生认真，所以学习成绩没有女生好，因此考上研究生的男生就比女生少了。""因为男生容易就业，女生不容易就业，所以女生大学毕业时考研究生的就会比男生多一些。"……可以说，同学们给出了有关社会学专业研究生中女生多、男生少的各种各样的解释。但是，当我们进一步问：男生真的比女生对文科更不感兴趣吗？男生真的比女生学习更不认真吗？男生真的比女生更容易就业吗？此时，尽管同学们可以给出身边的具体例子，给出生活中看到、听到的例子，但真正要给出有说服力的证据和回答就不是那么容易了。正是因为要给出真正有说服力的证据和回答，所以需要我们进行科学的研究。而一旦开始进行科学研究，变量的语言就不可避免了。

比如，从上面的例子中，我们实际上可以抽象出学生的"性别"、"专业兴趣"、"学习态度"、"就业机会"这样一些变量，建立起一组组可供科学探讨的变量间关系，通过收集系统的证据，来验证和回答上述问题。比如，我们可以建立下述一些变量间的关系：

性别——专业兴趣；

性别——学习态度；

性别——就业机会；

……

正是因为有了上述变量语言，我们才可以进行测量，才可以将社会现象转换成具体的、确切的数字，才可以运用统计分析方法进行定量分析，才可以从一定的样本结果来推断研究对象的总体，才可以从中辨别导致文科研究生中男生比例明显小于女生比例的真正原因，也才可以从具体的、典型的经验现象的分析结果中建构或者检验有关性别与教育、性别与职业等方面的理论。

2. 相关关系与因果关系

有了变量的语言，社会研究中就可以很方便、同时也更加科学地来探讨各种社会现象之间的联系，特别是它们之间内在的联系了。在社会研究中，最重要的变量关系就是相关关系和因果关系。关于相关关系和因果关系的定义，一般的研究方法著作中都有介绍，这里不再重复。但有两个方面的问题需要稍作强调：

一是相关关系、因果关系与解释和预测的关系问题。

相关关系只能说明两种现象（两个变量）同时发生变化，即具有“共变”的特征。甲现象不同（即变化）时，乙现象也不同（变化），反之亦然。确定的相关关系可以用来进行预测。比如，我们可以观察到人们的文化水平与人们的收入相关，这即是说当人们的文化程度不同时，他们的收入也不一样；反之，收入不同的人们，他们的文化水平也不相同。当我们通过研究找出了人们的文化程度与人们的收入之间的定量关系，我们就能够通过其中的一个现象（变量）来预测另一个现象（变量）。

但是，变量之间的相关关系却不能用来解释它们存在相关的原因。或者说，相关关系本身并不能用来解释现象之间“为什么”的问题。只有因果关系才能解释某一种现象为什么会发生变化，或者一种现象为什么会与另一种现象相关。如同变量之间的共变关系只是它们之间具有因果关系的一个前提一样，一个变量的变化可以据以准确预测另一个变量变化的能力也只是其作为原因变量的一个前提（必要条件）。因为，“准确预测的能力也不表示任何因果性”[①]。只有当两个变量之间具有因果关系时，作为原因的变量才不仅具有预测结果变量变化的能力，还能够回答为什么结果变量会发生变化的问题。

比如，当我们通过研究找出了人们的文化程度与人们的收入之间的因果关系，我们就不仅能够通过人们的文化程度来预测他们的收入水平，同时还能解释为什么社会中人们的收入会有高有低。当然，需要注意的是，由于社会现象的特殊性，特别是由于社会研究的对象是具有主观意志的人，以及社会现象与历史、文化等因素之间的复杂联系，社会科学中的因果关系更难以确认，这种因果关系所具有的解释能力以及预测能力是相对有限的，特别是其预测的确定性和精确性也相对较低。

二是因果关系的两种理解问题。

在说明因果关系对现象具有解释作用的同时，有必要进一步说明社会研究中对因果关系的两种不同的理解。澳大利亚社会学家戴维·德沃斯教授指出：“有两种考虑因果关系的方式：决定性的和概率性的。有些吸烟者否认吸烟导致癌症，因为他吸烟很凶，但是还没有患上癌症，这是一个因果决定论的例证。医学权威指出吸烟者患癌症

① ［澳］戴维·德沃斯：《社会研究中的研究设计》，5页，北京，中国人民大学出版社，2008。

的概率更大，这是因果概率论的例证。”① 根据德沃斯教授的看法，因果决定论是这样一种极端的论断：如果说现象X是导致现象Y的原因，那就是指只要现象X出现，必然会导致现象Y出现。这种情况实际上就是我们常说的“现象X是现象Y出现的充分条件”。在自然世界里，或许可以找出许多这样的因果关系的例子。但是在社会世界里，这种必然的、绝对的、充分的因果关系可能少之又少。“人类社会行为的复杂性，以及人类行为主观的、意义的和意志的成分意味着得出一个‘如果X，且A以及B，那么Y会发生’形式的因果表述是绝不可能的。”“我们永远都无法实现完全的或决定性的解释。人类行为既是有意愿的又是有缘由的：这是人类社会行为的两面性。人们构筑他们的社会世界，人们的行为具有创新性，但是这种自由和能动性总是受制于他们生活于其中的社会结构。”② 德沃斯教授的看法启示我们：一方面，由于人们的社会行为始终会受到社会结构的影响和制约，所以，社会研究可以实现对人们社会行为的概率性解释；但另一方面，因为人们的社会行为始终会受到个体主观能动作用的影响，并不完全由社会结构所决定，所以，社会研究又无法实现对人们社会行为的决定性解释。

概括地说，人们的社会行为既不完全由个人主观意志所决定，也不完全由社会结构所决定，而是二者共同作用的结果。因此，社会世界中我们所能发现的大部分的因果关系，常常都是像德沃斯教授所说的概率性的因果关系。明确因果关系的这种概率性是一件十分重要的事情。这种概率性一方面客观地揭示出社会研究与自然科学研究之间存在的一种深刻差别，另一方面也对研究者正确看待社会研究的结果以及科学地设计自己的社会研究课题具有重要的方法论意义。

四、社会研究的指导原则

如同其他科学研究一样，社会研究也有其指导原则。在笔者看来，由美国国家科学院组建的“教育研究的科学原则委员会”在其使命性的著作《教育的科学研究》一书中所提出的6条原则，是这种指导原则的一个很好的代表。在该书的开头，作者们就提出了6条他们认为“适用于所有科学研究的指导原则”。在该书的第三章，作者们十分详细地讨论了这6条指导原则。（只不过在那里，作者们将这种“为科学研究提供了一个框架”的指导原则进一步明确为“描述科学研究的步骤”。）这6条指导原则是：

科学原则1：提出重要的、可由实证研究来解答的问题；

科学原则2：建立研究和有关理论的联系；

科学原则3：使用能对研究问题进行直接研究的方法；

科学原则4：进行有条理的、明确的逻辑推理；

①② ［澳］戴维·德沃斯：《社会研究中的研究设计》，6页，北京，中国人民大学出版社，2008。

科学原则 5：实施重复验证和研究推广；

科学原则 6：公布研究结果，鼓励同行的审查和评判。①

这 6 条原则不仅可以指导研究者进行科学的社会研究，同时也可以帮助我们学习和认识科学共同体中研究者们所共享的一套建立科学理解的规范。了解这些规范，对于从事社会研究的研究生和研究人员来说，具有基础性的、方向性的作用。下面我们对这 6 条原则所揭示的科学研究过程中的关键点进行一些讨论。

1. 提出重要的、可由实证研究来解答的问题

第一条原则揭示出科学研究过程的第一个重要环节——研究问题的提出。在这一环节中，原则所强调的有两点：一是问题应该是重要的，或者说是有意义的；二是问题应该是可进行实证研究的。研究问题的重要性不难理解，它指的是问题要具有研究的价值，这种价值既可以体现在理论方面，也可以体现在实践应用方面。问题所具有的价值越大，也就越重要。而这一原则的第二点特别重要，就是所提出的研究问题应该是能够用实证的研究来回答的。一些属于价值判断的问题，比如"是否应该信仰宗教"、"勤俭节约的习惯好不好"等，是属于不能通过实证研究来回答的问题。而所谓可进行实证研究的问题，指的是那些可以通过收集经验的材料形成证据，得出结果的问题。

科学研究中之所以强调"实证"性，是因为"科学研究区别于其他形式的探索的一个重要特征就在于科学假设和结论具有可验证性（testability）和可证伪性（refutability)"②。而要达到这一点，经验证据是十分关键的一环。实证的研究要依靠广义的"观察"来获得经验的材料，而这种经验的材料所形成的证据则是"对研究结果的不同解释进行正确排除的基础，也是得出合理推论从而积累新知识的基础"③。这也即是说，所有科学研究都是建立在对现实世界的经验观察的基础之上的。

2. 建立研究和有关理论的联系

第二条原则强调了研究与理论之间的联系。这一条原则虽然并不直接意味着科学研究中的一个具体步骤，但却是科学研究内在特质的一种体现。与一般的科学研究一样，社会研究虽然是经验的、实证的，但其目标却始终是建立更具一般意义的、普遍适用的、同时也是相对抽象的理论。正如沙沃森等学者所指出的："科学的大部分工作实质上是为了发展或验证能解释自然界和社会生活方方面面的理论、假设、模型、猜想或概念框架。"④ 所以，在某种意义上，理论可以说是经验的社会研究的灵魂。而另

① 参见［美］理查德·沙沃森等：《教育的科学研究》，2～4、49～68 页，北京，教育科学出版社，2006。需要说明的是，或许是由于不同译者翻译的原因，每一条指导原则在该书的不同地方翻译的具体语言略有不同。比如，第一条指导原则，在第 3 页译为"提出重要的、可进行实证研究的问题"，在第 49 页则译为"提出有意义并能通过实证来研究的问题"，在第 51 页又译为"提出重要的、可由实证研究来解答的问题"。三者含义一样，但表达略有不同。笔者在引述中则是分别采用了三处译文中笔者认为比较恰当的译文。

② 同上书，3 页。

③ 同上书，10 页。

④ 同上书，55 页。

一方面，理论与研究之间也是一种相互促进的关系。理论可以为经验研究提供概念框架、指导研究方向、提供研究解释，可以“在研究探索的开创、设计和实行过程中”起作用；同样，经验研究也可以从“开创理论、重整理论、扭转理论和廓清理论”四个方面为理论的发展做出贡献。[①] 正因为如此，我们在从事各种社会研究过程中，必须注意与相关的理论建立联系，将经验的社会研究过程置于相对抽象的理论框架的指导之下。只有这样，经验研究的成果才具有更为重要的意义，才能为提高人们的认识发挥更大作用。

3. 使用能对研究问题进行直接研究的方法

第三条原则涉及研究问题与研究方法之间的关系。这实际上也涉及研究设计的内容。从《教育的科学研究》的作者们的解释中，我们可以了解到，这一原则中的“能对研究问题进行直接研究的方法”，包含这样两层含义：一是各种不同的研究方法之间不存在好坏优劣之分，关键在于研究方法对回答研究问题所具有的效用程度。同一种方法可以用于不同的研究中，一项研究中也可以采用多种不同的方法。二是特定的研究问题需要研究者使用特定的研究方法，同时也决定着研究者必须采用特定的研究方法。在社会研究中，虽然有多种不同的研究方式和方法可以供研究者选择和使用，但客观的现实却是，有些方式可能不太适合某些问题的研究，而另一些方式则可能特别适合。因此，究竟应该采用哪种研究方式和方法，将主要由研究问题的性质来决定。

4. 进行有条理的、明确的逻辑推理

第四条原则强调了研究的推断逻辑和论证框架问题。这同样是有关研究设计的内容。正如我们在前面所指出过的，科学研究由假设、证据和逻辑构成。经验证据必须借助和依赖严密的、系统的、有条理的逻辑推理和论证，才能有效地回答研究的问题。沙沃森等学者也指出：“所有严谨的研究，不论是定量的还是定性的，都包含着同样的逻辑推理。这种推理要求明确阐述做出结论的过程，包括：有什么样的前提假设？怎样确定证据的相关性？其他可能的解释是如何被考虑和排除的？数据和概念或理论框架之间的关系是如何建立的？”[②]

一项研究的逻辑推理过程及其论证的质量，主要由研究者设计的研究方案所决定。研究方案中所包含的研究假设的提出依据、经验资料或相关数据的收集方式、资料分析的方法和所期望得到的结果等，共同构成了研究者论证和回答研究问题的内在逻辑。研究方案的内容虽然是多方面的、具体的，甚至是操作的，但研究者头脑中始终应该对为什么要做出这种或那种选择、为什么要进行这样或那样的操作或处理、为什么要采用这样或那样的设计等，保持清醒的认识——之所以这样做，都是因为论证逻辑性的需要，一切都是为了最终有条有理地论证和回答研究的问题。

5. 实施重复验证和研究推广

第五条原则涉及科学研究结果的确认和推广。科学研究的一个重要特征是，在研

---

① 参见墨顿：《经验研究和社会学的理论》，载《美国社会学评论》，1943 年第 13 卷，转引自米尔斯等：《社会学与社会组织》，61～62 页，杭州，浙江人民出版社，1986。

② ［美］理查德·沙沃森等：《教育的科学研究》，63 页，北京，教育科学出版社，2006。

究条件相同的前提下，研究结果可以复制。换句话说，采取同样的方法、对同样的对象进行研究，其研究结果不会因研究者的不同、研究时间的不同而发生改变。这一原则更直接的说法就是："能在两种以上的情况下（比如两个相似的实验室或现场）重复一项研究而得出相似的结论。"① 而能够被重复验证的研究结果，就具有更高的可靠性。需要说明的是，科学研究的这种重复验证的特征在自然科学中相对容易达到，而在社会科学中要达到这一点则要困难得多。这也就是说，在社会科学中，进行研究复制的结果发生偏差的可能性要比在自然科学中大得多。其主要原因是，环境因素的作用及其对研究的影响，在社会科学中要比在自然科学中大得多。与此同时，社会科学中研究者对环境的控制能力又比自然科学中小得多。

如果说重复验证是为了增强研究结论的可靠性，那么研究推广就是为了增强研究结论的应用范围。正是因为社会科学中十分欠缺自然科学中那种相同的对象、相同的地点、相同的环境等容易推广的客观条件，因而对研究结论的推广一直是社会科学研究者努力奋斗的目标之一。一般来说，研究者可以通过统计分析的方法来对建立在随机抽样基础上获得的定量数据进行分析，并将分析的结果进行推论。而对于许多定性研究项目来说，研究者同样可以通过类型比较的方法、三角测量的方法、分析演绎的方法来扩展研究结论的应用范围。

6. 公布研究结果，鼓励同行的审查和评判

第六条原则涉及科学研究成果的应用和评判方式。科学研究的目标是增强人们对相关现象的认识。而每一个从事具体研究的研究者都必须公开发表自己的研究成果和研究结论，这样做不仅是达到上述目标的主要途径，同时也是研究结果和研究结论具有相对可靠的质量的一种保障。科学知识的积累和科学的进步，不仅需要每一个从事科学研究的人都具有良好的、符合科学规范的专业训练和专业素养，同时还需要一个由这样的人所组成的科学共同体——即我们平常所说的学术界，来对这些研究结果和结论进行审查、评价、鉴别和筛选。无论是在正式的学术刊物上发表论文，还是在专业的学术会议上发表研究报告，或是在出版社公开出版研究的结果，实际上都是在将自己的研究公布于学术界，接受整个学术界的审查和评价。当学术界的同行发现研究中存在错误、研究结论不能反映客观现实等情况时，就会引起质疑、商榷、讨论、辩论，以及导致新的、进一步的研究的产生。可以说，同行之间的学术交流以及这种交流过程中各种形式的质疑和回应，是研究成果得以确认、完善，或者被推翻、被淘汰的重要途径，也是科学知识积累过程中的一道必要的筛选门槛。

五、科学精神与方法素养

除了明确社会研究的指导原则，在进入具体研究设计的内容之前，笔者感到有必要就对做好社会研究来说或许更为重要的两个观点进行一定的说明。

---

① ［美］理查德·沙沃森等：《教育的科学研究》，66页，北京，教育科学出版社，2006。

1. 科学精神：社会研究的立命之本

任何研究都可以说是一个认真地提出问题，并以系统的方法寻找答案的过程。社会研究在本质上同样是这种被称作科学的活动。在这一过程中，在从事这种活动时，需要一种科学的精神。无论研究者所研究的具体问题是什么，也无论他采用哪种具体的研究方法，都必须坚持科学的精神。换言之，虽然社会研究者进行探讨的具体方式有多种，但它们共同的因素却只有一个：科学的精神。

科学精神包括许多方面，也体现在科学研究的各个环节中。首先，作为一种科学的探究活动，社会研究不能偏离一切科学都必须遵守的逻辑性要求。推理必须符合逻辑，思维必须符合逻辑，论证必须符合逻辑，正是逻辑性为社会研究的科学性提供了一种基础的规范和准则。其次，作为科学的探究活动，社会研究必须有很强的系统性和严密性。设计必须严密，不能存在程序上的漏洞；操作必须严密，不能出现大的偏差；分析必须严密，论述不能似是而非。再次，作为一种经验的探索，社会研究必须在其跋涉的每一道关口都获得现实条件所要求的“通行证”。社会研究的设计和实施，必须符合客观条件的限制和许可，还必须能够把研究者为回答研究问题所勾画的蓝图变为现实的行动。最后，社会研究是一种由社会中的具体个人从事和进行的活动，研究者实事求是的态度将是社会研究具有科学性的最重要的道德保证。

在研究和探索的过程中，我们自然会遇到各种各样的问题、挑战以及考验。科学的精神要求我们：首先，应该明确说明自己所面临的问题、挑战和考验是什么；其次，要明确说明我们是如何解决这些问题、如何应对这些挑战和考验的。实际上，任何一项社会研究都会在不同程度上遭遇到现实条件的限制和冲击，研究者往往也会在这种限制和冲击的影响下无奈地放弃或偏离原有的目标。科学精神要求我们在陈述中不仅要说明“为了达到目标我们必须做什么”，同时还要详细说明“为达到目标我们实际上是如何做的”，以及“这样做的实际效果如何”。这里最重要的原则是：清楚地认识到自己所做出的让步和妥协，如实地说明这种让步和妥协所带来的后果，并在这种让步和妥协的前提下去总结自己的研究发现，说明研究结果是在一定程度上、一定范围内、一定前提下成立的，具有相对性，等等。

笔者极力推荐读者认真阅读美国著名社会学家阿列克斯·英克尔斯等有关“从传统人到现代人”的经典研究，从中我们可以认识和体会到社会研究中科学精神的关键内容（该书好几章中都会提及这一研究）。可以说，研究者在该研究中用自己的经历和实际行动对如何坚持科学精神做出了明确具体的注解。例如，我们可以看到：在《从传统人到现代人——六个发展中国家中的个人变化》一书的四大部分中，有两大部分专门讨论研究方法，其篇幅超过了全书的 40 %。[①] 研究者在该书的字里行间，时时都在告诫我们，研究方法是为研究目的服务的，只有从现实出发，设计和选择适合研究目标的方法，才能帮助我们从理想到现实，从理论到实践，才能使我们最终走向研究的目

---

① 参见［美］阿列克斯·英克尔斯、戴维·H·史密斯：《从传统人到现代人——六个发展中国家中的个人变化》，北京，中国人民大学出版社，1992。

标。这种方法与研究的关系在英克尔斯等人的“现代人研究”中得到了完美的说明。它启示我们：科学并不一定意味着定量，也不一定意味着精确，而是意味着逻辑，意味着严密，意味着实事求是。逻辑性、严密性、现实性和实事求是，是英克尔斯等人这一研究所体现的科学精神中最关键、最核心、最本质的内容。而这种科学精神正是一切社会研究的立命之本。

一项完美的科学研究，一方面要有深刻的洞察和创新的思想，另一方面还要有严密的逻辑、精巧的研究设计以及让人心服口服的证据和力量。认真学习和解析著名社会学家的经典研究，可以帮助我们在自己的研究实践中，树立起一种科学的理念——社会研究是一种科学的探究活动，科学性是其必须遵循的最高原则，科学精神是社会研究的立命之本。这种科学的理念，是每个研究者必须具备的基本素质，它会为我们的具体研究提供一种明确的思想指南。如果从事科学研究的人在理念上都没有一种科学精神，遑论在实践中坚持科学精神。如果我们不仅理解了英克尔斯等著名学者所做的各种经典研究的研究结论，同时也受到其研究中所体现的科学精神的启发和熏陶，那么我们所得到的就会远远超过一项具体研究的结论本身。

总的来说，在研究者探索社会现象的过程中，处处存在着陷阱；在研究者获得对社会世界了解的过程中，处处充满了障碍。针对各种陷阱和障碍，一批又一批的研究者发展出种种科学的方法去克服，去跨越。而伴随着这些方法的，又是一些新的陷阱和新的障碍……社会研究可以说就是这样一个“道高一尺，魔高一丈”，困难与解决困难的方法不断较量、不断斗争的过程。在这方面，我们可以套用马克思的一句名言：在社会研究的道路上，没有平坦的大路可走，没有简单的事情可做；只有那些在不断探索、不断识别陷阱、不断跨越障碍的过程中不畏劳苦的人，才有希望看到社会世界的本来面目。

2. 社会研究者的方法意识和方法修养

除了上述科学精神外，研究者的方法意识和方法修养同样也是不可忽视的一个方面。一般来说，与理论相比，方法总是具体的、琐碎的。理论往往会因为它所具有的抽象性、深刻性和概括性，而显得更为辉煌。因此，建设理论大厦的工作一直吸引着众多学者为之奋斗。相比之下，研究方法则往往被放在相对次要的位置。但是实际上，研究者光有理论的意识和素养，并不能完成探索社会世界奥秘的事业。方法在社会研究中同样具有重要的和不可替代的地位和作用。

因此，作为一名合格的社会研究者，必须具有相当的方法意识和方法素养。研究者具有一定的理论素养，会使得他们在分析和看待社会现象以及社会问题时，具有一种超出普通常识的理论视角和独特眼光。因此，对研究者具有理论素养的要求似乎是不言而喻的。但对于社会研究者所应具有的方法意识和方法素养问题，却还没有提到相应的议事日程上来。

社会研究（包括其他社会科学研究）区别于哲学、史学、文学等人文学科研究的一个重要标志，就是这种研究所具有的实证性特征。这种实证性的特征使得社会研究除了要遵循分析和综合的基本规则、遵循思维和判断的逻辑性要求外，还必须面临大量的具体操作、技术手段、实地实践等问题。处理好这些问题所需要的不再是抽象概念和理论框架，也不仅仅是对具体方法技术的简单学习，而是研究者所具有的方法意识和方法素养。

意识是一种主观的东西，所谓具有方法意识，指的是社会学者在探索一个具体问题或接触一项实际研究时，思想上能够随时意识到“要从方法的角度作些分析、判断和选择”。这种方法意识也可以说是研究者在面对他打算探讨的具体问题时，所自然产生的思考习惯和注意方面。缺少这种意识，往往会使许多原本十分敏锐的思想、十分独特的视角，因无法在实践中尝试和实施，或因在具体实践中损枝折干，而最终的结果大打折扣。

至于素养，则是一种通过较长时间的训练、培养而形成的心智品质，一种如同米尔斯所说的“社会学想象力”那样的“心智素质”。它是研究者在某一方面综合能力的一种体现。理论素养体现的是一种洞察能力，它反映出研究者观察现象或问题时所采取的视角、所站的高度，以及所理解的深度。方法素养体现的则是一种应用能力或实践能力，它反映出研究者在理解社会现象、解释社会现象的过程中，采取各种接近社会现实、操纵社会现实、处理社会现实、解剖社会现实的方式和方法的综合能力。它在一定的程度上意味着研究者从事一项经验研究时所能达到的系统性、科学性和周密性。

方法素养往往将研究者的方法意识从有意地“注意”、“注重”升华到自觉地关注和自发地思考的高度。同时，它还是研究者全面掌握研究方法的原理、规则、程序、工具和技术的能力体现。因此我们也可以说，方法素养是将研究者的方法意识“内化”所形成的一种“本能”行为，一种将各种具体的、琐碎的研究技术和手段，有机地“整合”在处理研究问题时的思路、角度、方法和程序之中的能力。

社会研究者应该不断增强自己的方法意识。在这样做的时候，应该注意避免受传统思维定式的影响。这种思维定式往往追求一种不切实际的“最好”、“最强”。实际上，就像不存在一种对所有问题都是“最好的”的理论那样，也不存在对所有问题来说都是“最好的”的方法。正确的提问是：对于一个具体问题来说，哪种理论或方法最适用、最合适。因此，研究者的方法意识并不意味着对各种方法谁优谁劣做出判断，而在于对不同方法所体现的共同的科学精神和求是精神的切实把握。无论是欧洲传统的具有浓厚主观色彩的，注重理解、注重背景、注重体察的人文主义方法，还是以美国为代表的更具客观色彩的，注重精确、注重数量、注重实证的科学主义方法，都是我们探索社会世界的工具箱中的有用工具。

社会研究者应该努力培养和不断提高自身的方法素养，如同不断提高自身的理论素养一样。因为正是这种素养能够使我们明白，对各种不同的研究问题应该采用什么样的方法，为什么要用这种方法，以及采用这种方法的好处和局限。这种素养还能使我们在思考所研究的现象和问题时，自觉地从探讨的可行性、设计的周密性、方法的合适性等角度来进行综合判断，从而有效地帮助我们从问题走向答案。

在强调研究者的方法意识和方法素养时，还应顺便提一下方法与理论的相互支撑问题。理论和方法的相互支撑主要体现在这样两个层面：一是对作为学科知识体系和学术研究领域两大组成部分的理论和方法而言，二者应该相互支撑；二是对一个具体的研究者，或者一项具体的社会研究而言，应该注意二者的相互支撑。在社会研究中，理论和方法都不是孤立的，不是相互分离地存在的。它们在解决某种特定的社会研究问题的过程中一起形成并紧密相连。研究方法的好坏优劣、恰当与否，应该总是在其所说明的问题以及与之相关的理论背景中来观察。正因为如此，我们才可以说，方法是理论背景中的方法，同时，方法也是问题背景中的方法。既脱离理论，又脱离问题的方法并不是社会研究者所追求的目标。

总之，具有一定方法意识和方法素养，是我们的社会研究做得更好的一种保证。对于有志于社会研究事业的研究生和研究者来说，增强方法意识、提高方法素养是必须“修炼”的一种“内功”。

教学建议与练习题

1. 组织学生讨论研究生阶段的学习生活与本科阶段的学习生活之间的差别，理解研究生阶段“学习做研究”的意义。

2. 组织学生讨论社会研究的科学性问题。

3. 为什么说“科学精神是社会研究的立命之本”？

4. 方法意识和方法修养对于做好社会研究来说具有什么意义？

推荐阅读

1. ［澳］戴维·德沃斯．社会研究中的研究设计．北京：中国人民大学出版社，2008.

2. ［美］理查德·沙沃森等．教育的科学研究．北京：教育科学出版社，2006.

3. ［美］阿列克斯·英克尔斯，戴维·H·史密斯．从传统人到现代人——六个发展中国家中的个人变化．北京：中国人民大学出版社，1992.

4. 风笑天．英克尔斯“现代人研究”的方法论启示．中国社会科学，2000（6）．

5. 风笑天．社会学者的方法意识与方法素养．社会学研究，1999（2）．

第二章　研究问题

社会研究始于研究问题。“所有科学研究都必须提出清楚的、可以进行实证性研究并建立在已有知识基础上的问题。”① 而研究问题也始终是研究的中心。作为社会研究过程中的第一个环节，研究问题的选择常常成为研究生和缺少经验的研究者遇到的第一道难关。许多研究者的经验也告诉我们，要做好社会研究，十分重要的一点就是要有很好的问题意识，特别是要选择一个合适的研究问题。换句话说，有一个好的研究问题，往往是一项研究获得成功的重要因素。那么，什么样的问题才称得上是好的研究问题？实践中我们又该如何去发现和寻找合适的研究问题呢？本章将集中探讨如何从你感兴趣的研究主题或研究领域中去发现研究问题，如何将社会生活中的现实问题发展或转化成为一个可以研究的问题，如何从各种文献中寻找值得研究的问题。

一、从研究领域到研究问题

1. 研究领域（研究主题）与研究问题

当你的论文指导教授问“你打算研究什么问题”或者问“你的研究题目（或研究问题）是什么”时，如果你的回答只包含简明概括的几个字，诸如“我打算研究当前的离婚问题”、“我想研究的是农民工问题”、“我想研究的是社会流动的问题”，那么，这些很有可能只是一个研究领域（research area），或者一个研究主题（research topic），而不会是一个真正的研究问题（research problem）。这种关于研究领域或研究主题的陈述往往是孤立的、笼统的、只言片语的，通常没有具体的内容，没有明确的方向，因而它们并不构成真正的研究问题。

所谓研究领域，我们指的是针对某一类社会现象的各种研究主题、各种研究对象及其在二者基础上形成的各种研究问题的集合。简言之，研究领域是与某一社会现象有关的各种研究的集合。与某一种社会现象有关的各种对象、各种学科主题，共同构成了一种宽泛的内容范围。它往往只有一个关键词作为标签，概括这一领域中的各个方面和各种内容。比如，现实中，当我们提到某位学者的研究领域时，往往会说“他是研究婚姻家庭问题的”，或者“他是研究离婚问题的”，也可能会说“我是研究农民

① ［美］理查德·沙沃森等：《教育的科学研究》，94页，北京，教育科学出版社，2006。

工问题的”，或者“我是研究移民问题的”，还有的则可能说“张三是研究社会分层的”，“李四是研究社会流动的”，“王五是研究社会网络的”，等等。

而我们每一项具体的社会研究所需要的，或者说所能涉及的，则是这种宽泛的内容范围中某个特定的、具体的、清楚明确的方面的内容。这种特定的、具体的、清楚明确的方面的内容，就是本章所要集中讨论的研究问题。

如何判断我们所选择的问题究竟是研究领域、研究主题，还是研究问题呢？区别的关键是，研究问题必须是一个真正的问题，即是一个关于社会现象及其关系的某种“提问”，而不能仅仅是对一种现象的指示或标签。比如，本节开头所列举的关于“你打算研究什么问题”的三个回答（即“离婚问题”、“农民工的问题”、“社会流动的问题”），实际上只是对社会中存在的离婚现象、与农民工相关的现象以及各种社会流动现象的一种指示，却都没有指明或提出研究者实际想研究什么。所以，这三个问题还不是研究问题，而只是研究领域或研究主题。

但是，如果我们提出的是类似于下面这样的问题时，情况就不同了。比如下面这三个问题：

问题 1：“城市排斥现象与农民工社会适应的关系问题”

问题 2：“儿童年龄与留守儿童生活技能社会化的关系问题”

问题 3：“城市住宅变化对居民社区参与行为的影响问题”

这三个问题中都包含着十分具体和明确的内容，甚至包含着一系列提问。比如，我们只要在这三个问题中加上几个疑问词（用斜体表示），它们就分别可以变成实实在在的问题，变成各种真实的提问了：

问题 1.1　“城市排斥现象与农民工社会适应的关系*是什么*？”

问题 1.2　“城市排斥现象*如何*影响到农民工的社会适应？”

问题 1.3　“不同类型城市中，农民工的社会适应状况*是否*有所不同？”

问题 1.4　“*为什么*在不同类型的城市中，农民工的社会适应状况有所不同？”

问题 2.1　“年龄与留守儿童生活技能社会化的关系*是什么*？”

问题 2.2　“年龄*如何*影响到留守儿童的生活技能社会化？”

问题 2.3　“不同年龄留守儿童的生活技能社会化状况*是否*不一样？”

问题 2.4　“*为什么*不同年龄的留守儿童的生活技能社会化状况会不一样？”

问题 3.1　“城市住宅变化对居民社区参与行为的影响*是什么*？”

问题 3.2　“城市住宅的变化是*如何*影响到居民社区参与行为的？”

问题 3.3　“城市住宅的不同形式*是否*与居民的社区参与行为有关？”

问题 3.4　“*为什么*城市住宅的不同形式会对居民的社区参与行为产生影响？”

2. 如何从研究领域、研究主题到研究问题

虽然研究领域或研究主题并不是研究问题，但从研究领域或研究主题走到研究问题，却往往是研究者在选择研究问题时普遍经历的一个阶段。现实中，很多初学者往往就是从上述研究领域、研究主题、研究对象这三种角度来考虑自己的研究问题的：从社会现象的角度考虑，有的会去选择“离婚问题”、“空巢问题”、“跳槽问题”等；从研究对象的角度考虑，有的会去选择“留守儿童问题”、“农民工问题”、“老年人问题”等；从学科主题的角度考虑，有的会去选择“社会分层问题”、“社会流动问题”、“社会参与问题”等。但实际上，正如我们在前面所指出的，如果仅仅停留在这样的层面，他所得到的往往都还不是真正的研究问题，而只是某种研究领域、研究群体，或者研究主题。

作为出发点，这三者最终都是可以走到研究问题的。比如，研究离婚问题，自然会涉及作为夫妻双方的具有不同年龄、不同职业、不同文化程度的人群，也会涉及婚配模式、婚姻质量、夫妻权力等学科主题；研究女性、移民，或研究老年人等社会群体，也会涉及“剩女”、贫困、“空巢”等特定社会现象，还会涉及择偶梯度、性别歧视、刻板印象、社会适应、社会排斥、社会支持等学科主题。而研究社会分层、社会流动、社会参与等学科主题，自然也会涉及具体的人群，比如女性、移民、老年人、大学生等，也会涉及具体的社会现象，比如，女性就业难现象、移民贫困现象，以及老年人再婚现象等。所以说，三者之间实际上是紧密相连的。不论我们最初的起点如何，关键是要把这三方面的因素都考虑进去，相互关联、逐步聚焦、逐步限定、逐步明确，最终都可以走到研究问题。

在实践中我们该如何从这种宽泛的、含糊的研究领域或研究主题走向相对明确、相对具体的研究问题呢？或者说，我们如何从研究领域或研究主题中发展出具体的研究问题呢？有学者认为，所谓发展研究问题，实际上可以称作概念化分析。其核心是厘清概念含义、定义相关术语，同时区分不同类型问题之间的差异。特别地，要从宽泛的研究领域中发展出特定的研究问题，最好的方法是聚焦于“我们企图发现什么”的问题。他认为，聚焦于这一问题，往往可以扩展研究主题，并产生出多种多样的研究问题。因为通过思考“我们企图发现什么”这一问题，一些原来看起来简单明白的现象会开始变得复杂起来，充满了多面性和各种可能性。同时，对于任何研究领域而言，只要充分地进行分析，都可以产生出许多研究问题。①

实际上，“我们企图发现什么”的问题，既是在研究者寻找研究问题过程中的一种“临时性”的问题（即不是最终的问题），也是一种“引导性”问题（引导研究者最终走向研究问题）。当我们追问自己“企图发现什么”时，就会不断提出各种新的可能性，不断发现新的值得探讨的问题。在确定最终的答案（即研究问题）之前，我们可以探讨与此有关的各种可能性。当所有这些可能性都被发掘出来，都被思考过后，与

① See Keith F. Punch, *Introduction to Social Research: Quantitative and Qualitative Approaches*, London, Sage, 1998, pp. 35-36.

最初我们所提出的研究主题或研究领域有关的各种具体研究问题、连同它们之间的相互位置和关系，也就一一展现在我们眼前。此时，我们根据自己的条件和目标来选择一个合适的研究问题，显然就是顺理成章的事情了。

另外，要从宽泛的问题领域中发展出明确具体的研究问题，或者要从一个自己感兴趣的现象、一个宽泛的研究领域中找到一个值得研究、同时也可以研究的研究问题，十分重要的一点，是要找到某种切入这一现象或主题的“角度”或“视角”。这种“角度”或“视角”有时可以通过个人经历获得，有时可以通过阅读文献获得，有时则可以通过理论和概念的推演获得。可考虑的方法之一是通过增加与之相关的其他主题、变量，以及对概念进行限定，特别是通过建立现象之间的联系，使之变成相对动态的、内容更加具体的、方向也更加明确的研究问题。同时，这种问题还应该是可以用一句清楚明确的陈述句来进行表述的。按照这样的方法，我们就能像前面列举的例子那样，从“农民工问题”、“留守儿童问题”、“社会参与问题”这样的研究领域中，通过增加与之相关的学科主题、理论概念、研究变量，建立起不同社会现象之间的联系，发展出诸如“城市排斥与农民工社会适应的关系”、“年龄对留守儿童生活技能社会化的影响”、“城市住宅变化对居民社区参与行为的影响”这样的研究问题。

二、从现实问题到研究问题

社会研究中的许多研究问题都来自我们所面对的社会生活现实。但社会生活中的各种现实问题并不就是社会研究中的研究问题。二者之间既有一定联系，又有着重要的区别。因此，我们既要学会区分现实问题与研究问题，同时还要学会如何从现实问题中找到一个研究问题。

1. 现实问题与研究问题

社会研究的主题始终是有关社会的。社会中各种不同的人群、各种不同人群的社会行为，以及社会中由不同的人群或不同的社会行为所构成的各种社会现象，形成了社会生活中各种各样的现实问题。可以说，社会研究的关注点、社会研究的对象、社会研究的材料，无一不是来自这种具体的社会生活中的现实问题。比如，当前我国社会中从农村奔向各个城市的数以亿计的外出打工者，就是这样一类特定的人群。与他们有关的行为和社会现象就形成了一大批这样或那样的“现实问题”，比如：社会歧视问题、城市排斥问题、职业流动问题、城市管理问题、社会保障问题、婚姻家庭问题、留守儿童问题等。

如果把现实社会生活比作一个大的舞台，那么，农村外出打工者只是整个社会大舞台中的一类角色，与他们相关的现象也只是整个社会舞台上演的多种剧目中的一个。而社会研究可以说就是对这个舞台上出现的各种各样的角色、上演的各种各样的剧目所进行的研究。正是从这种意义上说，社会生活中的现实问题是研究问题的一个主要的来源。但现实问题本身并不就是社会研究中的研究问题。区分现实问题与社会研究中的研究问题的一个关键点，或许就是某种学科的视野。

社会研究中的研究问题，指的是从学科的特定视野出发，以全面、客观、系统地认识某种现实问题的现状，探究与现实问题相关的各种现象，特别是探究、理解某一类现实问题形成的社会原因与内在机制为主要目标，并由特定的学科概念和焦点所构成的问题。这种研究问题起源于、并主要关注于社会认知对现实现象的不了解、不理解，以及认识上的不完全。换句话说，社会研究中的研究问题主要致力于帮助人们增加对社会现实问题的了解、理解和对其实质的认知。正因为如此，在许多研究方法的教科书中，研究问题的目标就被定义成回答社会现实中的各种"是什么"（what）、"如何"（how）以及"为什么"（why）。

2. 如何将现实问题转化成研究问题

虽然社会生活及其现实问题构成了社会研究的焦点、对象和材料，但这些现实问题本身还不是社会研究中的研究问题。从现实问题通往研究问题的道路从来都是不清晰的和困难的。一般来说，社会的现实问题是大家能直接感觉到的，容易辨识的；而研究问题则是相对抽象、相对难以捕捉和形成的，往往需要研究者具有相当的能力，并花费很大的精力和相当长的时间来找寻和构思。通俗地说，社会现实问题往往只是形成研究问题的某种材料。如何从这些具体的、丰富的现实材料中提炼、构思出一个有学术价值的研究问题，常常是对研究者最初的、在一定意义上也是最大的考验。从笔者所见到的许多研究生、特别是博士生的选题过程来看，都反复印证了这一点。

要将社会生活中的现实问题转化为社会研究中的研究问题，最为重要的一点是：我们必须借助于社会学的学科视野，特别是借助于"社会学想象力"，通过将现实问题所包含的现象与社会学学科的各种研究主题、特别是各种理论概念相联系，形成从社会学视角来分析和探讨社会生活现实现象的特定变量关系，从而将社会生活中的现实问题转换成为学科视野中的研究问题。

举例来说，20 世纪 90 年代初期，随着我国社会经济体制改革的深入，特别是随着计划经济体制向市场经济体制的转轨，全国各地的国有大中型企业中开始出现了大批职工下岗的现象。一时间，下岗工人成为整个社会高度关注的社会群体，他们的再就业问题也成为当时深受社会和学术界重视的现实问题。对于这样一个社会的现实问题，我们除了可以一般性地了解他们的基本状况外，还可以通过将其与社会学学科中的一些相关概念，比如人力资本、社会资本等联系起来，构成一个很好的研究问题：人力资本、社会资本与下岗工人的再就业。也可以将其与前人研究中提出的一些理论概念，比如"强关系理论"、"弱关系理论"等相联系，构成另一个很好的问题：强关系、弱关系与下岗职工的再就业。

当我们有了社会学的理论视野，将其应用于不同社会现象、不同社会群体中，也可以产生出一些新的研究问题。比如，将上述"人力资本、社会资本、强关系、弱关系"等理论概念应用于大学生求职、农民工求职、在职青年转换工作等领域，同样可以构成一些很好的研究问题。例如，"人力资本、社会资本与大学毕业生的职业获得"、"大学毕业生求职中的强关系与弱关系"、"人力资本、社会资本与新生代农民工的就业质量”、“人力资本、社会资本与在职青年工作转换的关系”等。

从现实问题到研究问题的另一种方法是逐渐从具体问题到抽象问题。现实问题所包含的现象往往都是具体的，如果我们对它们的认识和看法仅仅停留在这种具体的层面，往往只会形成就事论事的结果。只有将现实问题中的具体现象与学科主题或理论概念相联系，将仅包含具体现象的现实问题转变成包含学科主题或理论概念的相对抽象的问题，才能从具体的现实问题中建构出合适的研究问题。举例来说，如果我们对改革开放以来所拍摄的有关爱情的电影及其社会影响感兴趣，并希望进行这方面的研究，那么来看看下面三个问题：

问题 1：“改革开放以来，有关爱情的电影有什么样的改变？”

问题 2：“社会文化对浪漫爱情的描绘有什么样的改变？”

问题 3：“社会文化如何形塑年轻男女对婚姻和家庭的期望？”

十分显然，问题 1 的内容非常具体，它直接关注电影，其目标就是回答“有关爱情的电影有什么样的改变”，或者“电影中的爱情描写有什么改变”。因此，其所得到的往往就只能是“有这样的改变或那样的改变”这样的结果，即只能得到那种就事论事的结果。

问题 2 开始有所不同，这里非常具体的事物“电影”不见了，取而代之的是比较抽象的学科概念“社会文化”。具体事物“电影”只是抽象事物“社会文化”的一个部分，一个小小的指标。尽管问题 2 的目标与问题一的目标十分相似，即依旧是关注“对浪漫爱情的描绘有什么改变”，但由于社会文化概念的出现，使得这一问题的学术味道明显增加了许多。换句话说，更像社会研究中的研究问题了。

问题 3 在问题 2 的基础上向抽象方向更进了一步：除了“社会文化”的概念外，又将具体的“对浪漫爱情的描绘”现象上升到“年轻男女对婚姻和家庭的期望”，从而建立起两个概念“社会文化”与“青年期望”（也就是社会研究中常说的变量）之间的关系，其目标也就变成了探讨“社会文化”的变化与“青年期望”的变化之间的关系，或者说，探讨“社会文化”的变化，如何影响到“青年期望”的变化。从而形成了一个比较好的研究问题。

三、寻找研究问题的方法

1. 国外学者的几点建议

下面引用的这段内容，是布斯（Wayne C. Booth）教授等人在其著作《研究的艺术》中，对脑袋一片空白的初学者给出的有关选择题目的几个尝试性步骤或建议。尽管其所列举的现象或方式不一定完全适用于中国的现实，但依然可以用来作为研究生选择研究问题最初阶段的一种参考。作者写道：

> 对于一般的题目：

1. 你有哪些特别的兴趣——航海、下棋、赏鸟、看漫画书？越不普遍越好。调查这些兴趣中你所不知道的事：它的起源、技术、在其他文化下如何被应用……

2. 你想往哪个方向走？浏览网页，尽可能找到有关的资料。哪些特别的方向让你大开眼界，或是促使你想知道更多？

3. 到博物馆参观吸引你的特展——艺术品、恐龙、汽车……如果你无法实际去参观，就试试网络的“虚拟博物馆”。在发现你感兴趣的事物时停下来：你想知道更多有关它的什么？

4. 在逛街或是逛购物中心时，问问自己：他们是如何制造出这样的成品的？或是：谁想出了这样的产品？

5. 翻阅周日的报纸，尤其是特别报道版，看是否有吸引你的主题。浏览报纸、网络上的书籍或是电影评论。

6. 浏览大型的杂志架，找找商业杂志或是内容特别的杂志，看哪些能引起你的兴趣。

7. 如果你能使用网络新闻浏览，逐一察看新闻群组的列表，直到发现有趣的新闻。阅读文章，寻找让你惊讶的事物或是你不同意的论点。

8. 收听电台的谈话性节目或电视的访谈节目，直到听到与你意见相左的主张为止。或是寻找网站上与知名政论节目意见不符的事物，看看你能否找到真实案例来反驳，而不只是情绪性地反击。

9. 利用网络搜索引擎寻找人们汇集事物的网页（把搜寻范围缩小，并排除公司网页）。你会有数百种发现，但只看让你感到惊奇的项目。

10. 你是否怀疑过某种习以为常的信念太过简化，或是根本就是错误的？是否有某种你厌恶的惯例？不要只是说出这个信念或惯例是错误的，提出让其他人也能重新思考的证明。

对于特定领域的题目：

1. 浏览更高级课程或者你知道将来必须选修之课程的教科书。特别注意那些课后问题。

2. 听一场你所研究的领域中进阶班的课，倾听你不同意的、不了解的或想进一步了解的资讯。

3. 询问你的老师在你所研究的领域中最具争议性的议题。

4. 寻找有关领域的网络论坛，浏览过去的信息来寻找有争议或不确定的议题。

5. 浏览主要大学科系的网站，包括它们的课程网页。也看看博物馆、国内学会团体及政府机构的网页，如果看起来有关联的话。①

虽然作者们列举了许多种不同的方式和途径，但实际归纳起来，他们的建议中依旧体现的是我们通常所说的“从现实社会生活中寻找、从各种媒介中寻找、从与各种人物的交流中寻找”的方式和方法。应该说，Booth 教授等人给出的上述步骤和方法十分清楚，列举的例子也十分简明易懂，大家可以对照这些步骤实际动手练习练习，并相互讨论，交流学习和实践的心得和体会。

除了国外学者提出的上述方法和建议外，笔者也根据自己的经验和体会，提出下列几点建议作为补充。

2. 广泛提问

在寻找和发展研究问题的过程中，尤其是在最初的阶段，研究者要学会广泛地提问题，尽管这些问题并不一定就是最终的研究问题。对于任何一个研究领域，或是一个研究主题，或是一种社会现象，或是一个社会群体，我们都可以从不同的方面去提问。比如，我们可以按照“涉及谁——以什么方式——在什么时候——在什么地方——有什么行为——有什么态度——有什么差别——有什么趋势——有什么特点——由于什么原因——有什么后果——具有什么关系——内在机制是什么”等类似方式，提出一系列的问题。当然，在提出这些问题的同时，应注意将这些问题与学科的理论概念、研究主题等相联系，它们往往会为我们选择研究问题提供启发和帮助。

举个简单的例子。对于农村外出打工者群体和相关现象，我们就可以尝试提出这样一系列问题：

他们是些什么样的人？（即他们在性别、年龄、文化程度、来源地、婚姻状况等方面有些什么样的特征）他们为什么要离开家乡外出打工？（即他们离开土地、离开家乡、外出打工的动机是什么）他们在城市主要干些什么样的工作？（即他们进入城市的主要职业是什么、处于社会的哪个阶层）与他们的求职相关的因素有哪些？（即他们找工作主要依靠人力资本还是社会资本、强关系还是弱关系）他们的经济状况好吗？（即他们的收入状况和消费状况如何）他们的社会保障状况怎样？（即他们在医疗、养老、子女就学等方面状况如何）他们在城市中是如何居住和生活的？（即他们的居住方式、居住条件、生活状况、生活方式怎样）他们如何解决择偶与婚姻问题？（即他们的择偶方式、择偶途径、择偶标准、婚配模式如何）他们的家庭状况如何？（即他们的家庭结构、家庭关系、留守儿童、留守老人等问题）他们能被城市接纳吗？（即他们面临的城市排斥、城市融合、城市管理等问题）他们会长期待在城市吗？（即他们的社会身份、社会地位以及与此相关的城市化、城市发展等问题）他们会返回农村和故乡吗？（即与他们相关的社会流动、文化认同等问题）他们的流动对中国社会结构带来什么样的影响？（即与他们相关的社会人口结构、劳动力结构、城乡发展等问题）……

① Wayne C. Booth，Gregory G. Colomb & Joseph M. Williams：《研究的艺术》，55～56 页，台北，巨流出版公司，2009。

显然，这是一个内容非常丰富的研究领域，它包含了许多值得研究和探讨的研究问题。从上述这种提问中，从括号里展示的内容中，是可以形成多个不同的研究问题的。

3. 充分利用个人生活背景和知识结构

个人的特定生活背景和生活经历也会在一定程度上成为研究者选题的基础。比如，关于女性问题的研究题目，大部分都是由女性研究者提出和进行研究的，而那些来自农村的研究者往往会更多地关注和选择有关农村和农民问题的研究题目，信仰宗教的研究者可能更关注与宗教现象有关的问题，而在学校中的研究者则会更多地关注于学生、青少年、教育方面的问题，等等。

当然，除了研究者的个人生活背景和个人经历等因素外，研究者的知识结构以及个人的悟性（或者说灵性）也是一个重要的因素。知识结构的重要性体现在它能够更多地让研究者将所关注的社会现象或问题，与专业学科的概念以及学科的理论建立起一定的联系，起到强化研究问题的学科性和理论性的作用。而研究者个人的这种悟性或灵性的作用，则主要体现在它常常是研究者选题时的点火器或触发器。不过，在提出个人悟性这一点的同时，笔者依然强调"勤能补拙"的观点。只要多观察、多思考、多练习，悟性较差的研究者同样能够选择到合适的研究问题。

4. 与同学以及指导老师多交流

对于研究生和经验不足的研究者来说，选题往往是他们开展研究工作的过程中最感困难的一步。实际的情形往往是，他们每天去图书馆查阅资料，头脑中整天思考着这样或那样的问题，但却总是无法得到清晰明确的结果和肯定的答案。对自己的各种想法也往往不知是好是坏。就像在一个时而清晰、时而模糊的地方寻找方向和探索道路一样。因此，笔者给出的一个建议是：与同学特别是与指导老师多交流。

通过个别交谈或小组讨论等方式，与同学或者自己的指导老师进行交流，将自己的研究问题及其思考向他们报告，听听他们的提问，这种方式会对自己的选题过程很有帮助。因为他人会从不同的角度来看待你的问题，来思考你的焦点。他们的提问，尽管可能不完全正确，但都是对研究者的一种思想刺激，往往会令研究者受到启发，激发研究者进行更深入、更细致的思考，帮助他从不清楚走向清楚、从不明确走向明确。

5. 将自己的研究问题正式讲出来

也许经过一段时间的查阅文献、反复思考，以及交流讨论，很多研究生往往觉得自己已经把研究问题想得差不多了。自己心里"似乎"是想清楚了，也明确了。但实际上，他们头脑中的研究问题可能仍是不十分清晰的，他们的心里其实也不是十分明确的。这种不清晰和不明确往往会给他们今后实际的研究留下许多潜在的障碍和困难。因此，笔者给他们的另一个建议是：将自己的研究问题（包括问题的内涵、背景、意义等）以某种相对正式的形式讲出来，就像做正式的开题报告那样。

无论是讲给自己的同学听，还是讲给身边的研究同行听，或是讲给指导老师听都行。这对缺乏经验的研究者在选题阶段提高选题质量来说是十分重要的一种方式。听众并不需要有很多，三个五个七个八个都行。唯一的要求是研究者要相对正式地讲给他们听，而不是随便地闲聊和交谈。不要在意听众只是自己的同学，对自己可能不会有什么帮助；也不要在意他们是不是这个领域的专家，会不会提出有建设性的问题。笔者这一建议的实际目的是：通过这种方式，促使研究者进一步想清楚自己的研究问题。

四、如何从文献中发现可能的研究问题

在社会研究中，前人的研究结果所形成的大量文献是我们寻找研究问题的一个十分重要的来源。要从文献中发现可能的研究问题，可以注意以下几个方面：

1. 注意发现文献中的矛盾

阅读他人文献时，要有一种质疑的、甚至是挑剔的眼光。特别是对他们的研究结论和理论假设，更是如此。不要轻易放过自己的任何一点怀疑（尽管许多怀疑并不一定正确）。当现有文献中的论点、推断、结论和自己的经验、感觉、认识有差别、有矛盾时，往往能从中发现和发展出你自己研究课题的雏形。如何发现矛盾？如何从这种矛盾出发，提出和建构自己的研究课题？这也是初学者应掌握的一种技术。下面是Booth等学者所列出的几种矛盾的形式及其例子，可作为我们学习和训练时的一种参考：

> 类别不同的矛盾
>
> 1. 虽然X似乎是个Y，但它不是。
>
> 2. 虽然X似乎是Y的必要特征或性质，但它不是。
>
> 3. 虽然X似乎是好的/重要的/有用的/漂亮的/合乎道德的/有趣的……，但它不是。
>
> 部分—整体的矛盾
>
> 1. 虽然X似乎不是Y的一个组成部分，但它是。
>
> 2. 虽然组成部分X似乎以Z的方式与组成部分Y有关，但其实无关。
>
> 3. 虽然大家认为所有的X中都有Y这个组成部分，但其实没有。
>
> 发展的/历史的矛盾
>
> 1. 虽然X可能是稳定的/增加的/下降的……，但其实不是。
>
> 2. 虽然X可能是起源于Y，但其实不是。
>
> 3. 虽然X发展的顺序可能是A→B→C，但其实不是。
>
> 4. 虽然X可能是某个更广泛历史发展的一部分，但其实不是。

外部的因果矛盾

1. 虽然X似乎会导致Y，但其实并非如此。

2. 虽然X似乎会导致Y，但其实X和Y皆由Z导致。

3. 虽然X和Y似乎有因果上的关联，但其实没有。

4. 虽然X似乎足以导致Y，但其实不是。

5. 虽然X似乎只会造成Y，但它其实也导致A、B、C。

观点的矛盾

1. X已在Y的脉络下被讨论很久，但一个新的理解脉络揭示了有关X的新事实（新的脉络可以是社会的、政治的、哲学的、历史的、经济的、学术的、道德的、与性别相关的等）。

2. X一向被用来解释Y，但新的理论让我们对Y有不同的看法。

3. 对X的分析向来运用Y理论或价值系统，这导致某种对X与Y的关系的驳斥。但现在我们看到Y与X有新的联系。①

除了上述各种发现矛盾的思路和方法，笔者根据自己的经验，也向读者提供两条从阅读文献中发现和寻找可能的研究问题的建议，作为这方面的补充。

2. 注意文献中得出结论所用的方法和资料

在阅读相关文献时，我们不能光注意研究者得出了什么结论，还应该关注他们得出结论所用的方法和所依据的资料。有时，一个新的研究问题正是从前人研究方法的缺陷或研究资料的错误中产生的。

比如，一段时期中，随着不断有媒体对中年知识分子"英年早逝"的报道，有研究者对我国知识分子健康问题开展了研究，得出了知识分子平均寿命"比全国人口的平均预期寿命低了17岁"的结论。对于这样的结果，另外一些同样关注这一领域问题的研究者正是从前人研究的方法中发现了缺陷，提出了"知识分子的平均寿命是否真的比普通人短"的研究问题。

他们一方面注意到前人的报告和几乎所有的媒体都混淆了"平均死亡年龄"和"平均预期寿命"这两个最基本的人口学概念；另一方面，他们发现前人研究中所依据的资料只是"中科院下属7个研究所以及北京大学共8个单位，从20世纪80年代末到20世纪90年代初5年时间内共134名死亡人口资料"。这种资料来源缺乏代表性。因此，他们采用更为科学也更为严格的研究设计，收集大规模调查资料并运用人口普查资料，得到了"个别知识分子的'过劳死'和'英年早逝'现象，不能代表中国知识分子的预期寿命，也没有改变中国知识分子整体上预期寿命高于、甚至大大高于普通

① Wayne C. Booth，Gregory G. Colomb & Joseph M. Williams：《研究的艺术》，76～78页，台北，巨流出版公司，2009。

人群的基本事实”[①] 的结论。这很好地澄清了这一领域中的错误认识。

再比如，韦伯（Weber）通过对中国古代法律系统的研究，认为中国古代的法律系统是实质非理性的，法官判案不依成文法典，主观武断，带有很大随意性，从而得出了中国传统的司法体系属于“实质非理性”类型的判断。后来有位叫马什的研究者在对这一文献进行研究时，发现其论证这些观点所用的资料并不可靠，因而提出了“韦伯对中国传统法律是否存在误解”的研究问题。他的研究发现，韦伯对中国古代法律系统的研究所依靠的都是二手历史资料，其中翻译谬误甚多，因此对中国的法律系统产生了误解。而马什援用黄宗智对清朝法律实践的史料分析，提出中国法律系统不具有形式理性，但具有实质理性。这说明韦伯的论断是错误的。有学者认为，马仕的研究并没有提供新资料，也没有贡献新理论，但文章仍然发表在《美国社会学杂志》这样的顶级刊物上，主要是因为其研究对象是大人物韦伯。[②] 但笔者认为，马什之所以能够证伪韦伯的观点，发现并很好地论证了韦伯研究中的资料缺陷显然是十分关键的一环。

3. 注意研究者在论文的讨论部分提出的有待进一步探索的新问题

在阅读一些与自己关心的主题相关的文献时，研究者还应该特别注意这些论文的讨论部分。因为许多研究者在总结自己的研究之后，常常在这一部分中提出一些与论文结论相关但尚未深入探讨的问题，或者是对进一步研究的建议。这些问题讨论和研究建议可能只是寥寥数语，但往往可以给我们提供一些大致的方向或某种新的启示。

比如，在一篇探讨三峡农村移民社会适应问题的论文的结论与讨论部分中，研究者就提出了一些进一步的研究建议以及一些需要进行新的探讨的问题：

> 第三，跨省外迁移民所面临的社会适应问题。1999 年，国家召开移民工作会议，在对前段移民工作进行总结的基础上，对移民搬迁和安置的具体方式进行了调整。开始了由库区安置向外省市安置的转变。到 2002 年底为止，已有 14 万移民跨省外迁。这一情况将给移民研究提出新的课题。
>
> 本研究结果表明，总体上，相对于后靠移民，外迁移民的社会适应更为困难，特别是在经济适应和心理适应上。那么，对于 1999 年后开始搬迁到数千公里外的跨省移民来说，这种适应过程又有哪些新的特点？移民的适应过程是否会更加困难？从 1999 年开始的，以沿江、沿海的上海、江苏、浙江等 11 个省市为安置地的跨省外迁，不仅距离远，更重要的是安置方式也发生了明显改变。即由过去的一个村几十户的“集中安置”，转变为一个村一两户的“分散安置”。这种跨省外迁带给移民的生活现实和影响，不同于他们在自己家乡大范围内的近迁。或许，由于远距离外迁的安置地均为沿海、沿江的相对发达的省市，移民搬迁后的经济适应会比近距离外迁地要好。但实际情况究竟如何，还有待于今后研究的证实。

---

① 翟振武等：《中国知识分子：短命还是长寿？——中国知识分子健康研究报告之一》，载《人口研究》，2005（5）。

② 参见彭玉生：《“洋八股”与社会科学规范》，载《社会学研究》，2010（2）。

而本研究中移民社会适应较好的日常生活领域，或许也会成为跨省外迁移民社会适应中的一大障碍。比如说，最简单和最直接的语言上的差异，就会给移民带来深深的冲击；更不用说习俗、生产方式、生活方式、价值观念等方面的差别的影响和冲击了。

还有跨省外迁移民社会支持网络的重建问题。中国农村社会中，人们的社会支持网络主要依赖于建立在血缘、姻缘和地缘关系基础上的家人、亲戚和邻里。1999 年和 2000 年的调查结果都表明，在日常生活中遇到困难时，移民寻求帮助的对象主要集中于夫妻双方的兄弟姐妹以及亲戚朋友。比如，2000 年调查中找双方兄弟姐妹的为 82%，找双方亲戚的为 38%。在为家庭增加收入方面，寻求帮忙比例最高的前三位也分别是找兄弟姐妹（24%），找亲戚（24%），找邻里（10%）。达到这些比例的一个有利条件是早期移民的这种"集中安置"方式。然而，随着移民跨省外迁和分散安置，目前这种社会支持网络赖以存在的基础被抽掉了，移民不仅远走他乡，而且是相对孤立地置身于新的社区中。因此，这种外迁移民的社会支持网络的重建将是一项对移民社会适应具有巨大影响的重要内容。

总之，到上海、江苏等地的跨省"远迁"，与初期移民在湖北、重庆同一地区内的跨县"近迁"，是两种有着重要差别的迁移模式。笔者预计，跨省外迁的农村移民在社会适应方面，将会面临一些与跨县外迁移民不同的困难与问题，其适应过程将会形成一些不同于跨县近迁的特点。开展对跨省外迁移民社会适应性的研究，应该成为下一段移民研究的重点领域之一。①

从这一讨论中，我们可以看到这样几个值得进一步研究的问题：

第一，外迁移民的社会适应更为困难，特别是在经济适应和心理适应上。那么，对于 1999 年后开始搬迁到数千公里外的跨省移民来说，这种适应过程又有哪些新的特点？移民的适应过程是否会更加困难？

第二，或许，由于远距离外迁的安置地均为沿海、沿江的相对发达的省市，移民搬迁后的经济适应会比近距离外迁地要好。但实际情况究竟如何，还有待于今后研究的证实。

第三，本研究中移民社会适应较好的日常生活领域，或许也会成为跨省外迁移民社会适应中的一大障碍。比如说，最简单和最直接的语言上的差异，就会给移民带来深深的冲击；更不用说习俗、生产方式、生活方式、价值观念等方面的差别的影响和冲击了。

第四，跨省外迁移民社会支持网络的重建问题。

作为同一个研究领域的研究者，当我们看到上述这些问题时，就可以依据它们来思考和形成自己的新的研究课题。事实上，笔者正是依据前一次研究中所发现和提出

① 风笑天：《落地生根：三峡农村移民的社会适应》，载《社会学研究》，2004（5）。

的这些问题，又进行了另外两项新的研究。一项集中探讨跨省外迁移民的社会适应[①]，另一项则集中探讨安置方式、人际交往对移民社会适应的影响[②]。

五、好问题及其标准

有学者认为："一个好问题往往比正确的答案更加重要，因为好问题会激发讨论和争论，如果问题不好，正确答案也会很快被忘记。"[③] 该如何判断所选择的研究问题是不是一个好的问题呢？一般的社会研究方法著作或教材中，通常都会提出"重要性、创造性、可行性"等几条标准。毫无疑问，这是好问题的最重要标准。除了这些基本标准之外，还有没有其他进一步的标准呢？有学者补充说：除了有原创性、有意义外，研究问题还应该"具体、集中"。他还举例解释说，"中国经济政治改革的困境"这样的论题显得太宽泛，而"国企改革与银行改革的关系"则具体得多。"社会结构对个人行为的影响"过于含混，而"社会网络结构与集体行动的关系"则更加明确具体。[④] 还有一位研究者则给出了下列这样几条具体的判断标准："这个问题正是你想做的吗？""这个问题是这一领域中所需要的吗？""这个问题是清楚明确地表达的吗？""这个问题是可行的吗？""这个问题得到了相关专家的肯定吗？"[⑤]

上述几种观点中，都强调了研究问题的重要性、创造性和可行性是好问题的最基本标准（考虑到这几条标准在一般的研究方法教材中都有阐述，这里就不再重复，特此说明）。但除了这几条基本标准外，还有其他几个方面的标准也可以作为好问题的进一步的参考标准：

1. 与研究者的兴趣相接近

即研究问题是不是你的研究兴趣所在。如果研究者对某一现象或问题特别感兴趣，那么，这种研究者的动机就会成为他做好这一研究的一个十分有利的条件。社会中可以成为研究问题的现象或事物成千上万，多种多样。对于任何一个具体的研究者来说，选择研究哪种现象或事物，虽然有许多其他因素的考虑，但他对这一现象或事物的兴趣却是最基本的动力。正如有的学者所指出的："一个研究题目是个严密界定的兴趣。"[⑥] 研究的成果和质量在相当大的程度上也与研究者对这一问题的研究兴趣有关。

然而，初学者往往很难从研究兴趣中将题目缩小到足以进行一项研究计划的地步。如何从兴趣到研究问题，这也是一个重要问题。实际上，每个人对社会现象的兴趣并不是十分明确、十分固定地放置在某个地方。它往往是一种潜在的、飘忽不定的状态，也可以说它是一种精神上、心理上的感觉。这种状态或感觉只是为我们提出研究题目

---

① 参见风笑天：《生活的移植：跨省外迁三峡移民的社会适应》，载《江苏社会科学》，2006（3）。

② 参见风笑天：《安置方式、人际交往与移民适应》，载《社会》，2008（2）。

③ 彭玉生：《"洋八股"与社会科学规范》，载《社会学研究》，2010（2）。

④ 参见彭玉生：《"洋八股"与社会科学规范》，载《社会学研究》，2010（2）。

⑤ Zina O'Leary, *The Essential Guide to Doing Research*, London, Sage, 2004, pp. 38－41.

⑥ Wayne C. Booth, Gregory G. Colomb & Joseph M. Williams：《研究的艺术》，42页，台北，巨流出版公司，2009。

准备了某种基础，而真正引发兴趣的则往往是现实生活中的一些具体事件或经历。这种引发兴趣的事件或经历常常出现在我们与他人的交谈中、我们的有目的的或是漫无目的的阅读中、我们不经意的上网浏览和现实生活的观察中。学会在日常生活中积累这种由各种事件和经历引发的兴趣点，往往会在今后某个时刻点燃一项有价值、有意义的研究课题。因此，笔者在指导研究生选择论文题目时，往往首先要求学生从自己感兴趣的现象、事物或领域出发，同时兼顾到自己的经历、特长、条件等因素，先尝试着找出几个自己想研究的问题，然后再和老师交流、探讨。

除了对选题有作用外，对于整个研究而言，研究者的兴趣还有一个很大的好处，就是它能更多地调动研究者的热情、智慧和责任心，投入到研究中去。遇到困难时也会有更大的韧性和不放弃的精神。当然，任何事物都会有两面。个人兴趣对于社会研究而言同样如此。需要注意的是，当研究者倾心于某一现象或问题时，往往也是其产生个人偏见和受个人主观性影响最大的时候。比如，在选题阶段，它有时会导致研究者目光短浅，将研究的关注点放在过于微观、过于狭窄的现象或事物上。在研究阶段，则可能无意中促使研究者只想去接近他心中的结论，而不愿意去揭示与他们的兴趣无关的、或者他们不愿意看到的事实。因此，研究者应该对这一点保持清醒的认识。

2. 研究问题是清楚明确地表达的

这一条标准十分具体，也更具有操作性。它不仅要求研究问题可以用清楚明确的语言陈述出来，还特别要求研究问题陈述中的概念和术语，都应有清楚明确的定义。只有这些概念和术语是明确定义的，在经验层面进行操作才具有现实性。而一旦研究问题不能清楚明确地陈述出来，则一方面说明研究者并没有把问题想得很清楚，另一方面也会给实际的研究带来困难和障碍。

陈述研究问题是选题过程中一个重要的环节。无经验的研究者常常意识不到问题的陈述所具有的重要性。实际上，这种重要性主要体现在以下两个方面：一是问题陈述划定了与研究相关的资料范围。它使得研究者知道哪些资料必须考察，同时哪些资料可以放在一边；二是问题陈述可以帮助研究者选择合适的研究方法和研究路径。关于问题的陈述我们有以下几点建议：

首先，问题陈述必须清楚明白，且可以采用提问的形式。比如“跨文化交流短训班明显地改善了参与者的跨文化交流能力吗?”而一个更为普遍的、更为常用且有效的提问形式是：“现象（或变量）A 与现象（或变量）B 之间存在什么关系?”比如“人们看电影的频率与其看电影的动机之间存在着什么样的关系”、“人们的受教育程度与人们的生育意愿之间存在什么关系”、“儿童的年龄与留守儿童生活技能社会化程度之间存在什么样的关系”等。顺便说一下，在学术刊物发表的研究报告中，问题的陈述有时是在研究目的陈述中出现，有时则是在文献评论的结尾处作为小结出现。

其次，除了单纯的描述性研究外，一般来说，研究问题的陈述必须至少包括两个变量。比如，上面四个问题陈述中，第一个包含了“参加培训班与否”与“跨文化交流能力”两个变量；第二个包含了“看电影的频率”与“看电影的动机”两个变量；

而第三个包含了“受教育程度”与“生育意愿”两个变量；第四个则包含了“儿童年龄”与“生活技能社会化程度”两个变量。只包含一个变量的问题陈述如“我国人口总体的文化程度如何”、“当前的大学毕业生具有什么样的择业意愿”，它们分别只包含了一个“文化程度”变量和一个“择业意愿”变量。

最后，问题陈述必须是可检验的。这种可检验的含义包括两个方面：一是指问题陈述的现象和变量之间的关系，是可以通过收集经验材料来检验的；二是指这种可检验的问题必须能够产生不止一种回答。比如“参加培训班与否”，既可能增强了“跨文化交流的能力”，也可能没有增强这种能力；“看电影的频率”既可能与“看电影的动机”有关系，也可能与其没有关系；人们的“受教育程度”既可能与人们的“生育意愿”有关系，也可能与生育意愿没有关系。即使有关系，也既可能是正的相关关系，又可能是负的相关关系，等等。如果是只有一种答案的问题，那就将是无法检验的。

3. 研究问题得到了相关专家的肯定

这条标准对于研究生以及缺乏经验的研究者来说十分重要。它指的是研究问题是否征询过指导老师或者有经验的研究者的意见。对于在读的研究生来说，指导老师在学业上所能给予你的最大帮助可能就在于对论文选题的指导上了。一般来说，老师们所能看到的各种资料和书籍，研究生们也都能看到。在这些方面老师们并不占有什么优势。但是在对学术领域的了解、对前沿问题的把握和对研究方向的判断方面，老师们则占有明显的优势，明显强于研究生。如果你的研究问题得到了指导老师的肯定甚至赞许，那么成为好的研究问题的把握就更大了。

4. 大背景中的小问题

除了上述观点和建议外，笔者认为还有一条标准也十分重要。这就是研究问题要是一个“大背景”中的“小问题”。实际上，“许多研究就是这样开始的：并非始于这个领域里众所皆知的‘大’问题，而是起于研究者心里渴望而想要追究的小问题”①。不难理解的是，越是具有重要性的现实问题往往也越容易形成大的研究题目。但是这种大的题目往往是研究生和普通研究者难以把握、难以实际开展研究的。所以，对于研究生和经验不足的研究者来说，在选择自己的研究问题、特别是选择一个好的问题方面，笔者的一个建议是：努力朝着“大背景”中的“小问题”的方向思考，努力去选择一个“大背景”中的“小问题”。

强调“大背景”，是为了增强研究问题所具有的理论的或现实的意义，即强调和保证研究问题所具有的重要性。而强调“小问题”，则是因为一个研究生的毕业论文研究往往不可能去做一个相对较大的题目，即强调和保证的是研究问题的可行性。实际上，当我们真的把小问题选好，把小问题搞深搞透，然后上升、扩展、回溯到大背景、大问题中进行讨论。这样，就既是最可行的，同时也是最有效果的。因此，我们应该努

① Wayne C. Booth, Gregory G. Colomb & Joseph M. Williams:《研究的艺术》，41页，台北，巨流出版公司，2009。

力从这种大的背景、容量过大的问题中，细心梳理和构思出若干小的问题，然后将自己的焦点集中在其中的一个小问题上，将这个与大背景有关联的小问题作为自己的研究问题。

5. 几个例子

在一篇论文中，有学者列举了几个他认为的好问题的范例。我们这里摘录其中的一部分，供读者参考。读者可以结合阅读其例子中的原文，从中体会这些问题的实际内涵及意义：

例 2　蔡丽丽（Tsai，2007）研究中国村落的祠堂、庙会是否对农村公共物品（自来水、学校等）的提供产生影响，其理论背景是普特南（R. Putnam）等政治学家的社会资本理论，即社会网络和民间社团能提高民主政治的效率。蔡丽丽指出，中国村落的宗族和庙会就是社会资本，那么此类民间社团能否帮助村民解决集体行动困境，提高村民对政府的监督能力，改善村政府执政业绩，就成了一个极有理论意义的问题。

例 3　魏昂德（Walder，1995b）在《美国社会学杂志》撰文，探讨乡镇企业为什么比国有企业发展好。这个问题的重要性在于集体所有的村、镇企业取得成功显然与古典产权理论相悖，所以如何解释这一悖论，就成了经济学和社会学热衷的话题。

例 5　笔者的两篇文章（Peng，2004；彭玉生，2009），分别探讨中国村落的宗族网络对私营企业发展和生育率的影响。这两篇文章讨论问题不同，却有共同的理论缘由，即社会网络与非正式规范之间的关系问题。前者讨论在缺乏正式私产保护法的前提下，宗族网络如何维系农民的私产观念，从而保护私有企业的发展；后者讨论在计划生育的大政策背景下，宗族网络通过维护传统的生育观念，进而提高农村的生育率。①

总之，从本章各个部分的讨论中不难看到，社会研究中的研究问题可以说主要有三个方面的来源：一是社会的现象，即现实背景；二是前人的研究，即文献背景；三是学科的概念，即理论背景。任何一个研究问题都或多或少地来自于这三者的有机结合，或者说是这三种因素综合作用的结果，特别是对于一个好的研究问题来说，就更是如此。

教学建议与练习题

1. 找几篇发表在本学科刊物上的经验研究论文，让学生分析作者的研究问题及与之相关的社会现象。看看研究者是如何将社会生活中的普通问题，转换成为学科视野中的“研究问题”的。

2. 根据本章的内容要点，让学生选择自己准备研究的问题。

---

① 彭玉生：《“洋八股”与社会科学规范》，载《社会学研究》，2010 (2)。

3. 找几篇论文，让学生解析其选题的意义。

推荐阅读

1. Wayne C. Booth，Gregory G. Colomb & Joseph M. Williams. 研究的艺术．台北：巨流出版公司，2009.

2. 彭玉生．“洋八股”与社会科学规范．社会学研究，2010（2）．

第三章　文献回顾

社会研究的过程一般是从选择研究问题开始，经过文献回顾、研究设计、资料收集和资料分析，最后得出研究结果。在这一过程中，相对于其他的几个环节，文献回顾往往是一个很不起眼并常常被一些研究者（特别是缺乏经验的研究者）所忽视的环节。即使是在一些专门介绍社会研究方法的著作中，这一环节的内容也经常被放到非常次要的位置。有的作者只用一两段文字简单带过，有的作者甚至对这一环节内容只字不提。但实际上，对于从事社会研究来说，文献回顾的环节并非那么的不重要、更不是可有可无。

任何一项研究都应该建立在以往研究的基础之上，研究者也都应该提供他的研究与以往研究之间关系的信息。这是因为，一方面，科学知识的发展是一种累积的过程，这种累积过程所强调的研究规范要求研究者将现有知识作为他们研究的出发点。另一方面，在笔者多年的社会研究实践和社会研究方法教学的过程中，经常遇到一些学生和研究者关于如何选择研究问题、特别是如何选择一个有意义的研究问题，以及如何提高社会研究课题的价值等方面的提问。在思考这些提问的过程中，笔者感到，这些提问既与研究问题的选择相关，更与文献回顾的工作相关。特别是这些提问实际上揭示了一个在本质上更为深刻的问题。这就是："我们的社会研究，究竟该从哪里出发？"

从表面来看，任何一项具体的社会研究都开始于对研究问题的选择。但实际上，作为研究起点的研究问题选择，可能只是整个研究过程最初阶段的具体目标或最终成果，而这一阶段中所包含的众多具体内容可能在很多方面都超出了它所能概括的范围。这些内容更多地与文献回顾相关。因此，有必要对文献回顾的工作给予特别的重视。

在这一章中，我们将集中探讨下列这些问题：社会研究过程中的文献回顾指的是什么？社会研究中为什么一定要进行文献回顾？文献回顾对于社会研究究竟具有什么样的意义？文献回顾与社会研究之间的关系如何？如何进行文献回顾？如何表达文献回顾的结果？

一、文献回顾及其类型

1. 文献回顾的概念

文献回顾，即英文中的 literature review（也译为文献考察、文献探讨、文献评论、文献综述等）指的究竟是什么？这是首先需要探讨的问题。总的来看，虽然不同的学者对于文献回顾概念的具体定义并不完全一样，但在基本内容上却相差不大。例如，美国学者芬克（Arlene Fink）教授认为："文献回顾是一种对现存的、由研究者、学者和实际工作者所产生的大量著述进行识别、评价和解释的系统、明确和再现的方法。"① 另两位美国教授戴维和萨顿（Matthew David & Carole D. Sutton）也认为，文献回顾是对"通过识别和查找现存公开发表的、与研究者感兴趣的主题有关的研究和理论"所得结果进行评价的过程。② 同样，美国学者杜里（David Dooley）教授认为，文献回顾是"对与某一主题相关的研究进行分析，以识别该领域中一致的结果或者解决其中的矛盾"③。笔者对文献回顾概念也作过类似的理解：所谓文献回顾，"指的是对到目前为止的、与某一研究问题相关的各种文献进行系统查阅和分析，以了解该领域研究状况的过程。或者说，就是一个系统识别、寻找、考察和总结那些与我们的研究有关的文献的过程"④。

从目前情况看，虽然不同学者的定义都十分明确，但在不同学者的具体介绍中，却又反映出作者们对文献回顾实际上存在着不同理解的状况。其表现是，在不同的研究方法著作中，文献回顾常常被作为不同的内容在研究方法的不同部分以及在研究过程的不同阶段进行介绍。比如，在有的研究方法著作中，文献回顾是放在研究的准备阶段，与研究的一般程序、选择研究题目等内容一起介绍；而在另一些研究方法著作中，则是将文献回顾放在研究的结束阶段，与撰写研究报告或研究计划书等内容一起介绍。这正如美国学者劳伦斯·纽曼教授在其方法教材中所指出的："在许多有关社会研究的教材中，作者将人类作为实验对象的争议和对研究更高层次的政治关注放在一章中，而将如何进行文献回顾和撰写最终研究报告放在另一章中。"⑤（只有很少的方法著作在前后两个部分中对文献回顾都有介绍。）由于将文献回顾放在研究方法的不同部分时，作者所介绍的具体内容差别很大，这往往会给初学者造成理解的困难，并常常形成一定程度的混淆。因此，笔者认为，首先需要对文献回顾的概念进行必要的澄清和区分。

2. 两种不同的文献回顾

总体上看，目前各种社会研究方法著作中对文献回顾的介绍呈现出"在同一个概

① Arlene Fink, *Conducting Research Literature Reviews*, London, Sage, 1998, p. 3.

② See Matthew David & Carole D. Sutton, *Social Research: The Basics*, London, Sage, 2004, p. 365.

③ David Dooley, *Social Research Methods*, Fourth Edition, Upper Saddle River, Prentice Hall, 2001, p. 346.

④ 风笑天：《社会学研究方法》（第三版），58 页，北京，中国人民大学出版社，2009。

⑤ ［美］劳伦斯·纽曼：《社会研究方法：定性与定量的取向》（第五版），122 页，北京，中国人民大学出版社，2007。

念和名称下，指称了两件虽然密切相关、但又并不完全相同的现象”的状况。它反映出目前学术界对文献回顾存在着两种不同的理解。概括地说，其中一种将文献回顾理解为围绕某一主题，对相关的现有文献进行系统搜索、查找、阅读、分析的过程；而另一种则将其理解为以总结和综述的形式将上述过程的结果表达出来。从本质上看，前一种理解是将文献回顾看作一种特定的“过程”，而后一种理解则是将文献回顾看作这种过程的文字“结果”。简言之，一种是作为过程的文献回顾，另一种是作为结果的文献回顾。或者说，一种是需要研究者去“做”的文献回顾（doing the literature review），另一种则是需要研究者去“写”的文献回顾（writing the literature review）。前一种理解的文献回顾通常是在研究的选题阶段进行介绍，或者是在研究程序一节中，将其作为选择研究问题之后、研究设计之前的一个单独阶段进行介绍；而后一种理解的文献回顾则通常是在撰写研究报告或者研究计划书（proposal）阶段进行介绍。正如笔者曾经指出的，在社会研究的报告中，往往会有一个以“文献回顾”命名的部分。“但研究报告中的文献回顾实际上是对选题阶段所做的大量查阅和分析工作所进行的总结”①，而不是这种查阅和分析工作的过程本身。

根据前面所列举的各种定义，可以清楚地看出，文献回顾是一个既包括对相关文献进行查找、阅读和分析，又包括对这些文献进行归纳、总结和评论的完整过程。而“作为结果的文献回顾”只是这一过程中的一个部分，尽管这一部分中所涉及的许多具体表达方面的内容和写作技巧也十分重要，但前期大量的文献查阅和分析、归纳过程，以及大量的评价和思考才是文献回顾概念最为基本、也最为重要的内涵。这种“作为过程的文献回顾”的工作也是后期这种结果表达的基础。因此，我们不能被一些方法著作中仅仅在撰写研究报告部分对文献回顾进行介绍的表面的现象所迷惑。应该正确理解文献回顾的全部内涵，并在实际社会研究中将更多的注意力放在文献回顾的前期过程上。当我们切实做好了文献回顾前期过程的工作，也就为我们在撰写研究报告阶段将文献回顾的结果体现出来打下了坚实的基础。当然，恰当的、合适的文献回顾表达方式也是应该注意的，这里只是特别强调前期文献查阅和分析过程的基础性、决定性和重要性。

除了上述所探讨的对文献回顾的两种不同理解外，对于作为过程的文献回顾的理解和介绍上也还存在着一些偏差。其中最主要的偏差是将文献回顾仅仅看作一种搜索文献资料的方法和技术的倾向。一些研究方法著作在介绍文献回顾的内容时，往往更多地将注意力放在介绍文献的各种类型、说明在哪里可以找到相关文献、有哪些不同的查找文献的方法，以及如何有效地查找文献等技术性的问题上。而对于社会研究中文献回顾的地位或作用是什么、在社会研究中为什么要进行文献回顾、文献回顾对于一项具体的社会研究来说究竟具有什么样的意义、文献回顾与具体的社会研究之间又有着什么样的关系等问题则重视不够。其结果往往会造成初学者相对关注外在的操作性内容、忽视内在的实质性内容，从而很难从根本上把握文献回顾的关键，并获得对

① 风笑天：《社会学研究方法》（第三版），58页，北京，中国人民大学出版社，2009。

所关注领域中前人文献的整体理解。为避免这一现象，本章将在介绍文献回顾的具体方法和技术的同时，着重阐述文献回顾对研究的意义，努力做到两方面的兼顾。

二、文献回顾的意义

如果将文献回顾仅仅看作整个社会研究过程中的一个具体的、技术性的操作环节，一个程序化的、机械的操作步骤，而看不到这一环节或步骤对于整个研究所具有的关键意义，那么，不仅很难真正做好文献回顾，同时，文献回顾也起不到对社会研究的应有作用。对于社会研究者来说，应该明白的重要问题是：社会研究中为什么要进行文献回顾？或者说，文献回顾对于社会研究来说究竟具有什么样的意义？笔者认为，文献回顾的目的或者文献回顾对社会研究的意义主要体现在以下几个方面：

1. 将研究的问题置于社会知识累积的体系中

社会研究“是一种以经验的方式，对社会世界中人们的行为、态度、关系，以及由此所形成的各种社会现象、社会产物所进行的科学的探究活动”[①]。其主要目的，是要了解和认识各种社会现象的状况，探讨不同社会现象之间的内在联系，揭示社会现象发生和发展的规律。简言之，就是要建立有关社会世界的结构和运行规律的知识。尽管每一项具体的社会研究都怀着同样的目的，但是，却没有一项社会研究能够单独完成这一使命。因此，作为一种科学的探究活动，社会研究同样具有科学所要求的系统性和累积性特征。任何具体的社会研究也都必须将自己的研究问题置于社会知识累积的体系之中。正是在这一点上，文献回顾体现出其所具有的特殊意义。

文献回顾既是科学研究方法的基本规范，也是科学知识积累的内在要求。虽然每一项具体的社会研究都开始于对研究问题的选择，但每一项新的社会研究课题的产生，无不依赖于其他研究者的已有发现和眼光。文献回顾正是研究者在选择研究问题过程中，建立起目前的研究与从前的研究之间的联系的关键途径。“文献回顾基于以下两个假设：知识是积累起来的，以及我们从他人的成果中学习并在他人的成果基础上建立起我们自己的研究。”而研究者开展文献回顾的主要目标之一，就是要“建立与发展中的知识之间的连接”，“并且告诉读者这个研究在整个知识领域内的地位及含义”[②]。

文献回顾的过程，可以帮助研究者明确自己的研究问题和研究计划是如何建立在与这一主题有关的整个知识背景的框架中的。其最重要的意义在于强调“每一项研究都应该把现有知识当作它的出发点，然后以此为基础进行研究”[③]。同时也“通过回顾文献来显示其研究是对现有知识的一种补充”[④]。通常我们在探讨一项研究问题的意义或价值时，总是会从理论和实践两个方面来考虑。但实际上，当我们从建立有关社会

① 风笑天：《社会学研究方法》（第三版），4 页，北京，中国人民大学出版社，2009。

② [美] 劳伦斯·纽曼：《社会研究方法：定性与定量的取向》（第五版），122～124 页，北京，中国人民大学出版社，2007。

③ [英] 马丁·丹斯考姆：《做好社会研究的 10 个关键》，41 页，北京，北京大学出版社，2007。

④ 同上书，47 页。

世界的知识的角度来看，这二者是统一的。一项社会研究的价值主要体现在“对知识缺口的细致理解、前人提出问题中的不足、资料搜集方法的欠缺、或对结果解释的欠妥”等方面，“因此，文献综述就成了一种用来说明如何以及为什么这一切可以做得更好的工具”①。一种用来说明现有的研究问题可以如何有效地填补这种知识体系中的缺口、如何可以成为前人研究发现的后续工作的工具。

2. *为研究者参与有关某一研究领域或研究主题的对话奠定基础*

围绕一个特定的研究主题（比如社会分层，或者职业流动），往往会有许多的研究者在不同时期、不同地区、针对不同对象和不同的具体问题，开展不同的研究进行过探讨。他们所得出的各种研究结果和研究发现，以及在此基础上得出的各种理论解释，实际上构成了一场围绕这一主题的持久的、连续的、跨越时空的、多侧面的，并且存在多种声音和多种观点的学术讨论。其中的每一项具体社会研究及其结果，都可以看成是研究者参与这场学术讨论的一个发言，是关于这一领域或主题中某一具体内容的一种声音和一种观点。正如美国学者劳伦斯·F·洛柯教授所说：“学科内的研究领域是作为正在进行中的对话存在于那些做学术研究的人之间。一个领域已经出版的文献构成了这些对话的记录。”② 文献回顾可以将现有的研究放到历史与理论的脉络之中，提供进一步研究的背景，说明目前的研究与以往的研究之间的联系。同时，文献回顾也从现有文献中找出趋势和争论。正是这些联系和脉络，将参与这一主题讨论的学者连接了起来。

因此，任何一个对这一领域和主题感兴趣的新的研究者，在开展对这一领域或主题中的某个具体问题的社会研究之前，都必须首先做好文献回顾的工作。即首先要去阅读和分析以往的研究者在这一领域中的研究，特别是要阅读和分析那些经典的、重要的、有影响的研究者，以及那些所做研究与自己的研究问题联系最为密切的研究者所做的研究。要去认真倾听他们关于这一主题的发言、争论和对话。“看看它们已经说了些什么（什么时候、由谁以及在什么样证据的基础上说的）……直到理解了对话的历史和目前的状况为止。”③ 当我们认真做好了这种文献回顾的工作，完全清楚了以前的研究者们关于这一主题的各种发言，我们实际上也就具备了亲自参与到这种长长的对话中，发表自己的看法（当然，是基于经验研究证据的看法），并让自己的声音被讨论这一问题的其他人听到的基础。认真扎实的“文献综述将与读者一道分享那些早已完成的与本研究紧密相关的其他研究成果；它能使研究超越时空就相关问题进行对话；它为确定研究的重要性提供了一个框架，也为与其他相关研究成果进行比较提供一个基准”④。

3. *帮助研究者熟悉和了解本领域中已有的研究成果和发现*

熟悉和了解前人已有的研究成果，是一项研究能够创新的前提。通过系统的文献

---

① ［美］劳伦斯·F·洛柯等：《如何撰写研究计划书》，65～66页，重庆，重庆大学出版社，2009。

②③ 同上书，59页。

④ ［美］约翰·W·克雷斯威尔：《研究设计与写作指导：定性、定量与混合研究的路径》，24页，重庆，重庆大学出版社，2007。

回顾，研究者可以比较全面地了解本领域中的研究状况，特别是已取得的研究成果和发现。这种了解对于帮助研究者选择和确定合适的研究课题具有十分重要的作用。它将研究者自己的研究放到现有一系列研究和发现的背景中去，便于他们确立自己的研究在该领域中的位置。文献回顾还能帮研究者认识到自己的工作对增加人们的认识，对学科理论的发展，或对实际问题的解决所具有的特定意义和贡献。

对于文献回顾在社会研究中的这种意义和作用，我们可以通过各种社会研究基金申请书的要求来进一步说明。思考一下，为什么所有的社会研究基金课题申请书中，都往往首先要求申请者对与所申请课题相关的现有文献进行回顾？实际上，这种要求的主要目的，就是要申请者非常熟悉和了解该研究领域的过去和现在，非常熟悉和了解该研究领域的最重要成果，同时也非常熟悉和了解该研究领域中前人研究还存在的局限和不足。文献回顾通过总结和概括，可以整合该领域中已有研究结果所反映的最重要的“已知”和“未知”、“共同点”和“差异点”，以及“误区”和“不足”等。正如有学者指出的：“文献的考察使你能够理解哪些是已知的，同时也使你能够了解现有的知识体系中哪里还存在一定的漏洞和薄弱环节。”① 申请者也正是通过文献回顾来说明自己的研究的必要性和创新性，说明自己选择的研究问题所具有的重要意义。即申请者必须列举具体的事实证明，对于自己所提出的研究问题来说，现有文献中几乎找不到有针对性的研究结果，先前的研究者也没有提供明确的答案。

4. 为研究者提供可供参考的研究思路和研究方法

通过文献回顾，我们可以了解到以前的研究者在探索该问题领域时所采取的各种不同的研究角度、不同的研究策略、各种具体研究方法，以及所使用的研究工具和手段。这些研究角度、研究策略和研究方法，代表了以前的研究者所尝试过的各种不同的探索道路。无论其成功与否、结论如何，都为我们在自己的研究中确定研究视角、进行研究设计以及选取研究方法提供了一种借鉴和参考的框架。“这些文献为你提供了该领域有关研究方法的知识，也提供了有关理论及应用方面的内容。”② 特别是以前的研究者如何切入你所关注的主题，如何收集回答你的问题所需要的资料等等。文献回顾的结果，既可以使我们在一种与先前研究稍微不同的框架中来重新安排自己的研究，也可以帮助我们去探讨这一问题的一些新的方面。同时，“文献回顾是研究者呈现研究逻辑的重要过程”③，文献回顾通过将研究的问题与分析的框架、资料的性质等紧密联系起来，可以清楚地呈现出研究设计的内在逻辑。研究者通过评价前人研究中各种各样的研究设计的成功之处，便于在自己的研究中进行借鉴。有了前人研究的这些帮助，研究者在自己的研究过程中就能够避免走弯路，还能够有所创新。

此外，文献回顾还可以帮助研究者发现和利用现有研究中对某些关键变量的操作化方法和测量指标，前人研究中所用的样本类型，前人在测量某些关键概念或变量时

---

① M. Morse & L. Richards，*Readme First for a User's Guide to Qualitative Methods*，London，Sage，2002，p. 169.

② ［美］劳伦斯・F・洛柯等：《如何撰写研究计划书》，60页，重庆，重庆大学出版社，2009。

③ 简春安等：《社会工作研究法》，100页，台北，巨流出版公司，1998。

所使用的工具和量表等。通过仔细地阅读每一篇相关的文献，我们可以寻找到那些与自己的研究紧密相关的部分，特别是那些真正对自己开展研究有参考价值的关键点。比如，前人研究中所用研究方法的效果、利弊得失，以及这些方法与自己研究的适合性等。当然，对于前人研究中与自己的研究相同的概念或变量，要进行仔细的检查和比较，不要想当然地认为只要名称相同，其内涵就一定相同，因而自然是可比的。特别是要搞清楚在各个不同的研究中，同一名称的概念是如何操作定义的，又是如何测量的。因为，常常存在着这样的情况，在不同的研究者所做的研究中，同一名称的概念，实际上却意味着两种不同的内容。

5. 为研究者提供理解和解释研究结果的背景资料

文献回顾的另一个重要意义是它在客观上给我们提供了一种与所探讨的研究问题或领域有关的背景资料。这种背景资料既是研究者在选择研究问题时的参考框架，同时也是研究者在对自己的研究结果和研究发现进行解释时所依据的一种大的背景。这种大的背景不仅可以解释研究者的研究问题是从哪里来的，解释研究问题在这一领域中处于什么位置，也可以解释目前研究的结果和发现对以往这一领域的知识具有什么样的补充或修正意义，解释目前研究的结果和发现对于这一领域中知识的积累以及对关于这一主题的长长的对话来说所具有的特定意义。此外，任何一项社会研究都可能会产生出一些研究者未曾预料的结果，或者产生一些与研究者所期望的结果有所不同、甚至完全相反的结果。而要正确地理解这些结果，合理地解释这些结果，都离不开前期文献回顾过程所给予我们的这种背景资料。当我们回到前期文献回顾中所梳理出的某些研究结果和发现，当我们将以往各种不同的研究结论重新进行综合、归纳、分析、比较时，目前研究中这些未曾预料的、与预期不一致的、看似矛盾的，以及难以解释的结果所蕴含的意义或许就会凸显在我们的眼前。

三、文献回顾与研究的关系

文献回顾在整个社会研究过程中处在什么位置？它和整个研究过程中的哪些部分关系最为密切？从上述有关文献回顾的意义探讨中，我们不难找到回答这些问题的具体答案。概括地说，文献回顾处于一项研究过程的最初阶段，它和研究问题的选择以及研究的设计这两个部分之间的关系最为密切。我们可将文献回顾与社会研究之间的关系用图 3—1 简要地展示出来：

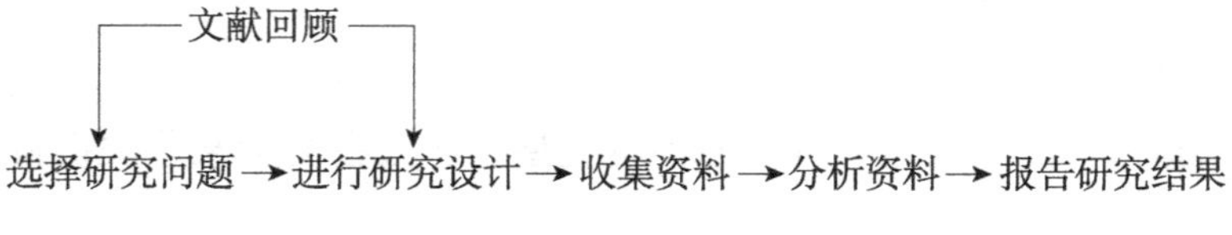

图 3—1　文献回顾及其与社会研究程序的关系

具体来看，文献回顾与研究的关系主要体现在以下两方面：

1. 文献回顾是选择研究问题的重要途径之一

如前所述，所有具体的社会研究都起始于研究问题的选择。而文献回顾则正是选择研究问题的重要途径之一。一方面，对某个领域感兴趣的研究者，常常会在阅读该领域的其他研究者的论文和研究报告的过程中，在梳理不同学者对这一主题的各种观点所形成的长长对话的过程中受到启发，发现值得探讨的问题。现实中许多社会研究问题的产生和确定，就是研究者在阅读、分析这些专门文献的过程中，找到需要弥补的缺陷而产生的。另一方面，研究者头脑中那些可以发展成为研究题目的最初的灵感，也有很大一部分来自于各种文献。"作为研究问题的想法、灵感和火花，常常可以从学术著作和教科书的内容中，从报纸杂志的文章和标题中，以及从学习笔记和谈话记录中采摘到。尤其是各种社会科学的报纸杂志，常常成为这种灵感、火花和想法的重要来源地。"① 因此，在一定意义上可以认为，文献回顾是与选择研究问题同时进行的。

文献回顾虽然会对一项研究的各个部分都提供有用的信息，但它尤其与研究课题的选择密切相关。通过阅读和评论，将帮助研究者识别与自己的研究主题相关的发现。理解和组织这些发现，将帮助研究者为自己的研究问题提供推动力，即提供那些导致、引导研究者进入到一个特定的研究问题的力量或因素。从实际过程来看，文献回顾与选择研究问题这二者之间往往存在着一种交叉影响、相互促进的作用，使得研究问题的选择呈现出一种由宽到窄、由模糊到清晰的层层深入的过程。在很多情况下，研究者最初可能由某种自己感兴趣的现象引起好奇，也可能由阅读某种文献引起对某一问题的注意。当研究者试图对此现象或问题进行一项系统的社会研究时，会首先去围绕这一现象或问题领域开展相对宽泛的查阅文献工作；在这种文献查阅的基础上，研究者初步确定自己的研究主题，并围绕这一主题展开新一轮内容更为集中、焦点更为明确的文献查阅；而这种专门的文献查阅的结果，就进一步帮助研究者最终形成明确具体的研究问题。这一过程表明，通过广泛查阅和系统阅读，从而了解和熟悉同一研究领域的现状和主要研究成果，对于研究问题的选择以及研究问题的明确化具有明显的作用。此外，文献回顾还能"使我们知道所要研究的题目是否以前已被研究过？研究的结果如何？碰到何种难题？先前的研究对未来的研究又有何种建议？"② 即可以使我们避免重蹈覆辙。

2. 文献回顾有助于研究设计

除了对研究问题的选择有明显作用外，文献回顾还对研究的设计有着重要的影响。研究设计是研究者针对研究问题，对所要采取的研究视角、研究思路、研究方法和具体技术事前做出的一种考虑。其目标是为找到研究问题的答案而制定出切实可行的操作方式。从程序上看，研究设计通常发生在研究问题确立之后，似乎与帮助研究者确定研究问题的文献回顾没什么关系。但实际上，无论是研究问题的确立，还是研究设计的考虑，都与文献回顾联系十分紧密。从上述对文献回顾各种意义的分析中，我们不难发现，文献回顾不仅与选择研究问题同时进行，在一定程度上也与研究设计有一

---

① 风笑天：《社会学研究方法》（第三版），48页，北京，中国人民大学出版社，2009。

② 简春安等：《社会工作研究法》，100页，台北，巨流出版公司，1998。

些交叉。很多情况下，研究者的研究设计实际上也是从文献回顾就开始考虑的。研究者往往是在阅读以往的研究者所发表的各种研究结果的同时，就在关注他们探讨问题的特定视角、他们所采取的研究方式、他们收集和分析资料时所采用的研究方法和具体技术。而在这种关注中，研究者也会主动地思考自己的研究应该或者可以采用什么研究方式、方法和技术。

总之，在整个社会研究过程中，文献回顾处在研究最初期的位置上，或者说，文献回顾是研究者在进行一项研究的早期阶段所遇到的具体和实际问题。正如纽曼所指出的："无论你采用的是社会科学中的哪种方法，对某个问题进行累积性知识的回顾，都是研究过程中基础性的早期阶段。"[①] 在这个阶段中，与文献回顾关系最为密切的两个环节分别是选择研究问题和开展研究设计。换句话说，文献回顾的过程发生在从选择研究问题开始，到进行研究设计为止的这两个阶段。也正是因为文献回顾与这两个对整个研究来说至关重要的环节密切相关、密不可分，其对整个研究所具有的重要意义也就不难理解。我们之所以在研究的开始阶段要去系统查阅、认真分析那些与我们感兴趣的研究问题密切相关的文献资料，是因为它们对我们的研究有着十分重要的影响。更直接地说，是因为它们在很大程度上决定着我们的研究应该从哪里出发。因此，文献回顾并非可有可无，也并非可轻可重，而是社会研究的早期阶段最为重要的任务之一。无论是对于提升具体社会研究项目的价值，还是对于提高社会研究者的研究水平，文献回顾都是一个值得特别重视的关键环节。

笔者在美国一些大学做访问学者时经常看到的一种现象也可以给我们一些启示：一般来说，研究生入学的头两年中，需要根据导师的研究方向，选择自己感兴趣的研究领域。在选定某个研究领域后，这个方向的导师们往往会给学生开列一份包括该领域最经典和最重要文献的目录，这种目录通常会包含一两百篇（部）论文和著作。在两年中，研究生除了选修专业基础课程外，另一项重要的任务就是阅读这些文献。两年后的博士资格考试（qualifying examination）就是针对这些文献。只有通过资格考试，才能成为博士候选人，才能进入做博士论文的阶段。当时笔者对美国大学研究生培养的这种做法并不太在意，现在回想起来，多少有些明白其中的道理：他们要求研究生前两年所做的，实际上就是本章所论述的文献回顾的工作。他们这样做的逻辑是：每个学生的研究工作都是从阅读、理解和总结这些文献开始的。你要从这个领域中选择自己的研究题目，就必须先认真阅读和了解这个领域中前人最重要的研究成果。而当你对该领域中最重要的前人研究成果以及该领域中各种学者关于这一主题的对话都了解得清清楚楚时，你也就知道还有哪些问题值得进一步研究了。这样选出的研究问题在研究的意义和研究的创新上自然就容易得到保证。

3. 文献回顾与研究之间关系的例子

我们通过一个实际的例子来简单展示文献回顾在社会研究中的重要意义，展示文

---

① ［美］劳伦斯·纽曼：《社会研究方法：定性与定量的取向》（第五版），122 页，北京，中国人民大学出版社，2007。

献回顾对提出研究问题、确定研究思路、选择研究方法所具有的决定作用，同时也说明文献回顾与选题和研究设计之间的紧密关系。

两位美国研究者对“兄弟姐妹数量与儿童智力发展”之间的关系感兴趣，在确定他们自己的研究问题之前，他们对至少50多篇相关的重要文献进行了系统回顾。他们发现，“1987年，高尔顿（Galton）就指出了长子具有智力优势。但是在家庭结构的各个方面，只有兄弟姐妹数量一直被研究发现是不利于孩子的智力获得的，或者更一般地说，是不利于‘孩子质量’的”。同时，关注这一主题的“大多数研究者都同意，兄弟姐妹数量和智力发展之间存在着统计上的负向关系。这一研究发现不仅在美国的数据中得到确认，而且在法国、苏格兰以及英国的关于在校生的大规模调查中得到确认”。“对于这个结果，目前有两种解释。其中较为普遍的解释认为这种关系是因果的……第二种解释则认为，它们之间的关系是虚假的。”①

这首先表明，对于这两位研究者所关注的主题，前人已做过很多的研究，得到了很多的研究结果（他们所列举的文献或许只是其中最重要的一部分）。其中有些结果得到了反复的验证，而有些则受到了质疑。换句话说，关于这一主题，有很多的研究者都发了言，他们的研究所得出的各种观点之间，既有一致性，也有不一致。

正是在认真听取关于这一主题长长的对话的过程中，这两位研究者发现：“就数据而言，几乎所有关于兄弟姐妹数量与孩子质量之间关系的证据都来自基于截面数据的常规回归分析，因而对统计关系的因果解释经常受到质疑。而另一种可能的解释是，统计发现的兄弟姐妹数量与孩子质量之间的负向关系是虚假的，这种关系是由其他因素导致的，或者是由与兄弟姐妹数量高度相关的其他因素，如家庭的社会经济地位、家庭遗传，或者家庭总的智力环境等共同导致的。”②

正是在这种背景下，他们确定了自己的研究问题，同时也为回答这一问题制定了研究策略和研究方法：“在本研究中，我们通过兄弟姐妹研究以及对相同个体的重复测量研究来检验兄弟姐妹数量对孩子智力发展影响的后一种解释。”③（即兄弟姐妹数量与孩子智力发展之间的关系是虚假的）而他们所寻求的回答，实际上也是对这一领域中科学知识的一种积累或补充。当他们利用相关数据资料，通过专门的研究，在控制“诸如家庭智力环境、家庭价值体系以及家庭遗传等无法测量的影响因素”的条件下，发现“兄弟姐妹数量与智力发展之间的负向关系消失了，这就对以往研究中发现的负面关系的因果解释提出了质疑”④时，他们实际上也为人们更好地认识和理解这一问题提供了一种新的知识。

四、如何进行文献回顾

经由前面关于文献回顾的定义和讨论，不难理解，文献回顾的工作，简单地说就

①②③④ Guang Guo and Leah K. VanWey, Sibship Size and Intellectual Development: Is the Relationship Causal? *American Sociological Review*, Vol. 64, 1999, No. 2.

是“对研究的研究”。即对与研究主题有关的前人的研究所进行的系统研究。要很好地完成这一工作，必须在文献回顾的三个环节——文献查找、文献阅读、文献表达——中都付出努力。

1. 查找文献

首先，要区分学术文献与非学术文献。尽管从最广泛的意义上说，一切文献都可以作为社会研究的材料。但这却并不意味着一切文献都是文献回顾的对象。文献回顾中所指的文献主要是那些在发表在正式学术期刊上的论文和正式出版的著作。其他一些通俗读物、大众传播媒介中的信息，以及非学术性的期刊等则都不是文献回顾的对象。(所以，本章中所谈的文献仅指这里所说的学术性文献。)

查找文献是文献回顾的第一步。要从浩瀚的文献中找到与研究课题相关的文献，必须具备一定的文献检索知识。在这方面，我们可以向大学图书馆或者图书情报专业的老师咨询，也可以通过阅读这方面的书籍来了解。在本章中，笔者只对常见的期刊论文查找方式做一个简单介绍。

中文期刊的文献一般可以通过上网登录“中国学术期刊全文数据库”（CNKI）来进行查找。在CNKI的检索方式中，最常用的方法是采用主题、关键词、篇名的方式进行检索。实践中，研究者对与研究课题相关的文献的查找常常依据两个主要方面：一是研究的主题，比如社会适应、择偶方式、社会分层等；二是研究的对象，比如三峡移民、青年、留守儿童等。单独按研究主题或按研究对象进行检索时，文献的数量可能会很大。所以，较好的方式是将二者结合起来进行检索。下面我们以三峡移民社会适应以及青年择偶方式两个方面为例来进行说明。表3—1、表3—2是笔者分别采用主题检索、关键词检索以及篇名检索的方式对不同内容进行检索所得到的结果[①]：

表3—1　“三峡移民社会适应”相关文献检索结果

检索方式	检索内容			
	移民	三峡移民	社会适应	三峡移民+社会适应
主题检索（篇）	27 180	1 170	5 468	24
关键词检索（篇）	5 244	892	1 382	13
篇名检索（篇）	10 739	428	693	4

表3—2　“青年择偶方式”相关文献检索结果

检索方式	检索内容			
	青年	择偶	择偶方式	青年+择偶方式
主题检索（篇）	209 084	1 088	96	37
关键词检索（篇）	23 065	160	79	10
篇名检索（篇）	57 742	314	6	1

① 表中数据为笔者2011年11月2日在“中国学术期刊全文数据库”所查得的结果。

从表 3—1、表 3—2 中可以看出，主题检索结果覆盖的范围最广，关键词次之，篇名检索的范围则相对最小。一旦将主题与对象结合起来进行检索，范围就非常集中了。需要指出的是，研究者除了阅读主题结合检索最终所得到的几十篇论文外，还应该从单独主题中挑选某些重要文献进行阅读。比如，三峡移民社会适应研究一例中，研究者还需要从“社会适应”单独检索所得结果中，以及从“三峡移民”单独检索所得结果中挑选某些重要论文进行阅读；同样的，青年择偶方式研究一例中，研究者还需要从“择偶方式”单独检索的结果中，以及从“择偶”单独检索结果中挑选某些重要文献进行阅读。

由于单独检索的结果往往很大，如何从几十篇、几百篇甚至更多的文献目录中挑选重要的文献呢？这方面似乎并没有固定的方法，但我们可以有两个选择的原则：一是相关性原则。即要尽可能挑选那些与自己的研究题目相关的文献。一篇非常相关的文献往往比一批不相关的文献更有价值。二是可靠性原则。即要尽可能挑选那些来源可靠、资料可靠、质量可靠的文献。同样，一篇可靠的文献往往比一批不可靠的文献更有价值。相关性原则比较容易把握。可靠性原则的把握相对困难。我们可以从以下几方面来进行判断、分析和选择：一是根据论文发表的刊物的性质来判断。专业性强、学术水准高的刊物上的论文总体上水平会高一些，质量会好一些，因而也相对重要一些。二是根据被引用状况来挑选。那些在以往研究中，学者引用相对多一些的文献，其重要性程度也往往高一些。因为被引用次数高的文献往往是该领域中的经典文献，或是争论的焦点文献，或是对某一领域全面综述的文献。三是依据论文作者的学术知名度来选择。一般情况下，学术知名度较高的学者，其研究的总体水平较高，论文质量也相对较好一些。当然，这只是指的一般情况。有时，一些不知名学者的论文质量也会很高，相反一些知名学者的论文质量也会较低。

对于英文文献，比较常用的数据库是“西文过刊全文数据库”，其英文缩写为 JSTOR。另外还有一种常用的英文期刊数据库是 ProQuest。这些英文文献数据库，一般大学的图书馆都会购买其使用权，供学校内的教师和学生上网检索和下载相关文献。JSTOR 打开后，有一个输入框，如果知道文献标题，可直接将标题键入空白框中，然后点击 search 进行搜索。也可以根据主题（topic）、关键词（keyword）、作者（author）等进行检索。此外，还可以点击空白框下面的 advanced search 按钮，打开选择页面，对若干搜索条件进行限定，然后再进行搜索。其他的西文文献数据库，比如 ProQuest 等的检索方式也大都与此相似。读者可以在大学图书馆里通过网络进行检索和查找。初次使用时可以向图书馆的老师咨询和了解。

2. 阅读文献

与一个具体的研究课题相关的文献往往是众多的。但这些文献与研究课题的相关程度则是有所差别的。有的关系密切，有的则并不直接相关。而且一般来说，越是不直接相关的文献往往越多。正如约翰・W・克雷斯威尔曾指出的，与研究课题有关的参考文献往往是“一个倒置的三角形，这个倒三角形的底端是正在计划中的研究课题，且这项研究的范围很窄而集中（没有相关研究）。一旦我们把视线拓展到这个三角形被倒置的底边上，就可以发现仍有很多资料可供参考，尽管它们跟我们所着手的这项研究不直接相关”①。所以，在进行文献回顾的时候，研究者应该将注意力集中在这个倒置的三角形的底端，对那些与研究课题最为相关的文献进行认真阅读和综述。

当我们根据前述各种标准和方式选择了几十篇（一般情况下二三十篇）最重要的相关研究论文后，接下来的任务就是对这些文献进行认真阅读和归纳了。关于阅读的顺序，有学者给出了很好的建议：“从最近的研究成果开始你的阅读常常是有益的。它可以达到两个目的：一是使你更快地注意知识和认识的现状，二是最新研究常常包括以前研究的参考资料。”② 在对每一篇文献进行阅读时，应主要关注文献中的研究问题、研究目标、研究对象、研究设计、具体方法、主要结果、研究结论，以及研究中存在的问题或局限。特别需要提醒的是，阅读时头脑中始终应该记住自己的研究主题和研究问题，这样就会在阅读中将焦点集中在前人研究与自己的研究相关的内容上，并能敏锐地发现现有研究中最有价值的部分和最主要的不足。

关于文献阅读方法，笔者给读者的一个建议是：在阅读中要随手做些记号，将论文中的关键内容突显出来。同时，还可以将自己在阅读这些论文中的思考、疑问、认识和看法记在论文空白处。以便于后来进行文献的归纳、组织和整理，也为思考和建构自己的研究思路、方案等提供参考。

前人的研究虽然会给我们很多的启发和帮助，但同时也会给我们留下一些缺憾。不管你研究的问题是什么，只要真正认真地深入到与你的研究问题相关的文献中，认真阅读，一定会发现现有研究或多或少存在的某些不足和局限。在某种意义上说，正是以往研究的这些不足和局限，给自己的研究提供了新的方向和空间。

举例来说，笔者在进行有关大学生择业问题的研究前，对该领域中的文献进行了系统的回顾，通过检索后，从中特别挑选了当前国内该领域最为重要的30篇经验研究论文进行阅读和分析。通过认真阅读，笔者发现这些文献至少在下述四个方面存在不足：

> 一是调查对象的特征所具有的局限性。……现有研究的调查对象往往正处在就业的过程中，就业对他们中的许多人来说还是“未来时”或“正在进行时”，而不是“现在完成时”。……因此，依据调查结果所得出的结论只是对作为整体的大学生就业过程和就业状况来说的一种“阶段性”反映。特别是在进行有关大学生就业成功与否影响因素的分析，以及大学生人力资本、社会资本与大学生就业成功与否、就业质量高低的分析方面，研究者尤其应该慎重。因为此时所得出的各种“影响因素”以及人力资本和社会资本的“作用状况”，实际上很可能只是对大学生就业过程“某一阶段”的状况成立，因为此时作为分析中因变量的一种结果的“未就业”，并不意味着与另一结果“已就业”相对应的“就业失败”，更不意味着“不能就业”。也许只有当所有的毕业生都完成了就业的过程后，再来探讨和

---

① ［美］约翰·W·克雷斯威尔：《研究设计与写作指导：定性、定量与混合研究的路径》，66页，重庆，重庆大学出版社，2007。

② ［美］唐·埃思里奇：《应用经济学研究方法论》，132页，北京，经济科学出版社，1998。

分析就业的影响因素，特别是探讨和分析人力资本、社会资本因素的作用大小等问题才会更加合适，研究所得出的结论也才会更加全面准确。

二是研究工具缺乏借鉴导致研究结果缺乏累积性。……许多研究的开展并没有建立在很好回顾前人研究状况的基础上，不同的研究相互之间没有很好地借鉴与参考，因而研究工具各不相同，研究结果也缺乏累积性和可比性。比如，众多研究都探讨了人力资本、社会资本与大学生就业的关系，但能够借鉴前人方法和测量指标的比较少。无论是人力资本的测量指标，还是社会资本的测量指标，现有研究之间的差别都比较大。……这样造成的结果是，各项研究所得出的不同结果无法与前人结果进行比较和鉴别。研究者的研究结论也自然就变成自说自话了。

三是样本的结构与调查结果的可比性。……不同年份实际调查样本抽取中的种种不同，使得每次调查的样本结构并不一致。而这种样本结构不一致的后果将导致调查的结果相互之间不能不加处理就直接进行对比，因为这种对比得到的各种“差别”、“特征”，实际上是样本结构的一种反映。而多次调查结果中所表现出来的变化，也是多个样本结构不同的一种体现。研究者也不能根据这种不可比较的结果去总结大学生就业变化的各种趋势。

四是调查的样本规模与实际统计分析用到的样本规模不一致及其影响。……现有研究中一个比较普遍的问题是调查抽取的样本规模与实际分析所用到的样本之间的差距很大，导致研究结论所依据的样本实际上并不能很好地代表抽样的总体。……除了实际分析的样本规模较小外，许多调查中还存在着缺少发出的问卷数目的信息。这些调查虽然在统计分析时用到的样本规模足够大，但由于研究者并没有报告他们实际发出了多少份问卷，因此，这种“足够大”的样本规模并不是调查结果具有充分代表性的保证。①

明确了现有研究的这些不足，我们就能在自己的研究中进行改进和避免。比如，针对第一个不足，我们在研究设计中就可以改变研究的对象。即不是去调查那些尚未毕业、尚未离开大学的应届毕业生，而是去调查已经毕业几年、工作了几年的大学生（笔者的另一篇论文就是针对这一对象进行的②）。再比如，针对第二个不足，我们可以系统地收集和分析前人研究中关于人力资本、社会资本概念的各种定义和测量指标，在此基础上确定自己采用的定义和测量指标，以便于同前人的结果进行比较。

3. 文献回顾结果的表达

有了对前人研究文献的详细了解，只是为自己的研究打下了一个好的基础。只有将自己阅读过的这些文献很好地概括、梳理和组织起来，有条有理地展现在读者面前时，文献回顾才达到了它所要达到的目的。

我们该如何表达文献回顾的结果呢？关键是要抓住研究的主题来组织。有学者认

---

① 风笑天：《我国大学生就业研究的现状与问题——以30项重点经验研究为例》，载《南京大学学报》，2014（1）。

② 参见风笑天：《城市在职青年的就业途径及相关因素分析》，载《南京师范大学学报》，2012（5）。

为，好的文献回顾应该具备这样几条："（1）前沿性。文献综述应该关注学术的最新发展，不是为了赶时髦，而是为了防遗漏。（2）覆盖性。一个好的综述应该涵盖所有重要文献，围绕研究的中心问题，探索方方面面的答案，包括自己不同意的答案。对与自己的假设或发现不一致的文献或理论，尤其不能忽略。……（3）相关性。在坚持全面原则的同时，我们又不能对所有文献不加选择地包揽。我们只需要回顾与本研究直接相关的或至少间接相关的文献，避免讨论不相关文献。（4）分析而不是堆砌文献。罗列文献是初级水平，成熟的文献综述要有分析。最重要的分析技巧包括辨识有重要理论贡献的关键文献，依据不同的理论视角将文献进行归类，比较各种观点之间的差异和逻辑关系，并且批判性地评估各种观点的理论价值和经验证据。（5）连贯性。好的研究综述应该自始至终围绕一条主线，为作者的思路服务，一步一步推演出研究假设。年轻的学者容易被繁琐的文献牵着鼻子走，偏离主题。"① 他的看法可以作为我们表达文献回顾结果的一种参考。

具体来看，文献回顾的表达有两种不同的形式。一种我们可称之为"单独成篇"的文献回顾，另一种则可称之为"作为整体一部分"的文献回顾。"单独成篇"的文献回顾在发表时，往往会采用诸如"研究综述"、"文献综述"或"研究述评"等名称。其目标是对一段时期、某一研究领域中的研究文献进行系统的梳理、归纳、陈述和评价。这种文献综述对于总结该领域的发展状况、主要结果，特别是值得重视和值得进一步探讨的相关问题等，有着十分重要的作用。"作为整体一部分"的文献回顾又可分为两种情况，对于一本专著或者研究生学位论文中的文献回顾来说，其容量、篇幅会更大一些，所包含的内容也会更加丰富、详细和充实一些。这样的文献回顾往往需要用专门一章的篇幅来表达。而对于在学术期刊上发表的研究报告或论文来说，其文献回顾的篇幅受到限制，通常是作为论文中单独的一节来表达。当然也可以不单独列出一节，而是直接将文献回顾的内容融在导言里表达。

我们将"作为整体一部分"的文献回顾的撰写和表达方法放到本书后面第十章"论文写作"部分进行介绍，在这里仅就"单独成篇"的文献综述的写法进行一些介绍和说明。

一般来说，"单独成篇"的文献综述通常都会包括"述"和"评"两个部分（因此有的文献回顾论文的标题往往会写成"某某问题的研究述评"）。在这种文献回顾中，既要介绍该研究领域中的状况，又要在此基础上进行评价和议论。其中"述"的部分，即是要通过作者对众多文献的系统阅读和分析，将该领域中的整体研究状况进行分类整理，或按时期、主要的专题或分支进行综合介绍，同时还要适当展现出每一时期、每一专题或分支中最为重要的研究结果。由于这种文献回顾所涉及的内容较多，因此，写作中往往还需要采取进一步将文献整体内容细分为"次主题"的方式进行。而文献回顾中"评"的部分，则是要在归纳整体研究状况的基础上，指出现有研究中存在的主要问题或不足，特别是要对若干重要的、已有研究尚未充分讨论的问题提出来进行探讨，或者提出一些新的研究方向。至于"述"和"评"两部分的侧重或比例问题，

① 彭玉生：《"洋八股"与社会科学规范》，载《社会学研究》，2010（2）。

一般来说，“述”的部分比重和篇幅相对较大，但有的文献综述相反，提出来的问题和讨论部分相对较大，或者说“评”和“论”的部分相对较大。有关这方面的例子，读者可参阅笔者的三篇文献。第一篇是笔者博士论文中的“文献回顾”一章①，另外两篇是对两个领域的研究状况的整体回顾及探讨。其中，关于独生子女研究状况的文献回顾就相对侧重于“述”一些②，而关于生活质量研究的文献回顾就相对侧重于“评”和“论”一些③。

此外，我还想特别推荐读者读一篇题为“中国农村留守儿童研究述评”的文献回顾。在这篇研究述评中，作者“致力于寻找、辨析留守儿童存在的真实问题。文章分两条线索：一是对已有研究的再研究，主要是通过中国知网、‘中国学术期刊网络出版总库’，经过筛选，查阅来自期刊论文中影响较大且方法比较规范的文献，做重点解读，从中提炼出现有研究中能够反映留守儿童真实问题的主要结论；二是在此基础上，通过对其他相关文献的分析，结合笔者的研究经历和参与的调查，对农村留守儿童问题进行延伸的分析”④。从这篇文献述评中，我们可以进一步了解到作者是如何选择文献、分析文献、归纳文献、评论文献的。而读者通过阅读这篇文献回顾，也会获得对这一研究领域中的现状、焦点问题、重要结果、理论视角等等方面的全面了解。这正是文献回顾所发挥的作用的体现。

教学建议与练习题

1. 组织学生讨论文献回顾的意义及其与社会研究过程之间的关系。

2. 从本学科学术刊物中选择几篇经验研究论文，组织学生对这几篇论文中的文献回顾进行分析和评论。

3. 要求学生围绕自己在第二章的练习中所选择的研究问题进行文献回顾的练习，并将其写成一篇文献回顾。

推荐阅读

1. 彭玉生．“洋八股”与社会科学规范．社会学研究，2010（2）．

2. 风笑天．论社会研究中的文献回顾．华中师范大学学报，2010（4）．

3. 风笑天．独生子女：他们的家庭、教育和未来．北京：社会科学文献出版社，1992.

4. 风笑天．中国独生子女研究：回顾与前瞻．江海学刊，2002（5）．

5. 风笑天．生活质量研究：近三十年回顾及相关问题探讨．社会科学研究，2007（6）．

6. 谭深．中国农村留守儿童研究述评．中国社会科学，2011（1）．

---

① 参见风笑天：《独生子女：他们的家庭、教育和未来》，第2章，北京，社会科学文献出版社，1992。

② 参见风笑天：《中国独生子女研究：回顾与前瞻》，载《江海学刊》，2002（5）。

③ 参见风笑天：《生活质量研究：近三十年回顾及相关问题探讨》，载《社会科学研究》，2007（6）。

④ 谭深：《中国农村留守儿童研究述评》，载《中国社会科学》，2011（1）。

第四章　研究设计概述

当有了一个定义清楚、大小合适的研究问题时，剩下的任务就是去寻找回答这一问题的答案。换句话说，确定了研究问题，等于确定了研究所要达到的目标，剩下的问题就是我们如何才能达到这一目标。这正是研究设计所要解决的问题。研究设计一方面产生于研究问题和文献回顾的过程中，另一方面又影响到研究的实施和结果的形成。所以说，研究设计其实是一项社会研究的核心和关键所在。本章概述研究设计的基本概念和主要思想，后面的三章将分别针对社会研究中三种基本的、同时也是最常用的研究方式——调查研究、实地研究、文献研究的设计进行专门的介绍。

一、研究路径的选择

有研究者指出："研究设计是一项研究的基本计划，它包含四个方面的主要观点。首先是策略，其次是概念框架，再次是研究谁和研究什么的问题，最后是收集和分析经验材料时所用的工具和程序。因此，研究设计也涉及与此相对应的四个方面的问题：依据什么策略来收集和分析资料？在什么样的概念框架中进行收集和分析？从谁那里收集？如何收集？"[①] 实际上，如果将上述四个方面归结为两个大的方面，我们也可以认为，研究设计的实质，就是对从研究问题到研究答案的路径所进行的选择，以及对研究实施的各个具体环节所进行的规划。在这两方面任务中，路径选择相对宏观、抽象，更具方向性；而具体环节的规划则相对微观、具体，更具操作性。

1. 研究路径：理想与现实

在 Zina O'Leary 所著的《社会研究基本指南》一书中的图示[②]的基础上，我们进一步给出图 4—1，用来说明研究设计与研究问题和研究答案之间的关系。

借用图 4—1，我们希望说明以下几点：

第一，研究设计就是图中的各种箭头，它既代表从研究问题走向研究答案的各种路径，也代表处于研究问题与研究答案之间的、连接二者的桥梁。

---

① Keith F. Punch, *Introduction to Social Research: Quantitative and Qualitative Approaches*, London, Sage, 1998, p. 66.

② See Zina O'Leary, *The Essential Guide to Doing Research*, London, Sage, 2004, p. 86.

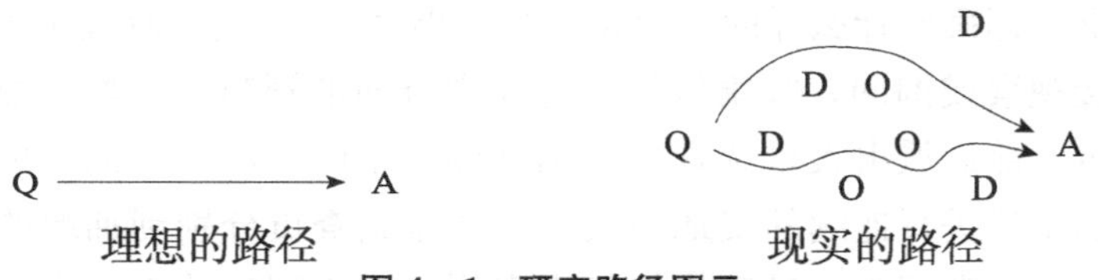

图 4—1　研究路径图示

注：Q——Question，表示研究问题
A——Answer，表示答案
O——Obstacle，表示障碍
D——Difficulty，表示困难

第二，在理想状态下，研究问题与研究答案之间有一条直接的路径，或者说，有一种研究设计可以直接连接研究问题与答案；但是，在现实社会生活中，存在各种各样的困难和障碍，因此，从研究问题走向研究答案的路径不会是直接的，而是曲折的，同时这种弯弯曲曲的路径往往也不止一条。

第三，研究者进行研究设计的最终目标，就是要在考虑到现实中的各种困难和障碍的前提下，从各种不同的路径中，选择一条最为合适的路径。应该说明的是，所谓的最合适路径，实际上也只是相对的，是研究者在充分权衡到达目标的直接性、准确性、可行性等相互冲突的前提条件后，所做出的“利多弊少”的决定。特别是，在可行性这种刚性的限制面前，许多研究设计只能“绕道而行”，或者只能退而求其次了。

第四，采用不同路径最终到达的目标（即所得的结果）与研究最初的目标（即理想的结果）不会完全相同，二者之间会存在一定的差距；而研究者采取不同路径所导致的差距大小会有所不同，差距所属的方面也会有所不同。这就像采用不同的方式旅行时，沿途所看到的风景是不一样的那样。

图 4—1 告诉我们，虽然在理想状态中，从问题到答案的路径十分直接明了，但在现实社会生活面前，从问题到答案的路径却往往弯弯曲曲，且不止一条。而研究者进行研究设计的主要任务就是要选择一条最合适的路径。“不同的路径都具有产生回答问题的资料的能力，但诀窍是要找到一条对于所回答的问题、对于研究者、对于研究的背景来说在方法论上都是最为合适的路径。”①

举例来说，20 世纪 80 年代中期，针对社会舆论中有关“独生子女都是小皇帝”的看法，有研究者希望通过收集系统的经验证据来回答“独生子女究竟是不是小皇帝”的问题。亲爱的读者，如果你是这位研究者，你会怎样设计这一研究呢？或者说，你认为最理想的研究设计是什么呢？

建议你停下阅读，仔细地思考一下，并将你的研究设计写在纸上。然后再接着往下阅读。

在笔者看来，要回答这一问题，最理想的研究设计是：首先制定出衡量是不是小

---

① Zina O'Leary, *The Essential Guide to Doing Research*, London, Sage, 2004, p. 86.

皇帝的行为标准（即确定什么样的行为表现算是小皇帝）。然后对现实生活中大量的独生子女进行直接观察或询问，收集他们行为表现方面的资料。比如，抽取一个相当大的中小学生样本，然后派出大量调查员分别到样本中的中小学生的家庭和学校中，对独生子女每天的生活进行连续的实地观察，或者派调查员分别到抽取的中小学中找到样本中的对象进行问卷调查。最后将他们观察到、调查到的独生子女的行为表现进行统计，并与小皇帝的标准进行对照。如果二者之间完全一样，就可以证明研究问题；反之，则不能证明研究问题。

这种研究设计的逻辑是正确的，证明的方式也是直接的、有力的。但是，现实中我们真的能按这一研究设计去做吗？在这样做的过程中我们会遇到什么困难和障碍呢？作为研究者的我们需要做出哪些决定、进行哪些权衡和取舍呢？

首先，我们必须制定出小皇帝的标准——显然，这种标准绝不像身高标准那样简单明了。因此，研究设计中要对小皇帝的标准进行考虑：是三条、五条，还是八条、十条，或是更多？特别是，这些标准还要能够应用于现实观察（这是操作化的内容）。理论上观察的方面越多越好，但却将遭遇现实中观察的方面越多越困难的巨大矛盾；此时研究者要进行权衡、取舍，做出决定。

其次，由于80年代中期独生子女基本上只存在于小学，中学生中基本没有独生子女，因此原计划中的中学生对象只能去掉。而如果采用调查的方式，小学生又会成为这种方式的一个障碍——他们一般不具备填答自填式问卷的能力，因此自填式问卷调查的方法就不适用。对他们的调查只能采用当面访问的方式，这意味着大量的人力和较长的时间；同样，对他们的观察所需要的观察员数目则会更多，所需要的时间也会更长。两种情况下的研究费用都是一个巨大的压力。那么，能缩小研究的样本规模吗？调查访问时小学生能明白提出的问题吗？采用观察方法时能进入现场（家庭和学校）进行观察吗？

如果小学生不能明白研究者提出的问题，对他们进行调查的路径就行不通；如果研究者没有足够的经费，或没有足够的时间，或没有足够的人力，样本规模就必须缩小；如果研究者进入不了现场（家庭和学校），观察的方式就无法使用……如果上述的各种“如果”就是现实，即上述各种路径都行不通，那你作为研究者又该怎么办呢？换句话说，研究的现实设计又是什么呢？

研究还得进行，我们还得去寻找其他的路径，哪怕这些路径看起来不如上述路径那么直接，那么有力，那么完美。这位研究者只是一位博士研究生，且只有他一个人来做这项研究，没有其他人力，经费也很少，无奈之下，他只得选择了另一条间接的、不太完满的，但却是切实可行的研究路径。他的研究设计是：

改直接证明为间接证明。其逻辑是：假定“独生子女是小皇帝”，那他们不会生来就是如此，只可能是后天影响的结果，特别是父母教养方式影响的结果。即只有溺爱孩子的父母才会培养出小皇帝。因此，如果“独生子女是小皇帝”，那么就应该有“独生子女父母溺爱孩子”的现实。反之，如果现实表明“独生子女父母并不溺爱孩子”，那么“独生子女是小皇帝”的结论就难以成立。这样一来，问题就变成了“独生子女父母都溺爱孩子吗?”

因为研究者只有自己一个人，不可能采用当面访问的方法、更不可能采用观察的方法来进行这项研究，因而只能采取自填问卷调查的方法；又因为研究的问题变成了“独生子女父母都溺爱孩子吗?”，因此调查对象也就变成了小学生父母（包括独生子女父母与非独生子女父母）。对于这样的调查对象，采用自填问卷的方法进行调查就变成是可行的了。这样，研究者设计了分层整群随机抽样的方法，抽取了包含两类父母在内的大规模样本，向他们询问了四个方面十九个具体问题（即对“溺爱孩子”这一变量的十九个测量指标）。根据调查收集到的数据资料，通过统计分析，得到了“两类父母在溺爱孩子的表现上不存在显著差别”的结果。这样，在同龄非独生子女父母的参照下，就间接地证明了“独生子女并非都是小皇帝”的结论。①

显然，这一研究设计比前面理想的研究设计差了很多，其缺陷和不完满的地方也多了许多。它所得到的也可能并不是回答原有研究问题的最好答案。但它毕竟在探索该研究问题的道路上实实在在地朝前走了一步，在认识和了解这一现象方面增加了一些新的信息。

总之，做一项好的研究有不止一条的路径。研究设计则是一种在社会现实面前的选择和权衡过程。在这一过程中，在任何研究的任何阶段，研究者都需要做出判断和决定。这其中最大的决定就是研究策略的选择。② 同时，研究中也没有一条路径是各方面都最好的。这就像我们在现实中旅行一样，有的路径路程短，花费也低，但一路上困难重重，所到达的地方离目标也相对较远；有的路径是“全程高速”，但路径远，花费巨大，研究者的经费、时间等无力承担；等等。研究者的任务，就是要去选择一条切实可行的、路程距离尽可能短、障碍尽可能小、代价可以承受、所得结果又比较理想的路径。

2. 研究设计的两个前提

研究设计的第一个前提是必须专注于研究问题。这即是说，研究设计首先要针对研究的问题。你的任何选择和计划都应该是围绕着你的研究问题、围绕着找到回答研究问题的答案来进行。从你的研究设计中应该可以看到你打算研究什么，想要探讨什么，想要寻找什么答案。与此相应的是，你的研究设计实际上是由你的研究问题决定的。一个界定明确、表达清楚的研究问题，其本身就能够指出你的研究对象应该是什么，你应该去询问哪些人，你需要收集什么样的资料，甚至可以指出哪些方法、什么样的工具是最合适的。正是从这种意义上，我们说，研究设计是由研究问题决定的。

研究问题所体现的研究目标不同时，也会导致研究设计的不同。比如，对于某些新的社会现象、社会问题，或者社会缺乏认识和了解的某些新领域，就常常需要进行描述性研究设计来了解这一新现象、新问题、新领域的特点、分布和趋势，以帮助社

① 参见风笑天：《独生子女：他们的家庭、教育和未来》，6章，北京，社会科学文献出版社，1992。

② See Martyn Denscombe，*The Good Research Guide*，Maidenhead，Open University Press. 2010，p. 3.

会和大众获得客观、准确的认识，同时也为学术界进行更加深入的研究打下基础。这种描述性的目标往往会导致大规模抽样调查的研究方式的运用，或者是详细深入的个案研究的方式的运用，等等。而对于学术界已经有比较清楚了解的现象、问题和领域来说，更为重要的研究设计则是要探索现象之间的因果联系，要通过研究设计找出答案来回答“为什么会如此”的问题。因此，研究者必须设计出与理论相关的解释性的研究。

另一方面，研究者也要依据所研究的问题来精心选择和设计具体使用的方式方法，包括研究程序、步骤和具体工具。对于研究者来说，不同的研究方式和方法就像工具袋中的各种不同的工具一样，相互之间常常不是谁比谁更好的问题，而是对于具体的研究问题来说，谁比谁更合适、谁比谁更有效的问题。研究者所关注的应该是对于特定的研究问题，各种可行的研究方法中，哪种设计比其他设计能更好地回答特定情况下的特定问题。

研究设计的第二个前提是设计中的所有元素都必须是可以实施的，而且整个研究计划必须是在研究者研究技术和能力的范围内。换句话说，研究设计所涉及的每一个方面、准备采用的每一种方式、每一个步骤、每一个环节在客观上都必须是可行的，在主观上也都是研究者自身技术和能力能够达到的。这一前提实际上是研究问题的可行性在研究设计中的体现。不考虑研究中所面临的各种现实困难和障碍，不考虑自身能力所能应付的范围，这种研究设计很可能只是一种空想的蓝图，在实际研究中根本无法实施。

应该认识到，虽然开展研究的方式有许多种，但每一种方式实际上都伴随着所需要的客观现实条件和研究者自身技能的特定要求。举一个简单的例子，假定你要研究吸毒者的基本情况以及他们吸毒的原因，你准备采用调查研究的方法来收集资料。那么，你这种研究设计的可行性前提之一就是：你能合法地、安全地、方便地接触到足够数量的吸毒者吗？他们能够按你的要求回答问题吗？所以，研究者既应该对每一种研究设计会涉及什么样的客观困难和障碍有清醒的认识，也应该对自己的能力、局限等有清醒的认识。在对这两方面都有了充分的和现实的考虑后，我们才能在从研究问题到研究答案的多种不同路径中，选择自己能力和条件能够达到的、能够应付下来的路径，而不要选择那些可能会超出研究者自身能力或条件的范围的路径，哪怕这些路径具有其他一些优点。

二、将研究问题与研究方法相连接

一项完整的社会研究，包含着研究问题的形成、文献的回顾、研究设计、研究实施、资料分析、得出研究结果等多个环节。在不同的环节中，研究者的任务是不同的，对研究者能力的要求也是不同的。如果说研究问题的提出和形成主要体现的是研究者具有的“思想的”或“产生想法的”能力，而研究的实施，包括资料收集、资料分析和结果表达等，主要体现的是研究者“动手的”或“操作的”能力，那么，研究设计就是体现研究者“构思”、“规划”、“选择”、“权衡”和“运筹帷幄”的能力。因而，也可以说研究设计是对研究者综合运用社会研究方法和技术的能力的考验。

1. 研究方式的选择

在研究设计中，研究者需要做出的一个重要决定是进行研究方式的选择。研究者一旦确定了研究问题，研究方式的问题就会提上议事日程。“我该采用哪种研究方式进行研究呢?”对于这一问题的最好回答是：“那要看你的研究目的是什么了。”或者是：“要看你的研究问题所提出的目标是什么。”

例如，如果你的研究目的是测量某种社会现象的整体状况或趋势，或者是收集系统的经验证据用以检验某种理论，那么，调查研究的方式将是你的最好选择。如果你的研究目的是理解一个特定社会背景中起作用的各种因素及其相互之间的复杂关系，或者是探究一个特定事件的发生、发展和变化过程，那么，你的最好选择就是实地研究的方式。如果你的研究目的主要集中在揭示某种社会现象产生的直接原因，特别是希望观察某种特定的因素对这种社会现象的影响，那么，最好的方式就是进行一项实验研究。如果你的研究目的是探索一种新的主题和提供一种新的眼光，或者是澄清某种概念，建构某种新的理论，那么，你的最好选择就是扎根理论的方式。而如果你的研究目的是描述某种特定文化的实践和传统，或者是解释某种特定文化内部的社会互动，那么，最为合适的研究方式就是民族志了。

每一种不同的研究方式同时也就意味着更多方面、更为具体、一系列的不同研究设计内容，包括研究程序的制定、研究对象的选择、研究工具的设计和选择、具体研究技术的运用、研究伦理因素的考虑等等。在设计上述各种方面的内容时，都要充分考虑到现实社会中的各种障碍因素，并提前准备和制定出相应的解决办法和替换措施。总之，在进行研究设计时，研究者头脑中应始终记住两件事：所选择的方式、方法，对于回答研究问题来说，既应是最合适的，又应是可行的。

2. 同一研究问题不同研究方式的设计

当然，对于同样一个研究问题，也不意味着就只有一种固定的研究方式。研究者依旧可以通过自己的设计，选择一条特定的到达研究目标的路径。为了说明这一点，我们可以举两个实际研究的例子。

对于密度对人类居民的影响问题，有两组研究者于 20 世纪 70 年代初进行了研究。他们分别采用了不同的研究设计，来探讨同一个研究命题。1971 年格里菲勒等人采用的是一项“实验室研究”的设计。他们在一个九英尺[①]长、七英尺宽、九英尺高的房间里，通过调整房间中的人数来“制造出”不同的密度，然后通过对这些参与实验者进行“人际评判量表”的问卷调查，来测量“侵犯性”程度（即对人类居民的一种负面的影响）。结果表明，高密度使人彼此之间不喜欢的倾向增长。而 1972 年加勒等人则是采用一项“现有统计资料分析”的研究设计。他们利用了 1960 年的《芝加哥地方社

① 1英尺＝0.304 8米。

区事实手册》里的统计资料。该统计资料里既有“每英亩[①]居民数”（即人口密度指标），也有诸如“死亡率”、“生育率”、“对青少年的无效照管比例”、“青少年犯罪率”、“精神病比例”（即对人类居民的负面影响的指标）等统计资料。但这一研究设计中，由于存在着影响密度与病态之间关系的其他因素，因此，研究者对阶级等变量进行了控制。结果发现，“密度并不造成病态，而密度和病态两者的差异，却是由社会阶级的差异造成的（例如，众所周知，穷人居住在较拥挤的地区，并有较高的青少年犯罪率）”。研究者进一步的研究表明，“当密度按每房间人数测量时，就确实存在者密度和病态之间的关系，假设就得以证实”[②]。

需要说明的是，不同的设计在具有各自的优势的同时，也存在各自的局限。在上述两种设计中，也同样如此。比如，实验室设计的人工环境是格里菲特等人的研究设计的最大缺点。而加勒等人研究设计的缺点是：“研究人员不能自由设计最好地测量人口密度及其影响的可能方法，而只能囿于该手册里所包含的资料。还有一些缺点是，资料陈旧……而且研究人员对该项研究无直接控制……不能控制密度，而只是简单地研究已发生过的事情。”[③]

3. 一个研究问题中多种研究方式的运用

除了对于同一个问题可以采用多种不同研究方式的设计外，研究者在一个研究设计中，也可以同时采用多种不同的研究方式，不同的研究方式在研究中扮演不同的角色，共同完成回答研究问题的任务。比如，社会研究中比较常见的一种方式是将深入的个案访谈的研究方式与大规模的抽样问卷调查的方式同时运用于一项研究中。前者往往作为整个研究过程的前期探索性研究，主要为后者的设计和实施提供必要的支持，同时也可以为研究者理解和解释定量调查的数据分析结果提供一定的参考。

另外一种设计则是针对研究问题所包含的不同方面的内容，设计不同的研究方式，分别进行回答，最后这些局部的、具有内在逻辑联系的答案，共同完成回答整个研究问题的任务。本书最后一章所解析的笔者的一项研究，就是运用多种研究方式的一个例子。

笔者在那项研究中的研究问题是：在当前的中国社会中，大众媒介是不是存在着对独生子女的“妖魔化”倾向？而要回答这一问题，就必须回答这样三个密切相关的问题：第一，现实社会中大众媒介对独生子女的评价是什么？特别是，大众媒介对独生子女的评价是否主要是负面评价？第二，现实社会中独生子女的实际表现如何？特别是，如果大众媒介中存在着对独生子女的负面评价，那么，现实社会中独生子女的实际表现是否如大众媒介所描述的那样具有负面性？第三，如果大众媒介的评价与独生子女的现实表现之间的确存在明显差异，即大众媒介的确存在“妖魔化”独生子女的倾向，那么大众媒介是如何形成对独生子女的这种误解的？或者说，大众媒介是如

---

① 1英亩≈4 046.86平方米。

② ［美］肯尼思·D·贝利，《现代社会研究方法》，17～23页，上海，上海人民出版社，1986。

③ 同上书，19～20页。

何将独生子女“妖魔化”的？

笔者的研究设计正是依据这种思路，紧紧围绕着上述三个问题进行考虑和选择的：为了系统、客观、全面地收集和了解大众媒介对独生子女的评价，笔者决定首先采用内容分析的方法，对大众媒介中有关独生子女的新闻报道进行系统的、定量的分析，从总体上描述大众媒介的新闻报道对独生子女所持有的评价倾向，以说明大众媒介所建构的独生子女形象是什么；其次，针对大众媒介的普遍认识和看法，有针对性地采用调查研究的方法、现存统计数据分析的方法，收集定量数据进行统计分析，并用所得的经验结果与媒介的认识和看法进行比较，以说明媒介的认识评价与社会现实之间是否存在差距；最后，在定量分析的基础上，选取具有典型意义的新闻报道，对大众媒介报道独生子女的方式、材料和推断的逻辑进行定性分析，以考察媒介新闻得出某种评价倾向的特定机制，揭示媒介新闻报道方式与独生子女形象的建构之间的关系。

正是通过采用内容分析、调查研究、现存统计数据分析、定性文本分析多种不同的研究方式和方法，笔者较好地证明了大众媒介存在着对独生子女的“妖魔化”现象，帮助人们提高了对现实社会生活中独生子女相关现象的认识。有关这一研究的详细情况，可见本书的最后一章。

三、研究假设的建构与验证

如果从研究与理论的关系来看，研究设计就可以看成主要围绕这样两个大的目标：即形成理论或检验理论。一般来说，在一项具体的经验研究中，常常不能同时包含这两个目标。从研究设计的角度看，理论建构的研究通常采用定性研究的方式和研究方法，特别是扎根理论的方法等。而理论验证的研究则更多地采用定量研究、特别是调查研究的方式和方法。有关理论建构的方式和方法我们放在第六章实地研究设计中进行讨论。这里我们将从研究设计的角度，集中探讨与理论验证的研究密切相关的假设及其验证问题。

1. 什么样的研究需要假设

假设是社会研究中的一个基本概念。所谓假设，指的是“以可检验的方式表达的两个或多个变量之间关系性质的逻辑推测”①。或者说是“一个以可检验的形式加以陈述，并对两个（或两个以上）变数之间的特定关系进行预测的命题”②。

在教学和实践中，笔者经常遇到学生和研究者提问：“是不是每一项社会研究中都要有假设?”造成这种询问的一个方面的原因，是许多社会研究方法的教材中，常常在专门的部分，比如在研究程序部分或在研究设计部分，涉及假设、假设检验等概念及其相关内容。特别是由于著名社会学家华莱士在探讨社会研究的逻辑时所提出的“科学环”的巨大影响，加上实证研究中“假设——检验”模式的普遍应用，使得研究生

---

① Zina O'Leary, *The Essential Guide to Doing Research*, London, Sage, 2004, p. 36.

② ［美］肯尼思·D·贝利：《现代社会研究方法》，55 页，上海，上海人民出版社，1986。

和初学者往往产生出上述疑问。

所谓是否需要假设的问题，实际上指的是在研究的过程中，主要是在研究的开始阶段，是否必须有一个假设作为指引经验资料收集的方向的问题。这一问题的提出，实际上是受到实证研究中“假设——检验”模式深刻影响的结果。这一模式指出，研究起始于理论，由理论推演出假设，由假设经操作化到经验资料收集，再通过对经验资料的统计分析验证或证伪假设，最后达到支持或否定理论的目标。如果所有的社会研究全都遵循着上述逻辑的话，那的确可以说研究中必须要有假设了。

然而事实上，并非所有的社会研究都遵循着上述逻辑过程，因此也不是所有的社会研究都需要有假设。需要假设的只是一部分社会研究类型。概括地说，通常情况下，所有的定性研究都不需要假设，以描述为主要目标的定量研究也不需要假设，只有定量的解释性研究才需要假设。如果用研究同理论之间的关系来进行划分，那么，一般来说，建构理论的研究不需要假设，只有验证理论的研究才会需要假设。

2. 建构假设的三种方式

彭玉生在一篇论文中指出：“在经验研究中，假设是连接理论与经验数据的桥梁。我们的经验资料常常不能够直接检验我们感兴趣的理论，所以需要从理论中演绎出可验证的假设，从而将理论与经验资料间接地联系起来。特别是较具普遍性的理论，难以直接检验，需要一些‘中介’命题才能与资料发生关系，这就是假设。理论不一定是可以直接检验的，但假设必须是可以直接检验的。我们通过验证或证伪假设，间接检验理论。”① 他根据理论与假设的密切程度，划分出三种建构假设的方式：应用普遍理论、直接演绎和间接演绎。他还列举了一些研究实例来说明这些连接理论与假设的方式与策略。笔者觉得他的总结十分明确，例子也非常好，特将他的论文中的主要观点摘录下来进行介绍。② 同时也建议读者进一步阅读原文。

> 方式 1　应用普遍理论。研究者经常简单地应用一些一般性的理论概念或理论框架，这些理论经常是宏大理论或被广泛接受的理论。……这一过程遵循演绎逻辑，可以是严谨的演绎，也可以是不严谨的演绎。
>
> 例 5　周雪光等人（Zhou et al.，2003）应用交易成本经济学来研究中国企业间的合同关系。威廉姆森指出，交易因有限理性和投机行为而成本高昂，人们采取不同的交易方式以降低交易成本。周雪光等人认为，如果中国企业间交易行为遵循交易成本的理论逻辑，那么交易成本因素（如风险、金额）会影响寻求合同伙伴的途径、合同的形式，以及在执行合同的过程中社会交往的强度。
>
> 方式 2　间接演绎。如果理论 A 是正确的，那么根据条件 α、β、γ 推导出假设 a。如果假设 a 被证实，则说明理论 A 与资料是一致的并且可能是真实的。如果假设 a 被证伪，则理论 A 也不一定是虚假的，因为任何一个前提条件都可能是错的。

---

① 彭玉生：《“洋八股”与社会科学规范》，载《社会学研究》，2010（2）。

② 本节与下一节中的引用部分均来自于彭玉生《“洋八股”与社会科学规范》一文，笔者仅作了少量删减。删减中若有不当之处由笔者负责，与原作者无关。特此说明。

但此时研究者可能已经抓住了理论的要害或者揭示出它的限制条件，为理论的修正和重构做好了准备。

例 2　笔者（Peng，2004）根据科尔曼的社会资本理论和诺斯的新制度主义，提出一个理论命题，即社会网络可以通过维持社会规范影响经济发展。然后从这个理论命题中演绎出宗族网络维持私有产权、孕育私营个体户的假设。……虽然我用统计资料验证了假设，即宗族网络保护了私有企业发展，但并不验证科尔曼的命题，即社会关系支持非正式规范，充其量只是增加了后者的可信度。”

方式 3　直接演绎。如果理论 A 是正确的，那么假设 a 就是正确的。这里假设从理论或理论的核心观点中直接演绎出来，不加任何条件。如果假设被经验资料证实，那么理论被验证（不是证实）。如果假设被经验资料证伪，那么理论也被证伪。……一般来说，直接演绎所涉及的“理论”，不是默顿意义上的中层理论。当代西方的社会科学文献中常将具体经验命题或经验模型（如流动表分析和升迁模型）称为理论，我们不妨称之“经验理论”。

例 2　作者（Peng，2001）在《中国的村镇工业公司：所有权、公司治理与市场监督》一文中检验三个假设：地方国家公司主义、非正式私有化和市场监督理论。对魏昂德（Walder，1995b）地方国家公司主义的检验，属于严格演绎。魏昂德的核心命题是，村镇工业公司因为规模小，所以监督严，（公有）产权清晰，效益高于城市工业公司。如果这一命题正确，那么地方政府“公司”规模越大，效益越差。这个假设是魏昂德核心命题的直接推演，没有附加条件。并且我的数据来自苏南，没有张冠李戴之嫌。证伪这个假设，地方国家公司主义理论就需要重新构建。我的结论是，地方国家公司主义用公司治理分析苏南模式的政企关系是正确的，但错在只关注内部行政控制，忽视外部市场监督。

3. 验证假设的三种策略

彭玉生同时总结并举例说明了验证假设的三种策略，即“证实单一假设”、“证伪单一假设”和“仲裁竞争假设”。转摘如下：

策略 1　证实单一假设。采取这种策略的，一般要么证明某著名的、有影响力的现有理论，要么证明自己创新的理论。能为一个有影响的、学术界关心的理论提供经验证据，意义自然重大。检验新鲜的、有争议的理论要比检验陈旧理论更有趣。在现有的理论框架之内，报告新数据、新发现，也属于这一策略。

例 1　倪志伟（Nee，1989）20 世纪 80 年代初在福建收集数据，分析农民的收入增长。他援用泽兰尼（Szelényi，1988）关于东欧市场改革有利于下层老百姓的分析，提出中国的农村改革，特别是包产到户，削弱了干部的再分配特权，并给普通农民创造了通过市场致富的机会；所以，改革对普通农民的收入增长更有利。这个关于农村社会分层的简单命题后来被称为市场转型理论，引起一场长达十多年的学术争论。

策略 2　证伪单一假设。采取这种策略，一般是证伪被广泛接受和广泛传播的著名理论，只有证伪这样的理论，证伪才有价值。……以一个知名学者或理论为靶子，才能有效地吸引他人的注意力。这就是所谓“稻草人”战术。……使用“稻草人”战术，一定要言之有理、论之有据。

例1 马什（Marsh，2000）的文章就是这个策略有效性的最好例证。如前所述，韦伯认为中国法律系统是实质非理性的，法官判案不依成文法典，主观武断，带有很大随意性。马什援用黄宗智对清朝法律实践的史料分析，说明韦伯的论断是错误的，提出中国法律系统不具有形式理性，但具有实质理性。

策略3 仲裁竞争假设。……我们的大部分研究问题可以找到竞争的理论，并从中演绎出竞争假设。仲裁竞争假设是一种最稳妥的策略，因为这样做减轻了进行证明的负担。研究者不需要去证明单一理论的绝对真实性，而是扮演裁判的角色，评判哪个假设更加符合资料，哪个理论相对更真实。……如果能穷尽现有文献对问题所有可能的理论解释，那么这种策略就更加有效。

例2 笔者（Peng，2001）从文献中总结了三种解释苏南模型早期成就的理论，即地方国家公司主义、非正式私有化和市场监督论，并从中演绎出三套假设。通过分析企业层面和村镇层面的资料，笔者发现市场监督论与资料分析的结果最一致。虽然我的资料仅直接检验地方国家公司主义理论，并不直接验证非正式私有化和市场监督论，但因为是比较三种理论，容易说服读者：在现有的解释中，市场监督论相对而言最符合经验证据。

第三种策略也可以运用“稻草人”战术，即一方面证明自己的理论，另一方面打倒著名理论。与只破不立的单纯“稻草人”策略不同，“稻草人”战术用于第三种策略是“破旧立新”。以下以边燕杰（Bian，1997）的强关系命题为例。

例4 格兰诺维特（Granovetter，1985）曾提出著名的弱关系假设，大意是美国人找工作更多利用弱关系，因为弱关系往往能带来新信息、新机会，而强关系同质性较高，较少带来有价值的新信息。边燕杰（Bian，1997）分析中国的数据，发现中国人更多利用强关系来找工作，因为对中国人来说，找工作不仅仅需要信息，而且需要人情。以此，边燕杰提出相反的强关系假设。强关系命题的意义在于指出了格氏弱关系假设的限制性条件。①

四、一个研究设计实例的解析

经验的社会研究，在其达到研究目标的过程中，往往会不可避免地遇到理论与实践、理想与现实的矛盾。而研究者进行研究设计的重要任务之一，就是要在这些矛盾面前，合理地采用不同的研究策略、研究方式、研究方法，构筑通向研究目标的桥梁，让不可能变成可能。在本章的最后，我们以著名社会学家阿列克斯·英克尔斯等“现

① 彭玉生：《“洋八股”与社会科学规范》，载《社会学研究》，2010（2）。

代人研究”的设计[1]为例，来看看研究者是如何通过严密的、科学的研究设计，来构筑通向研究目标的桥梁的。

1. 研究问题与目标

英克尔斯等“现代人研究”的主要目标，在于发现工厂工作作为一种现代化的影响因素，对于那些以前生活经历主要局限于农业以及与传统乡村有关的事物的人产生的效果。或者更确切地说，其目标是希望“解释人们从具有传统的人格转变为具有现代人格的过程”[2]，特别是探索和回答工厂工作的经历在这种转变过程中所具有的作用问题。

他们的基本理论是：人们是通过他们的特殊生活经历而变成现代人的。这一理论还特别强调人的工作经历对其成为现代人的作用。“我们首先强调工厂是培养现代性的学校。我们也认为，城市生活以及同大众传播媒介的接触会产生可以同工厂相提并论的影响。”同时，“我们没有忽视教育，更早的研究表明教育是个人现代性的一个有力的预报器”[3]。即工厂经历、大众传播媒介、城市生活和学校教育使人具有现代性，使传统人变为现代人。

概括地说，他们所要论证的命题如图 4—2 所示：

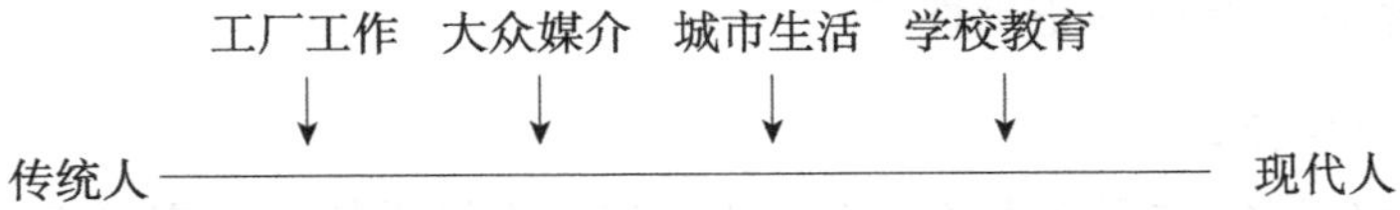

图 4—2 研究命题图示

2. 理想的研究设计

在社会科学中，提出一种理论假设或许不是特别困难。然而，要用经验的事实和材料来验证这一理论假设，却不是一件容易的事情。因为，理论假设只是一种“理想的事物”，而研究却是一种“现实的事物”。研究设计的任务就是要变理想的为现实的，变理论的为实践的。

对于英克尔斯等的研究目标来说，仅从逻辑上看，要回答这一问题，最好的方法是进行一项实验研究：选择两组相同的对象，其中一组进入工厂工作（实验组），另一组不进入工厂工作（对照组）；在不同的时间点上，即在实验组对象进入工厂之前和进入工厂之后，对他们进行两次测量，然后比较两个组在两次测量中所得到的结果。用测量和比较所得到的差异来说明工厂工作对人的现代化过程的影响。图 4—3 表示的即是这种

---

① 1962 年至 1964 年，英克尔斯及其合作者在世界范围内选择了 6 个发展中国家，开展了一场大规模的社会调查。他们采用问卷调查的方式，访问了 6 000 人。每个国家访问的人数为 1 000。所调查的对象包括农民、产业工人、在城市中从事传统职业的人等。这些人代表了不同种族、阶层、宗教、地区、居住区以及其他重要的社会类别。这一调查收集到的资料，是英克尔斯等“现代人研究”的主要依据。参见殷陆君编译：《人的现代化》，10～11 页，成都，四川人民出版社，1985。

② ［美］阿列克斯·英克尔斯、戴维·H·史密斯：《从传统人到现代人——六个发展中国家中的个人变化》，5 页，北京，中国人民大学出版社，1992。

③ 同上书，7 页。

实验设计：

时间点1　　实验刺激　　时间点2

↓　　↓　　↓

实验组(进入工厂组)：进入工厂前的测量——工厂工作经历——工厂工作几年后的测量

对照组(未进工厂组)：与实验组相同的测量————————与实验组相同的测量

图 4—3　现代人研究的实验设计图示

当然，为了控制其他因素的影响，研究者最好寻找设在农村地区的新建工厂，然后进入这些工厂所在的农村，调查和测量那些尚未进入工厂的人们。几年之后，研究者再一次来到这些农村，分别调查和测量那些第一次接受了研究、并在工厂中已工作了几年的人们，以及那些第一次接受了研究但现在仍然在农村从事非工业生产的人们。通过比较两部分人在前后两次调查和测量中所得结果，便可知道工厂工作的经历对于人们的现代化发展的影响状况。“如果在第一次测验和第二次测验之间，那些在工厂工作的人们变得更加现代，那么我们就可以断言，正是工厂的经历使他们如此。当然如果我们发现那些仍然继续从事更传统的工作的人们在两次测验之间没有变得更加现代，那么我们就可以更坚信这一结论的正确性。”①

3. 实际的研究设计

然而，英克尔斯等在研究中并没有采用上述具有纵贯特征的实验方式，而是采用了具有横切特征的调查方式。其主要原因是：“这种单纯的自然实验可能很具有吸引力，但是它没有为我们的研究设计提供一个实际的基础。”② 即这种实验的方式只是一种“理想的”而非“现实的”方式。在实际生活中，实施上述研究的现实条件很难达到，在操作上有许多客观障碍，比如工厂的性质、数量，研究者几年后重返原调查地点进行第二次测量所需要的人力、经费等，都使得这一理论上十分完美、十分合适的研究设计在实践中却变得几乎一钱不值。这就是社会研究者经常遇到的现实。在这种现实面前，英克尔斯等开始设计达到研究目标的其他途径。

首先，他们试图通过不同的对象组别来替代不同时间点的测量。即通过比较两类人，“他们在所有其他的特征方面大致是相似的”，只是其中一类比另一类“有更多的工厂经历”。这种设计用图来表示即是图 4—4：

实验刺激　　同时测量

↓　　↓

实验组(进入工厂组)：同样的一类人——工厂工作经历——测量

对照组(未进工厂组)：同样的一类人————————测量

图 4—4　现代人研究的实验设计图示

---

① ［美］阿列克斯·英克尔斯、戴维·H·史密斯：《从传统人到现代人——六个发展中国家中的个人变化》，47 页，北京，中国人民大学出版社，1992。

② 同上书，48 页。

由于两部分人在其他所有的特征——性别、年龄、教育、宗教、文化等——上都是相似的，只有工作经历不同，因此，他们在测量的结果上所存在的任何差别都只能归因于工厂工作的经历。“我们没有对同一个人在进入工厂之前和在工厂工作一段时间之后进行比较，相反，我们是比较两个人，他们在其他的特征方面大致是相似的，只是其中一位比另一位有更多的工厂经历。”但问题是：“我们怎么能够确定那些观察到的差异是因为工厂工作的影响而产生，而不是因为在招募农民为工业劳动力时已经根据他们的心理特征而使他们有所差异呢？”① 也就是说，怎样才能排除“心理素质决定了一个人是否离开农村进入工业”的观点对结论的影响呢？

为了回答这一挑战，英克尔斯等设置了两条保卫线：一是抽取了一个由刚刚进入工厂的农民所组成的样本，其作用是用来与那些身处农村的农民进行比较，如果二者在现代性上没有差别，那么“心理因素决定论”就难以成立；二是即使新工人比留在农村的农民更加现代，我们也可以通过比较新工人与有一定工厂经历的有经验的工人的现代性来说明工厂经历的作用。

尽管这三组对象的抽取及其相互之间的比较似乎已经满足了回答研究问题的需要，但是，英克尔斯等丝毫没有放松对其他可能存在的缺陷的警惕性。在现实社会中，工厂是与城市联系在一起的，进入工厂成为工人的同时，人们也成为城市人。因此，一个明显的疑问是：城市生活是否同样具有使人们现代化的作用呢？如果是，我们又怎么能够确定是工厂而不是城市是现代化的学校呢？

这对研究者的目标又是一个严重的考验和挑战。为了回应这一挑战，英克尔斯等又抽取了第四个样本——城市中的非工业工人。这些人具有与工厂工人同样的城市生活背景，却缺乏工厂经历。这样，如果比较发现工厂工人比农民更加现代，而城市非工业工人却并不如此，那么就可以认为，正是工厂工作而不是单独的城市生活经历使得个人向更加现代的方面转变。实际上，这第四个群体所起到的是一种控制变量的作用——控制城市生活对研究假设的影响。

4. 其他方面的设计

类似这种为了回答研究问题所进行的研究设计，在正确的逻辑推理的引导下贯穿于整个“现代人研究”的始终。比如，要确立工厂工作经历的作用，除了要排除城市经历的影响外，还必须排除与现代性相关的大众传播媒介接触、学校教育等因素的影响。英克尔斯等为此又采取了配对、部分相关分析等多种方法来对这些因素进行控制。

与上述研究设计有关的一个重要问题是研究中的样本问题。对于定量研究来说，人们往往比较关注样本对总体的代表性，以及与这种代表性相联系的研究结果的概括性。我们注意到，英克尔斯等在其研究中并没有去寻找有代表性的样本，而是去“寻找非常适合于目标的配额样本”。是不是这样做就不科学了呢？这里应该对有关抽样问题的某种认识偏误略做解释。不同的抽样方式具有不同的特点，服务于不同的目的。对于描述

① ［美］阿列克斯·英克尔斯、戴维·H·史密斯：《从传统人到现代人——六个发展中国家中的个人变化》，49页，北京，中国人民大学出版社，1992。

总体结构状况和变量分布状况的研究来说，样本对总体的代表性是至关重要的，它决定着我们从样本中所得到的各种结果在总体中所具有的普遍性程度。而对于检验理论、考察关系、解释原因的研究来说，样本对总体的代表性就退居到相对不太重要的位置，此时重要的则是样本的构成与研究的目标、与研究的假设、与因果关系之间的关联程度。换句话说，以检验理论、解释原因为目标的研究通常不需要对总体有代表性的样本，因为它的目的不是去描述总体的分布，而是直接针对所要检验的变量间关系的假设。当然，如果同时还希望描述总体，或者希望所研究的关系在总体中也存在、所验证的假设在总体中也成立，自然也需要对总体有代表性的样本。

方法为目的服务，从现实出发设计和选择适合研究目标的方法，这是英克尔斯等人的“现代人研究”给我们的启示。它告诉我们：无论是实验方法还是调查方法，无论是随机抽样还是非随机抽样，衡量和决定取舍的标准并不完全是这些方法自身的优劣，而是它们与研究目标之间的适合性、与客观现实之间的适合性。有了这种适合性，我们才能使研究从理想的变为现实的，从理论的变为实践的。

教学建议与练习题

1. 从本学科专业刊物中选择几篇采用不同研究方式的经验研究论文，组织学生讨论每篇论文的研究设计。

2. 在研究设计中，研究者的研究目标与他所面对的社会现实之间存在怎样的关系？我们应如何面对和处理？

3. 每个学生为自己在第二章中选择的研究问题进行研究设计。老师可组织学生进行交流和讨论。

推荐阅读

1. ［美］肯尼思・D・贝利．现代社会研究方法．上海：上海人民出版社，1986.

2. ［澳］戴维・德沃斯．社会研究中的研究设计．北京：中国人民大学出版社，2008.

3. ［美］阿列克斯・英克尔斯、戴维・H・史密斯．从传统人到现代人——六个发展中国家中的个人变化．北京：中国人民大学出版社，1992.

4. Zina O'Leary. The Essential Guide to Doing Research. London：Sage，2004.

5. 彭玉生．“洋八股”与社会科学规范．社会学研究，2010（2）．

第五章　调查研究设计

在社会研究中，调查研究通常是应用最为广泛、最为普遍也最为频繁的一种方式。特别是对于以描述总体特征为主要目标的研究来说，调查研究很可能是最为理想的方式。作为一种非实验研究，调查研究的方式由于没有实验研究中对研究对象高度控制和对自变量的人为操纵，因此，它往往不能像实验研究那样严格地建立起现象之间的因果联系。但是，由于调查研究所具有的快速、准确、适合收集整体资料、资料便于统计分析等多种优点，使得这种方式在社会学、政治学、人口学、管理学、传播学、教育学等各种社会科学中的应用往往最为广泛。

一、调查研究的特征及适合调查的问题

作为社会研究中最为常见的方式，调查研究具有哪些关键的特征呢？这些特征又决定了调查研究最适合用来探讨和研究什么样的问题呢？这是我们在讨论调查研究的设计之前首先应该了解的问题。

1. 调查研究的关键特征

一项调查研究的构成，包括了从调查问题的确定、调查设计、调查实施，直到数据分析和报告撰写在内的众多方面的内容。然而，研究者必须清楚地认识到，构成一项调查研究最为本质的因素，或者说最为关键的特征是什么。

调查研究本质上是一种定量的、非实验的研究。调查研究的方式往往要收集大规模的且有代表性的量化资料，然后通过对量化资料的统计分析，得到有关研究总体的结论。由于是一种非实验的研究，因而其对调查资料的统计分析通常达不到实验研究中那种直接验证因果关系的程度。它往往只能主要围绕着这样两个目标：一是检验各个不同群组的对象之间在研究者所感兴趣的那些方面是否存在显著性差别（比如，具有不同家庭背景的学生的教育获得是否会显著的不同）；二是检验两个变量之间、或者多个变量与某一个变量之间是否存在显著的相关关系，或者说，检验某个变量的变化是否以及在多大程度上可以通过其他几个变量的变化来进行解释（比如，学生的性别与学生的择业意愿之间是否存在显著相关关系，或者学生择业意愿上的变化是否可以通过学生的家庭背景、学生所读学校的类型、学生所学的专业等因素来解释）。当然，通过各种复杂的多元统计方法的运用，依靠统计控制的方法，调查资料也可以提供有关变量间因果联系的有用信息，使研究者可以在一定程度上探讨和回答有关社会现象

之间的因果关系的问题，特别是可以用来检验各种理论假设。

在这样一种探究过程中，保证这一切得以实现的条件主要有三个：一定规模的随机抽样、统一的标准化测量、对调查对象的结构性询问。这几个方面正是调查研究最为关键的特征。

一定规模的随机抽样。这一特征所对应的是描述和推断总体概况的需求，是调查研究具有高度效率的保证，也是调查研究能够让我们的认识从部分到达整体的关键所在。虽然随机抽样的原理也可以应用在其他研究方式（比如内容分析）中，但是，调查研究中的随机抽样所具有的一个突出特点，总能让研究者为此花费更多的脑筋。这一突出特点就是，调查研究最终的抽样对象永远是现实社会中的个人。而现实社会的结构、社会生活中各种类型的人们的组织方式，既构成了调查研究中随机抽样的特定背景，也带来了一系列与随机性相冲突、相矛盾的障碍和问题。正是这些障碍和问题需要研究者在设计中去努力克服。

统一的标准化测量。这一特征对应的是定量分析所使用的资料性质以及为获得这种类型的资料所需要准备的工具。调查对象和调查内容的千差万别，都必须尽可能精确地反映在一套统一的、标准化的测量工具上。无论是对社会学中的理论概念的操作化，还是对现实社会生活中各种复杂现象的概念化，最终都要化作具体的资料收集工具，化作调查问卷中确定的调查问题。正是这种特定工具所收集到的对统一的调查问题的种种回答，构成了调查研究统计分析中的基本原材料。所以说，一份操作科学合理、测度明确具体、形式标准统一的调查问卷，成为调查研究这种研究方式的另一个重要标签。

对调查对象的结构性询问。这一特征对应的是调查研究中资料收集的具体方式，或者说是将上述统一的标准化测量在随机化抽样所得到的调查对象中具体实施的方式。这种资料收集方式的核心是“询问”，即在现实社会生活中进行的一种人对人的询问。而与实地研究中的询问相区别的是，这种询问是结构式的，或者说，这种询问是严格按照统一的标准化的测量要求进行的。正是这种特定方式的询问，成为调查研究的第三个关键特征。由于这种询问过程中研究者所面对的对象是与自己同属一类的人类，同时也由于研究者所进行的询问基本上都关于人们在现实社会生活中的行为和态度，因而在获得调查对象的真实回答方面，同样会遇到各种障碍和困难，这也需要研究者精心设计和认真对待。

总之，虽然一项完整的调查研究设计通常包括调查对象和调查地点的选择、抽样的设计、概念的操作化、问卷设计、调查方式选择、调查队伍组织和培训、调查日程计划、调查资料录入、整理及分析方法等众多方面的内容。但其中最为关键的、对于研究生和缺乏经验的研究者来说最感困难的还是上述的三个方面。因此，我们在本章下面几节中也将主要围绕着这三个关键点来进行介绍。

2. 适于调查研究的问题

要了解和分析适用于调查研究的问题，一个重要的思路就是依据调查研究的本质特征来进行判断。因为这种特征既包含着调查研究所具有的优势和长处，也包含着调查研究所具有的劣势和局限。无论是长处和优势，还是劣势和局限，都在客观上决定了调查研究适合或者不适合研究某种问题。

首先，调查研究特别适合于那些以了解和描述总体概况为主要目的的研究问题，以及那些希望将研究结论推断到一个大的总体中去的研究问题。一句话，当大规模的总体成为研究者关注的中心时，调查研究常常会被采用。这或许是调查研究方式在应用上区别于其他研究方式的一个最主要特征。而调查研究之所以能够做到这一点，其根本原因就在于调查研究的方式中所具有的随机抽样的特质。当然，另一方面或许与社会研究中的总体更多地是由各种不同类型的人所组成的社会群体相关。

其次，调查研究所适合的研究问题主要是那些可以通过被调查者的自我报告来收集相关资料的问题。从收集资料的方式上来看，什么样的问题可以通过调查研究来探讨？什么样的问题不能采用调查研究的方式进行探讨？这种判断实际上至少还包含着两个方面的因素：一方面，要看需要自我报告的内容是什么。举例来说，如果只需要人们报告他们在日常生活中观看电视的情况，或者报告他们日常生活中的工作、学习、休闲等方面的情况，就十分适合采用调查研究的方式；但是如果是需要人们报告他们失败的婚姻发生、发展、变化和结束的复杂过程，或者是要在一个具有明显利益冲突关系的群体中让人们报告他们相互之间的行为和态度，就不太适合采用调查研究的方式。另一方面，要看这种自我报告的具体方式所具有的匿名程度如何。一般来说，匿名程度越低，就越不利于被调查者的自我报告，比如，当面访问的方式就不太利于那些有关敏感问题的自我报告，而相比之下，如果采用自填问卷、特别是邮寄问卷的方式，就会相对有利于被调查者的自我报告。

再次，调查研究还特别适合于那些需要在很短的时间内很快得出研究结果、很快了解社会现实状况的研究问题。这方面的突出例子就是有关社会中的人们对某些热点问题的态度和倾向性的意见的调查研究，比如各种民意测验、舆论调查、市场调查等。

最后，由于调查研究强调统一的标准化测量，因而对于处理一些过于复杂的社会现象、社会行为或态度问题，调查研究的方式往往会显得力不从心，表现出其过于浅显、过于简单的特征。同时，调查研究对社会现实的测量方式也导致其很难深切地把握和认识社会现象形成的上下脉络、社会事件中错综复杂的人际关系、人们在心理和态度上的细微变化等。所以，调查研究不适合用于探讨这类研究问题。

二、抽样设计

调查研究方法的本质特征之一是抽样方法的运用。换句话说，调查研究一定是要从研究对象的总体中抽取一部分对象构成样本来进行调查和收集资料。所以，抽样设计就成为调查研究者必须进行的一项重要工作。在一般的研究方法教科书、社会统计学教科书中，都会涉及抽样基本原理和方法的介绍。但许多初学者往往能够明白基本原理，却难以动手实际设计一项抽样方案。因此，我们这里不去过多地重复介绍抽样的原理和基本方法，而主要是通过一些实际例子，来探讨与实际抽样设计有关的实践问题，以便初次独立进行调查研究的研究生和研究人员能够将以前学过的抽样原理和方法在具体的研究实践中灵活运用，融会贯通。

1. 抽样设计中的几个基本问题

美国学者福勒在其著作《调查研究方法》中指出："关于抽样，关键性的问题有以下几个：是否选择使用概率样本、抽样框、样本大小、样本设计、回收率。"① 对于已经掌握抽样基本知识和各种具体抽样方法的研究生来说，在进行一项调查研究的抽样设计时，还应该特别注意以下几个关键的问题。

一是抽样的随机性问题。概率抽样与非概率抽样在抽样设计上的最大差别可以说是抽样的随机性。各种概率抽样的程序要求所要保证的正是抽样的随机性。而各种非概率抽样所不具备的也正是这种随机性。随机抽样的好处是可以对从中抽取样本的总体进行推断。而非随机抽样的各种结果在推断总体上则存在先天的不足。因此，一般情况下，研究者首先都应该毫不犹豫地选择随机抽样的方法，只有在各种随机抽样的方法都无法实施时，才会去考虑非随机抽样的设计。

二是抽样框问题。抽样框的问题更一般性地说，是总体的界定问题。抽样的目的是选取较少数量的个体（即样本）来反映由较多数量的个体所构成的总体。而抽样调查的推论始终是针对从中抽取样本的总体的。在很多情况下，这种总体与研究者在研究中所论及的更为一般性的总体有时并不一致。因此，为了避免产生错误的推论，研究者在设计抽样之前，往往需要对总体进行界定。即将一般性的总体具体界定为特定的抽样总体。比如，我们要调查某市大学生的择业意愿，此时，"某市全体大学生"是研究论及的一般性总体。但"大学生"这一总体过于笼统，当我们要抽样时，必须先对这一总体进行界定，比如"当年在册的本市所有普通高校本科生及专科生"。这样，那些成人自修大学中的学生、广播电视大学的学生、夜大的学生以及普通高校中的研究生、进修生等，就都不在抽样的总体中。将来研究者调查中所得到的结果也只能推及到这一抽样总体中。

界定总体的结果实际上相当于划定了样本抽取的范围。而这一范围中的全部个体的名单就是抽样的抽样框。严格的抽样应该有完备的抽样框。抽样调查的结论也只能推广到抽样框中。可现实中的情况往往是，要么研究总体不具备严格的抽样框的要求，即不存在这种抽样框，要么这种抽样框虽然理论上存在，但在实践中却得不到。正是现实中各种研究总体构成的复杂性，常常导致总体抽样框的不可得，或者造成总体的范围和边界不清晰。因此，在进行抽样设计和实施抽样的过程中，研究者往往只能采取变通的方法。然而正是在面对现实困难采取变通方法的抽样设计中，研究者有时会不自觉地忽视这两个总体之间的差别，导致其抽样设计无形中产生了一些偏差。

三是样本设计的问题，也即抽样方式的选择问题。一般教科书中往往都会介绍这

---

① ［美］弗洛伊德·J·福勒：《调查研究方法》，9页，重庆，重庆大学出版社，2004。

样几种最基本的抽样方式：如简单随机抽样、系统抽样、分层抽样、整群抽样、多阶段抽样等。但当研究者实际面对一个具体的调查研究课题，实际面对调查研究的具体目标要求和具体研究对象时，往往又会不知该如何选择和设计具体的、合适的抽样方案。对于第一次独立从事调查抽样的研究生来说，更是如此。该怎样选择和设计抽样方法呢？笔者的建议是，在明确并围绕调查目标的前提下，努力将随机性、可行性、便捷性、节省性结合起来综合考虑。

调查目标是方向，所有的抽样设计都应该朝着这一方向，不能不顾调查目标，为抽样而抽样；随机性是抽样的本质要求，正如上面所指出的，不到万不得已，抽样设计中不要轻易放弃这一要求。但很多情况下，抽样设计中的随机性要求带来的正是现实抽样过程中的不可行。也可以说，随机性的要求往往带有更多的理想色彩，而可行性的要求则明显地带有现实的色彩。这种抽样设计中最常见的矛盾和冲突常常将研究者置于左右为难的境地：要么只能想方设法去让不可行变成可行，来达到和满足随机性的要求；要么只能在相对更强硬的可行性限制面前，在随机性上做适当让步。如果确定了同样的随机性、同样的可行性，剩下的抉择就是看哪种设计实施起来更加方便、更加节省了。一项调查研究的抽样设计实际上是在全面考虑上述各种因素的情况下做出的选择。

四是样本规模的问题。任何一项调查要进行抽样，研究者都不可避免地直接面临一个非常具体的操作性问题：我该抽取多大规模的样本？这也是笔者经常遇到的询问。通常，研究者所询问的样本规模主要指的是其上限。因为调查研究中样本规模的下限（或者说最小值）在学者中已有共识，这就是通常不能少于100。[①] 那么样本规模的上限是多少呢？十分遗憾的是，没有人能够给出一个在各种情况下都能通用的样本规模的具体数字。因为“样本规模的确定必须建立在具体问题具体对待的基础上，要以研究者所要达到的各种研究目标以及对研究设计的许多其他方面的考虑为转移”[②]。说得更直接一点，是因为样本规模确定的背后，涉及众多方面因素的影响和限制。

正如一般方法教科书中所介绍的，与样本规模确定相关的因素主要有总体的性质、总体与样本的规模比、研究所容许的抽样误差、抽样推断的置信度、研究者所拥有的资源（包括人力、物力和时间）以及非抽样误差的大小等。正是这些涉及抽样结果的不同方面之间有所制约，有的甚至还存在着“矛盾”和“冲突”的因素，导致研究者难于下手做出决定。

但是，每一位调查研究者终究还是要确定自己的抽样规模，笔者也不能回避这一现实的问题。笔者给出的建议是：先从本质上认识这些因素，然后尽量简化各种因素，并在“相互兼顾”、“综合平衡”的原则下做出选择。比如，所谓总体的性质，其实质就是指调查对象相互之间的同质性程度。大家记住一条，总体中调查对象的同质性越高，样本规模可以相对越小，反之则要相对越大。又比如，总体与样本的抽样比问题，

---

① 参见［美］肯尼思·D·贝利：《现代社会研究方法》，133～134页，上海，上海人民出版社，1986。

② ［美］弗洛伊德·J·福勒：《调查研究方法》，36～37页，重庆，重庆大学出版社，2004。

其实质是什么呢？根据福勒教授的说法："当研究者对总体的10%或更大比例进行抽样时，这个调整对抽样误差的估计值有明显影响。然而，大多数样本即使再大也只包括了总体中很小的一部分，在这种情况下，样本中包括的总体的分数即使增加一点，也不会影响研究者从样本推断总体的能力。"① 简单地说，总体与样本抽样比的因素只是在总体规模相对较小、抽样比大于10%时才会起作用。如果总体规模足够大或者抽样比小于10%，就可以忽略这一因素。所以，在实际设计抽样方案时，要先看看研究总体的规模。比如，如果总体规模大于30 000时，就可以相对忽略抽样比的因素了；至于统计推断的置信度，研究中一般都取95%，因此，这也是一个可以不考虑的因素。这样一来，剩下的真正需要研究者在决定样本规模时统筹考虑和反复斟酌的，就只有抽样误差的大小、非抽样误差的大小以及研究者所拥有的资源这三个因素了。

这三者与样本规模的关系是什么呢？这是首先应弄清楚的。简单地说，在其他条件不变的前提下，抽样误差与样本规模成反比，非抽样误差与样本规模成正比，研究者拥有的资源与样本规模成正比。这也就是说，研究者拥有的资源越多，样本规模可以越大，反之则只能减小；样本规模越大，抽样误差相应地就越小；但样本规模越大同时带来的又是非抽样误差也越大。所以，笔者曾提出一种经验的样本规模的范围，即在100到3 000之间。可以说，研究者的任务就是根据上述所提到的总体的性质（同质性大小）、自己拥有的资源，考虑到抽样误差、非抽样误差的平衡，在这一样本规模的范围内进行取舍和权衡。

五是回收率的问题。回收率也称为应答率，其与抽样设计的相关性，主要体现在它的对立面，即无应答率（无回答的比例）上。无应答的比例高，回收率就低，抽样调查的结果就达不到预先设计的推断目标（精确性和可靠性）。因此，在抽样设计中，要充分考虑到实际抽样以及实地调查中必然会出现的无回答问题，预留相应比例的样本规模。换句话说，为了达到抽样推断的某种精确性（某种范围内的抽样误差）和可靠性，我们往往要采用比正常公式计算出的更大一些的样本规模。比如，在95%置信度下，根据公式计算，推断总体百分比时，要将推断的抽样误差控制在5%之内，需要抽取400个对象。但如果现实中的无回答比例大约有20%，那么，我们要增加100个对象，才能达到原来设计的精确性要求。

我们还可以通过一个实际的例子来看看抽样设计中对应答率因素的考虑和样本规模计算过程的说明：

> 由于调查的结果主要是估计各种比例数据以及比例数据之间的比较，所以在调查样本量的确定上以估计简单随机抽样的总体比例 p 时的样本量为基础。在95%的置信度下按抽样绝对误差不超过3%的要求进行计算，需要抽取样本量：
>
> $$n=\frac{U^2p(1-p)}{d^2}=1\,067$$

---

① ［美］弗洛伊德·J·福勒：《调查研究方法》，36页，重庆，重庆大学出版社，2004。

这里 d 为抽样绝对误差，取 0.03，U 在置信度为 0.95 时为 1.96，$p(1-p)$ 最大取 0.25。由于采用多阶段的复杂抽样，设计效应 deff 一般会在 2 到 2.5 之间，我们把 deff 定为 2，这样需要的样本量就为 2 000 个。

综合考虑精确度、费用以及调查实施的可行性等因素，以及以往若干全国社会调查的经验，再考虑到在调查实施中通常会存在一部分户内找不到或没有合格调查对象，以及各种原因造成的无回答等情况，根据对回答率的估计，需要将上述样本量适当扩大为 2 380 个。①

2. 随机抽样的理想与现实

在学习社会调查方法时，我们都知道应该采用随机抽样的方法来抽取样本，这样得到的样本才能用来推断总体的情形。但是实际社会研究的过程中，纷繁复杂的社会现实往往会给研究者带来各种各样的客观困难和障碍，使研究者无法贯彻随机抽样的要求和规定，也无法按照随机抽样所要求的具体步骤来实施。这是众多社会研究者经常遇到的情形。研究者该怎么办呢？

在这种现实面前，笔者提出的指导思想是：心中装着随机抽样的理想目标，实事求是地面对现实，通过各种设计和措施，尽可能地克服现实中的困难和障碍，尽可能地朝着心中的目标前进。事实上，现有条件往往决定了抽样设计的最终结果。比如，以前文有关不同专业大学生择业意愿的比较研究为例，如果只用推断的范围这一条标准来衡量，那当然应该采用第一种抽样设计的方法；但这种最好的抽样设计同时也意味着最大的现实困难：全国范围的大学总体名单是否可得？不同大学类型的划分是否可能？现实中进行抽样和开展调查是否可行？有无实际开展全国范围调查的人力、物力和时间？等等。只有在具体解决了上述所有问题的前提下，以全国范围的大学生为调查总体的抽样设计才具有现实意义。相反，如果只是一个硕士研究生要进行这一问题的毕业论文的研究，那么，可能最后一种情况（即在一所大学中设计一种随机抽取不同专业大学生的方式）才具有现实意义。用理想与现实的话语来说，第一种方案最为理想，而最后一种方案最为现实。二者之间存在着明显的矛盾和冲突。记住上面给大家的建议：心中有理想，同时要想方设法地排除、解决通向理想目标途中的各种障碍、各种困难，脚踏实地地朝着理想目标一步步前进。越是接近理想目标，抽样的效果就越好。

3. 抽样设计的一个实例解析

普通研究方法教科书中对抽样方法的介绍基本上都是一种理想的或最一般的情景，但现实社会生活中以及每一项具体的调查研究中所面对的总体和调查对象等却又总是特定的和特殊的。特别是有时理论上的总体是存在的，但抽样的现实总体却难以明确找到。这就需要研究者根据实际情况设计抽样方案，尽可能让最终抽取的样本符合或接近总体的特征，更好地代表或反映总体。

---

① 这是中国人民大学统计学系统计科学研究中心为 CGSS2003 调查撰写的《抽样设计、抽样框和样本抽取过程的说明》。参见风笑天：《再谈样本规模和调查回收率》，载《社会学研究》，2007（6）。

下面我们以一个实际研究中的抽样设计为例子，来实际体验一下一位研究者在面临现实困难以及不断寻求解决途径方面所经历的真实过程，也可以从中了解研究者的抽样设计方法。

这位研究者对城市在职青年职业适应方面的问题感兴趣，并决定采用调查研究的方法来收集资料。由于研究经费和人力所限，他最初只能在一个省的城市范围内抽取600人的样本。他的第一个重要任务就是要进行抽样设计。按照研究方法教材中所介绍的抽样方法和抽样过程，他首先对研究对象的总体进行了界定。他将“城市在职青年”界定为“年龄18～30岁，目前在城市有固定工作的人”。从理论上说，这种“城市在职青年”的总体是客观存在的。但是，当他要从这一总体中抽取一个实际调查的样本时，则遇到了很大的困难。他该怎样来设计抽样方案呢？

请暂时停止往下阅读，并认真设想一下：如果你就是这位研究者，你将会怎样设计这项研究的抽样方案？

请认真思考，拿一张空白纸，把你设计的抽样方案写下来。（当你把自己的抽样方案写好后，再接着往下阅读。）

现在我们来看看这位研究者是如何设计他的抽样方案的。他第一次研究“城市在职青年”这一总体是在2000年。他当时设计的抽样方法是：先从全省城市中选取几个有代表性的城市，然后在每个城市中选取若干不同行业的单位，最后再从这些单位中抽取若干在职青年。由于没有课题经费，在具体抽取方式上都不太严格。下面是他的具体抽样步骤和方法：

第一步，选择调查城市。为了尽可能反映不同类型的城市在职青年的状况，他在社会、经济发展状况处于全国中等水平的湖北省选取了武汉、黄石、荆州和仙桃4个城市作为调查点。他所选取的4个城市无论是在规模上，还是在性质上，都具有不同的特点：武汉市是湖北省省会，是超大规模的中心城市；黄石市是典型的以重工业为主的大城市；荆州市是典型的以轻工业为主的中等城市；而仙桃市则是由原来的沔阳县城发展起来的县级市。他通过选择这4个规模与特点互不相同的城市，来增强研究样本对总体状况的代表性。

第二步，抽取调查单位。他根据自己对当前社会中各种单位的分布和青年的从业情况的了解，决定在每个城市中选择同样的9个不同行业的单位。这9个不同行业的单位分别为：工业企业、政府机关、医院、中小学、商业、服务业、邮局通讯、交通部门、建筑业。考虑到不同单位的规模不一样，合适的调查对象的数量不同，所以，规模小的单位（比如邮电通讯等）可以抽取不止一个。调查单位的选取和进入则是通过团市委介绍和熟人联系完成的，没有做到随机抽取。

第三步，从单位抽取在职青年。这是抽样中最困难的一个环节。原因是很难获取单位中符合年龄要求的青年的名单。从理论上说，如果有这个名单，就可以十分方便地按照系统抽样、简单随机抽样等方法来抽取。但实际上，到每一个单位都面临无法取得这种名单的情形。因此，调查对象的抽取是由调查单位按年龄和分配的名额要求来提供的。这样的抽样就变成了偶遇性质的，而非随机的。虽然调查单位提供对象时并没有严格按随机方式进行，但是，由于其选取调查对象时所依据的标准只有年龄一项，因此，如果忽略极端偏差情况的发生，可以认为单位在不知调查意图的前提下提供对象的方式接近于随机抽样的方式。

他计划从每个不同行业的单位中抽取 15 名左右的青年，每个城市抽取 150 名青年，4 个城市共抽取 600 名青年。

[点评：这位研究者的抽样设计中，考虑到了城市的类型、在职青年从事的职业两个方面的因素，这是其比较好的方面。但是，由于城市的选择是判断抽样而非随机抽样，所以，其结果对于比较不同类型城市中的青年状况来说或许是可取的，但并不能用来推论该省的在职青年总体。另外，行业单位的抽取以及单位中在职青年的抽取也完全是非随机抽样。因此，总的来说，这是一次不太成功的抽样设计。]

你自己刚才设计的抽样方法与他的方法相同吗？你的方法与他的方法的差别是什么？你的方法是否比他的更好？

2002 年，他第二次研究这一总体。这一次他对上次的抽样方法进行了一些改进：在调查城市的选取上，他没有做改变，依旧选取武汉、黄石、荆州、仙桃 4 个城市作为调查点，以便于进行前后两次调查结果的比较。在调查对象的选取上，他采取了近似分层定比的方法来确定调查样本的结构。他查阅了《中国人口统计年鉴》、《中国城市统计年鉴》、《中国劳动统计年鉴》、《湖北省统计年鉴》等统计资料，了解到近几年来城镇各行业人员的分布情况，决定从比重最大的 9 种行业中抽取样本，并尽量使样本中各行业人员的比例分配大致接近统计资料中总体的分布。他所选择的 9 种行业以及每种行业抽取的单位数量、调查人数分配情况如表 5—1：

表 5—1　　每个城市的抽样方案

行业	单位数量	调查人数
制造业	2～3 个工厂	42
批发和零售、贸易	2 个商场	30
教育文化事业	2 所学校（中小学各 1）	20
机关和社会团体	1 个政府单位或行政部门	12
交通运输业	1 个汽车公司	12
社会服务业	1 个宾馆	12
建筑行业	1 个建筑公司	12
卫生部门	1 所医院	10
金融、邮电和通讯业	1～2 个营业所	10
合计		160

[点评：第二次抽样主要的变化是将 9 种职业的人数由原来的平均抽取改变为粗略地按总体中各职业的比重抽取。比例上虽不太严格，但其思路比起第一次来已经有了进步。]

你所设计的抽样方法与他第二次的这种抽样方法相比，哪种方法更好？

2004年，他申请到一项国家社科基金，第三次研究了这一总体。这一次他的抽样方案比前两次有了更大改变：首先，城市的抽取采取了随机抽样的方法。城市样本的设计考虑到不同地区、不同类型、不同规模等因素。方法是先从东部、中部、西部所属省份的省会城市中，简单随机抽取一个省会城市；然后在各自剩下的省份的大城市中，简单随机抽取一个大城市；最后再从第二次剩下的省份的中小城市中，简单随机抽取一个中小城市。他最终抽取到的12个城市见表5—2：

表5—2　　调查城市的类型与分布

	东部	中部	西部
直辖市	上海市	北京市	重庆市
省会城市（100万人以上）	南京市（江苏）	长春市（吉林）	兰州市（甘肃）
大城市（50～100万人）	厦门市（福建）	新乡市（河南）	桂林市（广西）
中小城市（50万人以下）	金华市（浙江）	鄂州市（湖北）	安顺市（贵州）

其次，他采用等距抽样方法选取了企业、行政机关、教育、卫生、商业、服务业、交通、建筑、邮电、金融、大众传媒、公司、公检法、市政等15类单位，每个单位随机抽取10个对象。每个城市共150个对象，12个城市共抽取1 800个调查对象。只是调查对象的抽取依旧是在被调查单位的协助下进行的，没有做到完全随机。

［点评：这一次调查的抽样设计在城市的代表性上得到了明显提高，单位的抽取方式上也有提高。但单位的类型决定的依据不足，单位中调查对象的抽取依旧没有多大改进。］

2007年，他获得了教育部重大课题，第四次针对这一总体进行抽样调查。这一次他的抽样方法在城市抽取上沿用了第三次抽取的12个城市。然后在每个城市采用统一的分层定比抽样的方法抽取了200名各个行业的在职青年。具体抽样设计是：

首先，计算出每个城市所要抽取的各类职业青年的人数。为提高样本的代表性，他先是根据国家统计局等部门编辑的《中国劳动统计年鉴2005》中城镇就业人员分年龄的行业构成统计，计算出各行业20～29岁人员所占的比例（未计算农林牧渔业等不适用的5类行业），得到表5—3中的结果1；然后根据这14类行业人员的合计百分比（87.7%）重新计算出每一类人员的实际百分比（即将87.7%作为100%来计算），得到表中的结果2；再对结果2中的数字乘以2（每个城市样本规模为200），得到表中的结果3；最后对少数几个人数过少的行业做了一点微调，得到表中的结果4。各城市实际抽样时所依据的不同行业人数就是表5—3中的结果4。

表5—3　　按行业的分层及其各行业所占比例

行业	结果1（87.7%）	结果2（100%）	结果3（200%）	结果4（200人）
1. 制造业	18.6	21.2	42	42
2. 电力、燃气及水的生产	2.2	2.5	5	6

续前表

行业	结果 1（87.7%）	结果 2（100%）	结果 3（200%）	结果 4（200 人）
3. 建筑业	3.9	4.4	9	9
4. 交通运输、仓储和邮政业	7.0	8.0	16	16
5. 信息传输、计算机服务和软件业	4.2	4.8	10	10
6. 批发和零售业	12.4	14.1	28	25
7. 住宿和餐饮业	6.7	7.6	15	15
8. 金融业	1.8	2.0	4	6
9. 租赁和商务服务业	4.0	4.6	9	9
10. 居民服务和其他服务业	11.4	13.0	26	22
11. 教育	5.2	5.9	12	12
12. 卫生、社会保障和社会福利业	3.5	4.0	8	10
13. 文化、体育和娱乐业	1.6	1.8	4	6
14. 公共管理和社会组织	5.1	5.8	12	12

其次，在每个城市抽取单位。具体方法是：从本市的电话黄页中，按照 14 种职业类型，从每一职业类型的全部单位名单中等距抽取 3～9 个单位。（虽然实际调查可能只会用到 1～3 个单位，但考虑到有些单位规模较小，可能没有足够的符合要求的青年职工，以及其他一些不适合调查的特殊情况，故抽 3 倍的单位，将后面的单位作为候补。）实际调查时，如果所抽的第一个单位可以提供足够的调查对象，就只在第一个单位调查；如果不够，则再到第二个单位调查；如果还不够，再到第三个单位调查。

最后，从单位中抽取在职青年。具体方法是：如果能得到单位青年职工的名单，且符合要求的青年职工人数比较多时，则采取间隔抽样的方法进行抽取；如果符合要求的青年职工人数较少时，采取整群抽样的方法抽取；如果无法得到单位职工名单，则由被调查单位按调查的要求协助进行对象的抽取。（此环节由于客观条件限制，没有做到严格的随机抽样，仅当被调查单位的抽取不存在系统偏差的前提下，可近似地看作随机抽取。）

［点评：这次抽样设计除了保留第三次抽样在城市抽取上的随机性外，在不同行业调查对象的抽取上有了更为科学的依据，抽样设计的结果明显增加了青年职业代表性。只是从单位抽取调查对象这一层面还存在不足。］

从上述四种抽样设计来看，可以看出研究者一次一次的进步。虽然最终可能还不是最完美的方式，但研究者的确是在依据现实情况、自己的资源和条件不断改进，不断提高样本对总体的代表性。从中我们也可以看到，在抽样设计过程中，研究者所要考虑的不仅仅是抽样的方法问题，还包括抽样所面对的现实困难和实施抽样的可能性问题。研究者的任务就是要不断地克服困难，让样本更好地去接近客观现实。

三、概念测量与问卷设计

如果说抽样解决的是调查对象的选取问题，那么，问卷设计解决的就是资料收集工具的制作问题。因此，在调查研究的设计中，将抽象概念操作化为具体指标，并将这些指标设计成调查问卷中的具体问题，是研究者除了抽样设计之外另一个重大的设计任务。

1. 概念操作化

作为一种对社会世界的经验探索，社会研究会遇到比其他科学更多的障碍和关卡。其中最经常发生的问题是：研究者无法在实践上操作和进行理论上需要的、表述的各种过程。这是因为，研究者在理论上使用的主要是思想的工具，其中，最基础的就是被称作理论大厦砖石的概念。而研究者在经验研究中所能够处理的，则必须是可以测量、易于操作的具体现象和行为。从理论的天空到经验的大地，概念的测量或概念的操作化过程就成为研究者无法回避的关键一环。笔者曾将这种变抽象概念为具体事物的操作化过程称作是经验研究的“瓶颈”，就是想说明其困难性及重要性。

举例来说，假设我们要采用调查研究的方法来对独生子女与非独生子女青少年的社会化结果进行比较和分析，那么，对“社会化结果”这一概念进行操作化并进行具体测量就是我们进行这一调查研究的“瓶颈”。如果不能将“社会化结果”的概念操作化为可以在现实中测量的具体指标，就无法开展我们的研究，我们的调查研究目标也就不可能达到。

该如何来对这一概念进行操作化的设计呢？为了便于读者实际经历这一操作过程，请先停下来，把自己当做是这位研究者，仔细思考一下，该如何来进行操作化和测量。在纸上将你的设计结果写下来，然后再接着往下阅读。

按照方法书上所介绍的程序，首先是要对这一概念的内涵进行界定。也有的书上把这一工作叫做“给出概念的名义定义”，即用文字叙述这一概念指的是什么。然后，再给出这一概念的“操作性定义”，即指出在现实社会中如何来测量这一概念。或者说，如何将这一抽象的概念“分解为”、“转化为”那些具体的、可测量的现象。下面我们来看看实际研究中一位研究者是如何对这一概念进行界定和测量的。

> 基本变量及其测量
>
> 社会化结果。指个人通过基本的社会化过程，在生活技能的掌握、社会规范的学习、人格特征的形成、价值观念的内化、生活目标的确立、社会角色的认同等方面的发展程度或所达到的水平。在本研究中，将其操作化为研究对象在性格与行为特征、生活技能、社会规范、角色认同、社会交往、生活目标、自我意识等方面的发展状况。
>
> 性格与行为特征。这是青少年社会化状况的最基本体现。本研究根据现有研究的结果并结合青少年的实际情况，选取了 10 个基本的方面作为指标进行测量。

测量方式是要求被调查者在成对的性格和行为特征中选择自己更接近的方面。

生活技能。根据人的社会化的理论，青少年时期社会化的一项重要内容是学习和掌握一定的生活技能，以适应成年后独立参与社会生活的需要。这种生活技能可以从两方面来理解：一是基本的生活自理能力，二是初步的谋生技能。其中第一方面更为基本。在本研究中，我们将分析的重点也放在这一方面。测量指标包括独自去医院看病、独自去理发等；对小学生则包括自己穿衣、自己洗澡等。

社会交往。社会交往既是个人实现社会化的一种渠道，同时也是个人社会化发展状况的一种衡量指标。本研究根据研究对象的实际情况和所处的环境，尝试用与同学的关系、好朋友的数目、是否有孤独感、对新环境的适应等来对此进行测量。

生活目标。基本社会化阶段的成果之一是个人逐渐明确未来生活的目标。对于中学生来说，这种未来生活的目标集中地体现在他们所要达到的教育程度和所希望选择的职业上。本研究正是用教育期望和职业期望这两个指标来对此进行测量。

社会规范。社会规范是用以指导和调整社会中人们行为的各种文化的和制度的规定，其内容十分丰富，涉及社会生活的各个领域。本研究主要结合中学生学校生活的特点，选取了遵守纪律、讲究文明礼貌等指标进行测量。

角色认同。社会成员的角色是个人基本社会化过程的最终产物。对于即将走向成年的中学生来说，成人角色具有重要的意义。在本研究中，我们主要采用间接的方式，通过询问青少年的自我感受和心理状态，对他们所具有的成人意识进行测量。

自我认识。指人们对自我特点的认识及其对自我形象的评价等。在本研究中，主要用学生对自己在父母、老师、同伴等“重要他人”眼中形象的认识，学生对自己在行为表现、智力发展、基本素质和能力等方面的主观评价来进行测量。①

上述文字先是对这一概念的内涵进行界定，然后将其操作化为（分解为）七个“子概念”。由于这些子概念依旧是概念，因而研究者在后面的每一小段中，同样先对这些子概念的内涵进行界定，再分别对它们进行操作化，即给出具体的测量指标。有了这些具体的指标，研究者就可以在调查问卷中设计出具体的问题了。

此时，你可以拿出你自己的设计，与这位研究者的设计进行比较。你的操作化结果与这位研究者的相同吗？有哪些不同？各有什么优缺点？

2. 概念操作化过程中的借鉴

概念操作化过程中的一个错误做法是研究者独自一人冥思苦想，闭门造车。事实

① 风笑天：《独生子女青少年的社会化过程及其结果》，载《中国社会科学》，2000（6）。

上，无论我们研究的问题什么，在对概念进行操作化、对测量指标进行选择和确定的时候，研究者都应先通过文献回顾看看以往的研究者对这一概念是如何进行操作化的，看看前人是采用什么指标来进行测量的。通过这种系统回顾，可以发现前人的操作化或者测量指标中有哪些是可以借鉴的，有哪些是不合适、不恰当的，还有哪些指标是可以补充的。

举例来说，如果我们希望探讨夫妻权力与妇女家庭地位之间的关系，那么“夫妻权力”以及“家庭地位”概念的测量就必不可少。在自己动手进行操作化和设计测量指标之前，通过查阅相关文献，我们会发现，“关于夫妻权力的概念，众多的研究都将其界定和操作化为夫妻在家庭中对各种家庭事务所具有的决策（决定）能力（Blood and Wolfe，1960；Centers，et al.，1971；雷洁琼，1994；徐安琪，2005；郑丹丹，2004；潘鸿雁等，2006）。从最早由布拉德等人基于美国社会文化提出的有关家庭决策的 8 条指标，到森特斯等人在此基础上补充构成的 14 条指标，一直到我国台湾学者和内地学者在此基础上结合各自社会文化特征所构成的其他指标，基本上都是采取多维度的方式，并且大都涉及相同或相似的几个方面”①。

当我们了解和熟知了以往的研究者对这一概念的操作化方式及其测量的指标后，就可以决定在自己的研究中如何进行测量了。通常的情况有两种：一种是以往的学者所使用的都是大体相同的操作化方式，采用的都是大体相同的一套测量指标。这时研究者就可以借鉴前人的做法。这种情况往往发生在早期的研究十分经典，同时后继研究者与以前的研究者所探讨的主题和领域完全一样的情形中。比如关于人们的社会经济地位与其成就获得之间关系的探讨，研究者往往都会参考或者直接采用美国社会学家布劳-邓肯的操作化方式和测量指标。另一种则是自己的研究领域或主题相对较新，前人的操作化方式和测量指标又互不相同的情形。此时研究者往往很难完全借鉴和采用前人的方式和指标，只能自己进行设计。另外，即使是参考或借用以往研究者的测量方式和指标，也往往需要根据中国的国情和社会文化背景进行相应的调整和补充。比如，笔者在使用前人有关“夫妻权力”的测量指标时，结合我国社会中的实际情况和研究者对象的特殊性质增加了若干指标进行补充：

> 此外，本研究中除了沿用传统的指标外，还增加了另外三个方面的指标作为一种补充，即通过询问“谁管钱?”、“家务事谁做得比较多?”、“过年去谁的父母家吃年饭?”来进行另一些侧面的测量。第一，夫妻经济收入的管理权对于现阶段中国社会中的普通夫妻来说，应该是一个相对重要的衡量指标。或者说，财权在夫妻权力中占有相对重要的分量。因此，笔者单独将其作为一个指标。第二，很多研究将夫妻做家务事的状况也作为夫妻权力的一个指标。本研究中也考虑到了这一因素。但不同的是，本研究并没有去统计夫妻在具体家务事类别上的多少。因为如果将家务事分别列出进行统计的话，也会像家庭事务决策权那样，容易受到具体家务事项的内容、数量以及中国社会传统规范等因素的影响。因此，本研

① 风笑天：《已婚独生子女身份与夫妻权力》，载《广西民族大学学报》，2011（5）。

究中笔者改为用直接询问“你们夫妻两人相比较而言，谁承担的家务更多一些?”的概括方式进行测量。同时需要说明的是，即便如此，本文分析的焦点也不是看丈夫和妻子谁承担家务事更多或更少，而是着眼于将夫妻的独生子女身份与承担家务事多少的状况进行比较。第三，“过年去谁的父母家吃年饭”是以往研究中所没有、本研究中专门增设的一个新指标。从表面上看，这一问题似乎与夫妻权力不太相关。但实际上，每年面对这一客观的难题，夫妻之间在心理上总会有很大的纠结。对这一问题的具体回答除了有传统文化因素的影响外，夫妻之间权力的大小也可能具有一定的影响。①

如果研究者不注意回顾前人的研究，不注意借鉴与参考前人的研究经验，往往会造成对同一概念的操作化结果不一样，测量的指标也各不相同。这样一来，不同的研究结果相互之间也就缺乏比较，研究的结果就缺乏累积性。比如，笔者曾对近十年大学生就业研究的状况进行过回顾，发现众多研究都探讨了人力资本、社会资本与大学生就业的关系，但能够借鉴前人方法和测量指标的比较少，结果造成不同研究中对概念的操作化不同。

无论是人力资本的测量指标，还是社会资本的测量指标，现有研究之间的差别都比较大。详情可见表 5—4：

表 5—4　　现有研究中对人力资本和社会资本的测量指标

	人力资本指标	社会资本指标
郑洁		父亲职业；母亲职业；父亲文化程度；母亲文化程度；家庭收入
闫凤桥等		你认为你的家庭社会联系是否广泛？ 你认为你个人的社会联系是否广泛？ 参与各类社团组织并拥有成员资格的数量
秦永等		父母的最高职务；父母的最高受教育水平；是否党员
谢勇等	学习成绩；学校的声望；专业类别；专业对口情况	家庭收入；家庭所在地；人情支出；就业信息获取渠道
郑晓涛等	是否参加了党团组织、学生会、班委会、社团或协会	个人讨论网
陈海平	教育程度；学校等级；资格证书；个人素质；健康状况	春节拜年网
陈宏军等		网络规模；网络差异；网络顶端；父母社会地位；亲属社会地位；关键人社会地位；与关键人熟悉程度；与关键人联系频率；关键人数量
黄敬宝	高校；学科专业；政治面貌；成绩；英语；计算机；其他证书；发表论文；干部；实习；奖学金	生源地；城乡分布；父母职业；家庭收入；利用社会关系；性别

① 风笑天：《已婚独生子女身份与夫妻权力》，载《广西民族大学学报》，2011 (5)。

续前表

	人力资本指标	社会资本指标
陈成文等	学习成绩；专业；工作经历；工作能力；应聘技巧；政治面貌；学校；生源地；外貌；性别	学校就业指导中心；父母社会地位；亲戚的社会地位；网络规模
胡永远等		学校类型；党员；学生干部；家庭所在地；父母最高文化程度；父亲工作性质
赖德胜等	学习成绩；英语四级；英语六级；专业英语；托福等英语；职业资格证书；党员；学生干部；奖学金；兼职	社会关系规模；联系强度；亲近程度；帮助者职位；帮助力度

从上表可以看出，不同研究者在测量同一个变量时，所采用的指标不仅没有完全相同的，有的相互之间差别还相当大。正是由于这些研究相互之间缺乏比较和借鉴，结果造成同样的研究所用的测量指标各不相同。它在一定程度上反映出这样一种状况：一些研究者往往是申请到课题后自己做自己的，不注意系统回顾和了解同一领域中前人研究。这种状况造成的结果是，各项研究所得出的不同结果无法与前人结果进行比较和鉴别。研究者的研究结论也自然就变成自说自话了。这一状况对于促进大学生就业研究领域的提高和发展来说，显然是一个很大的障碍，值得今后的研究注意。①

3. 操作化及测量的质量

操作化和测量的质量问题首先体现在效度上。一般来说，调查中的测量往往可以达到较高的信度，但测量的效度则不太容易达到较高的水平。这主要是由于社会研究中的概念往往比较抽象，其涵盖的内容比较广泛且复杂，很难在现实生活的经验层面找到相应的具体指标，特别是很难只用少数几个指标来反映其内涵。而“有效度较低的实质是，许多社会调查中的测量并不总是在测量它所真正想要测量的东西。可以说，这是社会调查所面临的最为严重的挑战之一”②。

与调查研究中测量的效度和信度问题相关的，还有一个如何客观看待操作化结果及其测量指标的相对性和多样性问题。笔者曾经指出，测量方式及其测量指标的“效度和信度都是一种相对量，而不是一种绝对量，即它们都是一种‘程度事物’。对于同一种对象，人们常常会采用各种不同的测量方法、不同的测量指标。也许这些方法和指标都没有错，但它们相互之间一定会在效度和信度这两方面存在程度上的差别”③。如果将我们希望研究的某一概念比喻成矩形，将三个不同的

---

① 风笑天：《我国大学生就业研究的现状与问题——以30项重点经验研究为例》，载《南京大学学报》，2014(1)。

② 风笑天：《社会调查面临的挑战》，载《中国社会学年鉴》（1989—1993），北京，社会科学文献出版社，1995。

③ 风笑天：《社会学研究方法》（第三版），111页，北京，中国人民大学出版社，2009。

研究者采取的三种不同的操作化方式和测量指标比喻成三个椭圆形，那么，操作化及测量的效度、特别是操作化和测量指标的相对性和多样性就可以用图 5—1 来简单表示：

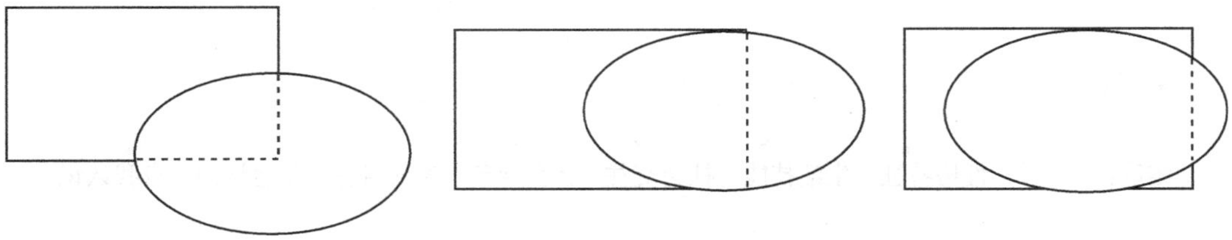

第一种　　第二种　　第三种

图 5—1　测量指标的有效性示意图

从图 5—1 中我们可以看到：首先，三个椭圆形都覆盖了矩形的一部分，说明对概念的三种测量都具有一定的效度，即三者都测量到了概念的一部分内涵。且从覆盖矩形的面积大小（即有效性）来看，第三种最大，第二种次之，第一种最小。其次，三个椭圆形所覆盖到的矩形的部分有所不同，第一种覆盖到的只是矩形的右下角，第二种覆盖到的是矩形右边的一部分，第三种覆盖到的则是矩形的绝大部分。说明三种测量方式分别测量到了这一概念内涵中的不同内容。这一结果揭示出操作化和测量指标所具有的多样性特征。最后，三个椭圆形都有一部分落入矩形外，说明三种测量都包含了不属于概念内涵的内容。且从落在外面的面积大小（即无效性）来看，第三种最小，第二种次之，第一种最大。所以，综合来看，第三种操作化和测量方式的效度最高，第二种次之，第一种最差。

4. 研究目标与问卷设计

调查问卷的设计是一项非常具体的工作，笔者在有关著作和教材中已经做过非常详细的介绍①，此处仅补充一点有关研究目标与问卷设计之间关系的认识。

初次设计调查问卷的研究生和社会研究者往往会采取一种直接从设计具体的调查问题开始的做法。实际上，这是一种错误的方式。正确的做法是反过来，从研究的目标开始考虑，而不急着去设计具体问题。无论是以描述为主的调查研究，还是以解释和验证为主的调查研究，在问卷设计上都应该从研究目标开始，从研究的核心概念开始。比如，前面列举的独生子女社会化研究的例子中，研究者从研究的目标，即比较两类青少年的社会化结果开始，将注意力首先集中到研究中的核心概念“社会化结果”上，通过一层层的操作化，得到一批具体的测量指标，然后才进行问卷设计。其问卷设计的思路和过程可简单用图 5—2 表示：

① 参见风笑天：《社会调查中的问卷设计》（第三版），北京，中国人民大学出版社，2014；风笑天：《现代社会调查方法》（第五版），武汉华中科技大学出版社，2014。

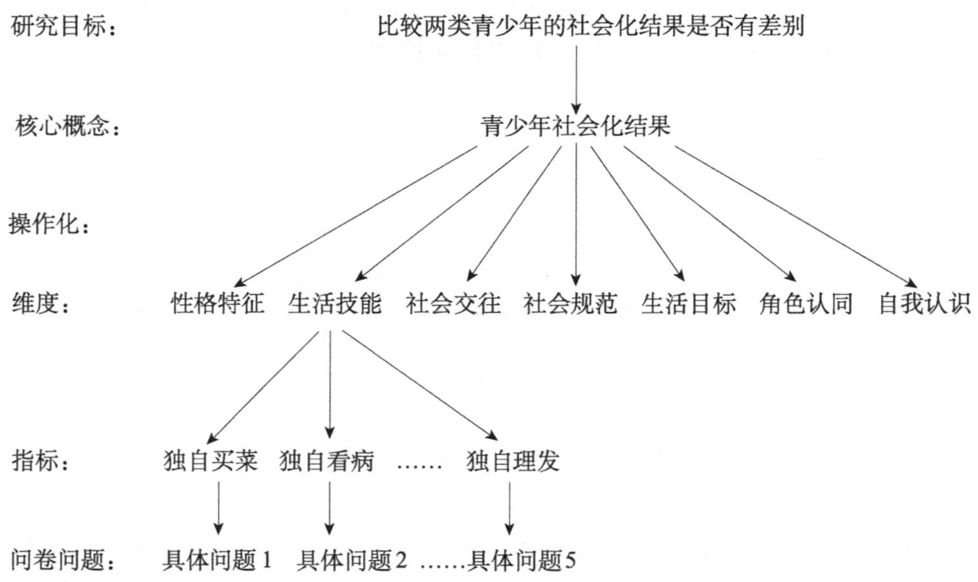

图 5—2 问卷设计思路和过程示意图

即从测量“社会化结果”的目标开始，通过概念的操作化过程，先将概念操作化为七个维度（也即第一层），然后在每一个维度中列出测量指标（图 5—2 中仅列出了“生活技能”一个维度），最终达到将抽象概念转化为具体的测量指标的目的。只有这一切都完成了，研究者才可以动手将这些指标逐一设计成问卷中的具体问题。

类似地，假定我们要调查大学生的社会资本对大学生就业质量的影响，也应该先从“社会资本”、“就业质量”两个核心概念的界定和操作化开始，按照上述例子的做法，一步一步地到达具体的测量指标，然后再动手设计问卷中的问题。当然，在界定和操作化概念的过程中，需要先对前人已有的界定和操作化方式进行回顾和分析，并作出取舍，而不能不管前人的做法，只顾埋头做自己的。读者可以把这个例子当做练习，尝试着设计出若干个测量大学生“社会资本”和“就业质量”的指标，并进一步将这些测量指标设计成调查问卷中的问题。

四、资料收集方式的设计问题

当抽取好了样本，也设计好了问卷，下一个重要的设计工作就是决定采用哪种资料收集方法来实施调查。方法教科书上往往只是介绍了各种具体的方法，但当真正面对一项实际的调查研究时，则还需要研究者将这些方法具体应用到研究中进行设计。

1. 调查资料收集方法设计的依据

虽然从大的方面来划分，调查资料的收集方式只有自填式和访问式两种。但实际上每一大类中都有多种不同的具体实施方式，比如自填式大类中的邮寄问卷、集中填答，访问式大类中的电话访问、入户访问等。而研究者对资料收集方式进行设计的实质，就是要根据调查研究的目标、样本的性质、所拥有的经费、人力、时间，以及各种资料收集方式具有的内在特点来进行综合考虑，合理选择和计划，以求达到收集高质量资料的目标。

首先，研究者要对每一种具体的资料收集方式所具有的特点有清楚明确的认识。只有从本质上把握了每一种方式的特点，才可能将它们应用到合适的环境和调查课题中。这就好比研究者的工具包里有着各种不同的工具，只有熟悉和了解每一种工具的性能，才能在遇到问题时正确选择合适的工具进行运用。举例来说，电话访问是一种常见的、相对便宜的、快速的调查资料收集方式，但是，如果不了解电话访问实施过程中普遍存在的大量的空号、大量的拒答、白天上班时间大部分回答者通常是老年人等现象，以及只能询问很少的调查问题等特征，盲目地将电话调查的方式应用到不合适的调查项目中，往往会遭遇调查的失败。

其次，研究者要对调查样本的性质和特征有详细的了解。调查资料的收集过程实际上也就是在具体的社会现实中接触被调查者、同被调查者打交道的过程。调查样本中的对象具有什么样的社会属性，调查方式能不能方便地接触到被调查者，能不能给予被调查者一个没有压力的、合适的、便利的接受调查询问的环境，是调查资料收集工作能否顺利进行的关键。比如，要调查进城打工的农民工，我们能采取电话调查的方法吗？能采用网络调查的方法吗？能采用入户调查的方法吗？要调查他们，最可行、最合适的方法是什么呢？（这一问题留给读者思考，也留给研究生在课堂上讨论）在一定程度上，我们甚至可以说，调查对象的可接近性决定了调查资料收集的具体方式。

最后，研究者要对自己所拥有的资源、资本以及局限有清楚的认识。这里所说的资源，主要指的是研究者在实施调查中所具有的有利于接触被调查者、有利于开展调查询问的各种关系网络和客观条件。比如，研究生做调查，所能运用的关系可能主要是同学，老师做调查，可以利用的关系除了学生外，还有同事、学术界的同行以及其他一些社会关系。所以，一般情况下，研究生做调查时在接近被调查对象（特别是非学生的对象）方面所受到的局限就相对比较大。这里的资本，则主要指的是研究者所能用于开展实地调查的时间、经费、人员。比如，如果时间足够长、经费充足，就可以采用当面访问的方式；如果时间短、经费也少，则只能考虑自填问卷、电话访问等方式了。

2. 实际资料收集过程中的质量控制

调查资料收集方式的设计，其目标是要保证样本中的每一个被调查者都真实地向调查者进行报告。这里包含两个最重要的指标：回答率和回答的真实性。关于回答率，一般来说，尽可能高的回答率是研究者应该追求的目标。所以，研究者在设计中应充分考虑到影响回答率的因素，并通过合理的设计减少这些因素的影响。但应该认识到，高回答率只是衡量调查结果质量的一个指标，尽管是一个比较重要的指标；另一个更为重要、同时与回答率密切相关的指标，则是调查实施过程的严格性以及调查所得资料的质量。

无论采用什么资料收集方式，有一点始终是一样的，这就是调查资料的收集过程始终都是由人来完成的。而调查资料的质量正是与这些收集资料的人及其工作密切联系在一起的。所以说，资料收集过程中最为关键的一环还是要提高调查员的工作质量。实际上，当一项调查中的其他因素（比如调查的目标、调查的内容、抽样的方法、样本的性质、样本的规模等）确定后，真正会影响调查资料和结果的因素则主要是建立在调查员的工作态度和工作能力基础上的调查员工作质量。研究者十分注意调查员的挑选培训、调查员的报酬、调查过程的督导和检查等工作，就是在从不同的方面为提高调查员的工作质量做出努力。

除此之外，还有一个重要的因素值得注意，这就是调查员的工作量。调查员也是普通人，他不可能超出某种生理的和心理的极限达到研究者所期待的工作质量。笔者多次遇到这样的情况：一些受过系统的社会调查训练、具有多次调查实践经验（即有很好的工作能力）、做事认真负责（即有很好的工作态度）的调查员，用自责和内疚的语气对笔者说，由于调查任务实在太大，为了完成调查，后来只好马虎应付了。这样的结果很可能是回答率保证了，调查资料的质量却下来了。因此，为了保证调查员的工作质量，必须在设计时就将调查员的日平均工作量以及在一项调查中的总工作量都限定在一定的范围内，从生理和心理上保证调查员的工作质量。

笔者提出的调查员日平均工作量的标准是：一般规模的问卷（半小时左右的访问工作量），调查员每天完成的数量最好定在4～6份的范围内。而调查员的总工作量标准是：对于一般中小规模的调查来说，最好限制在30份问卷的范围内，对于较大规模的调查也应该限制在50份问卷的范围内。无论是超出了日平均工作量，还是超出了调查的总工作量，都有可能带来调查质量的下降。

由于受到每人日平均工作量和总工作量两个因素的限制，研究者在研究设计中，要以这两个条件为基础，对调查的时间和调查员规模进行相应的计划和调整。具体做法是：研究者先根据调查的样本规模和调查员日平均工作量，计算出一项调查所需要的总的工作日数量；然后，结合上述调查员的总工作量标准来决定合适的调查员数量以及集中调查的时间长短。

假设一项调查的样本规模为1 500人，那么，按人均日工作量5份计算，共需要300个工作日。对于这300个工作日如何分配调查员数量和集中调查的时间，又会有多种不同的选择。比如可以用10个调查员做30天，用20个调查员做15天，用30个调查员做10天，还可以用60个调查员做5天，等等。在其他条件相同的前提下，比较可取的方案是第三种，而第一种、第二种和第四种都不可取。原因是，第一种方案不仅集中调查的时间太长（这样会带来严重的生理疲劳和心理疲劳），更重要的是每个调查员的总工作量太大（每人为150份，大大超出30～50份的标准，即超出了普通人的生理和心理极限）；第二种虽然在时间上有所缩短，但每个调查员的总工作量仍然大大超出标准（每人为75份）；而第四种虽然调查的时间最短，每个调查员的总工作量也最小（每人为25份），但会因所需的调查员数量过多而带来一系列新的问题，如组织与管理的难度增大，调查员能力差别控制的复杂性增加，等等，以致从另一个方面大大增加调查的偏差。

3. 对调查资料收集方式局限性的认识

正如前面所指出的，调查中无论哪种资料收集方式，本质上都依靠被调查者的自我报告。因此，在设计中始终应该对这种自我报告方式的局限性保持警惕，并尽可能设法避免。这种局限性主要体现在以下方面：

首先，社会调查常常是在被调查者知道自己正在接受别人的调查的情况下进行的，因而，有众多的因素影响着、阻碍着他们真实地回答调查者的询问。换句话说，现实生活中有许多因素客观上总是在削弱着、动摇着自我报告方式的这一根本前提。比如，自填问卷的方式具有的一大特点是匿名性高。这是这种资料收集方式比起当面访问的方式来说具有的一大优点。但实际上，这种匿名性也是一把双刃剑：一方面，它有利于减轻被调查者的心理压力，便于被调查者真实填答问卷；另一方面是，它同样也"有利于"减轻社会规范对被调查者填答问卷行为的约束。正因为自填问卷是匿名的，所以被调查者同样更容易掩盖、隐藏其真实情况。这种匿名性也同样"有利于"他们将编造的、不真实的回答提供给调查者。已有的社会心理学实验也表明，正是在匿名的情况下，人们往往更容易发生"失范"的行为。

其次，即使被调查者真实回答问题，自我报告方式所得到的资料与实际情况之间，依然有可能存在一定距离。这是因为自我报告方式的使用隐含着另一个潜在的假定或前提：对于任何一项研究目标来说，回答者都具有充分的共同词汇、共同概念和语言，或者具有共同的衡量标准，因而向他们提出对他们每一个人都具有同样含义的问题是可能的。然而，这一假定对实际社会调查中的有些问题却是不成立的。举个简单但却十分普遍的例子：当我们问"你们家的住房条件怎样?"给出的选择是"1. 非常好；2. 比较好；3. 一般；4. 比较差；5. 非常差"。也许，一些选择"一般"的回答者，其实际住房条件比那些选择"比较好"的回答者的实际情况还要好。因为人们各自心目中的衡量标准并不一致。如果说这种缺陷还可以通过一些客观的指标，比如"你们家的住房共有几间?""总面积共有多少平方米?""是单独厨房还是公共厨房?"等的测量，来印证和弥补的话，那么，对于"你们夫妻之间的感情如何?"这样的问题，回答者所给出的回答与他们实际情况之间的差别就难以估计了。不同的人对同一问题的理解很可能有差异，他们对同一问题的衡量标准也会有差异，而他们的回答正是在这种种差异的情况下作出的。这也就是说，调查者得到的回答是一回事，被调查者的实际意思或者实际情况则可能是另一回事。越是概念较抽象、含义较广泛、界限较模糊、指称较笼统的问题，这种差别就越大。

最后，作为特殊事件的调查访问本身会对回答者的心理和行为产生一定影响。对于结构式访问这种口头报告的形式来说，被访问者从一开始就是以一种特殊的心情、特定的思想准备进入到调查访问的过程中的。因为调查访问毕竟不是人们日常生活中的普通事件，人们在日常生活中与熟人之间的闲谈、交往，与他们接受陌生的调查人员的询问，有着"社会情景"和"社会经历"的内在差别。人们对它们所作出的反应必然是很不一样的。此外，调查资料收集过程中还应该记住，被调查者在自填问卷中，以及在电话访问、当面访问中所说的，和他们在现实生活中实际做的之间，常常有可能不一致。尤其是当我们询问类似“在……情况下，你将怎么做?”这样的问题时，或者是当涉及个人利害关系时，就更是如此。

五、调查设计的一个例子

最后我们列举前面提到的有关独生子女社会化问题的研究设计，作为调查研究设计的一个例子。在介绍具体方法之前，先简要介绍一下该项研究的基本情况：

研究的背景：随着独生子女的大量产生，社会上普遍认为由于独生子女被溺爱，因而成为“问题一代”。从社会学角度看，这实质上是指独生子女的社会化发展状况和结果令人担忧。

研究的问题：中国第一代独生子女的社会化发展状况和结果是否不正常?

研究的思路：要衡量第一代独生子女社会化发展状况是否正常，前提之一是要有参照标准，直接的标准或间接的标准。研究者采取的是与同龄非独生子女进行的方式。因此研究问题也就变成：独生子女与非独生子女的社会化过程和结果是否相同?

由于研究希望回答的是有关中国第一代独生子女的整体问题，因而需要采用调查研究的方式进行。为此，需要抽取有代表性的样本，收集定量的数据，通过统计分析得出有关整体的结果。回答两类青少年社会化发展过程和结果是否相同的问题，并尽可能对研究的结果进行理论解释，即回答为什么不同或者为什么相同。

通过上述简要介绍，我们知道了该项研究的目标是要描述第一代独生子女的社会化发展状况，并与同龄非独生子女的社会化结果进行比较。研究者在设计之前，对前人的研究进行了系统回顾，发现现有研究的对象基本上都是学龄儿童和学龄前儿童，而社会化发展的结果到成人时才会基本结束。因此，针对现有研究的不足，研究者决定以独生子女是青少年为研究对象。

1. 研究对象的界定

在研究设计中，研究者首先对研究对象进行了界定。“独生子女”指父母只生育了他一个，并领取了“独生子女光荣证”的孩子。“青少年”的年龄范围界定为13～18岁。同时，由于我国城市青少年中，13～18岁正好是初中生（13～15岁）和高中生（16～18岁）的年龄，故在研究中确定以13～19岁的城市中学生为主要调查对象①，并以6～12岁的城市小学生与之进行比较，以描述不同年龄段青少年社会化的不同特点。其次，在调查中学生的同时，还对他们的家长进行调查，以便在分析中将中学生的调查结果与对其家长的调查结果进行对照。力图通过成人视角和将成人世界作为参考框架来与青少年自我认识相互印证，弥补现有研究中仅有一种评价视角的弱点。再次，

---

① 根据国家计划生育委员会统计，从1979年到1989年，我国独生子女总人口中，城市独生子女的比重由约30%发展到约70%。（参见风笑天：《独生子女：他们的家庭、教育和未来》，8页，北京，社会科学文献出版社，1992。）估计目前城市独生子女在全部独生子女人口中所占比重超过85%。因此，本研究主要以城市独生子女为对象。若无特别说明，文中“独生子女青少年”均指城市独生子女青少年。

在研究内容上，研究要尽可能包括青少年社会化发展的各个方面，以提供一种相对完整的经验描述。最后，充分利用1988年、1996年、1998年该研究者对同一主题的纵贯调查资料进行对比分析，以更好地反映青少年社会化发展的过程特征。

2. 核心概念的操作化及其测量指标

此部分已在前文第三小节中进行了介绍，此处省略。

3. 样本与资料

该项研究所用资料来自五项大规模的问卷调查。这五项问卷调查的基本情况见表5—5。其中有两项调查是以前进行的，这次实际设计的是后三项调查。

表5—5　　五项问卷调查的基本情况

调查名称	时间	地点	调查对象	样本规模(人)
湖北5市镇小学生家长调查	1988	武汉、黄石、沙市、仙桃、云梦	小学生家长	1 293
湖北5市镇中学生调查	1996	武汉、黄石、沙市、仙桃、云梦	中学生	593
全国14城市小学生家长调查	1998	北京、上海、天津、武汉、成都、南宁、兰州、哈尔滨、廊坊、武威、吴县、安达、德阳、鄂州	小学生家长	1 746
全国14城市中学生调查	1998		中学生	1 855
全国14城市中学生家长调查	1998		中学生家长	1 855

1988年调查和1996年调查的设计情况，读者可参见有关文献。① 这里仅介绍1998年进行的三项调查的设计情况。这三项全国范围的调查于1998年10月至1999年3月在全国14个城市同时进行。调查点的选择主要考虑了地区的分布和城市的类型两个因素。研究者从东北区的黑龙江、西北区的甘肃、西南区的四川、华北区的河北、华东区的江苏、华中区的湖北、华南区的广西等省（自治区）中，选取了5个省会城市（代表大城市）、6个普通城市（代表中小城市），加上北京、上海、天津3个直辖市（代表超大城市）总共14个城市作为调查点。（由于研究经费和时间的限制，考虑到调查的可行性，即所在城市要有相关的社会学机构和调查力量，所以调查城市的选择采用的是判断抽样。）

在各调查城市中，调查样本抽取采用统一的多阶段随机抽样的方法进行。首先，在每一城市中，依据学校类型（重点、普通、较差），按简单随机抽样的方法抽取三类中、小学各一所。然后，在抽中的学校里，按不放回抽样的方式，依次随机抽取初中和高中各一个年级、小学低年级（1～3年级）和高年级（4～6年级）各一个年级。接着，在抽中的年级里，按简单随机抽样方式抽取一个班级。最后，从抽中的班级中按系统抽样的方法抽出20名学生（北京、上海两地为30名）。最终共抽取1 800名中学生、1 800名中学生家长以及1 800名小学生家长。被抽中的1 800名中学生及其家长以及1 800名小学生家长分别构成三个调查样本。其中，中学生样本与中学生家长样本一一对应（由于天津市额外多抽了68名高中非独生子女，故中学生及其家长的样本规模均为1 868）。调查实际收回的有效问卷分别为中学生问卷1 855份、中学生家长问卷

① 参见风笑天：《独生子女：他们的家庭、教育和未来》，253～260页，北京，社会科学文献出版社，1992；郝玉章等：《中学独生子女社会化的状况》，载《青年研究》，1997 (8)。

1 855 份和小学生家长问卷 1 746 份，有效回收率分别为 99.3%、99.3%和 97%。

4. 调查资料的收集方式和分析方式

该项调查的资料均采用自填式问卷调查的方法进行收集。中学生调查问卷由各城市的研究者带到被调查的中学，采取将调查样本中的中学生集中起来进行讲解，然后当场发卷，当场填答并当场回收的方式进行；两类家长调查问卷则采取由调查样本中的中学生和小学生分别带回家，交给他们的家长进行填写，家长填好后再由学生带回交给老师的方式进行。

资料的分析以 1998 年中学生调查问卷为主，并尽可能与其他问卷进行多角度、多层次的比较。根据研究的目标，该项研究主要对不同阶段的两类青少年在社会化各个指标上的发展状况进行交互统计分析，并对二者之间差异的显著性进行卡方检验。

该项研究最终得出了两类青少年的社会化发展状况不存在显著差别的结论，并从研究结果中提出了"消磨—趋同"、"社会交往补偿"、"变异关键年龄"等理论解释。其研究的结果最后形成了一篇论文，发表在 2000 年第 6 期的《中国社会科学》上，读者可以对照阅读。

最后，关于调查研究的设计问题，希望读者能从下面这段话中受到一定的启示："重要的是，运用社会调查方法的研究者一方面要清楚地意识到自己的调查在各种挑战面前作出了哪些让步和妥协，从而在看待和陈述调查结果时保持客观、清醒的头脑，留有充分的余地；另一方面，则是要通过科学的设计、周密的实施和精确的分析，来努力克服社会调查方法所面临的各种挑战，尽可能减少实际运用中的让步和妥协，尽可能地提高社会调查结果的质量。在这种努力的过程中，最为关键的四个环节是：（1）如何根据现实社会生活的客观条件，严格贯彻样本抽取的随机性原则；（2）如何通过科学的操作化程序，提高社会测量及问卷设计的效度；（3）如何巧妙地设计和控制资料的收集过程，克服自我报告方式所存在的弊端；（4）如何利用多种统计分析方法和同一时点的横切资料，将相关分析推向因果分析。"①

教学建议与练习题

1. 作为社会研究中应用最为广泛的一种方式，调查研究的本质特征是什么？

2. 组织学生讨论调查研究的方式在实际应用中面临的困难和障碍。

3. 从本学科学术期刊中，选择几篇采用调查研究方式的经验研究论文。组织学生讨论这些论文的抽样方法及变量操作化方法。

4. 如何认识和处理调查研究中与样本规模有关的问题？

推荐阅读

1. ［美］弗洛伊德·J·福勒．调查研究方法．重庆：重庆大学出版社，2004.

---

① 风笑天：《社会调查面临的挑战》，载《中国社会学年鉴》（1994—1997），北京，社会科学文献出版社，1999。

2. 风笑天．独生子女青少年的社会化过程及其结果．中国社会科学，2000（6）．

3. 风笑天．社会调查中的问卷设计（第三版）．北京：中国人民大学出版社，2014.

4. 风笑天．社会调查方法面临的挑战．中国社会学年鉴（1994—1997）．社会科学文献出版社，1999.

5. 风笑天．高回收率更好吗？社会学研究，2007（3）．

6. 风笑天．再论样本规模与回收率．社会学研究，2007（6）．

7. 风笑天．样本规模、替换样本与无回答误差．南京大学学报，2010（5）．

8. 徐安琪．夫妻权力和妇女家庭地位的评价指标：反思与检讨．社会学研究，2005（4）．

第六章　实地研究设计

在介绍实地研究设计之前，有必要对有些初学者和研究生头脑中存在的一种错误认识进行一定的讨论。一些研究生对实地研究等定性研究的方式存在一定的误解，认为实地研究的方法似乎比调查研究等需要进行统计分析的定量研究方式相对容易一些。比如，笔者经常会遇到一些博士研究生不好意思地对笔者说："风老师，我的数学基础比较差，掌握定量的统计分析方法十分吃力。所以，我的博士论文就只好采用定性研究方法来做了。"

对于这样的看法，我想有两点应该说明：首先，一项研究采用什么方法，并不应该由研究者个人的喜好或能力特点决定，而应该由研究的问题决定（当然，研究者个人可以选择做或者不做哪一种类型的问题）。正如著名学者米勒和萨尔金德所指出的，"定量研究方法与定性研究方法不是回答同一问题的不同方法，相反，这两种方法构造不同的途径来回答不同类型的问题"①。其次，如果认为掌握定量的统计分析方法很困难，而进行实地研究等定性研究方式只需要做访谈，进行观察，会相对容易，那就大错特错了。笔者倒认为，在某种意义上，不容易做的或许并不是定量研究，而恰恰相反，是各种类型的定性研究。因为，总体上说，定量研究有着相对明确的程序规则、相对具体的操作方法和相对固定成熟的研究工具，特别是建立在概率论基础上的统计分析方法，在越来越方便的计算机分析软件的辅助下，可以帮助研究者去发现和证实研究的结论。但在定性研究中，研究设计和研究程序不是固定不变的，资料的结构也往往不是事前组织好的，而是在研究的过程中发展出来的；研究方法是灵活多样的；研究工具更多的是研究者自己；资料的分析和研究结论的获得，也在相当大的程度上依靠研究者的"顿悟"。所有这些都意味着定性研究在研究设计和研究实施过程中，都比定量研究要更加困难。所以，在本章开头，笔者提醒读者，千万不要有定性研究容易做的误解。

与定量研究只有相对固定的几种方式（如实验研究、调查研究、文献研究）相比，定性研究的方式则显得更加多样化。正如有学者所指出的，定性研究的方式"确实多到了难以选择的地步"②，有的研究者认为定性研究有 18 种方法，有的

① ［美］德尔伯特·C·米勒、内尔·J·萨尔金德：《研究设计和社会测量导引（第六版）》，132 页，重庆，重庆大学出版社，2004。

② 同上书，133 页。

则认为有25种。可以说，定性研究就像是一棵枝繁叶茂的大树，或者如有的学者所总结的，定性研究是“一个伞状的词汇”①。其具体的研究方式和方法多种多样，互不相同。要详细介绍每一种具体的定性研究方式，显然大大超出了本书的目标。对定性研究方法有兴趣的读者，可以参看由著名学者Denzin和Lincoln组织编写出版的《定性研究手册》②。在那本百科全书式的著作中，作者们对各种定性方法都有详细深入的介绍。而在本章中，我们将主要讨论实际社会研究中最常用的一种定性研究方式，即实地研究的设计问题。

一、实地研究及其相关概念

实地研究是一种什么样的研究方式？实地研究具有哪些重要特征？这种研究方式适合探讨什么样的研究问题？实地研究与参与观察、民族志、个案研究等有什么关系？这是在介绍实地研究的设计之前，读者首先需要弄清楚的问题。在本节中，我们先对实地研究的概念以及与实地研究密切相关的几种定性研究方式进行简略的介绍，以明确实地研究及其在定性研究方式中的位置，并与几种相关研究方式进行一定的区分。

1. 什么是实地研究？

我们这里所讨论的实地研究，指的是在英文文献中被称作“field research”、“field study”或“field work”的研究方式。实地研究的方式在定性研究中的地位，可以用两位那克米亚斯教授的话来概括：“实地研究是定性研究方法论中最重要的资料收集策略。”③ 从许多社会研究方法的教材中也可以看到，实地研究的方式往往与调查研究、实验研究、文献研究一起，构成社会研究中最常见的四种研究方式，并且它是这四种方式中唯一的一种定性研究方式。

然而，对于实地研究究竟是一种什么样的研究方式，不同的学者给出了略有不同的定义。比如，艾尔·巴比教授认为，实地研究指的是那种“有时被称为参与观察、直接观察和个案研究的所有研究方法”④。纽曼教授认为，“实地研究，有时也被称为民族志、参与观察的研究。在这种定性研究类型中，研究者在事情发生时以自身的文化背景直接观察和参与一个小规模的社会场景”⑤。贝利教授认为，实地研究“在自然背景中进行，（大多数情况下）采用参与观察的方法，并且观察者很少对背景的结构施加影响。相反地，观察者试图成为他或她正在研究的文化或亚文化中的一部分。‘实地研

① Keith F. Punch, *Introduction to Social Research: Quantitative and Qualitative Approaches*, London, Sage, 1998, p. 139.

② 参见Norman K. Denzin & Yvonna S. Lincoln, *Handbook of Qualitative Research*, Second Edition, London, Sage, 2000。该书2008年由重庆大学出版社组织翻译，分为四册出版，分别是《定性研究：方法论基础》、《定性研究：策略与艺术》、《定性研究：经验资料收集和分析的方法》和《定性研究：解释、评估与描述》。

③ Chava Frankfort-Nachmias & David Nachmias, *Research Methods in the Social Sciences*, 6th ed, New York, Worth Publishers, 2000, p. 257.

④ [美] 艾尔·巴比：《社会研究方法》（第八版），354页，北京，华夏出版社，2000。

⑤ [美] 劳伦斯·纽曼：《社会研究方法：定性与定量的取向》（第五版），459页，北京，中国人民大学出版社，2007。

究’一词几乎总是与术语‘民族志研究’或‘民族志’同时运用”[①]。笔者在另一本研究方法著作中，将实地研究定义为“一种深入到研究对象的生活背景中，以参与观察和无结构访问的方式收集资料，并通过对这些资料的定性分析来理解和解释现象的社会研究方式”[②]。

从上述不同学者的定义中可以看到，虽然这些定义不完全一样，但它们都包含了一些共同的东西，比如，它们都强调了实地研究发生在自然的背景中，强调了参与观察方法的运用，有的还强调了文化的因素。同时，我们也注意到，在这些学者的实地研究定义中，还分别涉及参与观察、个案研究、民族志等不同概念。因此，我们下面对这些概念进行一些探讨。

2. 与实地研究相关的概念

上述不同定义均表明，实地研究是一种与民族志、参与观察、个案研究等密切相关的研究方式。更准确地说，实地研究与参与观察、民族志以及个案研究，是定性研究中几种相互联系、相互渗透，有时甚至被看成同一回事的研究方式。这些概念相互之间存在着某些联系，它们所指称的事物之间也常常存在一些交集，即存在一些相互交叉的地方。因而，同一项研究在不同的学者眼里，也常常被看作不同研究方式的例子。比如，怀特（Whyte）教授的著名研究《街角社会：一个意大利贫民区的社会结构》（Whyte，1955），在有的研究方法著作中，被作为参与观察的例子[③]，而在另一些研究方法著作中，它又被作为个案研究的范例[④]。与此类似，利博（Liebow）教授的著名研究《塔利的角落》（Liebow，1967），在有的研究方法著作中被作为民族志的例子[⑤]，而在有的方法书中又被作为参与观察的例子[⑥]。

为了更好地对这几种方式有所区分，我们分别对这几种方式略作介绍。先来看看参与观察（participant observation）的定义。著名的定性方法学者丹津（Tenzin）认为：“参与式观察可以被定义为一种同时结合了文档分析、访谈受访者与信息提供者、直接参与和观察以及进行自我省察的实地策略。”[⑦] 而学者洛夫兰德夫妇则将参与观察定义为一种过程，“在这个过程当中，调查者和一个人的群体之间在其自然构成的状态中建立起一种多边的和相对长期的关系，以促进对这一群体的科学理解”[⑧]。这两条定义可从说在很多方面与实地研究的定义十分相似。同时，它们从两方面刻画了参与观察这种方式的重要特征：一是从资料收集与分析方式的角度，说明参与观察并不只是

---

① K. D. Bailey，*Methods of Social Research*，3rd ed，New York，Free Press，1987，p. 245.

② 风笑天：《社会研究方法》（第四版），228 页，北京，中国人民大学出版社，2013。

③ 参见［美］丹尼·L·乔金森：《参与观察法》，38 页，重庆，重庆大学出版社，2009。

④ 参见 Keith F. Punch，*Introduction to Social Research*：*Quantitative and Qualitative Approaches*，London，Sage，pp. 151－152；［美］罗伯特·K·殷：《案例研究：设计与方法》，5 页，重庆，重庆大学出版社，2007；［澳］戴维·德沃斯：《社会研究中的研究设计》，231 页，北京，中国人民大学出版社，2008。

⑤ 参见［美］艾尔·巴比：《社会研究方法》（第八版），357 页，北京，华夏出版社，2000。

⑥ 参见［美］丹尼·L·乔金森：《参与观察法》，38 页，重庆，重庆大学出版社，2009。

⑦ 转引自［德］伍威·弗里克：《质性研究导引》，183 页，重庆，重庆大学出版社，2011。

⑧ 转引自 Keith F. Punch，*Introduction to Social Research*：*Quantitative and Qualitative Approaches*，London，Sage，1998，p. 139。

用眼睛看，而是包括了其他多种不同的方式；二是强调了研究方式必须依据的自然背景及其与实地研究对象之间的相对长期关系。事实上，参与观察是与实地研究最为相似的一种研究方式，以至于一些社会研究方法教材中（本该介绍实地研究方式的地方）所专门介绍的定性研究方法并不是实地研究，而是参与观察。

再来看看民族志（ethnography）的概念。民族志是来源于文化人类学的一种研究方法，它主要是“对一群有共享文化模式的人”所进行的研究，“它描述和解释一个文化或社会群体，研究这一群体可被观察和学习的行为模式和生活方式”[①]。与实地研究相同的是，民族志研究也要求研究者深入实地，对所研究的群体进行相当长时期（一般在半年或一年以上）的观察，通常也是进行参与观察；它还特别要求“研究者融入被研究者的日常生活，或进行一对一的访谈，了解他们日常行为的意义、语言以及他们与其他文化群体的互动”[②]。有的学者指出，民族志研究是要“通过收集资料尤其是观察性的资料来研究一个历经岁月沧桑其文化风貌却完好无损的文化群”，并且，这种研究过程是灵活的，“是典型的结合背景逐步探索现场遭遇到的鲜活的现实”[③]。同时，还有学者特别提示，民族志研究往往“强调满足两个条件：一是研究者近距离地、详尽地观察自然世界，二是极力避免被任何事前设定的理论框架所束缚”[④]。

从上述对民族志的定义中，我们可以看到，研究具有特定文化的群体，是民族志研究的根本目标和本质特征，而其研究的方式同样是强调要深入实地，同样是采用参与观察等方法。但与参与观察法有所不同的是，这种深入实地的时间往往更长。当然，也有学者认为，“‘民族志’这个词的涵盖范围要大于‘参与观察法’这个词，参与观察法可能是民族志的一个方面”[⑤]。而且“社会学家常常更喜欢使用‘参与观察法’一词来指称人类学家传统上的所谓民族志”，两者“之间的差别很细微”[⑥]。实际上，无论是民族志还是实地研究，二者都将参与观察作为主要的资料收集方式，这是它们最相似的地方。因此，也可以说，参与观察是构成实地研究或民族志的最基本元素。然而，实地研究虽然也像民族志和参与观察一样，要深入实地，要进行观察，但它收集资料的方式除了参与观察外，在很大的程度上更依赖于深入的、正式的或非正式的无结构访谈。这或许是实地研究与参与观察和民族志研究有所差别的地方。

最后来看看个案研究（case studies）的定义。对个案研究的概念进行定义似乎最为容易。如有学者认为，所谓个案研究“就是一个个案（也或许是一个小数目的个案）被详细研究，使用看起来合适的任何方法”[⑦]。还有学者以更为简明扼要的方式对个案

---

① 转引自［美］德尔伯特·C·米勒、内尔·J·萨尔金德：《研究设计与社会测量导引》，145页，重庆，重庆大学出版社，2004。

② 同上书，142页。

③ 转引自［美］约翰·W·克雷斯威尔：《研究设计与写作指导：定性、定量与混合研究的路径》，11页，重庆，重庆大学出版社，2007。

④ ［美］罗伯特·K·殷：《案例研究：设计与方法》，17页，重庆，重庆大学出版社，2007。

⑤ Matthew David & Carole D. Sutton：《社会研究方法基础》，106页，北京，高等教育出版社，2008。

⑥ 同上书，81页。

⑦ Keith F. Punch：《社会科学研究法——量化与质化取向》，236页，台北，心理出版社，2005。

研究进行了如下界定："个案研究是对具体'单位'的深入研究。这里所谓的'单位'可能是个人、组织、事件、节目或社区。"①

仅从定义上看，似乎个案研究方式与实地研究以及参与观察、民族志并无多大联系。但实际上，由于许多著名的个案研究（如《街角社会：一个意大利贫民区的社会结构》、《塔利的角落》等）都是采用实地研究的方式、参与观察的方式、民族志的方式进行的，或者说，许多著名的实地研究、参与观察、民族志研究的研究对象都是一个单独的个案，因而造成了个案研究方式与这些方式之间的紧密联系。艾尔·巴比教授关于实地研究的定义中就涉及实地研究与参与观察和个案研究的关系问题。在巴比教授看来，实地研究可以说就是参与观察与个案研究的统称。笔者的理解是，如果从研究的特征和方式、特别是从资料收集方法的角度，实地研究更多地指的是参与观察；而如果从研究对象的角度，实地研究则较多地采用的是个案研究的方式了。因此，也可以说，实地研究就是将参与观察的方法应用在对一个（或有限的几个）个案所进行的研究中。

对于个案研究与实地研究，特别是与参与观察、深度访谈、民族志等方法之间的关系问题，德沃斯教授指出："个案研究经常被等同于定性方法，尤其是参与式观察法和非结构化的深度访谈法。毫无疑问，这种判断部分是由于一些早期的、具有影响力的个案研究（如《街角社会：一个意大利贫民区的社会结构》和《中镇》）采用了参与式观察法。与此类似，社会人类学中的大多数民族志个案研究也采用了参与式观察法，因而民族志和个案研究有时也被看做是一回事。在其他情况下，个案研究也被等同于非结构化的深度访谈。"然而，"假如我们把个案研究与某一种特殊的资料收集方法等同起来，那我们就误解了个案研究设计"②。根据他的看法，我们应该认识到，尽管在具体方式上个案研究与这几种方式有些相似，但个案研究却始终是一种独立的研究方式。同时，也不能把个案研究与定性研究相混淆。③ 学者罗伯特·K·殷也认为，"在收集任何数据之前建构理论假设"，是个案研究与定性研究中的其他相关方法如民族志方法或扎根理论方法的不同点之一。因为，"一般来说，采用这些相关研究方法进行研究之前，一定要刻意避免存在特定的理论假设"④，而个案研究则与此相反，不仅不用刻意避免，反倒是一定要有理论假设。

正是由于实地研究与参与观察、民族志研究这两种方式有着紧密联系和更多的相似性，而个案研究的方式则相对特殊，因此，本章中将省略参与观察和民族志研究这两种方式的内容，而主要介绍实地研究和个案研究两种方式的设计问题。

二、实地研究的基本特征及适用范围

恰当选择和合理运用一种研究方式的基本前提是了解和熟悉这种研究方式的本质

① ［英］戴维、萨顿：《社会研究方法基础》，116页，北京，高等教育出版社，2008。

② ［澳］戴维·德沃斯：《社会研究中的研究设计》，231页，北京，中国人民大学出版社，2008。

③ 参见 Denzin & Lincoln, *Handbook of Qualitative Research*, London, Sage, 1994。转引自［美］罗伯特·K·殷：《案例研究：设计与方法》，17页，重庆，重庆大学出版社，2007。

④ ［美］罗伯特·K·殷：《案例研究：设计与方法》，32页，重庆，重庆大学出版社，2007。

特征和研究程序。对于实地研究来说也同样如此。同样，在介绍实地研究的设计问题之前，了解一下实地研究作为一种典型的定性研究方式所具有的几个重要特质，会对我们设计和实施实地研究有某种指导性作用。概括地说，实地研究的几个主要特质是：第一，深入实地，身临其境，成为环境的一部分，在自然情景中开展研究；第二，研究者本人作为研究工具，主要依靠观察、体验、感受和移情理解；第三，没有先入为主的观点和理论，更多地遵循着归纳的思维逻辑；第四，主要着眼于了解和分析事物或现象的内部结构及变化过程。

以下我们分别进行说明。

1. 深入实地，身临其境，成为环境的一部分，在自然情景中开展研究

实地研究一词的英文是 field research，在社会人类学中，它被称作“田野工作”(field work)。这样的称谓或许更能直接地体现出这种研究方式的基本特征。它意味着，实地研究者的研究工作必须是在田野、在实地、在社会生活的真实现场进行的。如同那些身穿白大褂的实验人员，他们的研究工作主要是在摆满了各种仪器、各种设备、各种材料的实验室中进行的。这种对“实地”、对“现场”的强调，可以说是实地研究方式的第一个重要特征。

在各种社会研究方式中，调查研究和一部分实验研究的方式似乎也是要到实地去。但有所不同的是，调查研究中的实地，只是研究者在进行实地抽样、问卷发放，或者进行结构访谈过程中的一种临时的现场。调查研究者到这种现场的目的只是为了找到样本中的对象，为了将问卷成功送到调查对象手中。即便是采用结构式访问的方法，到现场（比如居民家中）与被调查对象面对面进行访问，研究者或调查员也只是短暂地、相对正式地接触调查对象，十分短暂地停留在社会生活的实地场景中。它和实地研究中的那种相对长时期地，完全地“投身于”、“沉浸于”社会生活场景，以及那种全方位、长时间、相对非正式地与研究对象进行日常接触是完全不同的。实地实验中，研究者也会在真实的实地开展研究，但一方面实验研究者在实地的时间同样十分短暂，另一方面由于需要控制的因素较多，这种实地的规模、范围往往也相对较小。

更为重要的是，实地研究的方式将研究者深入日常社会生活的社会背景，以及将研究者与作为社会背景一部分的人们之间的关系，作为理解社会生活现象以及人们行为的关键因素。正如有学者所指出的，“研究者必须成为环境的一部分，只有这样才有可能理解那些生产文化的人们的行为”[①]。因此，研究者与社会背景的完全融合、研究者自身成为其所研究的社会背景的一部分，就成为实地研究这种研究方式的一种标志，同时也是实地研究得以顺利进行的重要前提。

2. 研究者本人作为研究工具，主要依靠观察、体验、感受和移情理解

从方法的本质上说，实地研究是一种直接感知、直接体验、直接感悟型的研究方

① Keith F. Punch, *Introduction to Social Research: Quantitative and Qualitative Approaches*, London, Sage, 1998, p. 137.

式。正如有的学者所指出的："为有助于理解社会现实，我们还必须直接体验这种现实。"①

当研究者进入实地，投入到被研究对象具体的生活环境中，他对社会现象及其对人们行为方式的研究，也就被限制在更多地依靠直接的观察和询问、更多地依靠自身的主观体验和感受、更多地依靠移情理解上了。尽管实地研究者也可以收集和利用现有统计资料和其他文字资料，但研究者主要依靠的资料，则是他们通过自身的感官以及他们的思考所收集的那些具体的、生动的、活生生的，但同时又是凌乱的、此时此地的经验材料。实地研究的方式一方面导致了研究者必须通过自己的耳闻目睹、现场经历、亲身体验来获得直观的感受；另一方面还导致了一种对现实社会场景的依赖，导致了一种对日常生活中人们的行为、态度进行移情理解的依赖。"重要的是，要参与到社会关系中去，在一个被观察的背景的语境中去理解人们的行为。"② 而要完成这样的感知，要完成这种特定的理解，更多地将研究者自身作为研究工具就成为必需的条件之一。

3. 没有先入为主的观点和理论，更多地遵循着归纳的思维逻辑

与许多定量研究方式的研究显著不同的是，实地研究中研究者不需要带着某种已有的观点、假设或理论进入现场。一切抽象的结论、理论的解释都产生于实地经验观察之后。批评家坚持认为，与以问卷作为工具的社会调查者总是假定他们已经知道了重要的事物相反，参与观察的研究者"不会对重要的事物做出断然的假定。然而，这种方法鼓励研究者们将自己沉浸于他们试图理解的人们日复一日的活动当中。与检测观点（演绎）相反，它们也许可以从观察中（归纳）发展而来。这也就是说，他们会将在寻求理解中所使用的方法和阐释相结合起来"③。

理解和解释始终是社会研究的根本目标，实地研究也是如此。但是，它要达到这一目标的思想之路却与大部分的定量研究方式有所不同。从逻辑推理的角度看，实地研究基本上遵循着归纳的路径。即从现场的观察、访谈所收集到的大量具体的、经验的材料中，抽象出对现实事物的解释和理解。

4. 主要着眼于了解和分析事物或现象的内部结构及变化过程

不同的研究方式都有其特别"擅长"的地方，就像实验研究特别擅长探索现象之间的因果关系、调查研究特别擅长于描述总体的现状和趋势一样，实地研究特别擅长描述和分析事物和现象的内部结构以及变化过程。

前面我们说过，实地研究来源于人类学。正是人类学家企图了解其他社会中人类文化现象的需要催生了实地研究的方式。从早期人类学家马林诺斯基、布朗，到后来

---

① Bryman, *Quantity and Quality in Social Research*, London, Unwin Hyman. 1988, p. 52. 转引自 Keith F. Punch, *Introduction to Social Research: Quantitative and Qualitative Approaches*, London, Sage, 1998, p. 140。

② Keith F. Punch, *Introduction to Social Research: Quantitative and Qualitative Approaches*, London, Sage, 1998, p. 137.

③ Ibid., p. 136.

美国的芝加哥学派、社会学家派克等，都为这种研究方式的形成和发展做出了努力和贡献。实地研究的方式也逐渐从研究外民族文化现象扩展到研究研究者所属社会的文化现象，扩展到研究本民族社会内部的各种群体、结构及其变化过程。在这一发展过程中，实地研究的方式和具体技术在不断完善，而着眼于了解和分析各种社会事物和社会现象的内部结构、着眼于社会现象的变化过程的特征则始终如一地被贯彻了下来。这也成为社会研究者采用实地研究方式的一个重要的原因。

5. 适合采用实地研究方式进行研究的议题

正因为有上述特征，实地研究对于那些不适于采用调查研究等定量研究方式进行研究的议题来说无疑是一种很好的选择。实际上，实地研究还特别适合下列一些研究的议题：一是与自然的情境下人们的态度和行为有关的议题，特别是与自然社会背景中人们之间的互动有关的议题；二是与一些经历相当一段时间的社会事件和社会过程有关的议题；三是与某些特定的社会群体或组织的内部结构有关的议题。

洛夫兰德夫妇同样提出了几种适合实地研究的社会生活因素或议题，其中包括：实践（主要指各种行为）、情节（包括各种事件）、邂逅（现实情境中的互动）、角色、关系、群体、组织、聚落、社会世界、生活形态或亚文化等。① 认真分析起来，他们所提出的这些议题具有这样一些共同特点：多为微观的、小规模的、内部性的、互动的。

对于这一点，纽曼教授给出了进一步的解释："实地研究法一般适用于研究涉及体会、理解或描述某个互动中的人群的那些情况。实地研究最适合处理以下问题：社会世界中的人们是如何办到 Y 这件事的呢？或是，X 这个社会世界是什么样的呢？当其他方法（像调查研究、实验）不适用时，例如，研究街头帮派，就是实地研究的适当时机。"② 他还建议初学者和研究生"从一个相对比较小的（30 人左右或者更少）、而且其成员都是在相对固定的背景下（例如，某个街区、教堂、酒吧、美发沙龙或棒球场）互动的团体开始，着手研究"③。他在书中介绍说，他的学生完成了一些短期的、小规模的实地研究，包括美容院、日间托儿所、面包店、赌场、保龄球场、教堂、咖啡馆、自助洗衣店、报警办公室、私人疗养所、文身店和减肥中心等。本书的读者和研究生们同样可以在我国社会类似的场景中进行这种小规模的实地研究。

三、实地研究的设计要点

上述有关实地研究所具有的几个本质的、同时也是区别于其他研究方式的基本特征，以及实地研究所适合的研究议题的介绍，对于我们掌握实地研究设计中的关键点十分重要。由于实地研究的方式具有较少结构性、较多灵活性，因而，在设计方面也比调查研究等定量研究方法更加具有弹性。在一般社会研究方法的教科书中，对实地

---

① 参见［美］艾尔·巴比：《社会研究方法》（第八版），360 页，北京，华夏出版社，2000。

②③ ［美］劳伦斯·纽曼：《社会研究方法：定性与定量的取向》（第五版），460 页，北京，中国人民大学出版社，2007。

研究的步骤都会有所介绍。我们这里主要强调实地研究的设计工作中要特别注意的几个方面，作为对读者在设计实地研究时的一种提示、建议或提醒。

1. 明确实地研究方式与研究问题、研究内容、研究环境条件之间的合适性

研究者首先应该考虑的是，对于自己所选择的研究问题来说，实地研究的方式是不是用来寻找其答案的最合适途径。不同的研究问题，会使得研究具有不同的目标。而选择研究方式，就如同选择通向研究目标的道路。某种研究方式，往往更适合用来探讨和回答某些类型的研究问题，而不适合用来探讨和回答另一些类型的研究问题。只有研究的问题、目标和途径相互协调，才有助于取得好的研究结果。当研究问题属于前面介绍的几类议题，属于适合实地研究进行探讨的问题时，采用实地研究的方式才是最为合适的选择。而当研究的问题是诸如某一群体的行为或态度现状如何、某一现象的总体特征及其分布如何、来自某一理论的假设在新的总体或现实中是否成立等时，就不太适合选用实地研究的方式。

研究者其次应该考虑的是，对于自己研究中的研究内容来说，实地研究的方式是不是最为理想的方式。尽管各种社会研究的具体内容都会涉及社会中人们的行为、人们的态度以及人们的特征等，但是，人们不同的社会行为和社会态度所具有的社会特征有所不同，特别是敏感性程度有所不同。因此，有些方面的研究内容相对容易通过结构式询问的方式，现有文献分析的方式，或者通过间接观察、局外观察的方式获得；也有些方面的研究内容则往往更适合甚至只适合采用深度访谈、直接观察、特别是参与观察的方式获得。比如，如果研究者希望研究的主题和内容是有关农村基层选举的，那么，通过到农村基层进行参与观察，亲身参与和体验现实社会中农村基层居民和村干部在民主选举新的村一级领导的过程中的各种行为、各种表现，就比那种仅仅通过问卷调查来进行研究的方式更能深入了解和切实把握现实社会中所发生的一切，也能更加准确地分析和解释人们之所以这么行事、这么表态的各种深层次原因。

研究者还应该考虑的是，对于自己的研究环境来说，实地研究的方式是不是最合适的方式。开展实地研究的前提之一是研究者要深入实地，即要进入并参与研究对象生活于其中的自然环境和社会场景，还要作为正常人与研究对象接触和互动。因此，这种外在的研究环境与实地研究的合适性同样至关重要。在进行研究设计时，研究者应该对实地研究过程中所面临和接触的各种外部环境有所考虑，特别是作为外来者，要努力使自己的角色、自己的出现、自己与被研究对象的互动等都与研究对象的现实生活场景相适应、相协调、相符合，尽可能少地干扰、刺激、影响到研究对象的正常生活。

2. 恰当选择实地研究的地点

研究地点的选择也是实地研究设计中的一项重要任务。怎样选择一个合适的实地研究地点呢？毫无疑问，研究地点的选择首先应该是针对研究所要探索和回答研究问题的需要。更具体地说，所选择的研究地点对于回答研究问题来说，应该具有某种典型性，即要选择最能够直接为探讨和回答研究问题提供经验的和逻辑的证据的社会场景。

除此之外，研究者在实际选择过程中还应该考虑一些什么因素呢？有学者给出了下列建议："选择实地研究地点有三个相关的因素要注意：资料的丰富性、不熟悉的程度和合适性。"[①] 这里的资料丰富性，指的是研究者所选择的地点应该比其他地点更能够为研究提供各种社会关系、各种社会活动、各种社会实践的事实，以形成可供研究者探索和分析的丰富、生动、详细的资料。这里所说的不熟悉程度，则指的是研究地点的社会特征，特别是社会背景与研究者自身的社会背景和生活经验之间差别的大小。该学者建议初学者选择自己不太熟悉的研究地点，也就是说，选择与自己的成长环境、个人生活经验差别较大的研究地点。这样更便于研究者发现现实中有意义的行为方式、文化特质、背景事件和社会关系。至于合适性，则主要指的是研究者在选择研究地点时要注意尽量避免选择那些和个人社会背景条件相冲突，特别是会对研究者的实地参与产生某种限制和负面作用的地点或社会场景。除此之外，实地研究地点的选择还可以考虑到将来进入实地的容易性这一个因素。在其他条件相同的前提下，研究者应选择那种较少客观障碍、有合适的"关键人物"帮助联系和介绍、较容易进入可开展观察访问的研究地点。

3. 资料收集方法的设计以及进入田野前的准备

虽然实地研究中研究者也会收集当地相关的档案资料、统计资料、人物传记等文献资料，但研究者更为依赖的资料则主要是实地观察的资料和实地访谈的资料。因此，实地研究设计中最重要的资料收集方法设计主要是对参与观察法和无结构访谈法的设计。与这两种方法相关的问题涉及众多方面，研究者既要考虑到实地中各种可能的资料来源以及资料的性质，同时也要考虑到具体的观察方法、访谈方法、观察者的角色以及记录的方式等。特别重要的是，无论是观察还是访谈，研究者事先都要有所考虑和准备。

对于观察方法来说，最重要的考虑就是研究者参与实地生活背景的程度以及与之密切相关的观察者的角色问题。这也就是说，研究者要考虑自己在实地背景中，是主要作为"观察者"，还是主要作为"参与者"；是以研究者的公开身份进入实地、参与研究对象的现实生活，作为"外来人"进行观察，还是隐藏研究者的真实身份，以其他的假身份"混入"被研究对象的生活场景中，作为"内部人"悄悄地、暗地里进行观察。毫无疑问，两种方式都有各自的优势，也都有各自的局限和风险。研究者在设计时，既要考虑到何种观察方式可以更方便地获得真实、可靠、详细、丰富的资料，又要考虑到各种观察方式在实际生活场景中进行观察的可能性和可行性。同时，在进入实地之前，还要适当进行细心观察、定期记录的技能技巧的练习和训练。

对于访谈方法来说，最重要的考虑是对正式访谈和非正式访谈两种方式的选择、计划和对访谈的准备。实地中的正式访谈是研究者根据研究目标和资料收集的要求，有目的、有计划、有针对性地选择对象，并在预先确定的特定场景中（比如办公室、

---

① ［美］劳伦斯·纽曼：《社会研究方法：定性与定量的取向》（第五版），470页，北京，中国人民大学出版社，2007。

咖啡馆、家中等）进行的。而非正式访谈则是在实地参与的过程中，在事先没有计划和准备的情况下，在偶然发生的场景中进行的，这种访谈更接近于日常生活中人们的一般交谈。

正式访谈是实地研究中主要的访谈方式。因此研究者要对访谈的对象进行认真选择。选择的标准包括符合研究目标的要求、有典型性、可接近性等。正式访谈除了掌握必要的访谈技巧以外，十分重要的一点是要做好访谈前的准备工作。这种准备工作包括了解访谈对象的基本情况，考虑和选择合适的访谈角色，提前约定访谈的时间和地点。更为重要的是，在进入实地之前，研究者一定要对研究的问题有相对深入的思考，并准备好一组访问提纲或者一打准备询问的关键问题。这种思考也会为进入实地后的参与观察和非正式访谈提供一种框架。当研究者在实地中偶然遇到研究对象并开始一段非正式的访谈和交谈时，这种事前的思考就会发挥意想不到的作用，让研究者在不经意的交谈中，有意识地朝着研究者的目标和研究的问题去收集丰富生动的资料。尽管正式访谈往往是实地研究中研究者所依赖的主要访谈方式，但有了这种深入思考所形成的框架的帮助，非正式访谈也常常给研究者提供意想不到的有用资料。

4. 对进入实地的方式、进入后的适应以及对建立关系和伦理问题的考虑

进入实地的方式是实地研究设计中一项值得注意的内容。以什么方式进入？以什么身份和角色进入？以什么样的形象进入？这都是研究者应该思考和回答的问题。合适的进入方式既与研究者所选择的实地研究场景、实地中将要观察和接触的研究对象有关，也与研究者进入实地后所采取的观察角色有关。因此，研究设计中，首先要对所选择的实地研究场景和研究对象有比较详细的了解，明确研究场景或研究对象对进入方式可能形成的障碍，思考需要采取什么应对措施，特别是需要利用什么样的关键人物。同时，研究者还应该对自己的先赋特征（比如性别、年龄、城乡背景、大学生或研究生身份等）、自身的素质、能力和客观条件，与这种进入方式之间的合适性有清醒的认识。对自己所具有的身份、自己将采取的角色、自己与研究对象之间的关系等也应提前梳理清楚，最大限度地让自己在进入实地时的身份定位、外在形象以及言行举止，都符合所选择的实地环境及研究者角色的特点，顺利地进入实地。

研究者进入实地后的另一项重要任务是要尽快适应实地的环境，自然地接触和结识各种研究对象，及早地被实地环境和研究对象所接受，为顺利开展实地观察和访谈打下基础。在这方面，研究者最重要的训练是要学会与人打交道，与实地背景中各种各样的人打交道。任何一个实地场景中，往往和研究者在自身所生活的社会背景一样，有各种性格、各种背景、各种态度的人。有的人可能开朗、直爽，容易交谈，易于接近；也有的人可能谨慎、小心，话语不多，不太容易接触；还有的人则可能性格孤僻，甚至胆小怕事，很难接近。研究者在进入实地前，应对各种可能情况有一定心理准备，也可以适当进行学习和训练，从恰当地介绍自己开始，从日常生活中与陌生人搭讪开始，培养自己与各种人打交道的能力。这样可以帮助自己在进入实地的初期，更好地融入实地背景，融入研究群体，拉近自己与研究对象之间的距离。当研究者逐渐将自己“变成”当地人，“变成”研究对象中的一分子，并且可以从当地人的角度来看待实

地中发生的各种现象，来理解和解释实地背景中所发生的事件，来理解和解释当地人们的言论和行动时，他的实地研究也就成功了一半。

相比于文献研究、调查研究等定量研究方式，实地研究方式还有一个十分特殊的地方，这就是它所面临的伦理问题往往会更多，也更难处理。纽曼教授讨论了实地研究中的五个伦理议题：欺骗、保密、涉及越轨者、有权势的人和出版实地研究报告。[①] 其中最普遍的是前两个方面。所谓欺骗，主要涉及的是研究者真实身份与虚假身份问题，以及进入实地的公开的目的与隐匿的目的问题。对于这一点，目前学界的观点并不统一。笔者认为，可以采取的一个原则是无伤害原则，即无论研究者采取真实身份还是虚假身份，无论向其他人告知的是真实的目的还是虚假的目的，一切以不会对研究对象造成伤害（包括身体上、心理上、名誉上、经济上等的任何伤害）为根本原则。而所谓保密，则是要保护被研究对象的隐私。这涉及每个人的隐私权问题，不能有半点马虎。在实地观察和访谈中，所有的观察记录和访谈笔记中的人名都应该以假名或代号表示，在最终形成研究报告时也同样应该进行匿名处理。

有一点要特别提醒，除了要考虑对研究对象的无伤害原则、保密原则外，还有一条原则是对研究者自己的。这就是研究者自身的安全原则。因为研究者所进入的不是预先设计好、控制好的人工的实验室，而是一种真实世界、真实社会的生活场景。这种真实的社会生活场景中会发生各种各样的事情。研究者在这种场景中只是一个外来的普通人，他没有权力也没有能力控制实地背景中的各种生活事件和人们的各种社会行为。因此，研究者，特别是缺乏生活经验的年轻的研究生，要有安全意识、自我防范意识，要对可能出现的不安全因素保持高度警惕，以防止在实地研究过程中自身受到伤害。

最后，关于实地研究的设计，还有一条原则要特别强调，这就是在实际进行实地研究的过程中，研究者事前的研究设计随时可能、也随时可以被改变。换句话说，研究设计和研究过程的灵活性、弹性是实地研究的一个本质特征，也是实地研究相较于各种定量研究方式的最大优势。

四、个案研究及其设计

个案研究作为社会研究的一种特定方式，是学者们经常采用的。虽然我们这里将个案研究放在实地研究设计这一章中介绍，但事实上，个案研究完全是一种独立的研究方式。

1. 个案研究的方式及其特点

个案研究中的个案，指的是研究的对象，这种研究的对象既可以是个人，也可以是其他类型的分析单位。比如，一个家庭、一所学校、一个社会团体、一个企业、一

① 参见［美］劳伦斯·纽曼：《社会研究方法：定性与定量的取向》（第五版），505页，北京，中国人民大学出版社，2007。

个政府部门、一个街区、一个村庄等。需要注意的是，由于许多个案本身是由不同层次、或不同部分组成的——比如，作为一个个案的企业中，就包括了不同级别的厂长经理等管理人员、不同职称的技术人员，以及不同资历和经验的普通工人等，因此，有必要将那种整体性的个案与那种由多个层次或多个部分组成的个案区分开来。有研究者用“整体性”和“嵌入性”这两个概念来表达作为整体的个案与由不同层次、不同部分组成的个案之间的差异。

在研究作为整体的个案中，收集信息时所用的变量与研究作为多层次、多部分“嵌入性”的个案时所用的变量是不同的。比如，将一个企业作为整体性个案来研究时，所用的变量往往只涉及企业的规模、所有制、产业类型、结构、企业文化、核心竞争力等。而当将这个企业作为一个多层级、多部分的个案时，我们就可以进一步从管理人员、技术人员以及普通工人那里获得有关经营理念、管理模式、价值观念、工作态度、奉献精神等更广泛、更丰富的信息和资料，对个案整体的描述和分析将会更全面。正如有的学者所指出的：“一个良好的个案研究设计会避免只检验部分组成元素，它会通过广泛收集多个层面的信息来构建个案画面。与任何组成元素所能告诉我们的信息相比，最终的个案研究会告诉我们更多性质不同的信息。”① 与此相对应的是，个案研究中，研究者往往需要针对不同的构成要素采取多种不同的研究方法来收集描述社会生活的丰富性所需要的资料。

作为一种特定的定性研究方式，个案研究所具有的突出特征是：它有多种资料来源和多种资料收集手段，并且主要用来提出概念、命题和建构理论。

关于个案研究中的资料来源，殷认为：“在个案研究中有六种证据来源，每一种都有各自的优势和缺陷。它们是：文件、档案记录、访谈、直接观察、参与观察和人工实物。但是，没有理由说个案研究不能包括通过问卷获取的定量数据。”② 实际上，个案研究中可以采用多种不同性质的资料，比如个人访谈资料、参与观察资料、现有统计资料、现有官方文献、问卷调查资料等。个案研究中也同样可以采取多种不同的研究方法，包括不同的资料收集方法和资料分析方法，如深度访谈、参与观察、现有统计分析等。因而，在一定意义上，个案研究不完全是一种定性的研究方式，尽管其主要特征和大部分的个案研究都是相当定性的。

个案研究可以用来建构理论，也可以用来检验理论。但个案研究中的“理论检验取向与理论建构取向的不同之处在于：前者是由一组非常明确的命题开始，看其与现实生活情景是否符合。而后者仅以一个问题或一个基本命题为开端，通过对真实个案进行观察和测量，进而获得更为明确的理论或一系列命题”③。一般的情况是，个案研究用来检验理论时，往往只是对否定理论起到较大作用。即当个案研究的结果与理论

---

① ［澳］戴维·德沃斯：《社会研究中的研究设计》，221页，北京，中国人民大学出版社，2008。

② Robert K. Yin, *Case Study Research: Design and Methods*, 2nd ed, London, Sage, 1994, p. 80. 转引自［英］迪姆·梅：《社会研究：问题、方法和过程》，160页，北京，北京大学出版社，2009。

③ ［澳］戴维·德沃斯：《社会研究中的研究设计》，223页，北京，中国人民大学出版社，2008。

不相符合时，我们就有理由怀疑理论的正确性；而当个案研究的结果与理论相吻合时，也不能说理论得到了“证明”，而只能说理论得到了这个特定个案的“支持”。

2. 个案研究的设计要点

许多学者指出：“一个有严格科学性的个案研究和任何其他方法一样，在设计上要能回答提出的问题。也就是说，研究者在选择场所、事件、参与对象、时间时心中要有明确的研究目的，并清楚自己的期望和偏见（Maxwell，1996；Silverman，1993）。所收集的数据通常应该有不同的来源，运用不同的方法，并由其他研究者所证实。不仅如此，对个案的叙述要利用原始证据并提供足够的细节，从而使读者能够判断结论的效度（Yin，2000）。”①

根据他们的看法，在进行个案研究的研究设计时，我们应该注意以下几点：

第一，个案研究设计同样必须以回答研究的问题为目标，即研究设计的出发点同样还是研究的问题。个案研究的方式本身只是研究者为回答研究问题采取的一种途径。正是研究的问题决定了在研究场景、事件、参与对象以及时间等一系列具体设计内容上的选择。换句话说，每一项具体内容之所以被选择，主要是因为它们可以很好地帮助研究者实现回答研究问题的目的。因此，在进行个案研究的设计时，研究者首先要能够清楚地认识和说明采用个案研究的方式进行研究的必要性，同时还要清楚认识和说明开展这项个案研究的总的目的。只有目的明确了，指导思想才会有方向，研究设计的具体环节才会更加清晰。

第二，要选择和决定研究所依据的个案。恰当的个案选择是研究得以顺利开展和取得预期效果的基础。研究者要事先确定并清楚说明选择个案的原则和标准，所选择的个案的特征和边界是什么，研究所要考察的是一个个案还是多个个案，等等；同样，应该记住，这种对个案的选择，除了其他方面因素外，个案特征与研究目标之间的适合性、研究者接近和接触个案的可行性，无疑是最重要的标准。

第三，个案研究中要尽可能运用多种不同的资料收集方法，并且要尽可能利用多种不同的资料来源。个案研究作为一种研究方法，“可以基于定性材料，也可以基于定量材料，或者同时采用定性材料和定量材料。除此之外，案例研究也并不总是把直接的、详细的观察作为证据的来源”②，即并不一定非要通过民族志观察或参与观察来收集资料。在研究某些问题时，研究者甚至不需要离开图书馆。这也就是说，个案研究的资料收集过程既可以像民族志研究、实地研究、参与观察法那样通过深入实地、较长时间的参与和观察来达到，也可以完全不采用那些方法，只通过收集和分析文献档案资料来完成。总之，多种方法的运用和多种资料来源的利用正是个案研究的一个重要特征。无论是现有档案资料、行政统计数据等文献资料，还是通过参与观察、开放式访谈等方法获得的以文字记录为主要形式的实地资料，都是个案研究中常用的资料。而个案研究中的资料收集方法也依资料来源和性质的不同而有所不同。因此，尽管我

---

① ［美］理查德·沙沃森等：《教育的科学研究》，99页，北京，教育科学出版社，2006。

② ［美］罗伯特·K·殷：《案例研究：设计与方法》，17页，重庆，重庆大学出版社，2007。

们将个案研究设计放在本章中进行介绍，但个案研究的这些特征则是我们应该特别注意的。

第四，在做出各种选择的时候，研究者同时也要十分清楚这种选择带来的或可能带来的各种局限。无论是研究地点的选择，还是对象的选择，个案研究的设计中往往都会有比定量研究更多一些的主观考虑，各种选择上的主观因素也会多一些。因此，研究者在考虑如何更好地回答研究问题的同时，也要考虑到自己所做出的每一种选择和决定对研究对象、研究资料以及研究结果的各种可能的影响。

第五，要以原始证据而非其他二手的或转述的证据为主，并要提供反映这些证据原始特性的足够的细节。原始资料的收集和展现，是个案研究的一个特色，也是其得出研究结论的基础。强调资料的原始特性以及资料的细节，或许有两个方面的原因：一方面是要通过这些细节来向读者表明证据所具有的客观性特征，即表明证据并非研究者个人的、特别是主观的产物；另一方面是便于读者通过对这些原始证据的审查和检验来判断研究结论的有效性和可靠性。

读者在设计一项个案研究时，同样需要以研究计划书的形式将自己的设计和思考写下来。我们这里列出一位学者对一项个案研究的研究计划书里需要包括的内容做出的建议，作为大家撰写个案研究计划书时的参考。

> 一项个案研究的研究计划书里需要包括：
>
> 清楚说明个案是什么，包括对它的边界的识别；
>
> 清楚说明对这项个案进行研究的必要性，以及这项个案研究的总的目的；
>
> 将总的目的转变成特定的目的和研究问题（这些问题会在早期经验性工作中产生）；
>
> 说明这项个案研究的整体策略，特别要说明是一个个案还是多个个案；
>
> 表明将收集什么样的资料，从谁那里收集，以及如何收集；
>
> 表明将如何分析资料。①

3. 个案研究方法的应用与研究结果的推论问题

著名学者殷认为，个案研究“是探索难以从所处情境中分离出来的现象时采用的研究方法”②。他这种看法强调了情境的重要性、研究的困难性以及个案研究方法对解决这种困难的适用性。对于个案研究方法的应用问题，他认为，与其他形式的社会研究一样，个案研究也可以用于探索、描述和解释三种目的。探索性个案研究“目的在于定义将要研究的问题或假设，或判断预定研究方案的可行性”，它常常被看作进一步的社会研究的前奏；描述性个案研究的目的是提供“对现象及其情境的完整描述”；解

① Keith F. Punch, *Introduction to Social Research: Quantitative and Qualitative Approaches*, London, Sage, 1998, p. 156.

② ［美］罗伯特·K·殷：《案例研究方法的应用》，11页，重庆，重庆大学出版社，2009。

释性个案研究的目的则是“提供因果关系的信息——解释事情是如何发生的”①。他还按照个案的数目和研究的目的这两种维度，进一步将个案研究划分为六种不同的类型，即单个案的探索性研究、描述性研究、解释性研究，以及多个案的探索性研究、描述性研究和解释性研究。单个案研究只关注一个个案，而多个案研究则在同一研究中包含两个及以上的个案。

个案研究的结果不仅可以为人们认识某一特定的社会现象提供丰富细致的描述，或者为复杂的因果联系提供更多证据，同时，它也可以用来发展新的理论，提出与现有理论不同的、甚至是相反的假设。对一个特定群体或组织进行的深入个案研究，可以通过对这一群体或组织的构成、内部关系、文化规范等方面的丰富描述，产生出解释特定行为或现象的合理假设。

个案研究方式在实际应用中，最经常遭到的质疑和批评就是个案研究不能提供科学归纳的基础，即研究者不能从一个个案归纳出结论。比如，“你从这一个个案得到的结论能说明什么?”换句话说，“从对单独一个个案的研究中所得到的结果能够应用到更普遍的情形中吗?”对于这种质疑，有两点需要说明：第一，并非所有的个案研究都以推广为目的，即对于那些本身就不是想要将结果进行推广的个案研究来说，这个问题是不存在的。如果一个研究者只是希望弄清楚某个特定个案内部的种种复杂性，或者只是希望弄清楚某一特定个案发展变化过程的来龙去脉，以及这一过程所涉及的方方面面的因素，以了解和认识其独特性，他就可以采用个案研究的方式进行研究，而根本不用去考虑能否推广的问题。第二，个案研究的推论与定量研究中通过大规模随机抽样获得数据所进行的推论有很大的不同。概括地说，定量研究中的推论是建立在概率统计原理基础上的或然性推论，而个案研究中的推论则是主要依据事物内在相似性的推论。

如何从个案研究中得出可推广的结果或结论呢?学者们提出了几种不同的方法。有的研究者指出，从个案研究中得出的结果或结论，通过两种方式可能会产生出可推广的结果。“一种是通过概念化，另一种是通过形成命题。”所谓概念化，指的是“研究者发展出一个或多个新的概念来解释所研究的某些方面。的确，要发展这种新概念，可能要求那种只有在个案研究中才有可能做到的深入研究”。而所谓形成命题，则指的是“研究者基于所研究的个案，提出一个或多个连接个案内概念或因素的命题——这些命题也可以称作假设”。“在传统的定量研究中，我们常常是始于命题或假设：它们是研究的输入；而在个案研究的过程中，我们结束于它们：研究的输出。”② 这也就是说，为了将个案研究的结果进行推广，应用到更广泛的情景中，研究者必须要在上述两件事上进行努力。还有的学者通过类比实验研究认为，可以通过对多个不同类型的个案的研究来达到推广的目的。他指出：“科学发现极少是基于一个实验的，它们通常

① ［美］罗伯特·K·殷：《案例研究方法的应用》，12页，重庆，重庆大学出版社，2009。

② Keith F. Punch, *Introduction to Social Research: Quantitative and Qualitative Approaches*, London, Sage, 1998, p. 154.

都是根据在不同条件下进行的一系列实验得来的。案例研究也可以采用类型的方法，设计多案例研究，使其能够相互印证。"①

再回到个案研究的研究设计上来，依然是我们的研究目的或研究目标决定我们要进行哪一种类型的个案研究。应该明白，任何一个个案，都往往既具有其独有的、在某些方面的独特性，也具有与其他个案之间在另一些方面的相似性。"问题在于我们究竟是希望聚焦于特定个案的独特之处，还是聚焦于它与其他个案的相似之处。"而"这实际上涉及指引一项个案研究的研究目的和研究问题。当推论是研究的目标时，我们聚焦于个案中潜在的一般性因素。个案研究资料的分析必须被引导到一个足够抽象的层次。概念越抽象，它就越能够推论。发展抽象的概念和命题使分析高于简单描述。通过这种方式，一项个案研究就能够贡献出有潜在推论能力的发现"②。回顾我们在第一章导论中谈到的检验理论的研究与建构理论的研究的内容，不难理解，作为定性研究方式之一的个案研究同样遵循的是一种建构理论的逻辑。其最终的目标就是要从具体的经验现实中，抽象出、概括出、产生出能够解释和说明某一类现象的概念、命题和理论。

4. 个案研究的一个例子

这里，我们举一个运用个案研究的方式开展研究的例子，以具体说明个案研究设计的若干要点。有研究者针对我国国有企业改革的现实，以一个国有企业在分厂制的基础上建立企业集团公司后从盛极一时走向衰落的过程为例，探讨了"为什么内部市场机制会失败"的问题。③

(1) 研究问题及其背景。

> 改革以前中国国有企业的效率低下早已是一个公认的事实，20 世纪 80 年代以来，对此进行的将市场机制引入企业内部的改革是否解决了这个问题呢？在 20 世纪 90 年代上半期，企业成立集团、做大规模成为时髦（Keister，2000），但不是所有企业都能借此而取得效率和竞争力上的成功。

这是研究者提出研究问题的大的背景。而作者通过描述"一个采用内部市场机制未获成功的个案"，提出了一个实证问题："内部市场机制为什么会失败？为什么会采用这种当时流行但事后看来并不成功的机制？"作者研究这一个案所希望探讨的理论问题则是："效率理论和权力理论，哪一种更有能力解释内部市场机制的采用和失败？"

(2) 研究方法。

由于研究者的研究对象是现代企业，而她作为单个的研究者，无论是其精力、能

---

① ［美］罗伯特·K·殷：《案例研究：设计与方法》，13 页，重庆，重庆大学出版社，2007。

② Keith F. Punch, *Introduction to Social Research: Quantitative and Qualitative Approaches*, London, Sage, 1998, p. 155.

③ 该小节下面的所有引用均来自平萍：《为什么内部市场机制会失败——对一个国有企业组织形态的经济社会学分析》，载《清华社会学评论》(2002 卷)，北京，社会科学文献出版社，2003。

力等主观条件，还是时间、经费等客观条件，都不允许她以多个企业为对象来进行深入细致的研究。因此，研究者采用了“延伸的个案研究法”（extended case method，或称扩展的个案研究法），选取了一个集团公司作为个案进行研究。这是一个在研究者关心的主题上具有典型意义的个案。用研究者的话说，“是一个内部市场制不成功的个案”，或者“用中国流行的术语就是一个承包制不成功的个案”。

研究者在对这项个案进行研究时，采用的是深度访谈、参与观察以及历史资料收集等方法。这是由研究者对象的性质和特点决定的，同时这些方法也是个案研究中最常见的资料收集方法。“调查注重对具有重要意义的事件分析，也较为注重不同部门的人员对同一事件或同一重大项目的描述与身处其中的经历。”“访谈对象主要是与组织结构的历史与现状有密切关系的、在集团公司一级或子公司一级的组织中承担经理或副经理职务的管理人员，被访者有 40 人。”选定这些人作为访谈对象，主要是因为这些人可能更加了解集团公司发展变革的历史和过程、特别是更加了解公司制度制定与人事安排等相对内部的、同时对集团公司意义重大的情况。当然，从研究的角度上看，还可以补充普通技术人员、工人作为访谈对象，这些人了解的情况虽然有可能不及前者清楚，但他们毕竟是所研究的“整体性个案”中的一种“嵌入性个案”，从他们那里所获得的资料和信息，可以帮助研究者从另一种角度来看待和评价同一件事物和同一种过程。也只有从各种不同的组成元素中收集信息，研究者才能得到研究对象的完整画面。

（3）研究结果和结论。

研究者通过对该个案在 1994 年至 2000 年期间实行集团公司/子公司制度失败的原因分析，归纳出由于割裂资产专用性而造成的内部协作费用和监督制度无效以及相应的代理费用，是内部交易费用上升的原因。同时，内部市场机制失败还有效率方面的原因。该研究发现，国有企业致力于提高内部效率的改革，即实行集团公司/子公司制度，并没有取得预期的效果，反而在某些方面降低了效率。该研究在分析的基础上，提出了“资产专用性被割裂是内部交易费用的一个来源的假设”，为今后对于不同行业的组织形态变迁提供了一种新的理论化命题。

教学建议

1. 指导学生分成小组，设计并在美容院、幼儿园、麦当劳快餐店、书店、教堂、咖啡馆、小型超市、地铁站、理发店、健身中心等现实场景中进行一些短期的、小规模的实地研究。

2. 指导学生进行实地观察和记录观察笔记的训练，以及同陌生人搭讪、交谈时记录交谈内容的训练。

3. 组织学生讨论以公开角色和隐匿角色进行参与观察的利弊。

推荐阅读

1. ［美］丹尼・L・乔金森．参与观察法．重庆：重庆大学出版社，2009.

2. ［美］劳伦斯·纽曼．社会研究方法：定性与定量的取向（第五版）．中国人民大学出版社，2007.

3. ［美］罗伯特·K·殷．案例研究方法的应用．重庆：重庆大学出版社，2009.

4. ［美］罗伯特·K·殷．案例研究：设计与方法．重庆：重庆大学出版社，2007.

5. ［德］伍威·弗里克．质性研究导引．重庆：重庆大学出版社，2011.

6. ［美］德尔伯特·C·米勒，内尔·J·萨尔金德．研究设计与社会测量导引．重庆：重庆大学出版社，2004.

第七章　文献研究设计

在社会研究方法中，文献研究实际上是一个很容易引起误解和误读的概念。许多初学者往往将文献研究错误地理解为“通过查阅、归纳和定性地分析现有著作和论文等文献资料”，甚至只是“引用相关文献资料”而得出研究结论的方法。这种理解在许多研究生的开题报告中、学位论文中，以及在一些社会研究者所撰写的各类社会科学基金课题申请书中经常会看到。但实际上，文献研究指的是包括内容分析、二次分析、现存统计资料分析等“利用各种文献资料进行的、系统的、且主要是量化的研究方式”的总称。这种文献研究的方式就像调查研究、实验研究、实地研究的方式一样，具有特定的程序以及很强的系统性、经验性特征。本章中，我们将分别介绍和讨论内容分析、二次分析以及现存统计资料分析这三种研究方法的设计问题。

一、内容分析方法的设计

1. 内容分析方法的基本特点

为了在实际研究中有效地进行内容分析的设计，同样需要对内容分析方法的内在特点有清楚的认识，即首先要明白内容分析是一种什么样的研究方法。研究者对这种方法的认识越明确，他就越能知道什么时候、什么情况下适合使用这种方法。概括地说，内容分析的方法主要有以下几个重要的特点：

一是主要以各种信息的载体，也就是以各种形式的文献和媒介作为研究的材料。这种材料与研究者在调查研究中通过询问所收集的资料以及在实地研究中通过观察和访问所收集的资料有着明显的不同。简单地说，内容分析方法中所使用的资料主要是以文字、数字、符号、图片、画面等形成的各类文献。而这些信息的载体，比如书本、报纸、杂志、歌曲、信件、电视、网络等，则是内容分析方法最经常应用和研究的对象。

二是对人类对象的无反应性，即这种研究方式不会对其所研究的社会群体、社会成员产生任何影响。换句话说，内容分析的方法对人们的社会行为、社会态度、社会认知等，既无干扰性，也无刺激性。这是因为，在进行内容分析研究的过程中，研究者不会与他所研究的社会群体、社会成员之间发生任何接触和互动，其研究行为也不会和社会成员发生直接联系。在研究中和研究者打交道的全部都是那些业已存在的各种形式的信息及其载体。

三是需要对各种文献的内容进行系统的编码处理，使这些文献转化成为可以进行定量统计分析的数字。编码这一环节的重要性与调查研究中的操作化的环节有些类似（当然二者不是一回事），可以说这是内容分析方法中最为关键的环节，也可以叫做内容分析过程中的“瓶颈”。往往一项内容分析设计的难点也就在于此。关于这一点，我们将在下文重点说明。

四是相对省时省力省钱。从事内容分析研究既不需要像调查研究那样抽取大量的社会成员开展询问，也不需要像实地研究那样长时间深入社会生活实地进行观察。其唯一的条件是其研究的对象（文献或者信息载体）存在并可得。所以，从事内容分析，一方面可以在相对短的时间内完成，另一方面也不用大量的调查费用和调查员，往往研究者一个人就可以从头至尾独立完成研究。

五是可以研究过去相当长一段历史时期中的社会现象，这或许是内容分析方法优于其他几种研究方式的另一个突出特点。当然，前提同样是必须要有关于这些社会现象的系统文献材料存在。因此，从另一个角度来看内容分析的这一特点，也可以说这是这种方法的一个局限，即它的应用受制于业已存在的文献材料的可得性、系统性以及可靠性。

正是因为内容分析方式具有的上述特点，因而它常常适合用来研究那些跨越一段社会时期中的社会现象，只要关于那种现象有着相对系统的文献记载资料。另一方面，内容分析还特别适用于对不同时期中某一社会现象的变化进行描述，或者进行不同时期状况的比较。同时，内容分析方法也十分便于定量地探讨社会生活中人们的社会行为、社会心理等方面的问题。尤其是可以用来探讨和研究在各种大众传播媒介中有着大量记载、反映和传播的社会现象和社会问题。

2. 内容分析的设计要点

内容分析方法在设计上，与调查研究有些类似，重点主要集中在抽样和测量两大方面。当然，无论是它的抽样设计还是测量设计，都与调查研究中的情景有所不同。在抽样设计方面，内容分析特别需要注意区分研究的分析单位与抽样中的抽样单位问题，而它的测量设计中，则需要注意编码的对象、方式和编码的质量等方面的问题。

首先，关于内容分析的抽样设计问题。抽样设计应该围绕研究的分析单位来进行。研究者只有清楚地认识到自己的研究中的分析单位是什么，才能更好地围绕分析单位进行抽样设计。虽然在调查研究中，分析单位、抽样单位以及调查对象之间有时也会存在一定的重叠，比如存在个人既作为研究的分析单位，又作为抽样中的抽样单位，同时也是实际调查中的调查对象的情况，但一般来说，对三者进行区分还是相对比较容易的。但是，在内容分析中，由于研究的分析单位和抽样单位容易与各种文献的类型、层次甚至内容等发生一定的混淆，因此，研究者在抽样设计中要区分研究的分析单位可能会相对困难一些。

举例来说，一位研究者准备采用内容分析的方法，通过定量地分析国内十个省会城市的不同报纸中有关物价波动的社论，来考察市民的心理反应，那么，他的这项内容分析研究中的分析单位是什么呢？我们可以给大家几个选择答案，读者可以先考考自己：

A. 物价

B. 省会城市

C. 报纸

D. 报纸的社论

E. 市民

F. 心理反应

你选择的答案是什么？正确的答案在下一页（见下一页最后一行末尾的方括号）。你回答对了吗？

而在他的抽样设计中，可能又会涉及不同的抽样单位。比如，一种常见的抽样设计中，可能涉及这样三个抽样单位，即“省会城市”、“报纸”和“报纸的社论”。这种抽样设计是：先从全国 27 个省、自治区的省会城市中，随机抽取 10 个城市（此时抽样单位是“省会城市”）；然后，在抽中的每个城市的全部报纸中，随机抽取若干份报纸（此时的抽样单位是“报纸”）；最后，从抽中的报纸中随机抽取若干篇社论（此时的抽样单位为“报纸的社论”）。从这一例子中我们可以了解到，只有当研究者清楚认识到“报纸的社论”是自己研究中的分析单位，他才能更好地进行抽样的设计。

由于内容分析的对象和信息形式多种多样，分析单位的具体形式也就会各不相同，抽样设计时可以采用的具体方法也有所不同。因此，作为研究者，一方面要事先充分了解和熟悉这些对象和材料的分布情况，以及各种信息类型和层次之间的隶属关系，另一方面要清楚自己研究中的分析单位是什么，以便于根据研究的目标和围绕分析单位来选择和设计合适的、可行的抽样方法。

其次，关于内容分析中的编码设计问题。所谓内容分析的编码，实际上就是“依据一定的标准，将分析单位中所包含的特定信息进行识别和分类，并用不同的数字将其表示出来”的过程。如果用测量的语言来陈述，内容分析中的编码就相当于依据一定的法则（即识别和分类的标准），将研究对象（即分析单位）的某种特征（即所包含的特定信息）用数字表示出来（即测量结果）。编码的对象是前面所说的分析单位，即针对分析单位来制定相应的法则，收集用于描述和分析这种分析单位的资料。这也就是为什么我们要特别强调明确识别和区分内容分析中的分析单位。而编码的方式则与概念操作化的逻辑和方法十分相似，即先根据研究的目标，确定分析和研究所依据的基本变量，然后针对信息载体的具体类型、形式和内容，制定对这些变量进行判别的具体指标，以及分类和赋值的标准，并按此标准对样本中的全部材料进行统一编码。

为了更好地介绍内容分析的编码过程及其设计，需要对信息载体（或者说媒介）

的显性内容和隐性内容进行一些说明。所谓显性内容，即信息载体（或者说媒介）外在的、可见的、表面的内容。比如一份报纸或者一本杂志中的文字、词语、插图，或者一段电视广告中的人物、画面、广告词等都属于显性内容。文献的显性内容往往是可以直接地、简单地进行辨识和计数的。比如，一篇报纸社论中出现的"腐败"这个词语，就属于显性内容，我们可以十分容易地对这一词语出现的次数进行辨识和统计，并可以通过分析和比较一段时期报纸社论中这一词语出现次数的变化，来判断社会舆论或政府对腐败现象的重视程度。而信息或媒介的隐性内容则指的是信息所具有的内涵或实际含义。比如一段文字的含义、一篇文章的含义、一句电视广告词的含义、一段电视广告画面的含义等。这种隐性内容往往需要人们经过相对复杂的主观分析和理解，才能进行判断。

与调查研究中变量的测量一样，内容分析的编码中同样存在着信度和效度的问题。这里的信度，指的是对同一份信息材料重复进行编码时，所得的结果一致性的程度。比如，上面所举的例子中，要统计一篇社论中"腐败"一词出现的次数，或是要统计一段电视广告中人物的性别和数量，这都是一件十分容易的事情。因为词语的辨识、人物性别和数量的识别都是明确具体和客观的。因而无论谁来对这一信息内容进行辨识和统计，所得到的结果往往都会十分一致。因此，这种显性内容的编码往往会具有比较高的信度。而隐性内容编码的信度往往会比较低，即不同研究者对同一份材料进行编码时出现不一致的可能性比较大。（主要是因为不同的人对同一份材料的理解和判断会有不同，会产生"仁者见仁、智者见智"的情况，导致编码的结果不同。）内容分析中编码的效度，则指的是编码的方式所得到的结果真正反映了研究者所希望反映的现象的程度。相对来说，显性内容编码的效度可能往往比较低，即那些外显的、表面的、简单的信息的统计，可能并不能很准确地反映研究者希望测量的内容。比如，一篇小说中出现"爱"、"性"、"拥抱"、"接吻"等词汇的频数，并不一定能很好地反映这篇小说所具有的"色情"程度。相反地，隐性内容编码的效度往往会高一些。这主要是因为对隐性内容进行编码时所依靠的是研究者的主观理解。注意到这些特点，我们就可以在内容分析的编码中努力提高测量的质量。

与内容分析编码的质量相关的另一个问题是不同编码员之间的一致性问题。理论上，内容分析中对文献的编码工作可以由研究者一人独立完成。笔者第一次做内容分析研究时，就是自己一人独立完成的。但是，在有些情况下，需要进行编码的文献数量和内容往往比较多。比如，几百本杂志、上千条电视广告、网络消息、报纸文章等。如果由一位研究者独自完成，不仅时间会拉长许多，而且对研究者的耐心、韧性也都是考验。现实研究中常见的做法是选择不止一位编码员进行编码。在这种情况下，就可能出现不同编码员的编码标准和编码结果不一致的问题。

一般来说，对于文献的显性内容，或者客观性问题，不同编码员之间一般不会出现不一致。但是对于文献中的隐性问题，或者一些相对主观性的问题，比如，一篇新闻报道中的主人公的主要事迹属于哪一类，一篇新闻报道中对独生子女的评价属于正面、中性还是负面等，就有可能在不同编码员之间出 [正确答案是D，即报纸的社论]

现差别。避免这种情况的方法是在正式编码之前，先拿出几份信息材料由几位编码员共同对它们进行编码，然后比较和讨论那些编码不一致的结果，研究者给出正确的编码答案。这样反复练习几次，以达到不同编码员对编码方式和方法的统一性。正式开始编码后，还应要求每一位编码员在遇到含义不清楚、不好归类的材料时及时进行讨论。

3. 内容分析设计的例子解析

为了更好地帮助大家掌握内容分析设计的方式和方法，我们下面通过几个实际的例子来进行分析。先列举几个围绕同一主题进行不同内容分析设计的例子。

如果我们希望了解和研究人们的择偶标准，那么，比较常见的做法是进行调查研究。即通过让被调查对象自填问卷、派调查员当面访问、进行电话访问等，直接向各种不同的人们提问："你择偶时最看重的因素是什么?"或"你找对象时最看重什么条件?"以此来收集调查对象所具有的择偶标准的资料和信息。但是，这种方式不仅需要直接与社会中的各种人群进行接触和互动，同时还需要相对多的人力和经费。因此，如果研究者不具备开展大规模调查的客观条件（比如没有足够的经费、人力、时间等），就可以采用内容分析的方式进行同样的研究。而且，正如下面的三个例子中所展示的，同样是采用内容分析的方法来研究同样的问题，研究者也还可以有各种不同的研究设计。这或许也是社会研究特别吸引研究者的原因之一。

例 1　利用报纸杂志的征婚广告研究中国人的择偶标准

李银河博士曾于 1989 年利用报纸杂志中的征婚广告，研究了当代中国人的择偶标准。她的研究问题是："目前中国人的择偶标准有哪些特点？又有哪些因素对人们的择偶行为有重大影响？影响的程度如何?"为了回答上述研究问题，她进行了下列内容分析的研究设计：

本项研究的资料来源是从全国各地报纸杂志上的征婚广告中选出的 300 人，男女各 150 人。具体地说，样本是用随机数码表从一本全国范围的征婚名册（共 1 000 人，男女各 500 人）中随机抽取的。因此可以说，这个样本虽然还不能在严格的统计学意义上推论全国，但大致反映了全国征婚广告的现状。

输入计算机（使用 DBASEIII）的数据共计 50 个变量。其中 25 个是征婚者对自身状况（条件）的描述，如性别、年龄、教育程度、职业、婚姻状况和经历，以及身高、容貌、性格、收入等。另外 25 个是征婚者对配偶提出的要求。

数据分析采用 SPSS/PC 统计软件，主要分为三个部分。第一部分是对各项变量的基本描述，即百分比的描述，以展示征婚者自身的基本情况、他们对自己的描述和他们对配偶的要求；第二部分是对主要自变量（independent variables 包括性别、教育程度和户口状态）与各依变量（dependent variables）相关关系的检定，采用卡方检定法（χ^2）。第三部分是在第二部分数据分析的基础上作进一步的筛选，采用对数线性回归分析法（log-linear analysis）对变量作定量的分析，以确切了解主要变量间的相关程度。由于使用对数线性回归方法分析社会科学中大量存在的定类定序变量只是近十几年发展起来的新方法，对于如何解释对数线性回归分析给出的参数值至今仍在热烈的讨论中。本项研究采用阿尔巴（Alba）和朗（Long）的方法，首先将对数参数值还原为真数，用这些数值与几何平均值作比较，进而将同一变量中不同取值的影响加以比较，以获得有意义的解释。①

首先我们来看看研究者的研究思路。从上面介绍中，我们可以了解到，研究者为了回答研究的问题，采取了下列研究思路：首先，收集有代表性的征婚广告；其次，根据征婚广告的内容来测量人们的择偶条件；最后，运用统计分析方法对测量结果进行定量分析，得出当代中国人的择偶标准及其影响因素的结论。

根据这种研究思路，研究者进行了三个方面的设计：首先是确定和抽取征婚广告的样本。为此，研究者找来"一本全国范围的征婚名册（共 1 000 人，男女各 500 人）"，这实际上是抽样框。然后以分层定比随机抽样的方式（根据性别分层、按总体中的性别比例、采用随机数表）抽取分析的样本。值得称道的是，研究者意识到这个样本只能大致反映"全国征婚广告的现状"，而"不能在严格的统计学意义上推论全国"。

其次是对择偶标准进行操作化，并制定对征婚广告进行测量的方法。研究者将择偶标准操作化为征婚人对自身条件的介绍，共计 25 项指标，以及对对方条件的要求（同样的 25 项指标）。为什么研究者可以这么做呢？先来看一条最普通的征婚广告：

> 某男，30 岁，身高 1 米 74，大学本科毕业，在天津市一家外资企业工作，月收入 5 000～6 000 元。性格开朗，兴趣广泛，孝顺父母。欲觅年龄在 24～28 岁，身高在 1 米 60 至 1 米 68 之间，大专或本科毕业，在政府部门或文教行业工作，相貌端庄，性格温柔，心地善良的女士为伴。

从这条征婚广告中你能看到什么呢？这条广告实际上所展示的全部是分析人们择偶标准所需要的主要变量——性别、年龄、文化程度、职业、收入、性格、身材……当然，实际编码中会出现有的征婚广告缺少一部分指标内容的情况。

最后是设计统计分析的方法。三种统计分析方法的设计和运用层层递进，从最基本的百分比描述，到双变量关系的分析和检验，最后到多元统计分析方法的运用。分析的逻辑线索十分清楚。

例 2　利用电视相亲节目研究男性的择偶标准

一个学习传播社会学的博士生对全国电视媒介中多个电视相亲交友节目产生了兴趣，她希望探讨和研究"电视相亲节目中所反映的男性择偶标准"问题。为此，她与另一位研究者一起对风靡全国的江苏卫视《非诚勿扰》节目进行了一项内容分析的研究。下面我们来解析一下她们这项研究中的研究设计。②

---

① 李银河：《当代中国人的择偶标准》，载《中国社会科学》，1989（4）。

② 参见王芳、荣岩：《从电视相亲节目看男性择偶——以江苏卫视〈非诚勿扰〉344 位男嘉宾为例》，载《青年研究》，2011（2）。

首先是样本的选取。研究者先从全国多个电视相亲交友节目中选取了《非诚勿扰》节目作为抽样和分析的对象。这样设计应该有两方面的原因或考虑：一是研究者具有的人力、经费等客观条件有限，无法去探讨和研究全国所有这类电视节目；二是在只能选取一个电视节目的前提下，选取在所有同类节目中影响最大的《非诚勿扰》节目显然是为了尽可能提高研究对象的代表性和研究结果的推广范围。

接着，研究者仔细了解了《非诚勿扰》节目的播出情况及总量，“2010 年全年，《非诚勿扰》共播出 89 期”，总共有 300 多位男嘉宾的个人资料。由于总体规模不大，研究者采取了抽取全部男嘉宾的方式。这种方式可以看成是从该节目所有年份的全部男嘉宾总体中，采取整群抽样的方法进行的抽样。

其次是确定变量的测量方法。研究者同样将男嘉宾的个人资料整理成“自身条件”和“对配偶要求”两部分，然后“在前人研究基础上，根据研究目的，设计了 23 个内容分析的变量，并据此对样本进行编码”。编码工作是由两位研究者“分别独立、同时进行，编码完成后对不一致的部分，讨论协商确定”。

最后是统计分析设计。根据研究目标，研究者主要进行了基本的描述统计分析，回答了“哪些男性走进了《非诚勿扰》”、“男性对自身条件最重视的内容是什么”、“男性最看重配偶哪方面的条件”等基本问题。

思考一下：这一设计与上述研究报刊上征婚广告的设计有什么相同的地方？有什么不同的地方？

例 3　利用大型相亲会的征婚广告牌研究青年的择偶标准

笔者的一个博士生对大龄青年的择偶问题感兴趣，一次偶然的机会，他从媒体上看到关于“万人相亲会”的报道，正好学校附近的一个公园就定期举办这种类型的相亲会。于是，他通过现场收集相亲会上征婚者的个人信息和征婚要求，采用内容分析的方法描述和探讨了当前青年人择偶的标准问题。下面是他这次内容分析研究的研究设计。

首先是抽取内容分析的样本。由于每次相亲会公布的征婚对象资料广告牌有所不同，研究者随机抽取了“2011 年 11 月 13 日至 12 月 10 日期间相亲会上所展示的会员资料”。在将近一个月的时间内，研究者深入相亲会现场，“共获取 21～35 周岁青年男女有效会员资料 936 份，其中男性 218 份，女性 718 份。这一样本的选择，尽管带有很大的局限性，不能在严格的统计学意义上推论全国，但大致可以反映南京万人相亲会上青年男女在择偶标准与择偶观念方面的现状”①。

其次是对变量的测量。通过事先的参与观察，研究者了解到相亲会主要是通过征婚广告牌作为媒介来进行的。每一个广告牌上清楚地表明了征婚者的年龄、文化程度、职业等一系列资料，同时也表明了征婚者对未来另一半的各种条件要求。为

① 贾志科、风笑天：《当代青年择偶看重什么？——基于南京万人相亲会的实证分析》，载《河北大学学报》，2013 (3)。

了进行编码分析，他用照相机拍下了近千张广告牌照片，这些照片上所写的征婚者的个人资料和征婚要求等内容，就成为他进行分析的资料。其测量指标的确定和编码方式如下：

概念操作化与定义变量。择偶标准，即男女选择结婚对象的条件或要求。根据本研究所收集到的936份青年男女的有效会员资料，笔者先进行了概要的通读，而后将涉及的择偶要求或条件一一列出，主要包括：年龄、身高、文化程度、留学经历、优先职业①、工作稳定程度、户口、收入、住房、购房能力、有无房贷、车辆、婚史、子女、家庭经济情况、家庭政治背景、父母养老保障、人品、品位、气质修养、脾气性格、生活习惯、兴趣爱好、聪明、责任心、事业心、孝顺、爱心、感情经历、生育能力、持家能力、容貌、身材、身体健康、眼缘缘分、未来目标规划、海外考虑、技术特长以及排斥条件等，共计39项。然后根据会员择偶条件与要求中是否提及，对每一变量，进行赋值，0为未提及，1为提及，从而对各变量进行数量化的处理，以便进行统计分析。

进行编码。考虑到在编码过程中，不同个体对各项因素理解上的差异，以及编码录入的工作量，本研究采取了如下办法进行处理：(1) 由2男3女共5位编码者进行编码；(2) 进行编码前仔细讨论对各项因素的理解，并提取少量会员资料，进行尝试编码，而后再进行讨论，以基本达成较为一致的理解；(3) 为了更好地理解会员资料中的表述，采取同性编码的方式，即由男编码者对男性会员资料进行编码，女编码者对女性会员资料进行编码，编码时两人或三人一起，遇到问题及时商量讨论；(4) 由笔者对部分编码结果进行抽检，对于编码中理解不一致的地方，重新进行讨论，统一认识后，再次进行编码；(5) 编码结束后，由笔者逐一对照会员资料与编码，进行编码质量的再检验，进而得到最后的编码。

数据录入与分析。首先，利用 EpiData v3.02 程序将936份会员资料逐份编码录入计算机，转化为量化的编码结果；而后，使用 SPSS 18.0 对变量进行频率统计、描述统计等分析。②

研究者的设计中，有一点考虑是十分可取的：为了更好地理解会员资料表述中的实际含义，研究者采取了由与会员同性别的编码员进行编码的方式。这样做可能会有效地提高编码的效度。

最后，读者可以将这三个例子联系起来进行比较：对同一个主题、但不同的分析单位进行内容分析的设计时，在抽样、编码以及统计分析等方面有哪些是相同的？有哪些方面是不同的？特别是可以讨论一下：三个例子中各自推论的总体是什么？三个内容分析设计中各自具有的优缺点又有哪些？

---

① 这里的优先职业是指会员在资料中提及择偶时优先考虑的职业，如提及优先考虑教师、公务员、医生等职业的情况。

② 贾志科、风笑天：《当代青年择偶看重什么？——基于南京万人相亲会的实证分析》，载《河北大学学报》，2013 (3)。

例 4　对社会腐败现象的研究

在我国改革开放和社会转型的过程中，各种腐败现象和问题大量出现，引起了学术界和整个社会的普遍关注。对于“当前的腐败状况究竟处于什么状态？哪些问题较为突出？构成腐败行为的主导形态是什么？腐败的涉案数额规模如何？腐败的主体是哪些人？”等一系列最基本的问题，虽然我们每个人似乎都能或多或少地说上一点，但要真正做到相对客观、相对系统地进行描述，并作出回答，则需要科学的研究和周密的设计来完成。

假如现在要你来对此问题进行一项社会研究，你会想到采用什么研究方式呢？你可能会马上想到利用国家或政府部门的现有统计资料进行分析研究。但是，正如有学者所指出的：“对腐败问题作实证研究存在一些众所周知的困难。一是数据难得。因为腐败问题直接影响公众对政府乃至其合法性的信任程度，许多国家的政府对自身腐败问题往往三缄其口，至多只给公众提供零星、碎片化的腐败数据。二是公开的数据往往存在不连续性，难以进行系统分析。”[①]

一方面是没有现成的政府统计可用，另一方面即使有也不连续不系统。那么，还有没有其他方式可以采用呢？如果可以采用内容分析的方法来对此进行研究，那么，你又会如何设计你的研究呢？请先认真思考一下，然后把你的内容分析研究设计详细地写下来，再接着往下阅读。

针对上述问题，有两位研究者设计了一项内容分析来进行回答。他们的研究设计是这样的[②]：

首先，研究者决定以《检察日报》上报道的腐败案例作为研究对象（分析单位）。这样考虑的理由是：“《检察日报》是最高人民检察院的机关报，是国内廉政建设最权威的报刊之一。检察机关作为我国重要的反腐败机构，其发布的案件信息很大程度上反映了查处腐败案件中的动态情况和热点问题。在新闻报道中出现的腐败个案往往传递给读者一个较为完整的故事。其中的一些关键信息例如腐败者的背景材料（职务、部门、省份）、案发时间及地点、违纪内容、腐败方式、涉案数额等是我们数据库分析的重要素材。”

其次，为了尽可能全面地反映近年来腐败现象的状况和趋势，研究者收集了《检察日报》近十年（即 2000—2009 年）公开报道的全部腐败案例，总共 2 802 个，构成了进行内容分析的总体。

再次，确定具体测量的变量，建立编码数据库。研究者确定了包括“案发时间地点”、“所涉部门”、“干部职级”、“腐败类型”、“涉案人数”、“涉案金额”等 10 余项变

① 公婷、吴木銮：《我国 2000～2009 年腐败案例研究报告——基于 2 800 余个报道案例的分析》，载《社会学研究》，2012（4）。

② 参见公婷、吴木銮：《我国 2000～2009 年腐败案例研究报告——基于 2 800 余个报道案例的分析》，载《社会学研究》，2012（4）。本例子下文中出现的引用内容均来自这篇论文，特此说明。

量，然后按这些变量对每个案件的具体内容进行辨识、分类和编码，形成了一份可以进行定量统计分析的数据库。

最后，通过对数据库中的资料进行统计分析，得出研究的结论："数据分析结果表明，腐败规模处于上升状态，政府采购、工程承包成为腐败高发案件领域。土地腐败案件更为突出。同时，处、厅局级干部成为腐败的高危人群，不仅是受贿和巨额财产来源不明等问题的主体，还是索贿案的主要查处对象。"

研究者采用《检察日报》上的腐败案例报道作为研究对象进行内容分析。这种研究的设计虽然不能全面测量我国腐败现象的总体规模，也很难对中国目前廉政状况做出结论和预测，但是，通过对腐败现象进行量化分析，特别是基于较大数量跨年度的案例的综合分析，可以在一定程度上反映出我国社会中腐败现象及其发展的某些新特点和值得注意的问题，并可以为政府的廉政政策制定和实施提供一定的依据。

当然，两位研究者采用内容分析的方式来研究这一问题，客观上也具有一定的局限性。因为尽管《检察日报》报道的案件对理解我国社会中的腐败状况有一定的参考价值，但由于这一报纸对案件的报道仍然"受到国家媒体政策及其他因素的影响，因此在实践中不能将此数据库所反映的腐败态势与全国范围内实际的腐败态势完全相提并论"。这就是说，该研究采用《检察日报》报道的案件作为内容分析的材料，具有不全面的弱点。这些案件只是全国实际发生的腐败案件中的一个比较特殊的部分。作为研究者，应该对此有清醒的认识。

二、二次分析方法的设计

1. 二次分析方法的实质与特征

二次分析方法实质上是一种利用现有的调查研究数据所进行的新的分析，这种现有的调查研究数据通常是由其他的研究者为着其他的研究目标而收集的。换句话说，二次分析方法就是对他人采用调查研究的方法所收集到的、通常也已经使用过的原始数据资料进行新的分析，研究自己的新的问题。所以，从本质上说，二次分析——正如其名字所显示的，更像是一种统计分析方法的运用，而不是一种通常意义上的研究方法。

正是因为二次分析方法与调查研究数据资料密不可分，因此，二次分析方法的形成和发展，与社会调查的发展、特别是与大规模社会调查数据库的形成和发展有着非常紧密的关系。在社会研究中，正是随着大规模社会调查数据库的形成和开放，二次分析的方式才越来越受到研究者的重视。比如在美国，一方面存在着像 GSS（General Social Survey）这样的专门供社会科学研究者使用的大型调查数据库，另一方面，还有由关于婚姻、家庭、人口、移民、青年、公共卫生、犯罪等主题的众多社会科学研究课题所形成的调查数据库（国外一般要求获得基金资助的研究课题在完成两年后必须将其调查数据公开），所以二次分析方法的运用在学术界十分普遍。特别是在美国各个大学，社会学专业以及相关社会科学专业的研究生在做学位论文时，采用最多的方法往往是二次分析法，其所用的资料基本上也都是来自于上述各种大型数据库，研究生们很少去亲自收集第一手资料。

在我国，虽然自社会学恢复重建以来学术界开展过许多调查研究，但是，由于这些调查研究项目常常是研究者各自为政，一项调查课题结束，调查报告或研究论文发表后，原始数据就往往被束之高阁，或者被随手一扔，几年后就不知去向了。这样既浪费了宝贵的数据资源，同时也阻碍了二次分析方法的运用和发展。近些年来，国内一些大学和研究机构开始进行这种原始调查数据库的建设工作。目前已知的就有中国人民大学与香港科技大学合作开展的“中国综合社会调查”（CGSS）数据库、北京大学与美国密歇根大学合作开展的“中国家庭动态跟踪调查”（CFPS）数据库等。正是随着上述大学和研究单位相继开展全国范围的大型社会调查项目，建立并向学术界开放了调查数据库，二次分析方法的运用才开始增加。

二次分析的方法具有哪些基本特征呢？首先，二次分析是一种定量的研究方式。这也就意味着当研究者希望采用二次分析的方法进行研究时，他将主要和调查数据打交道，将运用统计分析的方法来分析资料，得出结论。这一特征实际上指出了统计分析方法在二次分析中所占有的重要地位。其次，二次分析所用的资料是现存的原始调查数据。这里的关键是，调查数据应是“现存的”同时又是“原始的”。上一章所介绍的调查研究中，研究者所用的资料虽然同样是“原始数据”，但它并不是“现存的”，而是调查研究者自己“创造的”。因此，采用二次分析方法的研究者可以被形象地描述成“借用别人的调查数据来做自己的研究”的人。与上节所介绍的内容分析的方法在所用资料的形式上显得相对多样化、因而也相对不确定相比，二次分析的方法在所用资料的形式上就显得非常单一、非常明确了。这也是其资料的另一种特征。最后，正是由于上述“现存的”和“原始的”特征，导致在实际研究中要采用二次分析方法必须具备一个基本的前提：现实中必须存在合适的原始调查数据，同时研究者能够找到和获得这种原始调查数据。

2. 二次分析方法的设计

一般来说，研究者在进行二次分析的设计时常常处于下面两种情形中：一种情况是研究者通过前期的阅读文献和理论思考，在自己头脑中已经有了相对明确的研究问题，甚至围绕这一研究问题已经提出了具体的理论假设。此时，他们进行研究设计的任务就是从各种原始调查数据库中去寻找可以验证假设、回答研究问题的数据资料。另一种情况是研究者自己头脑中只有一个初步的研究主题，或者一个问题范围，而没有明确的研究问题和具体的理论假设。此时，他们的任务则首先是要在浏览各种数据库的资料的过程中去发现和形成自己的研究问题，然后在明确研究问题的基础上进一步选择和寻找合适的数据资料。

无论是哪一种情形，最终都会落实到寻找、选择合适的调查数据资料上来。所以，要很好地运用二次分析的方法，一个基本的前提就是能获得足够的、同时也是与其研究目标相关的原始数据资料，无论这种数据资料是来自于其他研究者个人，还是来自于相关研究机构或政府部门。因而二次分析设计中的首要任务，就是要去发现、找寻、获得这种数据库。研究者首先要考虑并回答：用于回答研究问题所需要的原始数据资料是否存在？如果存在，这种数据资料是否可得？只有当这两个问题的回答都是肯定的时候，二次分析的方法才是可行的。

比如，假设一位研究生对目前我国社会中的教育分层现象感兴趣，他希望对中学生家庭背景与他们中考分流状况之间的关系进行研究。如果他缺少研究经费，不能通过亲自进行这一问题的调查研究来获得数据，那么他就只能寄希望于以往有研究者进行过类似调查，存在相关的数据资料。如果正好某城市教育部门进行过对全市中学毕业生的抽样调查，调查的内容也正好符合他的研究需要，那么，他能否通过关系找到教育局相关负责人、说服他们让他使用这一数据，就成为他能否进行二次分析的关键所在了。

对于缺少各种社会资源的研究生来说，要运用二次分析的方法来开展研究，可以从哪里去寻找既方便获得、又可以使用的原始调查数据资料呢？从目前的情况看，大家可以从以下两个方面来寻找。

一方面是从现有的社会调查数据库中寻找。比如，前面介绍的 CGSS 数据库、CF-PS 数据库等正式开放的社会调查数据库。对于这些向学术界开放的数据库来说，研究生一般通过申请和注册就可以获得使用数据的资格。比如，中国人民大学 CGSS 的数据库就可以通过登录该项目的网站，进行申请、登记和注册。一旦申请注册成功，就可以浏览、下载和使用该调查数据库中的原始数据了。北京大学的 CFPS 数据库的 2008 年测试数据也开始向公众开放，通过类似的申请注册程序也可以使用。

另一方面，研究生有时也可以从指导老师那里获得原始数据来撰写毕业论文。特别是随着研究生越来越多地参与到指导老师的社会研究课题中，利用导师已完成的研究课题的数据资料撰写自己的毕业论文也是一种常见的途径。比如，笔者从 20 世纪 90 年代中期开始，就多次承担国家社科基金、教育部社科基金、美国福特基金、国家移民局基金、湖北省社科基金、湖北省软科学基金、教育部重大攻关课题等重要的社会研究项目，也承担过与美国及中国香港地区联合研究项目，还承担过湖北省总工会、省妇联、省科协、省家庭教育研究会、省司法厅、团市委等部门的横向研究项目，积累了大量的原始数据资料。这些项目的主题多种多样，有关于独生子女社会化、电视媒介社会功能、三峡农村移民社会适应、城市居民生活质量的，还有关于下岗职工再就业、城乡居民科技素养、妇女社会地位的，等等，内容十分丰富。因此，笔者所指导的研究生中，有相当一部分人的硕士学位论文都是使用笔者的各种研究项目所积累的这些原始数据完成的。从研究设计上说，他们都是采用二次分析的方法完成的。

在获得数据库使用许可后，我们首先要仔细了解数据库的内容，特别是要获得与调查数据相对应的原始问卷、编码本，以及有关整个调查的调查对象、总体、抽样设计等方面的说明。在此基础上，研究者最重要的工作就是从数据中寻找适合自己研究目标的那些关键变量。一旦确定了这些关键变量，研究者就可以像对自己的调查数据那样运用各种统计分析方法来进行分析了。

3. 二次分析方法的两个例子

我们同样通过对两个研究实例进行解析，来了解和说明二次分析的方法及其设计。其中，一个例子是利用中国人民大学“中国综合社会调查（CGSS）”数据进行的，另一个例子则是利用北京大学“中国家庭动态调查（CFPS）”数据进行的。

例 1　初婚年龄的影响因素

研究问题

有研究者对于我国城乡居民初婚年龄的变化趋势及其社会经济原因这一问题感兴趣，希望通过研究来集中“考察三个方面的问题，即个人教育和职业对初婚年龄有何作用，家庭背景对个人初婚年龄有何影响，以及上述自致性和先赋性因素对初婚年龄的作用是否存在性别差异和户籍差异”①。

研究设计

研究者发现，在 CGSS2006 调查数据中，收集了大量关于受访者及其家庭成员的教育经历、职业经历与婚姻经历等方面的信息。比如，被调查者获得第一份工作或劳动前的最高教育程度、被调查者 18 岁时父母的最高教育程度、被调查者第一次结婚时本人与父亲的户籍及职业情况等。这一调查数据中的这些发生在被调查者初婚前的信息，对于研究者所关注的“研究对象的教育、职业和家庭的社会经济特征对初婚年龄的影响”这一核心问题来说，无疑是很有意义的资料，因此，研究者决定采用二次分析的方法来进行这一问题的研究。

研究者先在理论分析基础上建立了若干研究假设，同时利用调查数据确定了研究的各种变量：研究的因变量是被调查对象的初婚年龄，研究的主要自变量包括被调查对象的性别、户籍、受教育程度、职业、家庭背景等，而研究的控制变量则包括民族和出生年代。研究的数据分析则由两部分组成：第一部分是描述统计分析，旨在描述平均初婚年龄的变化趋势，以及不同性别、不同出生年代、不同教育程度和城乡户籍之间进入初婚的风险函数的差异；第二部分使用事件史的分析方法，来估计教育、职业和家庭的社会经济特征对初婚年龄的影响。

研究结果

通过统计分析，研究者发现：“教育、职业和家庭的社会经济特征对初婚年龄有着显著的影响，并表现出性别和户籍差异。教育程度对女性初婚年龄的推迟效应大于男性，高等教育对农村户籍女性初婚年龄的推迟效应大于城市户籍女性，技术类职业相比非技术非管理类职业，对农村户籍男性居民的初婚年龄有着显著的提前效应。在城市户籍居民中，父母的教育程度越高，子女的初婚年龄越晚；兄弟姐妹越多，初婚年龄越早。对城市和农村户籍居民而言，父亲从事管理类职业对儿子的初婚年龄均有显著的提前效应，而且对农村户籍居民的影响要高于城市户籍居民。”②

①② 王鹏等：《初婚年龄的影响因素分析：基于 CGSS2006 的研究》，载《社会》，2013（3）。

例 2　Internet 使用对居民收入的影响

研究问题

有研究者从计算机和 Internet 已经在很大程度上改变了人们的工作方式的大背景出发，注意到信息化技术的使用对劳动力市场的影响问题。研究者特别关注“作为信息技术的重要代表，Internet 的使用对劳动力市场中收入的影响又是怎样的”这一问题。他们注意到在北京大学的 CFPS2008 数据中，既有关于人们使用 Internet 情况的资料，又有人们收入状况的资料。因此，研究者们打算利用这一数据资料来对这一问题进行二次分析研究。

研究设计

研究者通过建立一个含有虚拟变量的横截面模型来回归 Internet 使用对于个人收入的影响。即：

$\log(WAGEi) = \alpha + \beta Xi + \gamma Yi + \varepsilon i$ (1)

上述公式中，$\log(WAGEi)$ 为个人年收入（万元）的对数；Xi 为第 i 个人的可观测的控制变量；Yi 为第 i 个人的虚拟变量，包括性别、年龄、教育情况等；εi 为误差项。利用（1）式，分别控制性别、年龄、教育、婚姻状况、民族、健康状况等变量进行回归分析。在模型中，并没有包含所有的个人异质性，但可以通过考虑所有可能影响收入的因素，尽可能接近使用 Internet 与否对收入的真实影响。

研究结果

通过统计分析，研究者发现：“在排除了年龄、性别、教育、民族和婚姻等因素后，Internet 的使用仍然能够带来约 60%额外收入，其中农村地区约为 78%，非农村地区约为 38%。如果采用上网变量其他度量方法，或者采取趋势得分法（PSM），仍然可得到基本一致的实证发现。这充分表明：信息化对于个人生产率具有显著的提升作用；与非农村相比，农村的提升效果更强。”①

这一例子中，实际上存在着一定的问题。由于原始问卷中没有询问被访者上网的用途，“因而很遗憾不能控制只以娱乐为目的的上网比例给估计带来的影响”。研究者认为：“第一，上网是一种信息获取的方式，并且在现在的时代可以说越来越重要。撇开上网用途，上网人群和从未上网人群的差异，至少包括对待新兴事物的态度差异。与从未上网人群相比，上网人群对于新技术的采纳倾向更高，从而可能有益于工资回报。第二，在对上网人群的调查发现，仅有不足 15%的人认为 Internet 对其工作不重要或很不重要。这说明调查对象中完全以娱乐为目的的可能性较低。”② 但是，这两方面还是存在较大偏差的可能。特别是由于原始问卷中缺乏“上网目的”的指标，因而仅仅通过“是否使用” Internet，还不足以说明上网对收入变化的影响。如果原始数据

①② 卜茂亮等：《Internet 对劳动力市场的影响——基于中国家庭动态跟踪调查（CFPS）数据的实证研究》，载《南方人口》，2011（5）。

中有“上网目的”的数据，那么通过进一步分析那些上网者中具有不同上网目的的人的收入情况，或许能更好地解释 Internet 使用与收入的关系。

从上述两个例子中可以看到，二次分析的设计和实施，关键正是在于前述的两个方面：一是要能从他人数据中寻找到适合自己研究主题和目标的变量及其测量指标，二是要建立起合适的统计分析模型并善于运用统计分析方法。

虽然二次分析的数据主要是其他研究者所收集的原始调查数据，而这些数据通常都是抽样调查数据，但有时，研究者也可以利用人口普查这样的原始调查数据来进行二次分析研究。比如，李强教授在研究中国社会的阶层结构时，就采用二次分析的方法，通过对 2000 年全国人口普查的原始数据资料进行了统计分析，很好地揭示出了我国当时社会阶层结构的“倒丁字型”特征。当然，他进行这一研究的一个前提，就是要能够获得全国人口普查的原始数据（现实中一般研究者往往是很难获得的）。笔者在访问美国时了解到，美国的研究者通常可以通过申请获得全国人口普查原始数据用以进行研究。（当然不是全部数据，而是随机抽取的 5%的数据。希望不久的将来在我们国家也能做到这一点。）只有在得到这种数据资料后，他的研究设计才是可行的。除了可以获得全国人口普查的原始资料外，研究者在分析前还需要对原始数据进行一些处理，比如说要进行抽样，因为人口普查数据资料的容量往往太过庞大。李强教授在他的研究中，就采用了从总的数据中进行抽样的方法。“本文所使用的数据来自 2000 年第五次全国人口普查的抽样数据，采用系统抽样方法从全国总数据中抽取，抽样比为 0.95‰，样本人口为 1 180 111 人，然后取其中的 16～64 岁人口，共 641 547 人。”[①] 即使是抽样后的样本，也达到了一百多万人的规模，也是非常大的。如果不进行抽样，处理起来是很不方便的。

三、现存统计资料分析方法的设计

现存的各种统计资料通常有两个主要的用途：一是为研究提供某种背景，二是直接作为研究的资料。正是由于现有的统计资料客观上能够勾画出社会宏观结构的各种分布状况，因此在研究者提出问题、发现问题、形成问题的过程中，各种政府的、行政的统计资料常常起着重要的作用。即使是在个案研究的方式中，各种官方的和半官方的统计资料也常常是研究者用来描述和说明这一个案的特征和意义的背景材料。我们这里则集中讨论现有统计资料的第二种用途，即直接将现存统计资料作为研究资料来开展研究有关的设计问题。

1. 现存统计资料分析方法的思路和关键点

从资料运用和分析方法上看，现存统计资料分析还可进一步细分为两种不同的形式。一种可以说主要是对现存统计资料的直接应用，其方法则主要是通过对统计资料进行若干改造后加以利用，比如对现存统计数据进行重新的组合、合并、转换等；另

① 李强：《“丁字型”社会结构与“结构紧张”》，载《社会学研究》，2005（2）。

一种则是将统计资料作为类似于调查研究中的那种原始数据进行统计分析，其方法是先将统计数据输入计算机，然后利用统计分析软件进行统计分析。后一种情况就像在调查研究中先将原始数据输入计算机，然后进行统计分析一样。

现存统计资料分析的设计思路和关键点可以简单概括成：研究的问题——研究的变量——现有的数据——统计分析与比较——得出结果。即首先是确定研究的问题；然后从研究的问题中导出或确定研究的关键变量，这种确定变量的思路与我们在其他定量研究（比如调查研究）中探讨变量之间关系、分析自变量对因变量的影响时所做的一样；然后是去收集（更准确地说是去寻找）相关的资料；然后同样是利用数据资料对变量之间关系进行比较分析或进行统计分析；最后得出回答研究问题的结论。当然，这种思路和过程是最一般的情形。有时也有另一种相反的情形："研究者在发现有些资料可用后，便发挥创造力，把现有资料重新加以组织，转变成某个研究问题的变量。"①

现存统计资料的主要来源是各级政府部门编撰的各种统计数据、统计摘要、统计年鉴等。当然还有些是各种行业协会、学术团体、研究机构等所编撰的各种类型的资料。因此，对于社会学及相关专业的研究生来说，在进行现有统计资料分析的研究设计前，应该对这些基本的统计资料的来源、内容、形式等有一定的了解。特别是要对历年的《中国统计年鉴》以及各种更为专门的统计资料来源，比如《中国人口统计年鉴》、《中国城市统计年鉴》等有比较清楚的了解。

现存统计资料分析的设计中，应该特别注意分析单位的特点。一般情况下，现存统计资料通常都是个体数据的集合和汇总。或者说，现存统计资料分析中的资料通常都是集合性的。比如，非常多的统计资料都是以频数、百分比等形式出现，或者是以类似"独生子女领证率"、"计划生育达标率"、"犯罪率"等比率的形式出现的。因而，在利用这种资料进行研究时，研究的分析单位通常不可能是个体，而常常会是某种群体的或社区的单位。比如特定的年龄群体、职业群体，或者国家、省、市、县等。这是研究者在研究设计中应该特别注意的一个方面，也是他在选择研究问题、选择研究方法、得出研究结论的过程中始终应该清楚的一个问题。

此外，在研究设计中还应该特别注意利用现存统计资料进行变量测量时的效度问题。即现存统计资料中的某个指标是否真的能够代表研究者所希望探讨的研究变量的问题。举例来说，如果研究者的研究中需要了解不同年份中独生子女人数的增减状况及其发展趋势，那么，他就要设立一个"独生子女人数"的变量并在现有统计资料中寻找相应的测量指标。而在《中国计划生育年鉴》中，正好有一项"独生子女领证人数"的统计指标。如果研究者不仔细分析和了解，就直接将每年的"独生子女领证人数"作为每年独生子女的人口数进行统计和分析，那

① ［美］劳伦斯·纽曼：《社会研究方法：定性与定量的取向》（第五版），402页，北京，中国人民大学出版社，2007。

就会出现问题。国家计划生育部门每年统计的“独生子女领证人数”所针对的仅是0～14岁的人口，对于超过14岁的独生子女人数，这一指标中就反映不出来。因此，如果不弄清楚现有统计资料中各种指标的具体含义和相关界定，在研究中就可能会产生错误的结果。

2. 现存统计资料分析的实例解析

我们通过两个实际例子来看看现存统计资料分析的方法和步骤。第一个例子是侯佳伟等人利用中国知网的现有统计数据，对学术论文关注程度及其影响因素所进行的研究。① 这项研究的方法是将现有统计数据作为类似调查数据那样的原始数据，通过计算机软件进行统计分析。该研究内容简单，设计思路清晰，其中的操作化也十分明确，十分合适作为例子进行解析，读者可以从中受到一些启发。

例1　学术论文关注程度的影响因素

研究问题

该项研究希望探讨的问题是：在学术期刊发表论文方面，是否也存在着“马太效应”？即是否“在声誉较高的学术期刊上发表的论文更容易受到认可和追捧，而在声望低的学术期刊上发表的论文关注度则会相对较低”。在实际研究中，研究者将这一问题概括为下列具体问题：“哪些论文更容易受到关注？”为了回答这一问题，研究者提出了下列三项研究假设：

“假设一：期刊声望对论文关注度有正向影响作用。”

“假设二：高知名度作者比低知名度作者的论文更容易受到关注。”

“假设三：热点论文比非热点论文更可能受到关注。”

研究思路

为了验证这三个假设，作者很好地利用了中国知网的现有统计资料。根据中国知网中统计数据的特征，他们首先将论文的“关注度”操作化为论文的“下载频次”和“被引频次”（形成了两个因变量）。又将“期刊声望”操作化为“期刊影响因子”（在一年之内，某种期刊近两年来发表的论文被全部源刊物所引证的次数，与该刊近两年来所发表的全部源论文数之比），将“论文作者的知名度”操作化为“发表论文的数量”。而中国知网中正好存在着这几项指标的统计数据（实际上，各种各样的统计数据总是客观地存在在那里，关键要看我们是否有独到的眼光去发现，是否有巧妙的设计去利用）。于是，研究者利用这些统计数据进行定量的统计分析，较好地验证了假设，得出了“期刊权威性、作者知名度和主题热点性都对其论文的关注度有正向的影响作用”，学术论文的确存在“马太效应”的结论。

---

① 参见侯佳伟等：《学术论文的“马太效应”——基于2009年度CSSCI人口学期刊的分析》，载《人口与发展》，2011 (5)。这一部分相关引用的内容均来自这篇论文。

我们将作者的研究思路和具体设计框架展示如图 7—1：

研究的中心问题——在学术期刊发表论文方面，是否也存在着“马太效应”?

↓

研究的具体问题——哪些论文更容易受到读者关注?

↓

提出研究的假设——“期刊声望与论文关注度”假设

“作者知名度与论文关注度”假设

“主题热点性与论文关注度”假设

↓

概念的操作化——论文关注度——论文下载频次、论文被引频次

期刊声望——期刊影响因子

作者知名度——作者发表论文数量

热点问题——专家评判结果

↓

数据资料来源——中国知网现存统计数据

↓

统计分析方法——因变量 1——下载频次（连续变量）——多元回归分析

因变量 2——被引频次（二分变量——有被引、无被引；连续变量）——Logistic回归分析、多元回归分析

自变量 1——期刊影响因子（连续变量）

自变量 2——作者知名度（二分变量——高知名度、低知名度）

自变量 3——是否热点问题（二分变量——是热点、不是热点）

控制变量 1——论文发表的时间长短（连续变量）

控制变量 2——研究方向

↓

假设检验结果——三个假设在模型中都得到了验证，自变量和因变量均呈现出正向相关关系

↓

回答研究的具体问题——论文发表期刊的质量越高、论文作者的知名度越大、论文研究的越是热点问题，论文的受关注程度都越大

↓

回答研究的中心问题——在学术期刊发表论文方面，的确存在“马太效应”

图 7—1　作者的研究思路和具体设计框架图

从这个例子中，我们可以看到，研究的方式既与研究的问题有关，也与资料的性质有关。由于研究问题是关于期刊论文的，所以研究者要去收集与期刊论文相关的数据资料。而现存的中国知网中的统计数据正好适合了研究者的这种需要。当然，我们也应该看到，现存统计数据也不可能在所有方面都正好符合研究的需要，常常出现我们所需要的指标在现存统计数据中没有的情况。比如，这项研究中，要验证研究者的第三个假设，需要对“主题的热点性”进行操作化，但这一变量不像“下载频次”、

“被引频次”等变量那样，容易操作化为具体可测量的指标，并且这样的指标在中国知网现存统计数据中也是没有的。研究者不得不想出其他方法来进行处理。（相对来说，专家主观判定的方法显然不如用“下载频次”、“被引频次”这样的指标客观，也可以说研究者采用专家评价的方法是不得已而为之。）

例 2　生肖偏好的研究

正如前面我们提到的，现存统计资料分析的方法相对较多地在人口学、经济学等学科中采用，一个重要的原因是在这两个专业领域中存在着大量的、正式的、大规模的、涉及整体的、连续的官方统计数据。而在社会学等其他社会科学领域中，这种类型的统计数据相对较少。当然，这并不是说社会学或其他社会科学的学者因此就不能采用现存统计数据分析的方法进行研究；恰恰相反，社会研究者要尽可能地从各种人口的、经济的、教育的、文化的官方统计中寻找合适的变量和数据，为自己的社会研究目的服务。下面是一个利用现有人口统计的资料来进行研究的例子。我们来解析一下研究者是如何提出问题，如何制定研究思路，如何利用现存统计数据来回答研究问题的。在这个例子中，研究者既采用了通过重新的组合、合并、转换等来直接比较现有统计数据的方法，也采取了将现有统计数据作为原始数据进行新的统计分析的方法。

研究问题与背景

生育问题是人口学者、社会学者关注的重要现象和研究领域之一，生育问题既涉及人们的生育意愿、生育决策，也涉及政府的生育政策，还涉及与这种生育意愿、生育决策以及政府生育政策直接相关的社会整体生育率水平和作为二者后果的社会人口规模的变化。这可以说是任何一项与生育问题相关的研究所具有的大的背景。另一方面，人们的生育行为又总是在一定的社会文化背景中进行的，一个社会的文化传统、价值观念、风俗习惯等，始终都在影响着人们的生育行为。这同样是研究者在考察生育现象和生育问题时不应该忽视的另一种背景。正是在上述两种背景的共同影响下，一位研究者选取了我国社会中人们追求吉庆、吉利的文化现象，将它放到生育问题的研究中，形成了一个虽然并不十分宏大，但却非常特别、很有创新性的研究问题：生肖文化与生育行为的关系。

我们知道，中国的传统文化中不仅有一些直接与生育相关的内容，比如讲究“多子多福”、“传宗接代”、“养儿防老”等观念和习俗。同时还有众多并不直接与生育相关的其他方面的观念、心理和习俗，比如，在时间上将 12 年作为一个轮回，并用 12 种不同的动物（包括龙这种神话中的动物）作为生肖来代表。同时，中国传统文化中还特别讲究和追求吉利、吉祥和吉庆，从人们车牌号码要选择“6”、“8”等大吉大利的号码，到婚丧嫁娶要选择“黄道吉日”等，无一不反映出这种文化的观念和心理。

这位研究者发现，在社会中似乎出现了一种“吉年生吉子”的心理和潮流。“从 2000 年的‘千禧龙宝宝’到 2004 年的‘猴宝宝’，再到 2007 年所谓的‘金猪宝宝’，人为选择特定生肖年份进行生育的现象似乎愈演愈烈，已酝酿成为一个新的社会问题。然而，根据特定的生肖选择生育是否是中国社会的群体性社会现象甚至是社会问题，抑或只是个别地方、个别人群的特殊现象，并未波及全国？我们似乎不能只从直观的感受或一些新闻报道来判断。是特定的生肖还是特定的社会事件影响着人们的生育决策，进而造成出生人口规模突变的宏观后果？社会是否将在这种人为选择生肖进行生育的影响下迎来第四次出生高峰？为了探求这些疑问的答案，本文将利用新中国成立60年来的出生人口数据，并结合多种年龄准确性检验指数来验证我国的生育生肖偏好是否存在，探究这种偏好究竟只存在于人们口口相传的生育迷信中，还是客观的存在于现实生活中，判断在一些特定年份出生人口规模异常增加或减少究竟是生肖偏好的影响还是其他因素作用的结果。"①

研究思路

要回答以生育偏好为代表的传统文化与人们生育行为之间的关系，首先就要界定什么是生育中的"生肖偏好"与"生肖回避"。在没有现成的、通用的定义的时候，研究者自己就必须对研究的核心概念（变量）进行界定。比如，在这项研究中，研究者指出："目前对于人为选择生肖进行生育的这样一种生肖偏好并没有一个明确的界定，因此本文将生肖偏好界定为：人们根据民间相关民俗或迷信的说法，认为出生在特定生肖所对应年份的婴儿将享有某些特殊的好运，因而选择在某些生肖对应的年份生育自己的孩子。""与之相对应，生肖回避则指人们由于认为某些生肖会给孩子带来厄运，而刻意选择不在某些生肖对应的年份生育孩子。"②

研究者的研究思路是：如果人们具有生肖偏好和生肖回避的心理和行为，那么，在人口总体的统计上就会出现有些年份（大吉大利的生肖年份）出生人口的规模激增，而有些年份（不好的、有厄运的生肖年份）出生人口的规模又会骤减的现象。因此，要证明或检验人们存在着生肖偏好和生肖回避的观念和行为，只需证明下面这样两个相关联的研究假设（实际上，研究者心目中是有着、或者说应该有着这样两个相关联的假设的，遗憾的是研究者并没有明确地表示出来）：

假设一：在具有某些特殊的好运的生肖所对应年份，出生人口的规模将因人们普遍选择生育而激增。

假设二：在遇到某些特殊的厄运的生肖所对应的年份，出生人口的规模将因人们普遍选择不生育而骤减。

研究设计

根据上述研究思路，特别是当研究者有了上述两个研究假设后，研究设计的目标就变得相对明确了。研究者的任务就是要利用现有的官方人口统计资料，去考察各个不同年份出生人口的状况和变化特征。正如研究者所说："本文将从十二生肖的整体层面来看待和检验这个问题，同时多纳入几个轮回的数据来参与计算，能够从一定程度上排除数据随机波动的影响。唯其如此，才能避免真实情况被偶然性所掩盖，使我们尽可

①② 马妍：《吉年生吉子？中国生肖偏好的实证研究——基于1949～2008年出生人口数》，载《人口研究》，2010（5）。

能科学地判断生肖偏好的存在性。”同时，研究者对所利用的现存统计资料及其质量也进行了如下说明：“本文所使用的数据主要来自于国家统计局编制的《中国人口统计年鉴》及其官方网站公布的历年统计公报……基于国家统计局所公布数据的相对权威性，以及相关研究表明的出生数据质量仍比较可靠的判断，我们认为使用统计局公布的数据对本研究的结论不会有质的影响，所以本文使用的 1949—2008 年的出生人口数据均是没有进行调整的官方公布数据。”①

研究结果

研究者利用现有人口统计数据，分别从 60 年中按 12 生肖排列的 5 个轮回的统计进行对比、按 60 年中 12 个生肖对应年份的总体出生人口统计进行对比，以及利用 3 种人口学特定方法进行统计分析检验等多个方面，对研究问题进行了探讨。研究的结果表明：“在人口结果上，我国并不存在生肖偏好。我国出生人口规模的波动更多的是由于人口惯性的影响，这符合人口规律。我们不应仅凭媒体片面的报道就认为‘金猪宝宝’和‘奥运宝宝’会带来我国第四次出生高峰。事实证明，这些年份的出生人口并没有显著增加。”②

这个例子最基本的思想是：如果说吉年生吉子，那么就应该有龙年、猪年，或者千禧年、奥运年等被认为是吉年的年份出生人口明显增加；相反，也应该有羊年等被认为是厄运的年份出生人口明显减少。但实际上，一个社会中，形成总体出生人口数量分布和变化的原因是多方面的，它通常是这个社会的政治、经济、人口、文化等众多原因、甚至天灾人祸的原因共同作用的结果。

教学建议与练习题

1. 组织学生讨论文献研究三种方式的共同特点，特别是它们与调查研究、实地研究方式的差别。

2. 讨论内容分析方法中的抽样与调查研究中的抽样有什么异同。

3. 在内容分析的编码环节中，研究者应该注意什么问题?

4. 组织学生申请国内现有调查数据库，并尝试利用数据库的资料进行二次分析的练习。

5. 找几篇人口学或者经济学方面的论文，让学生看看它们是如何利用现有统计数据进行研究的。

推荐阅读

1. 风笑天．社会研究方法（第四版）．北京：中国人民大学出版社，2013.

2. 风笑天．妇女形象的变迁：对《中国妇女》杂志的内容分析．社会，1992（7）．

3. 马妍．吉年生吉子？中国生肖偏好的实证研究——基于 1949～ 2008 年出生人

①② 马妍：《吉年生吉子？中国生肖偏好的实证研究——基于 1949～2008 年出生人口数》，载《人口研究》，2010（5）。

口数．人口研究，2010（5）．

4. 公婷，吴木銮．我国2000～2009年腐败案例研究报告——基于2 800余个报道案例的分析．社会学研究，2012（4）．

5. 侯佳伟等．学术论文的“马太效应”——基于2009年度CSSCI人口学期刊的分析．人口与发展，2011（5）．

6. 李强．“丁字型”社会结构与“结构紧张”．社会学研究，2005（2）．

7. 李银河．当代中国人的择偶标准．中国社会科学，1989（4）．

8. 王芳，荣岩．从电视相亲节目看男性择偶——以江苏卫视《非诚勿扰》344位男嘉宾为例．青年研究，2011（2）．

9. 王鹏等．初婚年龄的影响因素分析：基于CGSS2006的研究．社会，2013（3）．

10. 卜茂亮等．Internet对劳动力市场的影响——基于中国家庭动态跟踪调查（CF-PS）数据的实证研究．南方人口，2011（5）．

第八章 研究计划书

当我们从事一项研究时，不仅要进行研究设计，要仔细考虑研究的每一个细节，在很多情况下，我们还必须以某种形式将这种研究设计和研究计划的细节写出来，形成某种书面报告，以便向有关的对象或机构说明这一研究的合理性、重要性和可行性。这就是撰写研究计划书的工作。在本章中，我们将着重介绍研究计划书的一般结构、主要内容以及写作方法。

一、研究计划书及其作用

1. 研究计划书的含义与类型

研究生在读书期间的一项重要任务，就是要在导师的指导下完成学位论文题目的研究，并在研究的基础上撰写出符合科学规范要求的学位论文，用以申请相应的专业学位。在这一过程中，一般都会有一个被称作“论文开题”的环节。在开题时，研究生要向本专业的相关老师报告自己的研究题目、研究内容及其研究计划，以接受老师们的评审。同时，作为毕业材料中的一部分，研究生还要附上相应的开题报告的文本。只有开题报告通过了老师们的评审，研究生才可以开始进行自己的学位论文研究。从这个意义上说，开题报告就像是准许研究生进入学位论文研究阶段的“资格考试”。

我国香港地区的各所大学以及国外许多大学招收研究生或博士生时，并不像国内那样主要通过招生考试，而是由学生直接申请。只不过在这种申请过程中有一个十分关键的环节，就是申请者要提交一份 proposal，即研究计划书。招收研究生的导师或学校除了看申请者的毕业学校、学习成绩、推荐信外，决定是否录取申请者的一个很重要的因素就是看他的这份研究计划书写得如何。

此外，在学术界，各门社会科学的研究者每年都会去申请国家社会科学基金，国家教育部（或者其他部委）社会科学基金，以及各省市社会科学基金的研究课题。为了获得研究基金的资助，研究者都需要认真撰写一份研究项目的课题申请书或课题论证书，接受各类基金评审专家的评审。

无论是上述我国高校研究生培养过程中的“开题报告”，还是香港和国外高校研究生招生过程中的研究计划书，或是一般社会研究者每年申请各级各类社会科学基金时所撰写的课题申请书或课题论证书，它们在本质上都是一样的：一样的性质、一样的目标、一样的内容结构。我们将它们统称为研究计划书。因此，概括地说，研究计划书，就是研究者将自己的研究问题、研究设计和研究计划以一定的形式向相关机构或专家进行报告时所采用的一种文本。

我们可以根据这种文本所要面对的专家的不同（实际上是文本所代表的研究的性质不同），将这种研究计划书分为国内研究生的开题报告、申请香港或国外研究生用的研究计划书，以及申请国内各种社会科学基金的课题申请书。前两者所面对的专家往往是大学中的教授，后者所面对的则是各类基金会聘请的评审专家。

无论是国内研究生开题时的开题报告，还是申请攻读香港及国外大学研究生时所需要的研究计划书，或是研究者申请各种社会科学基金课题时的课题申请书，在结构上通常包括以下几个大的部分：研究问题与背景、研究的意义、相关文献回顾、研究的核心概念与理论框架、研究的主要内容、研究设计与研究方法、研究的具体计划等。可以说，基本结构和内容都是一样的。因此，在下面的介绍中，若无特别说明，我们所说的研究计划书都是包括上述三种不同类型在内的。

2. 研究计划书的作用

有学者认为，研究计划书至少具有三个方面的作用：一是作为一种沟通的方法，二是作为一个计划，三是作为一个合约。①

作为沟通的方法和传达的工具，是研究计划书的第一个方面的作用。无论是研究生与指导老师之间的沟通，还是课题申请者与课题评审者之间的沟通，研究计划书都是其间的媒介。通过开题报告，研究生可以将自己的研究问题、研究思路、研究计划向指导老师们系统汇报。而老师们也正是依据研究生的开题报告，来判断、衡量、评价其研究题目是否有价值、是否有创新、是否切实可行。同样，课题申请者也是通过课题申请书来向提供研究基金的机构及其代表——课题评审者介绍自己的研究问题、研究思路和研究计划。课题评审者也是通过课题申请书来判断课题申请者的选题意义，衡量研究者的研究计划，并决定是否给予研究者课题资助的。

而对于研究生和课题申请者来说，开题报告或课题申请书还具有一个十分重要的作用，这就是用来作为他们将来开展实际研究的一个指导大纲、一个备忘录，以及一套系统周密的行动方案。研究生或课题申请者在选定了研究问题、回顾了相关文献、制定了研究计划、设计了研究方案后，清楚、明确、详细、具体地将这些内容整理成一份文字的报告，用来与相关专家进行沟通，同时也非常便于用来指导自己将来的实际研究。

至于研究计划书作为合约的作用，则主要体现在研究课题的申请方面。一般来说，无论是国家社会科学基金，还是国家教育部（或者其他部委）社会科学基金，一旦课题申请获得批准，那么，课题申请书就相当于课题申请者与基金提供者之间的一份合同。课题申请者有责任按照课题申请书中所表明的研究目标、研究内容、研究方案和研究计划开展研究工作，完成研究任务，提供研究成果。基金提供者也有权利根据课

① 参见［美］劳伦斯·F·洛柯等：《如何撰写研究计划书》，3页，重庆，重庆大学出版社，2009。

题申请书来检查研究进展情况，验收研究中期成果和最终成果。而对于研究生来说，开题报告常常也会作为其学籍档案中一个文本文件保存，并在研究生完成研究、写好论文、准备答辩时，成为相关部门检查其是否符合答辩条件的一份材料。

此外，研究计划书还有另外一种作用，就是可以作为最终研究报告或论文中的一个部分。正如有的学者所指出的，研究计划书在结构和内容上，与研究的报告或最终发表的论文之间，往往有着许多相似甚至相同之处。他们甚至认为："计划书写好了，就等于完成了研究报告一半以上的工作。在理想情况下，有时做一些小小的改动，如改变一下动词的时态，就可以把计划书变成论文或学位论文的开始章节，或者作为研究报告的开始部分。"① 本章下节列举的第一个例子，正是这种情形。在下节中，我们看到的是作为研究计划书一部分的内容，而在下一章关于论文导言写法的例子中，这个例子稍作修改就成为了正式发表的论文的导言。

二、研究问题、背景及意义

1. 研究的问题及其背景

就像一篇论文一样，研究计划书的导言部分在介绍和说明一项研究方面也扮演着十分重要的角色。在这一部分中，研究者首先要回答：你所研究的问题是从哪里来的？或者说，你研究的问题产生的背景是什么？我们在前面有关选择研究问题一章中，曾经建议大家选择一个大背景中的小问题。现在，我们在撰写研究计划书的过程中，一定不要忽略了这个大的背景。我们要用相对简洁的语言，从一个大的现实背景或学科理论背景出发，条理清楚地陈述和说明自己的研究问题来自哪里，特别是要很好地说明这一问题正是一个"大背景中的小问题"。

介绍了研究问题产生的背景后，这一部分中最重要的内容就是要对研究的问题本身进行陈述，同时对研究的目标进行陈述。研究者要明确回答：你想要探讨和回答的问题是什么？进行这项研究希望达到什么目标？不要采用诸如"本研究希望探讨农村留守儿童的现象"，或者"本研究希望对农民工社会适应的现象进行深入分析和探讨"这类相对含糊、笼统的语言。要以明确的语言说清楚你的研究所要回答的核心问题是什么。同时还可以进一步说明，围绕这一核心问题，你的研究所要回答的具体问题有哪些。研究的核心问题是一项研究的最终目标，也是研究的灵魂。而研究的具体问题则可以看作核心问题的"操作化"或者具体的和详细的说明。下面以《独生子女青少年的社会化过程及其结果》研究计划书为例，对此进行介绍和说明：

研究问题及其背景

被美国人口学家称之为"怪蛇腹中的猪"的战后生育高峰出生的一代人（the baby boom generation），是美国"有史以来最不平凡的一代"，"在他们人生的每一个阶段，社会都会由于他们的出现而改变特征，并迫使全国对他们的需要和问

---

① ［美］劳伦斯·F·洛柯等：《如何撰写研究计划书》，6页，重庆，重庆大学出版社，2009。

题予以特别的重视。”（琼斯，1986）这一代人极大地影响和改变着美国社会。

三十几年后，在地球另一边的中国，也出现了与美国的生育高峰一代虽不相似，但同样对中国社会有着重大影响的一代新人，这就是从 1979 年开始直到今天仍在不断增加着的独生子女。

[用十分简要的语言，概略地由美国“生育高峰一代”引出中国的独生子女一代。]

1979 年，中国政府为了有效地控制全国人口的迅速增长，开始提倡和实行以“一对夫妇只生育一个孩子”为主要内容的计划生育政策。17 年过去了，今天的中国社会中，已产生出整整一代这种终身没有兄弟姐妹的特殊儿童。据统计，1994 年年末，全国已领证的独生子女人数已达到 4 676 万人（《中国计划生育年鉴 1995》，第 440 页）。到目前，全国的独生子女人数估计已超过 5 000 万。这也就是说，目前中国社会中的独生子女人口几乎和整个法国的人口相当，或者说几乎达到加拿大人口的两倍。

数以千万计的独生子女一下子从中国大地上涌现出来，马上引起了学术界和全社会的普遍关注。人们关注的焦点主要集中在政策所造就的这一代特殊儿童能否正常、健康、顺利地发展和成长上。从社会学的角度看，这一焦点所涉及的正是一代独生子女的社会化过程及其后果的问题。

[通过介绍独生子女的人口规模以及学术界和社会的关注，聚焦到本研究的中心问题上。]

早在独生子女生育政策实施之初，就有人提醒：“独生子女有诸多毛病”，也有人担心：“独生子女的素质差”、“独生子女是问题儿童”，还有人预言：独生子女将成为“小皇帝”、“独生子女的发展将不如非独生子女”。国内的许多人口学者在积极肯定独生子女生育政策对中国人口数量控制的巨大作用的同时，也对由此所带来的人口素质“逆淘汰”问题表示出了担心和疑问。（侯东民，1993；周孝正，1991；阎天三，1992；穆光宗，1991）所有这些似乎都在暗示：与独生子女的成长相伴随的将是一条不平常的社会化道路和一种不正常、不充分、不完善、不全面的社会化过程，而独生子女的社会化结果也将是畸形的和令人担忧的。如果情形果真如此，那么，对整整一代独生子女青少年、对数以千万计的独生子女家庭，以及对即将跨入 21 世纪的整个中国社会来说，都将是一个悲剧，都将是一种十分严重的后果。

17 年过去了，最早的一批独生子女已走过了婴儿期、幼儿期、儿童期，进入了少年期和青年初期。他们的社会化发展状况究竟如何？他们所走过的是一条什么样的社会化道路？他们的社会化过程与其他儿童的社会化过程有没有差别？有哪些差别？如果这些差别预示着独生子女成人后的特征，那么，这将会给 21 世纪的中国社会带来什么样的影响？对于即将作为成年人进入中国社会生活的这一代特殊儿童来说，他们的社会化成果究竟是不是畸形的？他们身上是否的确存在不同于普通儿童的人格缺陷?

当我们用一种超出一般心理学和普通教育学的眼光，从人的社会化的角度来重新审视这一代特殊儿童的成长过程和发展状况时，我们可以怎样来回答上述问题?又能够怎样回答十几年前人们所提出的各种疑问、担心和预言?!这正是本研究课题得以形成的基本背景。①

[通过简要列举学者们的提醒、担心和疑问，说明了问题的重要性，并用一连串的疑问句对此进行了强调，最后以自我提问的方式点明了本研究得以形成的基本背景。]

2. 研究的意义以及创新

在研究计划书的开头部分，还需要对研究问题的价值或意义进行说明。这也就是要回答：为什么这些问题应该研究?或者为什么这一问题值得研究?对于这些问题的回答实际上是要向读者表明，开展这一问题的研究在理论方面或者现实方面有着什么样的意义或价值。或者说，研究对于学科知识的贡献是什么?对于某些群体、组织、社区或者国家、社会的贡献是什么?在研究计划书中应该表明，所选择的社会研究题目会对以下问题中的一个或者多个做出贡献：对特定的理论或方法论的发展、对新的资料或信息的收集、对研究方法和技术的发展、对某种问题的新知识、对特定领域的政策制定和实践指导等。研究问题所涉及的主题如果是紧密结合中国社会的现实，特别是当前社会现实的，可以特别强调其应用的、政策的、实践的意义，但同时还要尽可能说明这一实践性较强的研究问题与学科理论之间的关联。研究问题如果是更多地来源于社会学相关理论的分析和思考的，则可以特别强调其理论的、学科的、知识建构方面的意义，当然同时也要尽可能注意到这一问题的探讨对实践和应用方面的价值。下面是《独生子女青少年的社会化过程及其结果》研究计划书中对研究问题的意义的说明：

课题的意义

第一，本课题区别于以往研究的一个重要标志，是它借助了社会学中人的社会化理论来指导具体的经验研究，将对独生子女的经验研究置于一定的理论框架中。因而，它不仅具有很强的经验性、实证性，也具有相当明显的理论色彩。这种做法将促进社会学理论与经验研究的进一步结合。同时，本研究关于独生子女青少年自我意识和角色认同的研究结果，也将会进一步丰富和充实以普通多子女(或非独生子女)为对象所建立起来的人的社会化理论。

第二，本课题样本的规模和性质将允许我们在独生子女与非独生子女之间、青少年与儿童之间、青少年与他们的父母之间、大城市与小城市之间，以及不同地区、不同家庭背景、不同时代、不同社会化因素之间进行多重比较。如此广泛、综合的样本是以前的研究所从未有过的，即使在西方也是如此。因而，本研究的

① 风笑天：《美国福特基金资助中国社会学重点项目申请书》，1996。

结果可以在以下两方面得到广泛的应用：一方面，它可以形成有关中国独生子女社会化特定过程和结果的比较系统的知识，这种知识将对数以亿计（且还在继续增加的）独生子女家长、各级学校的教师和社会各界正确指导独生子女的社会化产生推动作用；另一方面，它可以从一个侧面检验有关家庭规模、子女数目、社区背景等因素与青少年社会化发展间关系的理论，从而对社会学理论知识的进一步积累和发展起到积极的促进作用。

第三，本课题研究在时间上还具有特别的意义：计划正式调查的时间为1997年，即中国1979年实施独生子女政策后的第18年。这正好是中国第一批独生子女普遍进入中学，进入社会化的青春期阶段（12～18岁），也是他们即将完成基本的社会化过程，从而作为正式成员走上中国社会之际。这样的一批独生子女青少年是以前的研究所无法得到的调查对象。他们一方面体现着广大独生子女社会化的最终成果，另一方面又为我们提供了进行直接调查、并将调查结果与成年人的评价进行比较的客观条件。

第四，本课题的研究对象（12～18岁的青少年）具有一个十分重要的特征：他们是我国（城市中）最早一批独生子女与最后一批非独生子女的自然混合体。在这一自然混合体中，独生子女与非独生子女二者的比重相当。这是一个十分关键的特征。它为我们提供了将独生子女青少年与非独生子女青少年进行对比的最有价值的自然总体。若在时间上向前提前几年，那么，这一年龄段人口总体中的独生子女人数将寥寥无几；而如果将时间往后推迟几年，那么，这一年龄段人口总体中的非独生子女人数也将微乎其微。

第五，与上述两点有关，本课题在资料收集方法上第一次突破了以往研究那种完全由成年人进行主观评价的传统做法，直接让研究对象自己填写调查问卷，并用成年人的评价与之对比，从而进一步提高了调查资料的客观性和准确性，提高了研究结果的质量和价值。①

[第一点强调了有理论与无理论的差别，第二点突出了本课题样本的优势，第三点突出了开展研究的时间与研究主题之间的关联性，第四点指出了研究对象的特殊性，第五点说明了资料收集方法上的优点。]

除了说明研究问题所具有的理论意义或者实践意义外，研究计划书中还可以对研究可能的创新之处做一些说明。这种创新之处，有些是自己在选题时就已经思考过，因而已经明确的研究问题本身所具备的独特性、创造性，有些则只是研究者对未来研究结果中可能出现的新发现、新结论的一种预期，因而只能说是“可能的”创新之处。不管是哪种情况，在写作和报告时，我们都应该实事求是，既要明确说明，又不能随意夸大。下面的例子是教育部重大课题攻关项目“中国独生子女问题研究”的研究计划书中对可能的创新之处所进行的说明：

---

① 风笑天：《美国福特基金资助中国社会学重点项目申请书》，1996。

主要创新之处

（1）从研究对象上看，本课题基本涵盖了从学龄前直到成年的各个阶段的独生子女。同时，既涉及独生子女人口主体所在的城市，也涉及农村独生子女；既涉及独生子女自身，也涉及他们的父母和家庭；既考察作为子女的独生子女，也研究作为父母的独生子女。这种研究对象上的大跨度、多类型是以往研究所不具备的。此外，本课题还特别强调和特别关注作为一代人的独生子女和作为群体的独生子女，而不仅仅是作为个体的独生子女。这种对作为群体的独生子女以及作为一代人的独生子女的强调，有利于突破目前独生子女心理学、教育学研究中过分关注独生子女个体现象和微观现象的局限性，也有利于从宏观上探讨独生子女与中国社会之间的关系问题。

（2）从研究内容上看，本课题特别关注独生子女与中国社会之间的相互关系和相互影响：一方面通过观察和分析独生子女生活于其中的中国社会的巨大变迁对一代独生子女成长和发展的结构性影响，特别是超出个体的层面来回答有关独生子女心理特征和教育培养等方面的问题；另一方面，则通过观察和分析作为特定群体、作为一代人的独生子女在其成长和发展的过程中对中国社会的各个方面所形成的影响，来回答有关独生子女家庭、养老、社会保障等方面的问题，来为政府决策部门制定相关的人口政策提供科学的依据。

（3）从研究视角上看，本课题特别强调和重视多学科的理论视角，突出了独生子女经验现象研究的理论性、综合性和多学科性。独生子女问题本身的综合性和复杂性，决定了只有多学科、多角度、大规模的综合研究才能取得突破。而大规模、多学科、多角度的研究是以前大量的个人研究项目“力所不能及”的。尽管首席专家二十年来也从事过若干具体的研究项目，但每次基本上都是选择这一大问题中的某个方面的一个小问题来进行的（比如中学独生子女社会化问题、在职青年独生子女社会适应问题等）。其他研究者以往的研究也同样如此，研究者只能关注某一点，且主要为单一学科视角。而本次研究使我们有可能在前期积累的基础上，集中国内外学者的力量，从多学科视角取得前所未有的重大成果。

（4）从研究方法上看，本课题研究有三点最重要的创新：一是在运用常见的调查研究方法方面，突破现有研究在调查样本分布上的局部性、单点性缺陷，精心设计了科学性较强的全国性样本。二是将自然实验设计的原理应用于课题研究，突破了以往研究仅为调查或实地研究的局限，使得对独生子女现象之间因果关系的探讨更为严格。三是对纵贯研究方法的应用。在课题设计中，充分利用首席专家以往的数据资料库和二次分析方法，突破了以往研究基本上为横剖研究、一次性研究的局限，便于更好地探讨现象发展变化的过程。①

① 风笑天：《教育部重大课题攻关项目申请书》，2006。

三、文献回顾、核心概念与理论框架

1. 相关文献的回顾

文献回顾是研究计划书中十分重要的一部分。这一部分中，我们要总结和报告有关这一问题目前的研究状况，要通过全面查阅、精心挑选、仔细阅读和系统分析，总结出前人围绕这方面问题做了哪些研究，有哪些重要的研究结果。研究生要通过文献回顾向读者表明，自己所研究的问题在该领域的知识体系中的位置是怎样的，或者自己所研究的问题在社会现实背景中的位置如何。特别重要的一点是要总结出现有研究还存在哪些不足，突出地说明自己的研究可以弥补现有文献中的哪方面欠缺。也可以指出自己的研究与现有研究的不同点在哪里。只有清楚明白地向读者说明了上述方面的内容，评审者和老师们才能很好地评判和衡量你的研究问题的重要性和创新性。

在相关文献回顾这方面，的确会像前面学者所指出的情形那样，研究计划书中的文献回顾可能在很大程度上与将来研究者在研究报告，或者在最终形成的论文中的文献回顾几乎完全一样。换句话说，研究者在研究计划书中所撰写的文献回顾，很可能就是将来发表的研究报告或论文中的“文献回顾”一节的初稿，对于博士研究生来说，则很有可能成为将来博士论文中的一章。正因为这一点，读者可以在本书第三章和第十一章中了解到文献回顾的各种写作方法和实际例子。这里不再赘述。

2. 研究的核心概念和理论框架

通常情况下，一项研究中往往会有几个核心的或关键的概念。在研究计划书中，研究者有必要对这些核心概念的含义进行一定的讨论和说明。特别是当有些核心概念的内涵或者外延不太明确时，更需要在研究计划书中对它们的含义进行澄清和界定。下面是《独生子女青少年的社会化过程及其结果》研究计划书中对研究的核心概念进行的讨论和说明：

> 核心概念
>
> 自我意识：人们自我概念的形成、对自我特点的认识及对自我形象的评价等。这是人的基本社会化过程的最重要的结果之一。在本课题中，研究的重点主要放在青少年对自我特点的认识和对自我形象的评价两个方面，并在独生子女与非独生子女之间进行比较。
>
> 角色认同：在社会化过程中，处在青春期的孩子要将各种不同的自我形象变成一种整体性的自我形象，以实现一种个性心理与社会文化的同一性。具体地说，就是要知道自己是什么人，自己的过去怎么样，自己今后的方向是什么，如何为承担成年人的角色做好准备。
>
> 社会化因素：那些使人实现社会化的制度或其他结构环境。更笼统地说，即影响个体社会化过程的全部社会环境。这些环境包括家庭、学校、同辈群体、社区、阶级、工作单位、大众传播媒介和社会文化等。在本研究中，主要讨论与特

定研究对象的社会化发展有着密切关联的家庭、学校、同辈群体、社区以及大众传播媒介。

独生子女青少年：年龄在12～18岁之间且无亲生兄弟姐妹的人口。根据国家计划生育委员会统计，我国独生子女人口总体中，城市独生子女约占80%，农村独生子女占20%；城市中独生子女领证率高达90%以上，而农村却不到10%。(《中国计划生育统计年鉴1995》) 因此，本研究主要以城市独生子女为对象。若无特别说明，文中"独生子女青少年"均指城市独生子女青少年。同时，由于我国城市青少年中，12～18岁正好是初中生（12～15岁）和高中生（16～18岁）的年龄，因此，本研究中将研究对象进一步确定为城市初中生和高中生中的独生子女。最后，"无亲生兄弟姐妹"指的是其父母终身只生育了一胎。

非独生子女青少年：年龄在12～18岁之间且至少有一个亲生兄弟姐妹的人口。"至少有一个亲生兄弟姐妹"这一限定，指父母至少生育并成活两胎，而无论目前有几个孩子与父母生活在一起。除兄弟姐妹数目以外，本概念在其他内涵上均与上一概念相同。这样做的目的，是为独生子女青少年提供一个进行自然比较的参照总体。①

除了核心概念外，研究者还应该对研究所采取的理论视角或理论框架进行一定的说明。即要表明你的研究是在一种什么样的理论框架中进行探讨的。或者说，你是从哪种理论视角出发来切入所研究的现象和问题的。这样一种理论框架或视角往往可以提高经验研究的认识层次。下面是"独生子女青少年的社会化过程及其结果"研究课题申请书中所陈述的理论框架部分：

理论框架

各种社会化因素和独生子女青少年社会化的结果，是本课题基本因果关系的两端。由于影响人的社会化发展的外部因素很多，而一项具体的研究很难包揽无遗，因此，本课题根据研究的总体目标，从各种社会化因素中综合出"家庭背景因素"和"社会经济背景因素"两项影响独生子女青少年社会化发展的主要因素，将其作为自变量进行研究。而对于本课题中的因变量——独生子女青少年社会化发展的结果，则选择从"自我意识"和"角色认同"两个侧面进行探讨。这种考虑主要来自于美国著名心理学家E. H. 埃里克森（E. H. Erikson）的有关理论的启发。

在有关人的社会化发展过程的理论中，美国著名心理学家E. H. 埃里克森创立的关于人的一生有8个阶段的理论尤为引人注目。根据他的理论，人的社会化发展的每一个阶段中，都包含着一个由各种心理变化而引起的危机和一个不断变化的社会环境。而在青春期（12～18岁）这一阶段中，主要矛盾和危机开始转到认同与角色混乱的矛盾上。认同的建立可以使人对自己的历史、现状和未来状况

① 风笑天：《美国福特基金资助中国社会学重点课题申请书》，1996。

具有一种连续感。如果不能将个人的各种不同的社会角色统一在一个明确的认同之中，就会导致角色混乱。(E. H. 埃里克森，1963)①

如果是解释性研究，研究者还需要在研究计划书中考虑并陈述一些与假设相关的问题。比如，你对所研究问题的假设性解释是什么？你的假设性解释有什么理论的或经验的基础和意义？你的研究问题、研究假设与理论之间的关联是什么？等等。而这种假设的提出，既可能与社会现实有关，也可能与理论框架有关。

从统计学中我们可以知道，假设的陈述形式有两种：零假设和备择假设。零假设通常是假定所研究的变量之间不存在任何差别，或者说变量之间不存在任何关系。比如，“经常上网的青少年与很少上网的青少年在人际交往能力方面不存在显著差别”，或者“上网的频繁程度与青少年的人际交往能力之间不存在关系”。而备择假设则通常是对所假设的变量关系给出某种预设的结果。当然，这种预设的结果不是凭空产生的，而是要依据现有的理论演绎得到，或者依据现实中的现象归纳得到。备择假设根据其预设结果，又可以分为两种类型：一种是非定向假设，它可以说是零假设的“直接否定式”。比如，对于上面的零假设而言，备择假设就是“经常上网的青少年与很少上网的青少年在人际交往能力方面存在显著差别”，或者“上网的频繁程度与青少年的人际交往能力之间存在着明显的相关关系”。另一种是定向假设，它通常要指出变量间关系的方向。比如“经常上网的青少年比很少上网的青少年具有更强的人际交往能力”，或者“与很少上网的青少年相比，经常上网的青少年的人际交往能力更强”。

在设计研究假设时有一点应注意：一般情况下，假设中的自变量应该是与因变量相关联的某种行为变量或态度变量，而不应是人口学变量（也称为个人背景变量，比如性别、年龄、文化程度、婚姻状况等）。人口学变量不应作为假设中的自变量来使用，而通常是作为中介变量或控制变量来使用。

四、研究的主要内容

在研究计划书中，研究者要将自己的主要研究内容进行初步的组织和列举，即要向读者展示你的研究将会涉及或探讨哪些方面的内容。需要提醒研究者注意的是，你所列举的各个方面的内容都应该是围绕着回答研究的核心问题，即每一个方面的内容都要和研究的核心问题紧密相关，特别是要具有某种逻辑的联系。一般来说，研究的核心问题往往相对概括和抽象，而研究内容则应该是对这种相对概括和相对抽象的核心问题的一种具体化。也可以说，研究内容是从研究的核心问题出发，通过将核心问题进行“分解”，而得到的几个不同的方面，这些不同的方面就构成了研究的主体内容。当然，还应该提醒的是，由于社会研究在实际实施和进行的过程中可能会有所调整和改变，所以，研究计划书中的研究内容，通常也只是研究者在研究设计阶段所考虑的结果。或者说，是研究者根据研究问题和研究目标，“打算”进行研究的方面。下

① 风笑天：《美国福特基金资助中国社会学重点课题申请书》，1996。

面是上述课题申请书中对研究内容的陈述：

研究的内容

不管社会对一代独生子女发展状况的评价是积极的还是消极的，也不管每一位独生子女父母、每一个独生子女家庭对孩子报有怎样的期望，中国第一代独生子女已经客观地在中国社会中长成，在人们的关注、期盼、担心和争论中长成。这些已经完成幼儿期、儿童期的社会化过程，并即将完成少年期和青年初期社会化过程的独生子女们，其各个社会化阶段的目标是否已经达到，其基本社会化的最终结果是否符合我们这个社会、这个时代的要求，现在该是揭开谜底的时候了。

本研究课题所要探讨的中心问题是：独生子女作为一代与传统多子女（或非独生子女）所不同的特定人口群体，他们的社会化过程具有哪些不同于一般多子女社会化过程的特点？随着社会化客体的改变——由普通多子女变为特殊的独生子女，那些以普通多子女为对象建立起来的社会化理论、规律和命题，是否同样适合于独生子女？是否会因此而表现出某些新的特征或变化？不同的社会化因素在独生子女社会化过程中的作用和影响有无改变？对于已经成长起来的中国第一代独生子女来说，他们的社会化成果究竟是优是劣？这种结果对 21 世纪的中国社会可能会带来什么样的影响？

为了达到上述目标，本研究课题将依据社会学中有关人的社会化的理论，紧密结合中国的具体国情，围绕全社会普遍关注的独生子女成长与发展状况问题，着重研究以下几个方面的内容：

(1) 对独生子女青少年的社会化过程、特点、问题、趋势进行比较全面的调查和描述，并将其与非独生子女青少年的社会化状况进行比较。

(2) 分别从家庭、学校、同辈群体、社区、大众传播媒介等方面，探讨不同的社会化因素在独生子女社会化过程中的作用和影响。

(3) 对独生子女青少年在生活技能的掌握、社会规范的学习、生活目标的确立、社会角色的认同等方面的发展状况，进行系统、客观的测量和评价。特别着重从独生子女青少年的自我意识和角色认同两个层面展开深入的研究。

(4) 在此基础上，对一代独生子女人口社会化的总体质量及其对未来中国社会生活的可能影响进行判断和预测。①

另一项关于“第一代独生子女的社会适应问题”的研究计划书中，作者对研究内容是这样表述的：

主要内容

本研究课题所要探讨的中心问题是：青年独生子女作为一代与传统多子女不

---

① 风笑天：《美国福特基金资助中国社会学重点课题申请书》，1996。

同的特定人口群体，在他们完成基本社会化，并开始进入社会生活时，对现实社会的适应状况如何？或者说，他们能否很好地作为一名社会成员顺利地进入和参与到现实社会生活中去？在他们作为中国社会的新成员进入社会生活的过程中，表现出哪些特征？存在哪些问题？他们在社会适应过程中具有哪些不同于一般多子女的特点？

围绕上述目标，本研究将依据社会学中有关人的社会化理论、社会适应理论以及生命历程（life course）的理论，通过系统地收集定量和定性的资料来展开研究，并着重探讨以下几个方面的内容：

（1）青年独生子女的社会适应过程、特点、问题及趋势。本研究将首先通过对“社会适应”的概念进行操作化，使其能在经验层次上进行定量的测量。通过大规模问卷调查，本研究将系统、全面地了解和描述中国第一代青年独生子女的社会适应状况，并将其与青年期非独生子女的社会适应状况进行比较，力图发现某些规律性的东西。

（2）青年独生子女的成就动机与高等教育期望。作为史无前例的一代人，这一批青年独生子女的身上寄托着父母、家庭乃至于整个社会的太多期望。在中国这样一个有着浓厚“望子成龙”传统文化的社会中，子女的教育是千百万父母关注的重中之重。目前，第一批青年独生子女已进入高等教育的年龄，他们中接受高等教育的比例如何？那些没能进入高等院校的青年独生子女及其家庭是如何面对这一现实的？他们的成就动机如何？他们在职业生涯中是否已经开始了继续教育和终身学习的长征？本研究试图对这些问题进行探索并给出回答。

（3）青年独生子女的职业选择与职业适应。青年人走出校门的第一件任务是在社会的职业市场上找到自己的位置。对于中国的一代青年独生子女来说，他们对职业的认识如何？他们选择职业的价值标准有什么特点？在现存的各种社会职业中，作为劳动者和生产者的青年独生子女，能否从职业技能、职业规范、职业意识、职业群体等方面适应社会的要求？他们在找寻自己的事业、立足于自己的事业的过程中，又具有什么样的表现？探索并回答这些问题，是本课题研究的另一个重要目标。

（4）青年独生子女的人际交往与社会参与。从一个依附、依赖于家庭的个体，到一个独立的社会成员，青年独生子女适应社会生活的关键一环是进行人际交往和社会参与的实践。这些被人们认为是缺乏自立能力、缺乏社会责任感、处处自我中心、不擅与人交往的特殊儿童，当他们长大成人、进入现实社会生活时，是不是处处撞墙碰壁、事事束手无策？是不是只关心自己，不关心国家、集体和他人？本课题研究的结果将对此给出回答。

（5）青年独生子女的成人意识与角色认知。18 岁，青年就已是合法的公民。对于第一代青年独生子女来说，18 岁对他们意味着什么？在那些已经作为社会成员参与到社会生活中的青年独生子女的头脑中和观念中，成人具有什么样的含义？

他们对自身角色的认知状况如何？多年家庭中备受呵护的生活经历是否使这一代青年独生子女的成熟期推迟？他们是不是的确难以担起家庭、社会的各种责任？本课题的研究将深入探讨这一问题。

（6）青年独生子女的择偶观念与家庭建立。“成家立业”是青年社会化过程的两个重要内容。对于离开父母家庭、开始寻求配偶、准备建立自己的小家的青年独生子女来说，角色学习、对象选择、婚姻建立、婚姻调适，是同样重要的一系列任务。在这方面，他们是否会受到从小生长的小家庭的深刻影响？在中国社会结构转型、观念开放的大背景下，他们的婚姻家庭之路又呈现出什么样的轨迹？这些同样是本课题关注的。

在对上述几方面内容进行深入研究的基础上，课题将对青年独生子女社会适应的总体质量及其对未来中国社会生活的可能影响进行分析和预测，并在探讨青年独生子女社会适应过程所面临的各种挑战的同时，提出相应的对策建议。①

五、研究设计

研究设计是研究计划书中的另一个重要部分，它既涉及研究的可行性问题，同时也涉及研究的操作性问题。研究计划书中的研究设计主要包括两个部分的内容，即研究思路和研究方法。

1. 研究思路

在研究设计部分中，你可以从研究的视角、思路、框架开始介绍。这方面的内容相对宏观、相对抽象，也相对笼统。其目的主要是表明，你将采取什么样的策略、或者通过什么样的路经，来寻找回答研究问题的答案。下面是《第一代独生子女社会适应问题》课题申请书中关于研究思路的表述：

研究思路

本课题拟从理论和实践两个层面展开研究：

理论上，以探讨“处在生活重要转折期的青年独生子女社会适应过程的特殊性”、“家庭环境、社会文化等因素对青年独生子女社会适应过程的特定影响”、“成家立业等生活事件在青年独生子女与同龄的非独生子女身上所具有的不同意义”等问题为主要目标，并着重从社会化理论、社会适应理论、生命历程理论三种不同维度进行分析。

实践上，以全面了解青年独生子女社会适应的现状，特别是他们职业适应、社会参与、人际交往等方面的现状为主要目标，通过与青年非独生子女的比较，着重分析他们在社会适应过程中所存在的问题及其主要原因，为改善他们的社会

① 风笑天：《国家社会科学基金项目课题申请书》，2003。

适应状况提供实际指导和具体建议。①

2. 研究方法

研究计划书中需要更为具体和明确进行介绍的内容则是研究的方法和技术部分。在这一部分中，通常要说明你打算采取的研究方式，即要说明：你准备采用何种研究方式去进行研究？你想用什么方法和资料来回答你的研究问题，来证明或证伪某种解释？其内容主要包括对研究对象的选取方法、概念或变量的测量方式、资料的收集和分析方法等方面的介绍和说明。

首先是研究对象的选取方法。在研究计划书中，你要介绍自己的研究对象是什么，即研究所要描述和分析的对象是什么（即是要说明研究的分析单位是什么），还要介绍你将如何来确定和选择研究对象。在定性研究方式中，这种介绍的重点将集中在对象的选择理由、对象的基本状况等方面。而在定量研究中，则需要对研究对象的总体进行界定，并对抽样的设计（即具体的抽样方式和方法、样本的规模等）进行介绍。

其次是概念或变量的测量方式。在研究计划书的方法部分中，要说明研究的核心概念是什么。对于定量研究来说，研究者还需要进一步说明研究的概念将如何进行操作化，准备用什么测量方法或手段来对这些概念进行测量。这种讨论和说明要具体到测量指标上。比如，对于前面研究计划书中的两个概念“自我意识”、“角色认同”，就需要进行类似如下的操作化和变量测量的说明：

> “自我意识”的测量：在本研究中，我们将“自我意识”操作化为调查对象对自身特点、性格特征的认识，对自己在父母、老师、同伴等“他人”眼中印象的认识，对自己行为表现、智力发展、社会交往、社会适应能力等方面的长处和不足的主观评价等。
>
> “角色认同”的测量：在本研究中，我们对“角色认同”这一概念将分别从目前角色与未来角色、现实角色与理想角色、未成年人角色与成年人角色等不同维度来进行测量。②

最后是资料的收集和分析方法。无论是采用调查研究的方式，还是采用实地研究、文献研究的方式，都要具体地对资料收集方法和资料分析方法进行介绍。比如研究资料的来源是什么？资料的可得性如何？如果是采用调查研究的方式，那么资料收集过程是采用入户调查的方式还是电话访问调查的方式？如果是采用实地研究的方式，那么，资料收集方法主要是无结构访谈还是参与观察？如果是采用文献研究的方式，那么，是采用内容分析的方法还是采用二手数据分析的方法？所有这些都应该在研究计划书中进行说明。下面是这种说明的一个例子：

> 本研究主要采用问卷调查法、辅之以二手资料分析法、个案访谈法以及焦点小组讨论法进行。问卷调查法主要用来收集大规模的定量资料，以描述和概括青

---

① 风笑天：《国家社会科学基金项目课题申请书》，2003。

② 风笑天：《美国福特基金资助中国社会学重点项目课题申请书》，1996。

年独生子女及其参照群体社会适应的整体状况；二手资料分析法主要利用申请者过去的调查数据，从中提取对本次研究有用的信息，并为分析动态现象提供帮助；个案访谈法主要用来深入了解青年独生子女社会适应各个方面的详细情况，特别是他们的动机、感受和认识；焦点小组讨论法则主要用来进行青年独生子女与非独生子女的比较分析。四种方法相互补充，所得结果相互印证。[①]

尽管一般来说研究计划书中对资料分析方法的介绍往往相对简单，但还是应该有所说明。特别应当予以说明的包括：是采用统计分析还是采用定性分析？定量分析中主要是描述分析还是相关分析？用到的分析方法主要是初级统计还是多元统计？等等。

下面，我们用上述“独生子女青少年的社会化过程及其结果”项目申请书中的方法部分作为例子，来对研究计划书中方法部分的撰写进行一个总的说明：

1. 调查地点选择

中国大陆地区共有30个省、自治区、直辖市[②]。它们分别属于地理区位上的六个大区，即：

东北区：黑龙江、吉林、辽宁（3）

西北区：陕西、甘肃、宁夏、青海、新疆（5）

华北区：内蒙古、河北、山西、北京、天津（5）

华东区：山东、安徽、江西、江苏、浙江、福建、上海（7）

中南区：河南、湖南、湖北、广东、广西、海南（6）

西南区：四川、云南、贵州、西藏（4）

为了兼顾到大区的分布，以及每一大区中所含省（自治区、直辖市）的数目，同时考虑到每个省中社会学研究机构的因素，最后确定选取东北区的黑龙江；西北区的甘肃；华北区的北京、天津、河北；华东区的江苏、上海；中南区的湖北、广西；西南区的四川为调查省（自治区、直辖市）。在每一选中的省、区中，再选取省会城市（大城市）和在该城市附近的一个中小城市。这样，共选取全国13个城市作为调查城市。它们是：

直辖市3个（超大城市）——北京、天津、上海

省会城市5个（大城市）——武汉、成都、兰州、南宁、哈尔滨

中小城市5个（具体城市待定）

2. 调查对象选择

一项具体研究所选择的抽样特征和所采取的抽样方法，主要由研究者所试图

① 风笑天：《国家社会科学基金项目申请书》，2003。

② 统计截止日期在重庆设立为直辖市之前。

回答的问题的性质、他所采取的分析框架，以及他所拥有的人力、财力和时间来决定。为了在现有条件下使样本的代表性、调查资料的普遍性，以及调查方式同研究目的和内容的合适性都达到最大值，本课题将采用下述方法抽取样本。

本课题的调查对象由三部分人组成：A. 中学生；B. 中学生家长；C. 小学生家长。样本采用多阶段随机抽样的方法进行抽取。具体抽样程序及调查总样本的构成和分配如下：

A. 中学生样本

首先，在每个作为调查点的城市中，依据教育部门提供的学校类型（好、中、差）的名单，从中按简单随机抽样的方法各抽取一所中学、一所小学。即共抽取3所中学、3所小学（大城市中可先随机抽取一个城区）。

然后，在抽中的3所中学里，按不放回抽样的方式，从初一至高三的六个年级中，依次从每一所中学随机抽取初中和高中各一个年级；这样每个城市所抽的六个年级正好包括从初一到高三的各个年级，且一个学校有两个年级。

接着，在每个抽中的年级中，按简单随机抽样方式抽取一个班级。

最后，从每个抽中的班级中按随机数表的数字抽出20名学生。

这样，全部中学生样本的构成情况就如下面所示：

20名学生×2个班（年级）×3所学校×15个城市=1 800名学生

B. 中学生家长样本

中学生家长样本与中学生样本一一对应，即所抽中的每个中学生的家长就构成中学生家长的样本。抽取中学生家长样本的目的，是便于与青少年的自我评价和自我意识进行比较，同时也提供一个成人角色和成人世界的参照物。

因此，中学生家长的样本构成如下：

20名家长×2个班（年级）×3所学校×15个城市=1 800名家长

C. 小学生家长样本

由于小学生无法进行自填式问卷调查，故本研究中仅对小学生家长进行调查，目的是与中学生的社会化情况进行比较。其抽样方法与中学的情形完全一样。因为小学正好为六个年级，故只需将前面中学生抽样步骤中的初中与高中分别代之以小学低年级（1～3年级）和高年级（4～6年级）即可。

因此，小学生家长的样本构成与中学生家长的样本构成相同：

20名家长×2个班（年级）×3所学校×15个城市=1 800名家长

3. 资料收集方法

本课题的资料主要来自下述几个方面：

现有的文献资料。包括国内外最新的独生子女文献、国家的统计资料等。收集方法主要通过计算机检索，以及到有关部门复印、购买。

《中学生调查问卷》资料。样本规模为 1 800 人。收集方法为：课题成员分别在 15 个城市依据预先设计的抽样方案挑选被调查者，采取集中讲解、当场填答、当场回收的方式进行，以保证填答的质量和回收率。

《中学生家长调查问卷》资料。样本规模为 1 800 人。收集方法为：将该问卷连同写好回邮地址、贴好邮票的信封逐一分发给《中学生问卷调查》样本中的每一个中学生，请他们带回家，交给其家长（父亲或者母亲）填写，然后由家长直接将问卷寄回。这一做法可以避免父母与子女之间存在的某些顾虑和影响，保证问卷资料的客观性和真实性。

《小学生家长调查问卷》资料。样本规模为 1 800 人。收集方法为：先按抽样方案在各城市中抽取小学生样本，再让小学生将问卷带回家，交给其家长（父亲或者母亲）填写，然后仍由小学生带回学校，交给老师。老师收齐后交给调查员。

个案访问资料。每个调查城市都在中学生、中学生家长、小学生家长、中小学教师等人员中，选取一部分个案进行深入访问，个案数目在 300 个左右（每个城市 20 人左右）。

4. 资料分析方法

课题将根据研究方案和设计，对三种调查问卷所收集的资料进行多元统计分析。比如，对前面的因果模型做多变量回归分析。当被解释的变量为二分变量时，进行逻辑回归分析；当被解释变量为定距尺度的变量时，则采用 OLS 回归分析方法。在分析中，注意对独生子女青少年与非独生子女青少年、独生子女青少年与独生子女儿童、独生子女青少年与他们的家长，以及对不同城市、不同家庭背景的对象进行比较。除了利用计算机进行定量分析以外，还要对个案访问的资料进行深入的定性分析，以相互印证、相互补充。①

六、研究的具体计划

研究计划书中还要包括与开展研究有关的时间进度、工作方案、任务安排等方面的具体计划内容（大型课题的申请书中甚至还包括人员组织、经费使用的计划等）。比如，研究的日程安排和工作计划如何？研究过程分为哪几个阶段？每个阶段的起止时间如何？每个阶段的研究工作任务是什么？等等。这种具体计划一方面便于研究计划书的评审者检查研究的可行性，另一方面对研究者自己也起着一种提醒和督促作用。下面是这种具体计划的一个例子：

研究工作方案和进度计划：

---

① 风笑天：《美国福特基金资助中国社会学重点项目申请书》，1996。

（1）研究准备阶段，2002 年 12 月—2003 年 5 月。主要工作任务为：课题理论框架的建立、文献资料的收集、调查方案的制订、调查问卷的设计、抽样方案的确定。

（2）实地调查阶段，2003 年 6 月—2004 年 3 月。主要工作任务为：调查资料的收集，包括试调查、问卷调查、个案访谈、焦点小组访谈等。

（3）资料整理阶段，2004 年 4 月—2004 年 7 月。主要工作任务为：问卷调查资料的审核、编码、录入，个案访谈资料、焦点小组讨论资料的整理和打印等。

（4）资料分析阶段，2004 年 8 月—2004 年 12 月。主要工作任务为：对问卷调查数据资料以及二手数据资料进行统计分析，对个案访谈资料以及焦点小组讨论资料进行定性分析，并分工撰写研究报告和专题论文。

（5）研究总结阶段，2005 年 1 月—12 月。主要工作任务为：对整个研究工作进行总结，在各专题研究的基础上，集体撰写本课题研究的最终成果（专著），并进行课题结项。①

教学建议与练习题

1. 每位学生按照本章介绍的结构，围绕自己在第二章选择的研究问题，撰写一份研究计划书。

2. 组织学生报告和交流各自的研究计划书，老师给予集中点评。

3. 学生将撰写的研究计划书交给自己的导师，与导师进行交流。如果可能，进一步完善研究计划书，并作为自己学位论文的开题报告。

推荐阅读

1. [美] 劳伦斯 · F · 洛柯等．如何撰写研究计划书．重庆：重庆大学出版社，2009.

2. [美] 约翰 · W · 克雷斯威尔．研究设计与写作指导：定性、定量与混合研究的路径．重庆：重庆大学出版社，2007.

① 风笑天：《国家社会科学基金项目申请书》，2003。

第九章　论文写作（上）：标题、摘要、导言

作为研究过程中的最后一个阶段，研究论文的写作对于研究结果的总结、表达、交流和传播，或者从更高的意义上说，对于知识的积累，具有十分重要的作用。无论是撰写发表在学术期刊上的论文，还是撰写研究生的学位论文，都需要我们对论文的一般结构以及写作要求有一定的了解。在本章中，我们在对与论文写作相关的内容进行简单概述的基础上，按照论文的一般结构顺序，介绍论文前面部分的内容——论文标题、摘要、关键词和导言的写作要求。论文其他部分的内容将放到下面两章中进行介绍。

一、论文写作概述

1. 定量论文与定性论文的区别

由于定量研究与定性研究是两种在方法论上有着本质区别的研究范式，因此，它们之间不仅在研究视角、研究方式、研究方法、研究工具上互不相同，在研究设计、研究资料以及研究结果表达方面也相差很大。在介绍论文写作相关内容之前，有必要对这两种研究方式在结果表达、论文写作方面的差别进行一些说明。

首先，从论文的一般结构和表达形式来看，二者之间有很大不同。定量研究的论文往往在格式上十分固定，形式上也基本上是从导言、文献回顾、研究设计，到结果分析、结论和讨论。各个部分一般都不能缺少。不同研究者发表的论文在表达形式上也基本上没有什么差别，所以介绍起来相对比较容易。而与此大为不同的是，定性研究的论文一方面在格式上相对灵活，各个部分的内容在具体论文中是有是无变化较大，另一方面不同研究者写作论文的方式和风格也千差万别，导致论文的表达形式多种多样，所以介绍起来相对比较困难。

其次，从论文的写作过程来看，二者之间同样存在差别。定量论文的写作过程可以简单地概括成“先有结果，后有写作”，即得出结果与论文写作之间有明显的前后顺序关系。一般都是研究者先做研究，收集资料，再分析资料，等数据分析结果都得出来了，各种统计表都在那里了，研究者再去把这些结果汇总起来，整理起来，组织起来，再动手写作，形成研究论文。因此，在一定意义上说，统计分析的结果不出来，研究者就无法动笔。但是定性研究的情形就大不相同了。得出研究结果与论文写作之

间不存在明显的前后顺序，更多的时候是同时进行的，二者是融合在一起的。用一句简单的话来概括就是，定性研究的论文写作过程是“一边分析，一边得出结果，一边写作”。或者说，定性研究的论文写作与定性研究的研究过程、与资料的分析过程是融为一体的。在某种意义上，我们甚至可以说，定性研究的结果是在写论文的过程中“写”出来的。不到论文写完，是得不到最终结果的。

正是由于这两方面的原因，特别是第一个原因，本书在介绍论文写作方面可能更多地偏向了定量研究（尽管笔者在指导思想上并非如此，但从内容安排上看似乎是这样）。这一点是应该提醒读者注意的。

2. 期刊论文与学位论文的区别

根据读者对象的不同，论文又可以分为学术期刊发表的论文和研究生学位论文两大类。前者作为公开发表的学术成果，以学术界中的专业读者为对象；后者则作为非公开发表的学术成果，主要以高等院校中的学位论文评审和答辩老师为读者对象。由于在学术期刊上所发表的论文与研究生学位论文在上述性质上的不同，再加上二者在篇幅上也相差较大，因而二者在结构上也略有不同。这些不同又会影响到二者的写作要求。一般来说，发表在学术期刊上的论文的篇幅大部分都在 5 000～15 000 字的范围内；而硕士研究生学位论文的篇幅则通常要求在 30 000 字左右（博士生学位论文的篇幅则往往会达到 100 000 字以上）。因此，相对来说，研究生学位论文的容量就更大一些，论文中所能够探讨的内容也会更多一些，探讨的详细程度也可能会更高一些。

在结构上，两类论文之间也有一定差别。学术期刊上的论文一般由题目、摘要、关键词、正文、注释、参考文献等部分组成。而研究生学位论文则一般由题目、中英文摘要、关键词、目录、正文、注释、参考文献、附录以及致谢（或后记）等部分构成。后者在结构上比前者多了目录、附录、致谢等部分的内容。

此外，即使是在一些与期刊论文相同的部分中，研究生学位论文在写作要求上也有所不同。比如中英文摘要部分，尽管在研究生的学位论文中，中英文摘要所包含内容与期刊论文摘要的内容没有什么不同——它们都包含对问题、对象、方法、结果、结论、主要发现等方面的介绍；但是，期刊论文中的摘要，其篇幅往往只在 150～300 字之间，而研究生学位论文中的摘要，篇幅则往往在 800～2 000 字之间。因此，研究生学位论文中的摘要在上述每一方面的内容都相对更加详细。相比之下，期刊论文的摘要由于篇幅所限，不仅在对上述内容的介绍方面显得更为简洁，有时甚至还会精简掉其中某些相对不重要的内容。

3. 论文写作程序的建议

一般来说，一项研究的焦点、中心、主题等，是在研究之初就已经决定了的。因此，到了写作阶段，研究者所关注的主要就是如何将研究的结果、材料、结论等恰当地表达出来。对于研究生和缺乏经验的研究者来说，在这个阶段常常出现那种面对研究所收集到的一堆材料却不知如何下手的情况。实际上，写论文就像“讲故事”一样，要有起源、有背景，有经过、有发展，有原因、有结果。“故事”要引人入胜，要别人能听得懂，还要让别人相信。因此，论文写作中既要有背景、有材料，又要有合理的语言表达，同时这种表达还必须是有逻辑的。

从程序上看，一篇论文的写作过程往往包括脑中构思、准备大纲、选择材料、撰写草稿、修改定稿几个大的步骤或环节。

脑中构思。在正式写作论文之前，研究者应该在头脑中对论文的整体结构进行构思，同时梳理清楚各部分前后之间的逻辑顺序。这一点对于定量研究来说，相对容易一些。因为定量研究有比较固定的表达格式。比如，论文一般都是从问题背景是什么、理论前提是什么及核心问题的表述开始，到文献回顾、提出假设、研究方法、结果与分析、总结与讨论等，基本上已经形成一种范式。而对于定性研究来说，由于其在论文表达方式上没有固定的格式，因此研究者构思起来就相对复杂和困难一些。就像构思一个故事一样，开头讲什么、中间讲什么、结尾讲什么，事先都要加以考虑。既要便于读者听故事，又要便于研究者突出表达研究的主要结论和发现。

准备大纲。通常，在正式动手写作论文之前，我们还需要将头脑中的各种构思写下来，形成论文的大纲。这种大纲在论文写作中的作用就像是先搭起一个论文的“骨架”。它非常便于研究者写作前对论文结构、顺序等进行思考和反复推敲。特别是对于研究生的学位论文写作来说，列出大纲往往会有较大的帮助作用。当然，在准备大纲的过程中，也可能会不时地改变原来头脑中已有的构思。

选择材料。列出了论文大纲后，紧接着的一个任务就是要为大纲中的每一个部分选择和准备相应的材料。特别是为“结果与分析”部分以及“讨论”部分准备材料。无论是定量研究还是定性研究，研究者在研究中实际收集到的资料往往总是远多于最终用于论文中的资料。而与此同时，一篇论文所能够容纳和表达的资料也总是有限的。因此，选择和准备最需要的同时也是最能说明问题的资料，是研究者在实际动手写作之前需要完成的另一件事。对于定量研究的论文来说，这涉及统计分析方法以及相关变量的选择，甚至涉及实际得出的统计结果是什么。换句话说，有的时候必须要等到统计分析结果出来，我们才能动手写作。对于定性研究者来说，这种资料的准备则主要涉及资料的整理，特别是编码、分类等大量前期工作的完成。

撰写草稿。当上述几个步骤完成以后，就可以开始撰写论文初稿了。说到写作，每个人都有自己的习惯，一般没有什么统一的方式和方法。这里只是根据笔者自己的经验和体会，特别是在指导研究生过程中所了解到的学生的写作经历和常见情况，提出两点小的建议，供读者参考。一是在撰写初稿时不要长时间地停留在一个具体的小问题上，要尽量先将大的内容写出来，小的问题留到后面再去修改、补充和完善。特别是当自己思想十分活跃，在论文大纲的引导下“文思泉涌”的时候，一定不要停下来，应先大致地、哪怕是草草地按大纲的结构和论文的逻辑把自己的观点、想法、材料、结果组织起来，形成论文的雏形，然后再进行修改。二是在撰写初稿过程中要正确对待原有的大纲。尽管大纲是我们在写作前反复认真思考的结果，但它毕竟还不是我们最终的认识和研究结果。我们在撰写过程中，不能死死地抱住原有的大纲不放，而要有一定的灵活性，即要根据写作中新的思考和新的发现来进行相应的改变。这种情况在定性研究的论文写作中更为常见，也更为重要。正如前面所指出的，定性研究论文的写作不仅仅是一种报告的方式，更是一种学习、认识、分析的方式。在这种方式中，边写边改变原来的方向、边写边发现新的结果，似乎是一种常见的现象了。

修改定稿。论文初稿形成后，除了要从头到尾、逐字逐句地进行认真的推敲外，还要对论文的整体逻辑、材料与观点之间的配合、资料的表达方式、论文所用语言等方面进行认真思考和修订。笔者的一个经验是，可以对论文进行多次的“无声朗读”，有可能的话，也可以进行出声朗读。在这样做的过程中，你就会发现在你的论文中哪些地方的衔接有问题，哪些材料的论证还不太合理，哪些结论的讨论还不够充分，哪些用词还不够贴切等。此外，如果有机会，在一定的场合进行报告，也是促进研究者更好表达研究结果的一种有效方式。

二、标题、摘要与关键词

1. 论文标题

论文的标题是一篇论文中最先进入读者眼帘的文字，也是每位作者在撰写论文时应该十分关注的一个方面。学术论文常见的标题形式有哪些？特别是，应该怎样给自己的论文写一个合适的标题呢？

学术刊物中发表的论文在标题的形式上可谓多种多样。但归纳起来我们大体上可以将它们分成“单一标题式”与“双标题式”两大类。

“单一标题式”即以一句话来陈述标题，且这种标题往往采取直接陈述的方式表达。具体地说，就是直接将一项研究的主题、核心概念、内容或对象作为标题的主要内容，在一句陈述中体现出来。比如：

“当前大学生就业困难的现状及其原因分析”

“社会资本与农民工求职问题的调查研究”

“青年择偶标准的变迁及相关因素研究”

这种直接陈述形式的单一标题的主要优点是直截了当、简单明确。读者一看标题，就知道论文研究的主要领域、对象、主题或内容。如果说有所不足，就是比较千篇一律，不太能够吸引人的注意。

“双标题式”即由主标题和副标题组成，主标题与副标题之间常常用冒号或者破折号连接。在内容上，主标题往往用来表明研究的主题、焦点、核心概念或结论；而副标题则往往用来表明研究的对象、内容和方法等。在形式上，主标题往往采取概念式、命题式、结论式、疑问式等几种形式，而副标题则基本上都是采用直接陈述式。比如：

“家安何处：当代城市青年的居住理想与居住现实”

“工作的意义：两代人的认同与变迁”

“落地生根？三峡农村移民的社会适应”

“变迁中的女性形象——对《中国妇女》杂志的内容分析”

当然，也有另一种情况，即主标题仅表明论文或研究的主题，副标题则作进一步的概括、补充或说明。这种形式的标题在文献综述性质的论文中也比较常见。比如：

“城市居民家庭生活质量：指标及其结构”

“中国独生子女研究：回顾与前瞻”

“青少年社会化：理论探讨与经验研究”

一个好的论文标题应该具有什么样的特点？笔者认为，好的标题首先应该能很好地概括和反映论文的主题和内容，同时，标题还应该尽可能简短、生动、明确和醒目。相反地，如果不能很好地概括和反映论文的主题和内容，或者语句啰唆、冗长、重点不突出，就往往不会是一个好的标题。

在笔者实际见到的研究生学位论文中，经常可以看到类似于“关于某某问题的社会学研究”、“关于某某现象的社会学分析”这样的标题。比如，“当前农村留守儿童问题的社会学研究”、“城市家庭养老问题的社会学分析”等。这样的题目实际上是不太符合要求的。标题中的“社会学研究”和“社会学分析”并不能体现你的研究所具有的社会学意义。它甚至都不能告诉读者，你的论文所研究的究竟是什么。标题中仅仅告诉读者你的研究对象或者研究的主题是什么，这还不够，最好还能够突出研究的关键变量和主要的变量关系。比如，如果将上述标题修改为：“留守年龄对留守儿童角色认知的影响研究”、“城市家庭结构与家庭养老方式的关系研究”这样的形式就好得多。

2. 论文的摘要及其写作

无论是学术期刊发表的论文，还是研究生申请学位所撰写的论文，通常在标题与正文之间都有一个被称作摘要（abstract）的部分。摘要是论文的核心内容、研究结论的概括表述，或者说是对论文核心内容和研究发现的简明提示。在论文的整体结构中，摘要往往作为论文的第二个部分，即在论文标题之后、导言之前。其作用是对论文的内容进行最简明扼要的介绍，以便其他学者通过简单阅读就可以很快了解该论文是否符合自己研究的需要，或是否有进一步阅读的价值。因此，在一定意义上也可以说，摘要就像是研究者对自己的研究发现和研究成果向学术界所做的一种“广告”。

正如前面所介绍的，学术期刊上发表的论文的摘要篇幅一般都很小，通常在150～300字之间（当然，不同学术刊物在摘要篇幅上的具体要求可能有一定的差别）。而研究生学位论文中的摘要篇幅略大一些，一般来说，硕士学位论文的摘要通常在800～1 000字之间，博士学位论文的摘要通常在1 500～2 000字之间。由于摘要的篇幅比较小，因而要写一个好的论文摘要对于缺乏经验的研究者来说，有时也不是一件十分容易的事情。

摘要的写作通常应包括以下两个方面的内容：一是研究的基本介绍，这方面的内容相对简略；二是研究的主要结果、结论、观点、发现等，这方面的内容相对详细一些。下面例 1 和例 2 是学术期刊上的论文摘要的两个例子，例 3 则是硕士生学位论文摘要的一个例子：

例 1　本文利用 1995 年武汉市居民家庭生活质量调查数据，采用多元分析的方法，对城市居民家庭生活质量的指标及其结构进行了探讨。通过第一层次的分析发现，影响居民家庭生活满意度的主要因素是居住满意度、婚姻满意度和参照标准。第二层次的分析表明，影响家庭居住满意度的主要因素是住房的拥挤程度和参照标准，而影响婚姻生活满意度的最重要因素则是“夫妻之间理解程度”。根据本研究的结果，作者进一步探讨了与城市居民家庭生活质量有关的理论概念和测量指标等问题。①

例 2　本文运用 5 次大规模调查所得的资料，以同龄非独生子女作为参照对象，将青少年问卷与家长问卷相互对比，从性格特征、生活技能、社会交往、社会规范、生活目标、成人角色、自我认识等方面，描述和分析了中国城市第一代独生子女青少年的社会化过程及其结果。研究表明，从总体上看，城市独生子女青少年的社会化发展是正常的，他们与同龄非独生子女之间在社会化各个方面的相同点远多于相异点。文章还根据研究发现，提出了“消磨—趋同”、“变异关键年龄”、“社会交往补偿”等理论解释。②

例 3　中国独生子女的特殊性导致中国独生子女问题研究往往关注独生子女与非独生子女之间的组间差异，忽视两者的内部差异，而这样一种忽视往往使研究者对家庭这一分析层次视而不见。作为一种对话，本文将从中国家庭的现状出发，考察城市青年独生子女和非独生子女在教育获得上的内部差异，也将对两者进行一定的比较。论文着眼于中国父子轴家庭结构，在家庭资源转移理论的基础上假设：教育获得作为一种家庭资源转移的伴随转移，在非独生子女家庭中会形成性别差异和出生次序差异，并与家庭子女规模呈负向相关；在独生子女家庭中，由于家庭资源转移中不存在继承人的选择问题，则性别差异消失；而由于家庭子女规模上的优势，独生子女的教育获得将显著高于非独生子女。通过对 2007 年全国 12 个城市青年发展状况问卷调查资料的统计分析，本文以经验证据验证了上述大部分的假设。具体来说，在非独生子女家庭中，女性的教育获得会显著地低于男性，而家庭子女规模对于子女教育获得的负向影响也在女性非独生子女身上表现最强，但就出生次序的影响而言，长子占优势的假设得不到经验支持。而在独生子女中，教育获得的性别差异消失，独生子女在整体上相对非独生子女有较显著的优势。在对这些实证结果的理解中，本文强调家庭资源和家庭文化的作用，并希望在进一步的研究中引入情感、子女间互动等解释变量。③

3. 学位论文摘要的一种错误写法

在这里还有必要专门谈一下研究生学位论文的摘要问题。在笔者见到的研究生学

① 风笑天、易松国：《城市居民家庭生活质量：指标及其结构》，载《社会学研究》，2000 (4)。
② 风笑天：《独生子女青少年的社会化过程及其结果》，载《中国社会科学》，2000 (6)。
③ 王晓焘：《青年独生子女与非独生子女的教育获得》，南京大学社会学系硕士学位论文，2008。

位论文中，常常会看到一些研究生在撰写论文的摘要时所形成的一种错误的写法。笔者暂且将其称作“对论文每一部分逐一进行简要介绍和陈述”的写法。造成这一错误写法的原因，一方面或许与研究生没有写过学位论文，不了解论文摘要的写作要求和方法有关；另一方面或许是由于研究生学位论文中摘要的篇幅加大了，导致一些研究生反而觉得不知写什么好。所以，就形成了下列这样的例子：

> 本研究依据当前我国社会中……的现实，采取……的方法，选择了……为对象，对……问题进行了深入探讨。论文由六个部分组成：
>
> 论文的第一部分是导论，在这一部分中，我们主要说明了本研究问题形成的背景、研究的中心问题以及研究的意义。
>
> 论文的第二部分是文献回顾，在这一部分中，我们系统地分析了近三十年来……问题的研究状况，总结了目前研究中所存在的……问题。
>
> 论文的第三部分是研究的设计，在这一部分中，我们主要说明了调查地点的选择依据，同时介绍了本研究所采用的资料收集方法和资料分析方法。
>
> 论文的第四部分和第五部分是研究的主要结果与分析，在这两部分中，我们主要分析了……的关系，得出了有关……问题的一系列结论。
>
> 论文的第六部分是对研究结果的总结和讨论。在研究所得结果基础上，论文探讨了一些新的问题，同时针对当前的……问题提出了几条政策性建议。①

实际上，这样撰写的摘要中所介绍的每一部分内容，在论文的目录中都已经写得清清楚楚，既用不着再去用语言复述一遍，也用不着对每个部分都不分轻重地一一说到。正确的做法是在第一段概述研究的基本情况之后，将后面的大部分篇幅都用来展示你所得到的研究结果和研究结论，或者是研究的发现及相关讨论。

4. 学位论文的目录格式以及标题层级

另一个与研究生学位论文写作有关的小问题是关于论文目录的格式和标题的层级。先说说目录的格式问题。其中包括两个方面：一是目录中列出几层标题，二是每层标题前的序号用什么方式表示。实际上，不同学校、不同专业在学位论文的目录格式表达上的要求可能不尽相同。比如：有的学校要求列出三个层级的标题，有的只要求列出两个层级的标题。有的要求第一层级标题前用“节”，第二层级标题前用中文“一、二、三、四、”，第三层级标题前用“(一)（二)（三)（四)”；有的则不主张第一层级标题用“节”，而直接用中文的“一、二、三、四、”，第二层级也不用“(一)（二)（三)（四)”，而用阿拉伯数字“1.2.3.4.”，第三层级再用阿拉伯数字“（1)（2)（3)（4)”；等等。所以，笔者也很难给出目录格式上的统一的标准模式。

如果按笔者个人的意见，硕士学位论文在目录的表达上，只需要列出两个层级的标题（见下例1）就可以了，而不用将第三个层级的标题也列出来。因为采用两个层级

① 此为假设的例子。

的目录格式可以让读者比较清楚地看到论文的整体结构。如果目录中使用了三个层级的标题后，会使得论文的整体逻辑结构变得不清晰和不突出了。下面是两个层级标题格式的目录的一个实际例子：

例 1　两个层级的标题格式的目录①

1. 导言

1.1　问题的提出

1.2　文献综述

1.3　现有研究的不足

1.4　三峡移民作为工程移民分析的代表性

1.5　本研究的核心概念

2. 研究设计

2.1　研究思路与框架

2.2　样本与数据

2.3　统计方法

2.4　模型的建构与假设

3. 工程移民搬迁动力机制的描述与分析

3.1　待迁移民对于搬迁的主观意愿

3.2　成本—收益与非成本—收益因素的分析

3.3　价值判断因素的分析

3.4　初始变量的分析

4. 工程移民搬迁动力机制的模型建立

4.1　价值判断倾向的影响因素

4.2　待迁移民搬迁意愿的影响因素

4.3　待迁移民搬迁动力机制的深入探讨

4.4　工程移民搬迁动力机制的模型建立

5. 结论与讨论

5.1　本研究的基本结论

5.2　相关理论及假设的检验

---

①　王小璐：《工程移民搬迁动力机制研究》，华中科技大学社会学系硕士学位论文，2004。

5.3　有关工程移民特点的讨论

5.4　研究结果得到的几点启示

5.5　本研究的不足之处

至于目录中每一层级的具体序号如何表示，笔者的看法是，一般情况下，研究生学位论文的目录序号，可以采取下列两种格式之一：一种是按“第一节　第二节　第三节　第四节”，“一、二、三、四、”这样的两级标题格式；另一种是按“一、二、三、四、”和“1.2.3.4.”这样的两级标题格式。当然，以工科为主的学校中往往会要求按照上述例1那样的两级标题格式。

至于博士生的学位论文的目录，笔者认为只需将上述第一个层级的标题序号分别换成“第一章　第二章　第三章　第四章”，而将第二个层级的标题序号分别换成“第一节　第二节　第三节　第四节”即可。

顺便指出，研究生学位论文的正文中最好也只包含三个层级的标题。比如，“第一节　第二节　第三节　第四节”，“一、二、三、四、”和“1.2.3.4.”；万一在文中还要用到表示几个要点时，可再增加“（1）”这一个层级。而学术期刊论文中的标题序号一般最多也只有三个层级，且一般也是按照“一、二、三、四、”“1.2.3.4.”和“（1）（2）（3）（4）”的形式来表示的。

5. 关键词

无论是在学术期刊发表的论文中，还是在研究生学位论文中，都要有一个被称作关键词（key word）的部分。所谓关键词，指的是用来指示一篇论文中所涉及的最核心的概念和最关键的内容的词汇。学术论文中列出关键词，主要是为了便于进行文献索引和文献检索的工作。因而也可以说，关键词是学术论文核心内容的识别器。通常情况下，学术期刊中发表的论文，往往需要列出3～5个关键词。用以提示论文的核心概念、焦点内容、研究对象等。

根据这样的一种定义，我们在撰写论文过程中，应该依据研究的主题内容来选择关键词。比如，上面列举的两篇期刊论文摘要例子中所对应的关键词就可以分别是：“城市家庭、生活质量、指标、生活满意度、参照标准”和“独生子女、青少年、社会化”。而研究生硕士学位论文中的关键词可以根据需要略微多两个。比如，上面列举的论文摘要例3中所对应的关键词是：“家庭、独生子女、非独生子女、性别、兄弟姐妹数、出生次序、教育获得”。

现实中一些研究生和研究者在撰写关键词方面的一个常见错误做法，就是将论文标题拆开，分成几个词或短语，直接用来作为关键词。比如，一篇研究青年择偶标准的论文，其标题为：“当代青年的择偶标准及其相关因素分析”，如果将关键词写成“当代、青年、择偶标准、相关因素、分析”，这就不对了。正确的做法应该是根据论文围绕的核心概念和主要内容来选择和确定关键词。因而，在上面列出的5个关键词中，只有“青年、择偶标准”这两个符合关键词的要求。“青年”揭示出该研究的对象，“择偶标准”则指明了该研究的主题。而“当代、相关因素、分析”这三个词都不是论文的核心概念和关键内容，都不能成为论文的关键词。

又比如，另一篇论文研究的是大学生的求职行为及其各种影响因素，其中特别探讨了人力资本因素、社会资本因素对大学生求职的影响。其论文标题为：“当前大学生的求职行为及其影响因素研究”，如果此时将关键词写成“当前、大学生、求职行为、影响因素、研究”，那就错了。实际上，根据研究内容，这一论文中正确的关键词应该是“大学生、求职行为、人力资本、社会资本”。其中，“大学生”指出研究的对象，“求职行为”指出研究的主题，“人力资本、社会资本”则指出研究中最关键的结论或最重要的理论概念。

三、导言及其写作

“万事开头难”这句话放在论文写作中似乎也适用。导言作为论文的引导部分，具有介绍背景、提出问题、引导阅读等多种作用。有的研究者指出：“导言要能激发读者对该论题的兴趣，有助于建设导向研究的问题，能把研究置于更广泛的学术文献背景之中，并能面向特定的读者。”①

1. 导言的基本内容

导言部分包含的主要内容可以概括为三个方面：一是研究的问题是什么。这是导言部分最重要的内容，应该清楚明白，在具体表述方式上，可以由一个大的核心问题以及围绕这个核心问题的若干个小的具体问题构成。二是研究的背景，即研究问题的由来。任何一个研究问题，通常不会是研究者一时兴起，随意挑出的。它一定有某种背景。因此，作者在导言中，应该告诉读者这篇论文提出研究问题的大的背景，说明这一问题是处在什么样的社会现实背景或者学科理论背景中的问题。三是研究这一问题所具有的意义。即要在导言的叙述中向读者表明，这一问题为什么值得探索、讨论。当研究者在导言中很好地介绍了上述三方面内容，使得读者不仅明白了研究者在这项研究中打算做什么、明白了这一研究问题来自于什么样的背景、明白了做这项研究的意义和价值后，剩下的问题就是要吸引和引导读者跟随研究者的思路，去看研究者是如何进行研究的，以及研究所得到的结果是什么了。

2. 导言的写作

如果把写论文看作向读者“讲故事”的话，导言部分也就是“故事”的开头了。导言的写作要有思路和线索，要引发读者阅读下文的兴趣。要像讲故事那样，开场是有关背景的平静的陈述，即对那些不用多做解释的或者说是众所周知的事实的陈述。而到研究问题即将出现时，叙述则有所转折，特别是通过提出疑问，给读者以期待，引起读者继续阅读的兴趣和动机。有研究者甚至对论文开头的句子都给出了一些建议。

---

① ［美］约翰·W·克雷斯威尔：《研究设计与写作指导：定性、定量与混合研究的路径》，59页，重庆，重庆大学出版社，2007。

比如，Booth 等人对论文开头的句子就有这样三条建议：（1）以令人印象深刻的引文作为开场白；（2）以令人印象深刻的事实作为开场白；（3）以一个相关的轶事作为开场白。[①] 而有的作者按这样的方式所写的导言开头部分的确起到了很好的效果。比如，李银河在《当代中国人的择偶标准》一文中，就是以类似的句子开头的：

> 摩斯坦（Murstein B. I.）曾将其所著的一部关于择偶标准的著作题为“谁会跟谁结婚?”这个短句言简意赅地为择偶标准一词下了定义。择偶这一行为是千千万万的人们世世代代在实践的一种行为；社会学关心的是：这种行为中有无规律？有没有某种理论或模式可以概括人们这一行为的规律并对某人跟这个人而非那个人结婚作出合理的解释？根据摩斯坦的介绍，关于择偶标准的理论至少有五种：第一种是历史前例理论，它强调在历史上普遍存在着由父母包办或由父母做主决定的择偶方式；第二种是心理分析理论，它以弗洛伊德的理论为依据，强调人是社会动物，认为在择偶行为中生理需要的因素大于社会选择的因素；第三种是需要互补理论，它强调在择偶时人们的主要考虑是各种需要的相辅相成，例如支配欲强的男性往往选择依赖性强的女性为配偶，想受人侍候的男性往往选择会侍候人的女性为配偶，等等；第四种是价值理论，它认为人在生长过程中，通过社会化（socialization）的作用已逐渐将某种价值观内化于个性之中，而这种价值观即成为其择偶的依据；第五种是过程筛选理论，它认为不能用人的个性因素来解释择偶行为，而只能视之为一个过程，人们相遇，相互产生好感，通过自我启示达到相互的了解信赖，最终满足了各自个性的需要。因此，筛选理论是强调过程而不是强调某种决定因素的理论。（摩斯坦，1976）
>
> 在传统的中国社会中，婚姻由父母包办，婚姻当事人没有什么择偶的自由。当然，父母包办时也有一个择偶标准的问题，一般说来就是所谓“门当户对”。关于社会阶层与择偶标准的关系，费德曼（J. Feldman）等人曾提出过一个三模式理论框架。其中第一模式是社会分层与择偶行为绝对相互独立的模式，即择偶行为完全是随机的；第二模式是社会分层与择偶行为绝对相互依存的模式，即择偶行为完全由社会阶层所决定；第三模式是某一社会阶层内的随机择偶，即择偶范围不会超出人所处的阶层但在阶层内是随机的。（费德曼，1975）中国传统社会的情况似乎属于第三种。在近现代，情况有了变化，一般新青年主张恋爱自由，择偶自由。在1931年已有了主张婚姻自由的《中华苏维埃共和国婚姻条例》，1950年新中国第一部《婚姻法》的重要内容之一是反对包办婚姻，提倡和保护自由恋爱、择偶的权利。那么，目前中国人的择偶标准有哪些特点？又有哪些因素对人们的择偶行为有重大影响？影响的程度如何？这就是此项研究想解答的问题。[②]

导言的写作虽然没有特别固定的模式，但我们还是可以提出一些基本要求和方法。

---

① See Wayne C. Booth，Gregory G. Colomb & Joseph M. williams：《研究的艺术》，266～267页，台北，巨流出版公司，2009。

② 李银河：《当代中国人的择偶标准》，载《中国社会科学》，1989（4）。

笔者将这种基本要求和方法简单概括为："从大到小"、"从远到近"、"从宽到窄"、"从宏观到微观"。所谓"从大到小"，主要指的是从大的社会背景中，逐步聚焦到这一背景中的某个特定的现象或问题上；"从远到近"则主要指的是在时间的维度上，要从"过去的"逐步过渡到"当前的"，而在空间的维度上，则要从国外过渡到国内；"从宽到窄"指的是叙述的方式要从宽泛的现象或主题逐步集中到相对狭窄的现象和主题上；"从宏观到微观"则主要指的是叙述的层面由大的宏观层面，逐步过渡到具体的、小的微观层面。

在实际操作上，我们应该如何按照上述方法从研究问题所属的大的社会背景中，逐步走向本研究关注的具体的、特定的研究问题呢？下面列举两个实例来进行一些说明，给读者提供一定的参考。（下文中方括号内的内容，为笔者所加的分析提示话语，而非原文所有。特此说明。）

例 1　一篇关于"二胎生育"问题的论文的导言①

30 年前，为控制我国过快增长的人口数量，国家开始实行以"提倡一对夫妇只生育一个孩子"为主要内容的计划生育政策。在这一生育政策实施的同时，全国除河南省外，各省、市、自治区均规定了"双独夫妇"（即夫妻双方均为独生子女的夫妇）可以生育第二胎的相关内容。但是，在独生子女政策实施之初，由于"双独夫妇"还远没有成为社会现实。因此，在 20 世纪末的 20 年中，人们似乎已将这种"双独夫妇"生育二胎的政策遗忘。只是到了 21 世纪初，当第一批独生子女开始逐渐进入婚育年龄，"双独夫妇"也开始出现后，这种二胎生育的问题才逐渐显露出来。并且很快成为学术界特别是人口学者十分关注的重要问题。

[这一段"从远到近"，"从大到小"，从 30 年前的生育政策及其发展的大背景中，逐渐聚焦到本研究关注的中心问题——"二胎生育"上来。]

人口学者往往是从二胎生育对整个社会的生育率变动所具有的影响的角度来关注和探讨这一问题的。比如一些学者指出："由于将来一段时间结婚人群中独生子女比例升高，符合生育二胎标准的家庭逐渐增多，政策所允许的生育率将不断提高。"（丁仁船等，2007）"随着独生子女进入婚育期，未来政策生育率上升幅度有多大？是否会影响我国既定人口发展战略目标的实现？"（杨书章等，2000）"独生子女在同龄人中的比例越大，政策生育率越高。未来生育水平升高，可能会导致生育水平反弹的情况。"（姜玉等，2009）这些问题可以简单表述为：在相当长的一段时期中，我国社会中潜在的、符合计划生育政策条件的二胎生育者（即"双独夫妇"）的规模会有多大？如果这种"双独夫妇"的规模很大，那么，由于他们按生育政策的规定都可以生育第二个孩子。因此，他们的生育行为将会对我国目前的生育率水平和人口发展态势带来明显的影响，甚至也可能会形成新的生育小高峰。

① 风笑天：《生育二胎：双独夫妇的意愿及相关因素分析》，载《社会科学》，2010（5）。

显然，这是一个重要的问题。因此，已有一些人口学者在不断努力地利用人口普查和人口抽样调查的数据资料，去分析和预测未来不同时期中，符合二胎生育条件的“双独夫妇”的可能规模。（刘鸿雁等，1996；杨书章等，2000；郭志刚，2001；丁仁船等，2007）然而，对于与此密切相关的另一个重要问题，即这些潜在的、符合计划生育政策条件的二胎生育者是否都愿意生育第二胎的问题，则很少有人关注。

[进一步从人口学家的各种关注点和担心方面中，逐步引向本研究将要探讨的核心问题——“双独夫妇的生育意愿”的方向上来。特别是指出这一核心问题目前很少有人关注，突出了该研究问题的重要性和创新性。]

现行的计划生育政策实行之初，各地政府就规定“双独夫妇”可以生育第二胎。这种二胎生育政策的制定似乎具有一定程度的补偿含义：由于父母这一辈只能生育一个孩子，到了子女这一辈时，父母受到生育限制的两个独生子女结婚，就可以享受到生育两个孩子的政策优惠。实际上，这种带有补偿含义的政策优惠同时还意味着这样一种潜在的前提：当独生子女父母这一代人的生育受到限制后，等到他们的孩子，即独生子女这一代人进入婚育年龄、结婚成家时，社会中的人们（包括独生子女本人以及他们的父母）普遍愿意、并且普遍希望生育第二胎。然而，值得注意的是，这种潜在的前提并不一定成立。这种二胎生育优惠政策的作用，也并不一定能够促进社会中那些符合政策条件者生育第二胎的行为。我们应该思考：当独生子女一代人进入婚育年龄、结婚成家时，当“双独夫妇”在社会中大批出现时，这些可以享受二胎生育政策的当事者们（即“双独夫妇”们）真的都愿意并且都希望生育第二胎吗？他们的生育意愿与那些不能享受这一优惠政策的非双独夫妇之间存在着明显的差别吗？又有哪些因素与“双独夫妇”们生育或者不生育二胎的意愿有关？这些正是本研究希望探讨和回答的主要问题。

[最后明确提出本研究的中心问题——“二胎生育当事者的生育意愿”问题。]

例 2　一篇关于独生子女青少年社会化问题的论文的导言①

被美国人口学家称之为“怪蛇腹中的猪”的美国战后生育高峰一代（the baby boom generation），是美国“有史以来最不平凡的一代”，“在他们人生的每一个阶段，社会都会由于他们的出现而改变特征，并迫使全国对他们的需要和问题予以特别的重视。”（琼斯，1989）这一代人极大地影响和改变着半个世纪以来的美国社会。

在美国“生育高峰一代”出生三十几年后，在地球另一边的中国，则出现了与他们虽不相似，但对中国社会同样具有重大影响的一代新人，这就是从1979年开始直到今天仍不断增加着的独生子女。据国家计划生育部门统计，1997年末全国领证的独生子女人数已达到5 337万人。（《中国计划生育年鉴》编委会，1998）

① 风笑天：《独生子女青少年的社会化过程及其结果》，载《中国社会科学》，2000（6）。

目前，全国独生子女人数估计已超过5 800万。这也就是说，今天中国社会中的独生子女人口已和整个法国的人口相当，或者说差不多相当于两个加拿大的人口。[①]

[时间和空间的“由远到近”：从三十年前大洋彼岸的美国的“生育高峰一代”，过渡到30年后中国的“独生子女一代”。]

当数以千万计的独生子女一下子从中国大地上涌现出来时，马上引起了学术界和全社会的普遍关注。人们关注的焦点之一是：主要由国家计划生育政策所造就的这一代特殊儿童能否正常地、健康地、顺利地成长和发展？从社会学的角度看，这一焦点所涉及的正是一代独生子女的社会化过程及其结果的问题。

[从“普遍关注”到“焦点之一”，然后引出论文的核心问题：“独生子女社会化”。]

早在独生子女政策实施之初就有人提醒说独生子女有诸多毛病；也有人担心独生子女的素质差、独生子女是“问题儿童”；还有人预言独生子女将成为“小皇帝”、独生子女的发展将不如非独生子女。所有这些似乎都在暗示：与独生子女的成长相伴随的将是一条不平常的社会化道路和一种不正常、不充分、不完善、不全面的社会化过程；一代独生子女的社会化结果也将是畸形的和令人担忧的。如果情形果真如此，那么，对整整一代独生子女青少年、对数以千万计的独生子女家庭、对即将跨入21世纪的整个中国社会来说，都将是一个悲剧，都将是一种十分严重的后果。

[接着说明这一问题的重要性。]

近20年过去了，最早一批的独生子女已走过了幼儿期、儿童期，进入了少年期和青年初期。不管社会对这一代独生子女发展状况的评价是积极的还是消极的，也不管每一位独生子女父母、每一个独生子女家庭对孩子抱有怎样的期望，中国第一代独生子女已经客观地在中国社会中长成，在人们关注、期盼、担心和争论中长成。这些即将完成少年期和青年初期社会化过程、即将作为新公民进入中国社会的独生子女们，其社会化发展状况究竟如何？他们的社会化结果与同龄的非独生子女有没有差别？他们身上是否存在着不同于普通儿童的人格缺陷？由于无兄弟姐妹这种特定的人生经历的影响，他们是否更难以与人交往？他们的社会适应性是否真的“发育不良”？当我们从“人的社会化”的角度重新审视这一代特殊儿童的成长过程和发展状况时，我们可以怎样回答上述问题？又能够怎样回答十几年前人们提出的各种疑问、担心和预言？这些正是本项研究得以形成的基本背景，而用经验的、系统的研究结果给出答案，则是本项研究的主要目标。

[最后明确提出本研究所关注的具体问题。]

① 据1995年统计资料，法国人口为5 800万，加拿大人口为2 973万。分别参见《世界知识年鉴》(1996—1997)，531、745页，北京，世界知识出版社，1997。

3. 导言与文献回顾相融合的“缺陷型模式”

有研究者曾经总结出一种在导言写作方面“所固有的普遍适用的模式”。他将这种模式称为“缺陷型模式”[①]。这一模式包括这样五个部分：

（1）研究的课题。

（2）与该研究课题相关的已有研究。

（3）已有研究中的不足。

（4）该课题对于读者的重要性。

（5）研究目的的陈述。

实际上，这一模式与前述导言的最大差别就是将下一章将介绍的文献回顾的内容放到了导言中。需要说明的是，尽管大部分社会研究的论文中，都有单独的一个部分，专门对相关文献进行分析和讨论。但的确也有一部分论文是将文献回顾的内容放在导言中一起叙述的。特别是对于那些前人相关文献的内容相对集中、研究领域相对成熟、文献回顾篇幅相对较小的情形来说，这种模式就特别合适。这种将文献回顾融入导言的“缺陷型模式”的主要优点，是能更紧密地将研究问题与现有研究文献的讨论相结合，特别是很容易从总结现有研究的不足中，突显出该研究问题所具有的特定意义和价值。当然，如果文献回顾的范围相对较广泛、研究领域中文献的焦点相对较分散，导致文献回顾篇幅相对较大时，则往往不适合将文献回顾融入导言，而是采用单独列出文献回顾一节的方式。下面是将文献回顾的内容并入导言的写法的一个例子：

例 3　一篇关于青年个体特征与生育意愿之间关系的论文的导言[②]

在涉及我国人口发展、生育率变化等领域的研究中，人们的生育意愿一直是研究者普遍关注的问题之一。因为“一个社会整体的生育水平直接受到两个方面因素的影响：一是国家的生育政策，二是人们的生育意愿”（风笑天，2004）。特别是由于当前我国人口发展和人口政策的调整、制定都处于十分关键的时期，因此，了解和分析人们的生育意愿就更是一项重要的任务。正如有学者所指出的：“我们现在的任务不仅是要搞清目前的真实生育水平，更要实时地检测群众的生育意愿，从而使我们不至于错过政策调整的最佳时机。”（乔晓春等，2006）

[论述生育意愿对于人口发展和生育政策调整的意义。]

生育意愿是人们对自身生育目标或生育行为的主观愿望。这种主观愿望一方面受着整个社会的政治制度、经济结构、价值观念以及文化传统等各种宏观因素的影响和制约，表现出一定的规律性。另一方面也受着各种个体因素的影响，即

---

① ［美］约翰·W·克雷斯威尔：《研究设计与写作指导：定性、定量与混合研究的路径》，61 页，重庆，重庆大学出版社，2007。

② 风笑天：《青年个体特征与生育意愿——全国 12 城市 1 786 名在职青年的调查分析》，载《江苏行政学院学报》，2009（4）。

由于不同的人在社会结构中所处的位置不同，所经历的社会生活环境不同，所具有的价值观念和社会心理的差异，因此在生育意愿上表现出一定的差别和特殊性。了解和认识这种在相同宏观结构背景中所存在的不同个体之间的差别，不仅有利于提高计划生育工作的针对性，同时也可以为人口政策的制定提供一定的参考依据。而这正是本文的主要目标。

[说明生育意愿既受到社会因素的影响，也受到个体因素的影响。这是进行青年个体因素与生育意愿之间关系分析的依据。]

20世纪80年代以来，国内关于生育意愿的调查研究已有许多的成果（风笑天、张青松，2002）。综合来看，这些研究表现出以下几个方面的特点：

首先，现有生育意愿的研究中，研究者往往比较重视考察女性对象、特别是育龄妇女的生育意愿（孙瑛，1988；林富德，1992；陈彩霞等，2003；郑真真，2004；江苏生育意愿和生育行为研究课题组，2008），而相对忽视了男性和丈夫在决定生育行为和生育结果中的重要影响。这是目前研究中一个较大的缺陷。尽管育龄妇女是子女生产过程的实际承担者，但却不是这一生产过程发动和执行的唯一参与者和决定者。事实上，生育决策与生育行为往往是由夫妻双方共同参与、共同决定的。男女双方所具有的生育意愿都会对最终的生育行为和生育结果产生影响。

其次，现有生育意愿研究中，研究对象常常是包括各个年龄段的普通城乡居民（尹勤，2006；梁宏，2007；周福林，2005；黄廷权等，2007；陈胜利等，2003），或者是某些特定人口群体，比如农村人口的生育意愿（尤丹珍等，2002；陈彩霞等，2003）、流动人口的生育意愿（庄渝霞，2008），等等。相比之下，专门针对青年人口进行的生育意愿调查结果则比较少。笔者认为这也是一种较大的缺陷。因为在国家现行计划生育政策条件下来探讨和研究人们的生育意愿，最重要的对象应该是青年，特别是未婚的以及虽已结婚但仍然处于生育高峰期的青年。因为只有这些青年才是将生育意愿转变为生育行为的潜在人群。而对其他年龄段的成人，特别是35岁以上人口所进行的生育意愿调查的结果，并不具有对未来生育状况和生育水平的预测力，因而也不具有相应的政策意义。在一定程度上可以认为，只有处于婚育年龄的青年群体的生育意愿才具有对现实生育结果的影响力和对生育状况发展趋势的预测意义。这也正是我们关注青年人群生育意愿的价值所在。

再次，在现有的以青年为对象的生育意愿研究中，调查对象的范围基本上又都只是局限在某一个城市或一个地区（李嘉岩，2003；侯亚非，2003；尹勤，2005；黄廷权等，2007），笔者2000年和2002年的同类调查也只是局限在湖北省内的四个城市（风笑天，2004），目前还没有全国范围的青年生育意愿调查结果。

最后，从研究内容上看，现有的研究多为对各种人群生育意愿现状的测量和描述，以及人们生育意愿的特点和变化过程，而相对较少探讨与生育意愿相关的各种因素。一些研究中，研究者往往将生育意愿作为自变量来探讨其对人们生育行为以及生育率的影响，而将生育意愿作为因变量来研究，特别是探讨影响人们生育意愿的各种因素的研究则只有很少的四项。

[在总结以往研究特点的同时，也指出这些研究存在的不足。比如，调查女性多，调查男性少；针对所有年龄段的普通居民的多，针对青年的少；局限一城一地的多，全国范围的少；描述意愿的多，分析相关因素的少等。]

一是王化波通过抽样调查，对延边朝鲜族育龄妇女生育意愿的影响因素所进行的分析。他得出结论："延边朝鲜族育龄妇女生育意愿的影响因素主要在三个方面，即传统文化因素、育龄妇女自身因素和社会经济因素。"而其中，"朝鲜族独特的传统文化起了决定性的作用"。（王化波，2005）二是陈宇等人利用 2004 年中国健康与营养调查的数据，对当前影响中国适龄女性生育意愿的各种因素所进行的分析。其研究结果表明，"收入和生育成本仍然是影响人们生育意愿的最重要因素"，"人们在生育率的选择问题上有着比较强烈的利他性考虑"。（陈宇等，2007）三是尹勤等人依据对常州市 3 670 位居民的调查数据，对育龄人群生育意愿的影响因素所进行的分析。其研究结果表明，"户口性质、性别、年龄、婚姻状况、文化程度、收入水平和是否独生子女对理想子女数均有显著影响"（尹勤等，2006）。四是梁宏利用对广东省 4 个地区 2 370 位城乡居民的调查资料，分析了个人因素、政策因素和生育目的对人们生育意愿的影响。其研究表明，生育意愿与个人特征具有一定的相关性。"具体来说，男性意愿生育数量略多于女性；低龄群体的意愿生育数量明显少于高龄群体；受教育程度越高，意愿生育数量越少；高收入群体的意愿生育数量明显少于低收入群体。"（梁宏，2007）

这四项研究的对象同样是集中在育龄女性和各种年龄的城乡居民，而专门以青年为对象，探讨他们的个体特征与其生育意愿间关系的研究目前尚未见到。

[仅有的四篇有相关因素分析的论文也存在上述不足。]

正是针对现有研究的上述不足，本研究利用取自全国范围的青年样本，对城市在职青年生育意愿进行调查描述，并探讨和分析与青年生育意愿相关的各种个人特征。本文所要探讨的主要问题是，除了宏观社会结构及其生育政策等因素外，青年的生育意愿还与哪些个体的因素相关联？换句话说，青年的各种不同特征与他们的生育意愿之间具有什么样的联系？

[最后说明本研究正是"针对现有研究的不足"进行的，并指出本研究的主要问题。]

这一论文之所以采取将文献回顾融入导言的写作模式，与其研究主题"生育意愿"是人们相对熟悉的现象，该研究领域相对比较成熟，因而不需要过多阐述研究背景和意义有关。

另外，许多理论导向的论文中，这种写法也比较多。其原因除了上述所说的研究领域相对成熟外，还因为这种类型的论文更多的是按照一条理论线索来陈述并导向研究问题的。而伴随着这条理论线索的又常常是前人的各种研究结论和结果，因此，采用这种将文献回顾融入导言的写法是比较方便和合适的。下面是一篇探讨求职过程与社会关系的研究论文中的导言部分：

例 4 一篇探讨求职过程与社会关系的研究论文的导言①

经济学家和社会学家对求职过程中动用社会关系的研究已超过 40 年了。研究结果表明在考虑到教育、其他个人因素和之前的职业特征后，动用那些拥有较多资源的社会关系，例如，拥有较高的教育水平或职业地位等，会为求职者带来更好的回报。(Lin，1999；Lin，2001；Marsden & Gorman，2001) 我们如果把动用社会关系的资源看作运用社会资本的话，这个研究传统已经向我们证明了社会资本在劳动力市场中的贡献。

[非常简要地概述了 40 年来有关求职与社会关系研究领域的主要结果，即开门见山地告诉读者关于这方面现有的认识。]

然而，这个研究领域目前面临着一些挑战。第一，在劳动力市场中，有相当一部分人并没有主动地去搜寻工作。在美国及其他一些区域的调查研究显示，大概有三分之一到一半的受访者并没有通过主动搜寻来获得他们现在的工作。(Granovetter，1974，1995；Campbell & Rosenfeld，1985；Hanson & Pratt，1991；Bewley，1999；Yakubovich，2002；McDonald & Elder，2006) 另外，这些调查研究表明，雇主也没有经常利用社会关系来招聘；第二，在那些主动找寻工作的人当中，大概有一半到三分之二的受访者表明，他们使用正式的求职渠道或直接向用人单位求职，而不是动用社会关系。另外，没有动用和动用社会关系并没有给他们带来更好的结果。(Lin，1999；Marsden & Gorman，2001) 实际上，一些数据显示，没有动用社会关系的人有时还会比动用了社会关系的人找到更好的工作。(Mouw，2003) 虽然这种趋势不是非常明显，却暗示了人力资本有可能是找到好工作的一个主要因素，而只有那些缺少人力资本的人才会去求助于社会关系；第三，即使是对于那些动用社会关系，并且从拥有丰富资源的社会关系中获益的人而言，如何解释社会关系的这一作用也是存在质疑的。毛泰德 (Ted-Mouw) 认为，社会关系的作用反映的是一种同质性——求职者和所动用的人在职业上相似——而不是社会关系对求职者的地位获得的因果作用。(Mouw，2003)

[紧接着归纳和总结出该研究领域及其研究结论目前所面临的三个方面挑战，即指出目前的研究还没有解决和回答的问题。]

本文的目的是试图从社会资本的角度来回应这些挑战。本文提出了以下论点：第一，与所有类型的资本一样，我们必须将社会资本划分为能量（嵌入在个体的社

① 林南等：《社会资本之长臂：日常交流获取工作信息对地位获得的影响》，载《西安交通大学学报》（社会科学版），2010 (6)。

会网络中的资源的质量和数量）及其运用方式。第二，社会资本在劳动力市场中的运用方式具有多种形态。除了在找工作中动用社会关系这样一种典型的方式外，社会资本的运用方式也可能不那么显而易见，相关的信息或影响在非正式的和日常的社会交流中得以传递（Lin & Ao，2008）。第三，这样的社会资本的运用方式会对劳动力市场中的不同人群带来不同的影响。第四，一旦同质性的问题得以正确地限定，社会关系及其所拥有的资源在找工作过程的作用就可以得到证实。本文通过对一个有关在职美国人的全国性样本的实证研究来探讨这些论点。

[最后说明本研究的目的及其主要论点，这些论点实际上就相当于提出了研究的主要命题。剩下的任务自然就是要论证这些命题了。]

教学建议与练习题

1. 从本专业学术期刊上选择几篇论文，组织学生讨论这些论文的题目、摘要和导言的写法。

2. 从本专业学术刊物上选择几篇论文，隐去原文的标题和摘要，让学生阅读原文，分别写出论文标题和摘要。老师给予评论。

3. 论文的导言通常包含哪几个方面的内容？这些内容在论文中起到什么样的作用？

4. 讨论本章最后部分所列举的那篇论文的导言的写法。

推荐阅读

1. [美] 约翰·W·克雷斯威尔．研究设计与写作指导：定性、定量与混合研究的路径．重庆：重庆大学出版社，2007.

2. 风笑天．青年个体特征与生育意愿——全国 12 城市 1 786 名在职青年的调查分析．江苏行政学院学报，2009（4）.

3. 风笑天．独生子女青少年的社会化过程及其结果．中国社会科学，2000（6）.

4. 风笑天，易松国．城市居民家庭生活质量：指标及其结构．社会学研究，2000（4）.

5. 林南等．社会资本之长臂：日常交流获取工作信息对地位获得的影响．西安交通大学学报（社会科学版），2010（6）.

第十章　论文写作（中）：文献回顾、研究方法

在这一章中，我们将介绍论文的另外两个构成部分——文献回顾与研究方法的写作要求与写作方法。

一、文献回顾的写作

在第三章中，我们已经对作为单篇论文的文献综述的结构与写作方法进行了介绍。在这一节中，我们将主要介绍作为期刊论文一部分的文献回顾的结构与写作方法。在上一章的最后一节中，我们介绍了在期刊论文写作中，可以将文献回顾放到导言中进行介绍的写法。那种文献回顾的写作方式我们可以称为“融入导言的文献回顾”。而在这一小节中，我们将介绍作为论文一个独立部分的文献回顾的写法。这种文献回顾也可以称为“单独列出的文献回顾”。在较多的情况下（特别是在研究生学位论文中），文献回顾的写作往往采用的是这种单独列出的方式。

从学术界所发表的论文来看，这种单独列出的文献回顾在内容结构上，大体可以归纳为以下两种不同的模式（这只是大体的归纳，实际存在的写法显然并不都是如此）。一种可以称作“自变量与因变量”写作模式，或者称作“原因/观点列举”写作模式。另一种则可以称作“综合式”写作模式，或“陈述式”写作模式。下面我们通过例子来说明这两种常见的写作模式的写法。

1．“自变量与因变量”写作模式

这种写作模式基本上是围绕“因变量与自变量”之间的关系、特别是围绕着“作为原因的自变量”、或者“作为理论解释的观点”进行的。对于理论色彩较强的解释性研究来说，通常需要采用这种写作模式。下面是两个这种文献回顾写作模式的例子。①

例 1　一项关于“父母离婚与子女发展”研究的文献回顾②

70 年代以来，随着离婚率的迅速上升，有关父母离婚与孩子福利关系的探讨

① 考虑到篇幅因素，在不影响文中前后内容联系的前提下，笔者对例子中的文字进行了少量删节，并用省略号表示。不当之处，由笔者负责。如需阅读完整的内容，读者可查阅原文。下同。

② 徐安琪、叶文振：《父母离婚对子女的影响及其制约因素——来自上海的调查》，载《中国社会科学》，2001 (6)。（考虑到篇幅因素，同时，由于注释格式的原因，引文中并没有列出所有注释，特此说明。下同。）

也日趋活跃，形成了主要由社会学、心理学和经济学学者参与的一个新的研究领域。研究主要侧重于两个方面：一是估计父母离婚对婚生孩子生存和发展的影响，二是对这种影响予以理论解释。众多研究主要得出两种结论：一是“严重影响说”，认为父母离婚将对孩子产生深远的伤害（Krantz，1988）；二是“有限影响说”，即承认离婚确实会给孩子造成一些后果，但在父母离婚的家庭中，问题特别严重的孩子并不是多数，且大多数孩子都能从父母离婚的阴影中走出来，很少有持久的负面影响，也就是说，父母离婚对孩子的影响并非如人们所想象的那么严重（Emery，1988）。

［首先总结和概述了离婚对子女影响问题的两种结论。］

持“严重影响说”者认为，父母离婚对孩子生活和发展机会的负面影响不是暂时的而是持久的（Amato & Keith，1991a）。与一直在完整的家庭里长大的成年人相比，孩提时期经历过父母离婚者的教育背景较差（McLanahan，1985），收入水平较低（Hilletal，1987），也有更大可能依赖福利制度的帮助（McLanahan，1988）。他们对出生家庭更多地持负面态度，并对离婚更加宽容，或会产生不结婚的意识（Tasker & Richards，1994）。……此外，性行为提前、有更多的性伙伴或婚前同居以及中断学业等非传统行为更多地出现在父母离婚的成年孩子身上（Furstenberg & Teither，1994；Webster，et al.，1995）。……

解释父母离婚对孩子的影响，较具代表性的有“父母残缺论”、“生活恶化论”和“家庭冲突论”等理论。“父母残缺论”认为，首先，家庭是为孩子提供养育和社会化服务的关键的社会制度，父母是保证孩子良好成长的重要资源，传统的父母双全家庭一般更有利于孩子的成长。……其次，家中缺少父母的角色示范还会减少孩子学习社会交往技巧的机会，使孩子缺乏必要的在家庭外部获取成功的社会能力，如合作、妥协和谈判等（Amato & Keith，1991）。再次，由于90%的监护人为女性，而具有较高社会与职业地位的父母一方（多为父亲）因婚变离开家庭，对孩子学习的有效帮助和教育选择指导往往减少，这种源于离婚的社会地位的向下移动也是导致孩子学业下滑或失败的重要原因之一（Erikson & Jonsson，1996）。……

持“生活恶化论”观点的学者推论，是经济条件的恶化而不是家庭的结构或类型损害了父母离婚孩子的福利。家庭经济资源的缺乏，首先影响孩子的营养和健康水平（Williams，1990）；其次，使单亲母亲没有能力为孩子购置有助于学业进步的家教服务、教学玩具、书籍和家庭计算机等；再次，迫使这些家庭不得不住在学校设施和生存环境都比较差的社区（McLanahan，1989），增加了孩子受到越轨文化影响的风险（Voydanoff & Majka，1988）。……另外，从恶化论可以进一步假设，如果单亲母亲再结婚，孩子的福利会得到改善，因为重组家庭通常使经济状况好转。但是，家庭重组并没有消除父母离婚给孩子带来的负面影响。因此，对孩子的负面影响不能都归因于离婚后的家庭贫困化（Amato & Keith，1991）。

“家庭冲突论”认为，离婚孩子出现问题并不是家庭结构变化或生活水平下降的衍生物，而应归因于与离婚过程相伴随的父母之间的冲突。……家庭冲突将孩子牵扯到父母的纷争中去，往往比父母离婚对青少年福利的危害更大（Aseltine，1996；Sim & Vuchinich，1996）。……父母之间持续不断的严重敌对和抗争，对孩子都是一场伤害深重的灾难（Furstenberg & Teither，1994）。

从以上对三大理论的综述可以看出，没有一种理论派别能够提供一个满意的影响机制，并做出具有说服力的解释。因此，比较理想的做法是把它们综合起来，建立一个多维度或多视角的理论框架，以便全面系统地分析父母离婚对孩子的影响。

[总结和概述了国外学者关于离婚对子女影响的三种理论解释（三个解释变量，也即三个自变量），并指出这三者都不能提供一个满意的解释。]

国内关于离婚对子女影响的实证分析主要集中在儿童心理和教育及青少年犯罪研究领域，其理论假设和分析结论大都侧重于离婚对孩子的消极影响。……

支持“有限影响说”和“家庭冲突论”的是我们十多年前进行的一项研究。该研究通过对110名父母离异学龄儿童及其家长、班主任的调查显示，父母婚姻破裂的确会给学龄少儿的生活和身心发展带来消极影响，但子女身上的创伤并非都是父母婚姻解体所造成，而与父母离异前的婚姻冲突及自身素质相关：父母经常吵架使子女的学习和休息环境恶化；父母教育程度高的少儿学习成绩相对较好，父母道德素养差、不尽家庭义务等也使子女的心理缺陷较明显；子女的年龄、父母离异至今的时间等也对子女的身心健康有一定影响（徐安琪等，1987）。……

尽管国内的上述研究对父母离异孩子的状况做出了基本描述，但有的研究样本规模较小，有的则存在抽样偏差。……此外，多数研究仅用双变量相关统计而未采取模型建构的分析方法。……尤其需要指出的是，以往的研究大多出于对离婚率上升的忧虑或基于“离婚者＝低素质人口＝失职父母”、“单亲家庭子女＝问题儿童”的刻板模式，着力推论或验证离婚的负面效应及其对孩子的不良影响，继而告诫父母应为了孩子设法挽回感情，要求社会加强对离婚的经济、行政、舆论和法律控制（武珍等，1990；傅安球等，1993；吴靖等，1990；罗清旭等，1989；张慕蕴，1992）。

[然后是对国内文献回顾的总结，说明现有研究存在不足。文献回顾的方式在空间上“从远到近”，围绕解释变量（自变量）来列举文献进行评论。]

例2　一项关于“社会经济地位、社会支持网与老年人身心健康的关系”研究的文献回顾①

大量关于个人社会地位对身心状况影响的研究成果所得出的结论基本是一致的：社会经济地位是影响一个人健康状况和期望寿命最具决定性的因素。例如，

① 贺寨平：《社会经济地位、社会支持网与农村老年人身心状况》，载《中国社会科学》，2002（3）。

玛丽莲·温珂拜（Marilyn Winkleby）等人发现，社会经济地位的决定性作用几乎出现在所有的疾病和生命的各个阶段。社会经济地位一般包括收入水平、职业地位和受教育水平。这 3 个指标对健康都有重要影响，其中以受教育程度最为重要。（Winkleby，Marilyn A.，et al.，1992）。

[首先概括现有研究对社会经济地位与个人健康状况之间关系的结论。]

社会支持与身心状况关系的研究涉及医学、心理学和社会学等学科，研究成果众多。大略说来，最初的研究对社会支持的数量与质量未加区别，倾向于认为个人的社会网络越大，对其身心状况越有益。但后来的研究发现，网络规模与死亡率之间有一种非线性关系，说明一个人的社会关系不一定越多越好，因此一些人便转向了研究究竟哪些人的支持对人的健康是重要的，其研究成果概括起来有三点：配偶的支持对老年人的生活满意度和身体状况有正面影响，家庭成员的支持对老年人的生活满意度和身体状况有正面影响，朋友的支持对老年人的身心状况有正面的作用（Debra Vandervoort，1999）。

[再介绍现有研究关于社会支持与个人健康之间关系的结论。]

近几年也有人采用对关系的亲密度等指标进行评价的方法测量支持的质量，从而就支持的质量和数量对身心状况的影响进行研究，并确定二者在影响上的差别。

比较有代表性的是戴博诺·范德伍特（Debra Vandervoort）对社会支持与心理和身体健康关系的研究。[①] 他将社会支持分为数量和质量两部分来测量。数量部分用调查对象的儿女、亲属和朋友的总数来衡量，质量部分则要求调查对象分别回答自己与配偶、子女、亲属、朋友及他人关系的满意程度（从低到高分为 4 个等级），然后将汇总得到的总分对社会支持的质量进行测量。

范德伍特还考察了隔离状况（isolation）的影响。……在控制年龄、性别等变量之后，范德伍特发现，缺乏对社会支持的心理满意度与许多身体病症相联系，而社会网的规模和社会隔离则与身体健康的相关指标没有显著关系。在控制性别等相关变量以后，对社会支持的满意度比社会网的规模对心理健康的影响更大，而隔离对抑郁和敌意有影响，但对焦虑没有影响。范德伍特的结论是：关系的质量对健康的影响要大于关系的数量对健康的影响，关系的质量对身体健康的影响要大于对心理健康的影响（Debra Vandervoort，1999）。

范德伍特研究的贡献是区分了支持的数量和质量对身心健康的影响，其局限则主要表现在对支持的数量和质量的度量上：一是其网络成员是以角色为依据的，但角色关系和提供支持者之间不能笼统地画等号，因而他的方法不能精确测量社

---

① 该研究一共调查了旧金山大学和夏威夷大学的 280 名学生，年龄从 18 岁到 54 岁，女性占 73.5%，男性占 26.5%。——原文注释

会支持的数量①；二是对质量的测量指标过于单一，未见得能全面反映支持的质量。

凯伦·米勒（karen miller）的研究也涉及老年人的社会支持与生活满意度的关系。② 他也将社会支持的测量分为质量和数量两部分。……在控制其他变量（如对经济状况的满意度）以后，米勒发现社会支持的质量对生活满意度有独立的影响，这种影响在所有变量中是最大的。而将社会支持的质量和数量做自变量回归分析，将生活满意度做因变量回归分析以后发现，社会支持的数量对生活满意度没有影响，而其质量则对生活满意度有显著影响。

米勒的研究方法是值得借鉴的，但也存在一些问题，主要是社会支持的数量没有包括有无配偶和子女数。另外，正像前一项研究一样，他们的研究都是一些静态的研究，缺乏历时性的考虑。

[进一步介绍有关社会支持数量和质量的研究结果和各种结论，包括各自存在的问题。]

林南的研究则把重点放在了历时性研究上，他根据当时已有成果，又收集了一些纵向数据来研究社会支持对健康的影响，发现社会支持对健康既在当时有影响，又具有历时性的影响，而且这种影响是直接的（N. Lin, A. Dean & W. Ensel, 1986）。

综上可见，国外社会支持与身心状况关系的研究既涉及社会支持的质量，也涉及其数量，注重对二者不同作用的区分，同时也注意到历时性的影响。但诸多研究只就影响身心状况的某些方面进行了考察，并没有全面综合这些因素的成果。本研究拟在以往研究的基础上，将所有这些因素都纳入回归模型之中，同时在社会支持的质量上引入网络资本，从而力求推进这方面的研究。

[最后从整体上总结现有文献不足，同时说明自己的研究将如何进行改进。]

2. “综合式”写作模式

所谓综合式写作模式指的是一种按照“谁——在何时何处——针对什么对象——围绕什么问题——采用什么方法——进行了什么样的研究——得到什么结果——还存在什么局限或不足”的格式，来对相关文献进行综述的写作方式。通常，由于前人研究结果比较多，所以，在这种以展示前人研究为主的文献回顾中，常常将许多研究者的研究结果或研究结论进行归纳和概括，然后放在一起表述。这种综合式的文献回顾较多地出现在以描述性、应用性为主的研究中。下面就是这种文献回顾写作模式的两个例子：

① 本研究可以避免这一问题，因为本研究中的网络成员都是提供某项或某几项支持的人。——原文注释

② 米勒研究的主旨是确定社会支持和宗教成熟度对生活满意度的影响，此处我们只就有关社会支持的方面进行综述。——原文注释

例 3 一项有关“独生子女青少年社会化过程及其结果”研究的文献回顾[①]

国外有关独生子女的研究始于 19 世纪末。1898 至 1978 年的 80 年间，西方学者主要从以下 4 个方面探讨了独生子女的成长与发展问题：(1) 健康。在这方面存在两种相反的看法，博汉农（Bohannon）等研究者认为，独生子女的健康状况总体上不如非独生子女。而基尔福特（Guilford）等研究者则发现，独生子女的卫生习惯明显比非独生子女好。因而他们认为独生子女的健康并不比非独生子女差。(2) 智力。绝大多数研究在这方面的结论十分一致，认为独生子女的智力比非独生子女优异。(3) 性格特征。在这方面也有两种结论，一种认为独生子女的性格具有特异性，尤其是具有两极性。而另一种结论则否认这种特异性，认为独生子女在性格特征上与非独生子女相差无几。(4) 社会交往。一些研究发现独生子女在社会交往方面“不协调”、适应性较差，但也有研究证实独生子女在社会交往方面的表现与非独生子女不相上下（山下俊郎，1982）。

美国当代研究独生子女的著名学者凡尔布（Toni Falbo）教授及其同事对 1925—1984 这 60 年间西方各国所发表的 200 多篇有关独生子女的经验研究进行了评论，并对其中 115 篇文献进行了一项定量分析（meta-analyse）。结果表明，有关独生子女的特征和发展状况，这些研究所描绘的是一幅混乱的画面：有些研究发现独生子女优于非独生子女，有些发现独生子女劣于非独生子女，有些研究则发现二者没有差别（Toni Falbo & D. F. Polit，1986）。

[通过介绍两个重要的研究结果和结论，概述了国外 80 多年来的研究概况。]

对中国独生子女的研究始于 1980 年。到目前为止，国内学术刊物上发表的有关独生子女问题的研究报告和论文已有 150 余篇。其中与独生子女的社会化发展有关的经验研究约占一半。这些研究大体可分为两类：

第一类主要探讨独生子女与非独生子女之间的差异，特别是心理及行为特征上的差异问题。在这些研究中，早期较多的结论是：独生子女的发展具有与非独生子女所不同的特点，其中，独生子女的身体状况、智力水平优于非独生子女，而个性品质和行为习惯则不如非独生子女（高志方，1981；杨宜模，1981；肖福兰，1982；王兆伍，1983；杨桦，1983；万传文，1984；张其博，1987）。80 年代中后期以来的多数研究则认为，独生子女与非独生子女在个性特征上无显著差异，“从各类样本的比较来看，独生子女与非独生子女大体差不多”（陈科文，1985；刘云德，1988；鲍斯顿等，1989；Dudley Poston Jr & Toni Falbo，1990；焦淑兰等，1992；浙江医大人口所，1992；黄鹂，1994；胡荣，1996；Jiao，G. Ji & Q. Jing，1996）。

第二类则集中探讨独生子女的发展状况。中国青少年研究中心 1996 年在全国 12 个大城市对 3 349 名 10～15 岁的独生子女及其家长进行调查，考察独生子女的人格发展状况，得出了独生子女人格特征具有珍惜友谊、自信乐观等五大优点和

① 风笑天：《独生子女青少年的社会化过程及其结果》，载《中国社会科学》，2000 (6)。

攻击性强、成就需要低等四大缺点的结论（中国城市独生子女人格发展课题组，1997）。遗憾的是，该研究一方面只探讨了独生子女的人格发展问题，没有涉及独生子女社会化发展的其他方面的内容；另一方面，该研究的对象仅包含独生子女，缺乏与其进行比较的参照系。因此，我们无法判断研究所得出的各种优点和缺点究竟是仅为独生子女所具有，还是为一般儿童所共同具有。……

上海社会科学院青少年研究所于1996年在上海市对916名15～29岁的青年进行了调查，内容涉及生活需要、人格特征、社会交往、家庭生活、恋爱婚姻等八个方面。……尽管该研究的对象和调查样本的特点对于回答独生子女青少年的社会化结果这一问题而言十分有利，但该研究却没有对独生子女社会化的状况进行系统调查和描述。另外在数据资料的分析上，研究者又不恰当地将百分比上的微小差异直接转化为研究的结论，忽略了样本中两类青年（独生与非独生）在年龄结构、职业结构等方面的重要差别，对可能影响统计结果的重要变量（比如年龄等）没有进行控制，导致支持研究结论的经验证据在逻辑推理的过程中明显分量不足。因而，它对我们回答本研究的中心问题仍然没有大的帮助。

笔者1996年曾指导研究生对湖北省5个市镇593名中学生的社会化状况进行了初步调查，结果表明，中学独生子女与非独生子女的社会化状况总体上相差不大（郝玉章等，1997）。作为本研究的前期研究，该研究也存在着地区代表性不足（仅湖北省）、调查对象单一（仅中学生）、仅有横剖调查资料、统计分析中没有控制年龄变量等缺陷。

[接着总结国内近二十年来的研究概况，并集中到若干与本研究相关的研究结果上。]

对文献的分析表明，现有研究主要在以下四个方面存在不足：一是研究对象主要集中在3～6岁的幼儿和7～12岁的儿童身上，较少以13～19岁尤其是16～19岁的青少年为对象的研究。虽然这是客观现实所造成的一种缺陷（几年前16～19岁人口中独生子女还很少），但它对于我们回答本研究的中心问题却是一种关键性的缺陷。二是研究内容多为社会化的某一个方面，很少有涉及青少年社会化发展各个方面的经验调查结果。三是资料收集方法多为单一的他人（老师或家长）评价，青少年的自我评价以及不同对象的多角度评价较少。四是缺乏多个时间点上的纵贯资料的比较。正是由于这些缺陷，我们对这一代独生子女社会化发展的基本结果还是知之甚少。

[最后对现有研究存在的不足进行总结和归纳，用以说明本研究的必要性。]

例4　一项有关“三峡农村移民社会适应及相关因素”研究的文献回顾[①]

对三峡移民社会适应性的研究主要有两类：第一类开始于20世纪90年代后

① 风笑天：《生活的移植：跨省外迁三峡移民的社会适应》，载《江苏社会科学》，2006（3）。

期，其特征是以早期近距离搬迁、集中安置的移民为研究对象；第二类则开始于2002年，并以2000年以来的跨省外迁移民为研究对象。

[首先通过阅读，将现有文献概括总结为两大类。]

第一类研究中，大多主要描述了移民社会适应的状况。这些研究发现：在经济生产与劳动的适应方面，从事家庭副业和工商业经营的家庭均有减少，移民职业角色和收入结构单一化，接近四成的人对迁移后的生产劳动很不适应或不太适应；大部分移民对迁移后的日常活动、居住环境等已基本习惯，但对安置地的人文环境特别是治安状况不甚乐观；在人际关系的适应方面，近半数移民仍有一定程度的被歧视感，遇到困难找新邻居帮忙的只占1.2%，而且干群关系也不够融洽。（风笑天、王小璐，2004）

笔者曾利用1997、1999、2000三次对湖北宜昌地区400余户三峡移民的调查资料，对影响移民社会适应的各种因素进行了分析。结果表明，移民所感觉到的安置地政府对他们的关心，是影响搬迁初期移民社会适应的一个重要因素。……因此，影响移民社会适应的因素发生了很大的变化。比较突出的特征是：生产劳动方面的差别开始成为影响移民家庭经济发展和长远生活水平提高的重要因素。作为“外乡人”的移民开始对新社区中的安全产生敏感情绪，这十分明显地体现在安置地的社会治安状况成为影响移民社会适应重要因素的事实上。不仅如此，来自同一大地区的移民与当地居民在生活习俗上的“大同”，也开始被实际生活中无数具体细节方面的“小异”所取代，使得生活习俗因素对社会适应的影响也再次显露出来。（风笑天，2004）

一方面，这类以湖北宜昌地区跨县近迁、集中安置的移民为对象所得到的研究结果，是否同样适合于本文所探讨的跨省外迁、分散安置的移民适应，尚值得考虑。另一方面，在笔者上述研究的统计分析中，对移民社会适应有影响的自变量基本上都是采取将定序层次的单一指标测量结果直接代入回归方程进行计算的。这种做法实际上是不够严格的。因此，原有的研究结果中很可能还存在着可被质疑之处。

[接着介绍了第一类研究的情况，同时指出这一类研究结论的不足。]

以跨省外迁移民为对象的第二类研究目前只有很少的几项。其中，孙阳、苏红等人分别对搬迁到上海崇明县的移民进行了研究。前者主要描述了移民的心态以及对安置地生活各方面的满意状况。……后者从移民与安置地社会整合的角度，描述了移民在社会适应过程中所出现的经济上的困窘、心理上的不适以及对过渡期后的顾虑等现象，指出社会整合是移民社会适应的必经历程。（苏红，2002）程瑜则从文化人类学的角度，对搬迁到广东博罗、三水两县市的移民的适应性进行了研究，作者用典型的事例描述了移民在语言、环境、日常生活、生产方式等方面的不适应状况。……作者对如何克服移民群体社会关系的“孤岛效应”也提出了自己的建议。（程瑜，2003）许佳君、施国庆等人则从宏观层面对三峡移民外迁沿海发达地区安置后的社会整合问题进行了探讨，在对移民安置目标的认同差异、安置地区选择、安置模式选择、生产安置方式、群体社会差异与社会整合等进行分析的基础上，提出了相应的对策建议。（许佳君、施国庆，2001/2002）马德峰则从土地、住房、社区整合、移民代表制度、帮扶制度等方面对搬迁至江苏大丰市的移民的社区适应进行了探讨，并对影响移民社区适应性的客观因素进行了分析。（马德峰，2002）。

[然后介绍了第二类文献的研究状况和结果。]

通过对上述两类文献进行分析，笔者认为，原有的对跨县近迁、集中安置的移民的研究中，描述适应状况的多，探讨影响移民适应因素的少。而现有的跨省外迁移民研究则存在以下几个方面的不足：一是研究对象的搬迁时间普遍较短。这些研究基本上都是在移民刚刚搬迁几个月到一年多的时间内进行的，对于认识移民适应的状况及其影响因素来说，其研究结论显然受到迁移时间的限制而局限在移民搬迁初期的范围内。二是在资料收集方法上，这些研究较多地采取通过听取汇报、个别访问以及少量观察来获得间接的、感性的、典型的资料，然后依据主观的分析得出结论的做法，缺少一定规模的、较系统的定量资料的收集和分析研究。这对于从整体上把握和认识影响移民社会适应的因素十分不利。三是目前尚没有一项样本规模超过 150 户的系统调查研究结果。仅有的两项问卷调查由于移民安置过于分散，实地调查的困难很大，因此样本规模普遍较小，分别只有 149 户和 35 户（孙阳，2002；马德峰，2002）。同时，其调查的内容也相对简单，测量指标很少，分析的工具基本上都是采用简单的百分比统计来描述。所以，对于跨省外迁移民社会适应状况的影响因素问题，目前还缺乏较为系统的经验分析和认识。

[最后总结现有研究中存在的几个方面的不足，说明要回答研究的问题，还需要进一步的经验研究和分析。]

从上述几个例子中可以看到，不论哪种模式，都需要在文献回顾的最后部分做一个总结，特别是要指出现有研究的不足或局限。这种不足或局限可能是研究方法方面的问题，可能是研究对象方面的问题，也可能是研究者对研究主题的某个方面有所忽视造成的，还可能是以前不具备某种客观现实条件，等等。不论哪种情况，总结这些不足或缺陷，都可以作为开展自己的研究设计的逻辑起点。另外，在文献回顾中我们不能只有概述没有分析。要注意从概述中引出问题，将其引向你的关注焦点，从现有不足或缺陷中，为提出你的思路，你的观点、方案做准备。

二、研究方法部分的结构和写作要求

1. 论文中对研究方法的介绍及其意义

社会研究的科学性的一个要求就是在研究报告中详细地、如实地介绍和陈述研究者在探索研究目标的过程中所运用的方法，包括所遭遇的困难、障碍和挑战。学术论文写作中的这项必不可少的内容，是读者接受研究结论的前提和基础。我们知道，科学的研究方法的主要目标，是为创造出接近客观现实的知识提供可靠的保障。各种学术刊物所发表的社会研究报告和经验研究论文，不仅要表达研究者的学术观点和研究结论，同时还应该对产生这些观点和获得这些结论所运用的方法进行说明。与此同时，学术界的学者们在对各种论文的探讨和分析中，也不仅要对作者的观点和结论做出评价或者进行商榷，同时还要对作者获得这些结论所使用的方法和资料进行评价。这既是学术界用以促进和提高研究质量和水平的一种有效机制，也是规范的知识辨析、知识积累、知识建构的一种有效机制。

笔者曾在一篇论文中指出："规范的做法是：在研究报告或论文中，一定要专列一个独立的部分来介绍自己的研究方法，即要有一个在诸如'资料与方法'、'样本与资料'，或'研究设计'、'研究方法'之类的小标题下列出的专门一节。在这一节中，研究者要清楚、明白、如实地向读者介绍自己的研究方法和研究过程中各种操作的关键环节。这种专门的介绍，不是教条，不是框框，也不是'洋八股'，而是科学研究论文的必备条件，是其结论成立的前提和依据，也是研究者科学精神和科学态度的一种体现。它既可以在一定程度上约束研究者的研究行为，同时也可以使读者和同行切实地了解作者所得研究结论的正确性、普遍性和适用性。"①

当然，对于采用不同研究方式进行的研究来说，在方法部分介绍的内容会有所不同。比如，对于采用调查研究的方式进行的研究来说，其方法部分要重点介绍抽样设计与实施、概念操作化与变量测量、资料收集方法与资料质量评价、统计分析的方法等。而对于采用实地研究方式进行的研究来说，研究个案的选择、研究者进入实地的途径与方式、参与观察或深度访谈的实际过程、研究者采取的角色等，则是其方法部分介绍的重点。因此，下面我们分别对采用调查研究、实地研究、文献研究这三种不同方式所进行的研究，在论文中如何进行研究方法的介绍进行说明。

2. 采用调查研究方式的论文中对方法的介绍

调查研究是最常见的社会研究方式，也是研究程序、研究对象、研究方法、研究技术相对固定的一种方式。在以调查研究为研究手段的论文中，应该如何报告研究方法呢？一般来说，报告的内容主要包括对抽样方法及样本的介绍、对基本概念的操作化以及变量测量的介绍、对资料收集方法和过程的介绍三个部分。

（1）对抽样方法及样本的介绍。

由于调查研究都是通过调查样本来反映总体的，因而抽样就成为调查中必不可少的一个环节，对抽样的介绍自然也就成为调查研究论文的方法介绍中的一项重要内容。从目前情况看，在介绍抽样方面，研究者有以下几种常见的介绍方式。其中有些是不合乎要求的，有些是有所欠缺的，有些是比较规范的。为便于读者学习和辨别，我们逐一进行说明。

第一种是完全不介绍的方式。一些调查研究的论文中，作者似乎没有意识到应该向读者交代自己所用的抽样方法，甚至在论文中对抽样方面的内容只字不提。他们通

① 风笑天：《结果呈现与方法运用：141篇调查研究的解析》，载《社会学研究》，2003（2）。

常的做法只是在论文中简单地表明“研究者为了什么目的、在什么时候、在什么地方、对谁进行了调查”，然后就开始报告调查结果。似乎只要说明研究结果是通过“调查得到的”就能代表一切。这种只报告其做了“调查”，而不报告其具体的抽样方法和过程的做法，不仅不符合科学研究的规范要求，同时也大大地降低了调查研究结果的可信程度。因此，在论文写作中一定要避免这种做法。

第二种是“贴标签”的方式，也可以说是“一句话方式”。即在论文中只是用一句类似“我们采用分层随机抽样的方法，对某某市 300 户居民进行了调查”，或者用“本文的资料来源于笔者某年对某市 400 位老年人进行的随机抽样调查”这样的话进行说明。尽管实际上其中一部分研究者可能的确采用了随机抽样的方法，但从研究报告的角度看，这种只点出自己的抽样方式，而将具体的抽样设计、抽样过程和抽样具体环节全部省略的做法同样是不符合科学规范要求的。因为它并没有向读者提供必要的、有关抽样的信息，仅仅只是在给自己的研究贴上一个“随机抽样”的标签。因此它实际上和前一种方式一样，对抽样毫无说明，我们在写作中也要避免这种方式。

第三种是详细陈述的方式。即在研究报告中对抽样的具体方式、方法、过程等逐一进行介绍或说明。这是调查研究报告的结果呈现中起码应该做到的方式。下面就是一个这种介绍的例子：“城市样本是按以下方法抽取的：(1) 从中心 6 区中的每区随机抽取 3 个街道办事处，共 18 个街道办事处；(2) 从抽出的每个街道办事处中随机抽取 1 个居民委员会，共 18 个居民委员会；(3) 从抽出的每个居民委员会中再按照户口花名册随机抽取 33 户左右的家庭；(4) 在每个被抽取的家庭中，抽取 18 岁及以上、出生日最靠近 11 月 5 日的城市居民作为本次调查的访问对象。城市地区共获得有效样本 601 个。”① 通过这样的介绍和说明，读者就能够清楚地知道，这项研究的样本是如何得到的，也能够初步判断这一样本对总体具有什么样的代表性。

第四种是详细陈述加样本描述统计的方式。这种方式是在做到对抽样过程、抽样方法进行详细说明的同时，还给出样本的基本情况统计。比如，一项对城市在职青年的调查研究，在说明了抽样方式和过程后，还给出了包含性别、年龄、文化程度、婚姻状况、工龄、城乡来源等基本的背景变量的统计汇总结果。这种做法可以使读者十分清楚地了解样本的结构、各种重要特征的分布状况，以便读者更好地将调查研究的结果与研究者所作的推论联系考虑。表 10—1 就是这个调查样本的基本情况统计②：

表 10—1　　城市在职青年样本基本情况（n=2 357）　　%

性别	男性	48.4
	女性	51.6
年龄	17～23 岁	32.4
	24～26 岁	33.0
	27～31 岁	34.6

① 张文宏等：《城乡居民的社会支持网》，载《社会学研究》，1996 (3)。

② 参见风笑天、易松国：《武汉市居民生活质量分析》，载《浙江学刊》，1997 (3)。

续前表

文化程度	初中	7.9
	高中或中专	26.3
	大专	26.6
	本科	35.7
	研究生	3.6
婚姻状况	未婚	68.6
	已婚	30.8
	离婚	0.6
工龄	1年以内	13.6
	1～2年	26.3
	3～5年	27.3
	6年以上	32.7
城乡来源	城市	53.1
	镇	25.9
	乡村	21.0

最后一种是详细介绍加评估的方式。即在详细陈述抽样过程的基础上，不仅给出样本的基本统计结果，同时还对样本的质量进行评估。这是对抽样方法的最为完备的介绍方式。增加对样本质量的评估，目的是向读者展示样本结构与总体结构之间的误差大小，这样做能十分明确地告诉读者样本对总体的代表性程度，便于读者衡量和评价调查研究的质量。样本评估的常见方法是在那些最基本的背景变量上，将样本统计的结果与总体统计的结果进行比较，以说明抽样方法的效果。表10—2就是这种比较的一个例子①：

表10—2　　本次调查样本和全市总体家庭规模的分布　　%

家庭人口数	本次调查	1990年人口普查
1人	1.2	6.2
2人	6.4	13.3
3人	44.0	40.1
4人	25.3	21.7
5人	17.1	11.6
6人	3.7	4.2
7人	1.6	1.7
8人	0.6	0.9
9人	0.1	0.4

统计发现："在被调查的1 008户居民家中，平均每户人口数为3.7人，与武汉市1990年人口普查结果的3.4人及1994年市城调队进行的400户抽样调查结果的3.4人相差不大。进一步将本次调查家庭的规模、分布情况与武汉市1990年人口普查结果进行对比不难发现，二者在分布的总趋势上一致，各种规模家庭的具体比重相互间的差

① 参见风笑天、易松国：《武汉市居民生活质量分析》，载《浙江学刊》，1997（3）。

别也不大。因此，本次调查的 1 008 户居民家庭对总体具有较高的代表性，调查的结果基本上能够反映 1995 年武汉市城市居民家庭生活的一般情况。”①

该例子中，作者比较的是抽样调查的家庭户样本的规模分布与城市总体中家庭户规模的分布情况。表中“本次调查”指的是样本的结果，而“1990 年人口普查”项则反映的是总体的结果。当然，应该指出的是，在实际研究中，这种比较不是每项调查都可以做到的，它与调查总体的性质有很大关系。关键点是：样本所取自的总体是否具有现成的、涉及研究基本单位的统计结果。

（2）对基本概念的操作化以及变量测量的介绍。

从经验性社会研究的要求来看，结果呈现中对概念操作化和变量测量的完整说明应包含以下的内容：首先，要有对研究中主要概念的讨论。要在对其名义定义（理论定义）的讨论中明确说明自己的研究所采用的定义是什么（即对概念内涵进行界定）。其次，解释性调查研究中要明确指出自变量、因变量以及控制变量（如果有的话）各是什么，以及提出这些变量的理由或根据。再次，要详细介绍对上述各种变量是如何进行操作化的。既要给出各个变量的操作定义，同时还要给出所确定的测量指标、取值及其理由。对于那些试图测量态度、意愿等主观变量的调查研究来说，还应该对其变量操作化的具体维度进行说明。因为在一般情况下，这些主观内容需要采用多维度、多指标的测量，而常见的单维度的测量往往只能体现其内涵中的一个方面。最后，要对自己的变量测量或操作化处理方法进行评估，对指标的信度和效度进行一定的讨论，特别是要指出这种操作化方式可能存在的缺陷和问题。

笔者曾对国内一段时期调查研究论文中的方法表达进行过回顾和综述，指出在变量操作化和测量方面，研究者容易出现的不规范或者不完善的表达方式主要有以下几种：

一是完全没有介绍，即在整个论文中对变量测量的内容只字不提。这些研究者往往只是到了结果与分析部分，在展现调查所得到的具体结果时，才将所涉及的变量及其测量所用的问题在各种统计表格的题头中体现出来。

二是只对调查研究中相对抽象的、大的方面内容做简单提及，而没有对概念的操作化或变量的测量指标、测量方法进行具体说明。比如，只简单提及调查的主要目标是要了解“老年人的生活方式、社会参与、代际关系和闲暇生活等方面的状况或问题”，或者了解“成年子女与家长同住情况、不同住子女与家长的居住距离、不同住子女与家长间的互动及互助等状况”，而对于实际调查中如何具体测量这些内容则无明确说明。很多以描述现状为主的调查研究在结果呈现中往往采取的是上述两种不完善的方式。

三是在解释性调查研究中，虽有对基本变量、测量指标的介绍，但对变量含义的

① 风笑天、易松国：《武汉市居民生活质量分析》，载《浙江学刊》，1997（3）。

界定、测量指标选择的理由等等没有给出相对充分的说明。[①]

（3）对资料收集方法和过程的介绍。

在调查研究中，虽然都是采用随机抽样的方法抽取被调查对象，也都是采用问卷作为收集资料的工具，但是，由于具体的资料收集方法多种多样，每一种方式的性质和特征又有较大的不同，它们对调查对象、调查结果及调查质量的影响也各不相同，因而研究者一定要对自己采用的具体的资料收集方法进行详细的介绍。这同样是读者评价和判断一项调查研究的结果是否可靠、是否可信的一项重要指标。

实际上，各种不同的调查方式的实际效果之间，差别也是非常大的。比如，现实中有两项调查研究，二者都是采用随机抽样的方式，调查对象同样是城市居民，调查内容都是居民的生育意愿。但一项调查采用的是结构式访问的方式，研究者派调查员在计划生育干部的带领下深入城市居民家中，当面对被访者进行访问。另一项调查采用的是自填问卷的方式，研究者让小学生将问卷带回家，交给其父母填写，然后带回交给老师进行回收。两项调查得到的生育意愿的结果相差巨大——前者的结果是，70%左右的独生子女家长希望生育一个孩子；而后者的结果却是，70 %左右的独生子女家长希望生育两个孩子。除了由于两项调查的调查时间、调查空间的不同所造成的差别，以及由于测量指标的不同等其他方面因素的影响以外，具体的调查方式的差别也是一个重要的影响因素。不难想象，在实行计划生育政策的大背景下，人们在计划生育干部在场的情景中当面回答调查者的提问，与他们在完全匿名的情况下以自填方式来回答，二者之间会有多大的不同。更值得思考的是：如果这两项调查研究都不详细介绍它们的资料收集方式，我们又如何去面对这两种截然不同的调查结果呢？

除了两种调查方式之间的差别外，调查资料收集过程中还存在着这样几个方面的差别：一是研究者自行收集资料与交给他人收集资料之间的差别，二是调查所使用的调查员或访问员的性质、特征及规模的不同所带来的差别，三是调查资料收集过程的时间长短、范围大小等方面所存在的差别，四是当面访问与电话访问、集中填答与个别填答之间的差别，等等。这些都会在不同程度上对调查的结果带来影响。因此，研究者只有详细地将自己的资料收集方式、过程、做法等陈述清楚，读者才能了解和判断其调查资料的质量以及调查结果的质量。

3. 采用实地研究方式的论文中的方法介绍

实地研究中研究者的研究程序不像调查研究或文献研究中那样固定，实地研究中所采用的观察法和访谈法等资料收集方法也不像调查研究中的问卷法那样有一整套系统成熟的操作程序和方式。相反，研究中更多的情况是研究者灵活机动的“见机行事”和主观思考。因此，相对来说，实地研究论文中有关研究方法的内容往往不像调查研究等定量研究论文中所介绍的那样详细。但尽管如此，研究者在论文中还是应该尽量将实地研究的操作过程、方式和具体方法做一些说明，以利于读者了解研究的整体状

---

① 参见风笑天：《结果呈现与方法运用：141 项调查研究的解析》，载《社会学研究》，2003（2）。

况。通俗地说，就是要让读者知道研究者实际是如何做的，实地的状况如何，等等。下面是一项有关农村外来媳妇问题的实地研究论文中对研究方法的介绍：

研究方法和实地调查背景介绍

1998 年 4 月至 5 月我们在张家港（江苏省经济保税区的一个县级市）进行了一项实地调查，在 4 个镇对 120 名已婚男女进行了访谈，其中每个镇 30 人。为了对比，120 位被调查者中有 60 位女性，其中一半是当地出生的，另一半是迁移来的；女性移民中有 17 人拥有张家港户口，13 人没有。她们的婚姻都经过婚姻登记，是合法婚姻。同样，60 位被访的已婚男性中，有一半娶的是当地女性，另一半娶的是外来女性。为了了解女性迁移者的婚姻生活，我们详细记录了这些女性移民对自己婚姻的描述，并将其与他人的描述进行了比较。

除了这些个人访谈之外，我们还组织了 12 次座谈会，每个镇 3 次。每次座谈的参加者都有不同的特征。包括外来新娘座谈会，娶了外来新娘的当地男性座谈会，及当地民政局、计划生育办公室、妇联办公室和公安局的工作人员座谈会。通过这些座谈，我们不仅对外来新娘和她们的丈夫加深了了解，而且还了解了当地人和政府管理部门对外来女性婚姻的看法。

张家港是一个地处上海和苏州之间的相对比较富裕的县级市。1996 年净人均年收入达到 5 409 元，而当年全国的净人均年收入仅为 1 926 元，全省的净人均年收入为 3 029 元（中国人口信息研究中心，1997）。1996 年的全市人口总数为 820 000 人。所管辖的 26 个镇既包括农村也包括城镇，兼有城市和农村的特点。这里一半以上的居民有农村户口。在这个特殊的城市里，许多企业是乡镇企业、个体企业、合资或独资企业，对户口的限制比较少。

张家港人的生活方式也兼有城市和农村的特点，受传统的江南农村风俗影响，这里的邻里之间交往密切，女性对别人的家庭事务十分关心，经常品头论足。这里的结婚习惯也具有浓厚的农村特色，“门当户对”的观念还比较严重。虽然也有一些年轻人是自由恋爱，但是媒人介绍的方式在这里却更为普遍。通常情况下，结婚的费用是由男方负担的，他们要盖新房、支付彩礼并承担其他一些开支。婚后的夫妻或与公婆同住，或与公婆分开居住但来往密切，负责他们的养老。新娘必须处理好与婆家的关系，尤其是婆媳关系。

最近几年张家港的发展变化非常迅速，外来人口的增长速度也很快。当地人告诉我们，自从 20 世纪 90 年代以来有许多年轻的女性到这里来寻找“新天地”，一方面她们期望寻找到一份好的工作，另一方面她们期望能寻找到自己美满的婚姻。当地民政管理办公室提供的结婚登记数据证实了我们前面的结论。例如，1996 年将近三分之一的新娘是从外地迁入的。①

研究者在方法介绍中，不仅详细地说明了实地访谈的对象数目，而且介绍了访谈

① 谭琳等：《“双重外来者”的生活——女性婚姻移民的生活经历分析》，载《社会学研究》，2003 (2)。

对象的类型、座谈会的情况等。同时还介绍了“实地”（张家港市）的基本情况和特征。有了这些介绍，读者在阅读论文后面的结果与分析时，就会有一个基本的背景和参考框架。

另一方面，由于实地研究在很多情况下往往是在某一个或者某几个个案的背景中进行的（比如一个村庄、几个社区等），所以，在实地研究论文中，往往需要对个案进行介绍（正如上例中对张家港市的基本情况进行介绍一样）。有时论文中对这些个案基本情况的介绍甚至超过了对观察方法、访谈方法和资料收集过程的介绍。比如一项有关农村“老人会”等乡村自治组织的研究论文中，作者是这样对所研究的村庄个案进行介绍的：

刘村是浙东三门县 ZM 社区（工作片）的一个人口近千人的刘氏主姓村庄。

ZM 社区位于县城海游镇南部约 10.7 公里处，地处浙东沿海腹地的半山区地带，姓氏文化发达。这个社区历史上经常处在几个县级行政区划交界的边缘地带，1940 年以后隶属三门县，直到 2001 年大致保持着一个乡镇行政级别的建制，此后撤乡并入亭旁镇。

刘村建于 1948 年，位于 ZM 社区西北部。该地块山田参半，村的东北隅是山地，沿山从东到西的一条小溪流（板溪）汇入从南向北的溪流（南溪），合并为大溪流（金溪），向西北方流淌而去，把村庄分割成村西（内含上下阁的刘庄）和村东南（找田）这样两个一大一小的自然村。①

4. 采用文献研究方式的论文中的方法介绍

正如第七章中所介绍的那样，文献研究方式中主要有内容分析、二次分析，以及现存统计资料分析三种具体类型。这三种具体研究类型在所用资料的性质、具体操作方法等方面各不相同。因此，下面我们也分别对采用三者进行文献研究的论文中如何报告研究方法进行说明。

（1）采用内容分析方法的论文中对方法的介绍。

采用内容分析方法的研究论文中，对方法的介绍与调查研究中对方法的介绍比较相似。概括地说，研究者需要在论文中重点介绍三个大的方面的内容：一是文献样本的情况及抽样方法的设计，二是研究变量的操作化及文献中的编码方式，三是具体的文献资料的收集方法和编码过程。

下面我们举一个内容分析研究的论文中，研究者对方法进行介绍的例子。在一篇有关我国青年研究整体状况的内容分析论文中，作者是这样介绍这三个方面的内容的：

第一，选取有代表性的青年研究刊物。目前国内青年研究类的学术刊物有很多，笔者通过查阅相关资料和分析，选取了《青年研究》、《中国青年研究》、《当

① 阮文星等：《村民自治的内源性组织资源何以可能？——浙东“刘老会”个案的政治人类学研究》，载《社会学研究》，2009（3）。

代青年研究》以及《青年探索》四种刊物作为代表。《青年研究》由中国社会科学院社会学所主办，是改革开放以来中国大陆青年研究领域中创办时间最早、办刊时间最长、刊物质量最好、学术影响最大的杂志；《中国青年研究》由中国青少年研究中心主办，同时也是中国青少年研究会的会刊；《当代青年研究》由上海社会科学院青少年研究所主办；《青年探索》则是由广东省团校主办。四种刊物较好地代表了目前国内青年研究期刊中的最好水平。所以，选取这四种杂志作为研究的对象，可以很好地反映国内青年研究的整体状况和发展过程。

第二，从四种刊物中采用系统抽样的方法，随机抽取部分期号。考虑到样本量和编码的工作量，决定抽取每本刊物每年期数的三分之一，即从每年 12 期中抽 4 期（个别期刊个别年份为 18 期，则抽取 6 期）。抽法是以每年的个位数字为起点，每隔两期抽一期。比如，1982 年，个位数为 2，则抽取第 2、5、8、11 这四期，1983 年，个位数为 3，则抽取第 3、6、9、12 这四期；同理，1984 年，则抽取第 4、7、10、1 这四期；以此类推。

第三，筛选进行统计分析的论文样本。由于本文主要关注三十年来经验性（也可称为实证性）青年研究的发展状况。所以根据前面注释中关于经验性研究的界定，在具体筛选中将其操作化为“主要指的是采用各种社会研究方法（比如调查研究、实地研究、文献研究以及实验研究等方式），收集经验性资料所开展的研究”。根据这种界定，那些纯粹的青年理论探讨论文，那些无经验材料的泛泛论述文章，还有各种工作总结性的、工作报告性的文章，以及一些有关青年工作探讨的文章，等等，均不在本文统计分析的范围中。（若无特殊说明，下文中的青年研究即是指的经验性青年研究。）

［以上详细介绍的是第一个方面，即文献样本的确定和抽样方法。］

第四，研究变量的测量及编码。根据研究目标，本研究主要测量了与描述三十年青年研究状况这一目标相关的三个基本变量：研究对象、研究主题、研究方法。三个基本变量的具体测量与编码方式如下：

研究对象。先根据初步阅读和现实情况，列出了青年工人、青年农民、青年军人、青年知识分子、大学生等常见的青年类别，对其进行编码，同时在具体阅读研究论文的过程中，对新发现的研究对象增加新的编码类别。最终共得到包括前述几类对象以及青少年、城市青年、农村青年、全体青年、外国青年在内的 15 类研究对象类别。

研究主题。研究主题相对来说是比研究对象复杂一些的概念，因而在操作过程中，除了同样先根据初步阅读和现实情况列出若干主要的主题类别（比如职业就业、婚姻家庭、生活方式、思想观念、青年文化、失范行为等）外，还对其他更为广泛的研究主题保持着一种更为开放的态度，随时将新的主题增加到编码类别中来。最终共得到包括上述几类主题以及社会参与、心理健康、社会保障等在内的 13 类研究主题。

研究方法。本来研究方法的编码应该是最简单的，但实际阅读和编码结果则恰恰相反。研究者原计划依据常见的调查研究、实地研究、文献研究、实验研究四种方式进行编码。但是，编码员在阅读中发现，除了较常见的调查研究、实地研究方法外，许多研究并没有采用上述四种方式中的一种，而是在论文中直接引用他人已经发表的论文中的数据结果、资料表格等经验材料，作为自己分析和论证的依据。从严格意义上说，这种方法并不符合我们关于研究方法的定义和类型划分。这类研究甚至也不应该归入经验研究的范畴中。但为了更好地反映青年研究的现实状况，文中暂且将采用这种方法的研究作为“引用文献”的方式。（编码员在实际编码中，将少量采用内容分析、二次分析、现有统计数据分析方法的研究也并入了此类，这是不合适的。但这类研究的数量非常少，特此说明。）

除上述三个基本变量外，研究中还对四种不同的刊物以及论文发表的年代这两个变量进行了编码统计，以便于进行不同时期和不同刊物的分析。

[以上介绍的是第二个方面，即变量的测量和编码。]

由于编码是内容分析中的关键环节，为了保证不同编码员之间的编码一致性以及编码工作的质量，笔者先让三名研究生共同对《青年研究》上的论文进行编码。在他们熟悉并基本统一了编码方法后，再分别对另外三本杂志的研究论文进行编码。在编码员有疑问的时候，随时与笔者沟通，编码员相互之间随时进行讨论，以达到认识上的一致。[①]

[最后介绍的是与编码的统一性有关的问题。]

关于上述介绍中样本刊物的选择问题，可能有的读者会认为应该采用更为随机的方式来抽取。但如果要随机抽取，一方面，那样做的前提是要有全国所有青年刊物的名单，另一方面，那样得到的样本更适合于用来反映全国青年研究的“整体水平”，而非“最好水平”。由于该研究是希望反映青年研究最好水平的状况，所以，作者选择的是几本最能代表研究最好水平的刊物。

（2）采用二次分析方法的论文中对方法的介绍。

二次分析方法的关键在于其所用的数据是二手数据，所以，在研究报告中的方法介绍部分主要应介绍二手数据的来源及相关情况。一些研究者对于采用二手数据资料进行的研究，在介绍时往往只用一句话进行说明，比如，“本文所用的资料来源于某某年进行的一项调查研究”，或者“本文所用数据来源于CGSS2003”，而有关该调查的详细情况则只字不提。这是一种不规范的做法。因为它只是告诉读者“我所用的资料是有正式出处的”，但这样的说明并不能反映数据来源样本的质量和代表性。另一些研究者则采取注释的方式，对该调查的地点、对象、样本规模等做一些简单说明。这种做法虽然比前一种稍好，但这种说明往往十分有限。那么，较好的做法是什么呢？就是在

① 风笑天：《三十年来我国青年研究的对象、主题和方法——对四种青年期刊2 408篇论文的内容分析》，载《青年研究》，2012（5）。

注明数据来源的同时，相对详细地对样本、调查方法等也进行一定的介绍和说明。让我们举一个发表在《美国社会学评论》上的例子。作者是美国社会学者魏昂德，他是这样介绍其二手资料来源的：

> 我采用一项全国调查资料来分析这一问题。这项调查于1996年进行，它运用多段分层随机抽样的方法，从全中国除西藏自治区以外的所有地区中抽取有代表性的家庭户样本。抽样设计以及实地调查程序的详细描述可参见项目手册（Treiman，1998），但这项研究的某些性质应该在这里提及。城市和农村的样本是分开抽取的。每个样本都是根据1990年人口普查数据，按照初中以上教育程度人口的比重，将2 500多个县级行政区划分成25层。在农村样本中，根据概率与人口规模成比例的方法抽取出50个县级行政区。在每一个抽中的县级行政区内，抽取出一个镇或镇区；在所抽取出的镇或镇区中，又依据概率与人口规模成比例的方法抽取出两个村，共抽取出100个村。每一个被抽取的村中，根据村里的家庭户登记表随机抽取家庭户。在每个抽中的家庭户中，利用随机数表抽取一位年龄在20至69岁的成员作为被访者，最终得到一个由3 003个被访者（家庭户）所构成的样本。[①]

许多研究者往往只说到此段话的前一小半（引文中括号处）就结束了，而真正重要的后一大半则被省略。其实，在一篇可能长达万言的论文中，加上这短短的几百个字，既是可能的，又是必要的。

（3）采用现存统计资料分析方法的论文中对方法的介绍。

现存统计资料分析方法的介绍相对来说稍微简单一些。其主要的内容是要清楚说明资料来源及其性质，同时尽可能对与论文中采用的资料相关的背景、变量含义、计算方法、资料质量等进行必要的解释和说明。

例如，一篇有关中国人生育意愿中“生肖偏好”的研究，是这样介绍其资料来源的：

> 本文所使用的数据主要来自国家统计局编制的《中国人口统计年鉴》及其官方网站公布的历年统计公报。由于出生人口数据的质量将影响到对问题的判断与分析结果，因此首先需要讨论数据的可靠性。学界对20世纪90年代以前的数据质量基本表示认可，然而90年代以来的出生漏报和瞒报等影响数据质量的问题日益凸显，导致了一系列以出生人口数据为基础的研究产生了众说纷纭的结果。2007年，翟振武教授和陈卫教授根据教育统计数据重构了2000年人口普查0～9岁人口的性别年龄结构，并以此为基础对90年代历年的出生人数进行了估计。结果他们发现“估计的结果在总体上与国家统计局公布的人口变动抽样调查结果基本一致”（翟振武等，2007）。因此，基于国家统计局所公布数据的相对权威性，以及相关研究表明的出生数据质量仍比较可靠的判断，我们认为使用统计局公布的数据对本研究的结论不会有质的影响，所以本文使用的1949—2008年的出生人口数据均是没

---

① Andren G. Walder, Markets and Income Inequality in Rural China: Political Advantage in an Expanding Economy, *American Sociological Review*, No. 2, 2002.

有进行调整的官方公布数据。①

另一篇关于学术论文“马太效应”的研究论文中，作者是这样来介绍其所采用的中国知网数据资料和研究方法的：

数据和方法

由于学科之间存在较大差异，对不同学科的研究成果进行比较，许多因素都难以控制。故选取某一学科某一年发表的论文为对象进行分析，可能更为适宜于本问题的研究。于是，本文对2009年中文社会科学引文索引（CSSCI）收录的人口学7种期刊所发表的603篇论文进行了分析。本文数据均来自中国知网。本研究主要使用线性回归方法和Logistic回归方法，对模型所涉及的因变量、自变量和控制变量进行逐一操作化，其统计信息如表1② 所示。

因变量一：下载频次。

论文被关注的初级程度是被阅读，被阅读次数越多，关注度越高。通过纸质期刊，我们是难以准确测量每篇论文的被阅读次数的，而从中国知网下载论文阅读早已成为众多研究者查找资料的主要方式，在以计算机为主要交流工具的社会里，学术论文的下载量是不容忽略的重要参数（唐云富，王佳，2010）。中国知网提供了每篇论文的下载频次，由此可以方便、快捷、准确地获悉每篇论文的被阅读次数。本文选用中国知网提供的“下载频次”作为度量论文关注度的指标之一。本研究选用了人口学7种刊物2009年发表的603篇论文截止2010年7月1日零时和2011年7月1日零时两个时点的下载频次。由于下载频次是连续型数据，所以使用线性回归分析方法对其进行影响因素分析。

因变量二：被引频次。

论文被引用是被关注的高级程度。自美国著名情报学家加菲尔德（Eugene Garfield）在20世纪50年代创立引文索引系统以来，应用引文分析方法评价科学研究成果和学术期刊已成为国际通用的文献计量评价方法（孟连生，1999）。在研究中，论文被引频次选取时点与下载频次相同。603篇论文中，2010年和2011年分别有75.8%和36.0%的论文尚未被引用过，考虑到未被引用比例较高，采用两步来分析被引情况。第一步，测量论文是否被引用，将被引用1次及以上的定义为1，从未被引用的定义为0，拟合二分类Logistic回归模型；第二步，仅对被引次数大于等于1的论文进行分析，考察影响引用次数的因素，拟合线性回归模型。

控制变量一：论文的发表时长。

论文发表得越早，出现在中国知网上的时间就越长，被下载、被引用的可能性越大，这样可能会致使结果出现较大的偏误，所以要对论文的发表时间进行

① 马妍：《吉年生吉子？中国生肖偏好的实证研究——基于1949～2008年出生人口数》，载《人口研究》，2010（5）。

② 原表从略。

控制。

控制变量二：各研究方向发文量。

学者们一般都有自己的主要研究方向，通常更关注自己涉及领域的论文；同时，在学术领域内，学者们的研究方向并不是以均匀状态分布的。这样很有可能导致研究者多的领域或方向的论文下载频次高，由此也就掩盖了论文受到其他因素的影响作用，所以要加以控制。本研究选用各研究方向的发文量作为控制变量。研究方向主要以7个期刊2009年最后一期的总目录为依据进行划分，在此基础上略作调整，共分为21个研究方向。

自变量一：期刊影响因子。

期刊影响因子是目前国际上公认的衡量期刊影响力的比较好的指标。它的计算方法为：在一年之内，某种期刊近两年来发表的论文被全部源刊物所引证的次数，与该刊近两年来所发表的全部源论文数之比。期刊影响因子越大说明期刊等级越高，学术地位越高。本文使用的期刊影响因子为中国知网2010年公布的数据。

自变量二：高知名度作者。

公开发表论文数是衡量作者知名度的常用指标。一般而言，作者发表论文的数量越多，其知名度也有可能越高。由于学术具有连贯性，所以本研究统计了这603篇论文作者在1977年（我国第一本人口学期刊创刊）至2009年的32年间的发文量，单个作者发文量最多的为102篇，最少的为1篇，55.1%的作者发文量不超过4篇，有25.0%的作者发文量超过12篇。本研究按照发文量将作者分为两类：高知名度作者和低知名度作者，前者是发文量在12篇以上的，后者是发文量12篇及以下的。如果论文作者有两位及以上，则按发文最多的作者计算，因为读者通常会注意到他们所熟悉的人的名字，即使其位列最后，也会是最显眼的一个。

自变量三：热点论文。

衡量论文的热点性，最初计划使用关键词出现的频次作为热点性评价，实际操作过程中发现关键词使用非常不规范，难以测量。于是采用德尔菲法，即专家根据经验将论文分为热点论文和非热点论文两类。论文热点性的评判基本上依靠专家的经验。①

这篇论文的方法介绍中有一个突出的优点，就是不仅对研究所用到的中国知网中现存的每一种数据资料的性质及其特点进行了详细说明，同时还对研究者针对这些数据资料的特点特别是其局限所进行的选择、调整的做法及其理由进行了说明。

① 侯佳伟等：《学术论文的“马太效应”——基于2009年度CSSCI人口学期刊的分析》，载《人口与发展》，2011（5）。

5. *研究方法介绍与科学精神*

在有关如何撰写方法介绍部分的最后，我们再次以英克尔斯等的“现代人研究”作为例子，看看他们是如何在其著作中介绍他们的研究方法的。

在英克尔斯等的这一著作中，作者详细探讨了其研究过程中涉及的各种研究方法问题：从概念的定义、测量，到调查国家的确定；从调查样本的选择，到同被调查工厂的经理和工会领导人的接触；从访谈过程的质量控制，到确保同一份问卷在不同文化中具有同一含义时所面临的翻译问题；等等。正是这种看起来似乎有些琐碎、啰唆的讨论，让我们切实感受到一种严谨的、求实的、负责的科学态度和科学精神。它使读者成为研究过程的实际参与者，成为研究结论来龙去脉的见证人。

对研究过程中所面临的各种挑战，以及由这些挑战所引起的对研究结论的各种疑问，研究者不是靠强硬地提出自己的观点来回答，而是心平气和地让读者详细了解自己的研究程序和研究方法，了解“自己是如何做的”来进行回答。

比如，由于“现代人研究”中的被调查对象大多数没有经历过这样的访谈，因此，访谈过程造成的偏差是一个需要正视和说明的问题。研究者必须保证，他们“在访谈中所采取的有助于确定情景与态度的方法，不会以某种误导的方式，诱使人们造成回答的偏差”。英克尔斯等没有武断地指出其研究方法和程序质量如何好，而是详细地描述了访谈的过程，特别是他们的操作方法：除了向被访者说明研究的目标、保密要求外，“还尽一切努力保证访谈的进行近乎完全秘密”，“在每家工厂，我们都有一间私用房间。在那种不得不坐在凳子上公开进行访谈的地方，我们尽量注意附近（至少在听觉可及的地方）没有人徘徊和窥伺。当这些条件在工厂不能得到满足时，我们便把受访者带到我们研究项目的总办公室中”①。访谈员都受过训练与指导，他们不会把任何观点强加给受访者，也不会引导受访者，更不会评判受访者回答的内容、使用的语言和表达的观念。作者还列举了在 5 600 次访谈中，只有不到 30 次半途而废，等等。当他们将访谈过程的所有细节描述完毕后，才写下了最后这句话：“我们的程序显然既没有把现代性较少的人排除在外，也没有把现代性较多的人保留进来。”② 显然，并不是这句话，而是他们的那些描述，让我们相信，他们所得到的是真实无偏的资料。

同样，为了说明被访者对问卷的理解状况不存在问题，也不致引起回答偏差，作者详细地描述了他们的做法：“我们在研究的一开始就采纳一项严格的规定：不经常使用同意—不同意的格式，当然也不经常使用其他措词一成不变的回答。”“除了变化问题的类型和形式以及提供平衡的选择之外，我们也设法通过问卷的组织来抵消回答趋向的影响。”“在问题的安排上没有任何东西可以给出一种提示，告诉人们某个答案可能比其他任何答案都好。”此外，“我们做了一项特殊的测验，以考察对我们问卷的理解状况。我们称这种技术为‘随机侦察’”，“在使用这一技术的 200 个问题中，有 87 %被评估为理

---

① [美] 阿列克斯·英克尔斯、戴维·H·史密斯：《从传统人到现代人——六个发展中国家中的个人变化》，83～86 页，北京，中国人民大学出版社，1992。

② 同上书，86 页。

解得‘好’或‘很好’”。“它不仅表明我们成功地提出了可理解的问题，而且还表明，除少数情况之外，我们的受访者不仅理解我们问的是什么，而且理解并能够解释和证实他们答的是什么。”①

英克尔斯等用几页纸的篇幅详细解释和描述上述各种做法，特别是“随机侦察”方法的运用及其结果，也只是为了得到最后的这两句话。而当读者心服口服地接受了这两句话时，他们还会怀疑研究者所用资料的质量吗？

虽然英克尔斯等的研究结果是一本著作，有关方法介绍的内容相对一篇论文来说则显然篇幅过大。但我们这里希望读者明白的是，英克尔斯等研究者对研究方法进行如此详细的介绍，其背后所体现出的科学精神。没有这样一种科学精神，我们的社会研究是很难真正发现社会的本来面目的。

教学建议与练习题

1. 从学术刊物上选择几篇经验研究的论文，去掉原文的摘要和关键词，印发给学生，让学生阅读原文的内容，写出摘要和关键词。

2. 从学术刊物上选择几篇经验研究的论文，让学生阅读原文中的文献回顾，体会和分析文献回顾的常见结构与写作方法。

3. 从学术刊物上选择三至五篇分别采用调查研究、实地研究、文献研究方式的经验研究论文，让学生阅读并讨论原文的方法部分，加深对方法部分内容结构和写作方法的理解。

推荐阅读

1. [美] 阿列克斯·英克尔斯，戴维·H·史密斯．从传统人到现代人——六个发展中国家中的个人变化．北京：中国人民大学出版社，1992.

2. 风笑天．结果呈现与方法运用：141 项调查研究的解析．社会学研究，2003 (2)．

① [美] 阿列克斯·英克尔斯，戴维·H·史密斯：《从传统人到现代人——六个发展中国家中的个人变化》，86～90 页，北京，中国人民大学出版社，1992。

第十一章　论文写作（下）：结果、讨论、参考文献

在这一章中，我们将介绍论文最后几个部分——结果与分析、总结与讨论、参考文献与注释的写作要求与写作方法。

一、“结果与分析”部分的写作

论文的“结果与分析”部分，往往是论文主体中篇幅最大的部分。这一部分的主要目标，是将研究所得到的具体结果及其对研究结果的分析有条理地组织起来，将得出研究结论所依据的各种具体资料证据有逻辑结构地展现在读者面前。考虑到定量研究的论文与定性研究的论文在“结果与分析”部分的表达方式上有一定的差别，因此，我们下面分别对二者的写作方式进行讨论。

1. 定量研究论文“结果与分析”部分的写作

定量研究一般是借助计算机和统计软件，采用统计分析方法来分析所得到的量化资料。而统计分析的直接结果往往是各种数据、表格和图形。因此，研究者在撰写论文中，既要很好地组织和表达这些统计结果，又要给出对这些统计结果的分析和解释。目前研究者在论文中对数据分析结果有三种不同的表达方式。

第一种方式是用文字将统计分析的结果、特别是将统计表格中的内容再重复一遍。这是一种不正确也不必要的做法。因为一方面，这种做法并没有告诉读者一些比表格所显示的内容更多的东西，另一方面，这种做法本身也反映出研究者自己对统计的具体结果还缺乏明确的认识。研究生在论文撰写中一定要避免这种表达方式。

第二种方式是把统计分析的结果，特别是把统计表格中的内容、特点、趋势等进行归纳和概括，然后再用文字描述出来。即用文字讲清楚统计分析的结果“是什么”或者“怎么样”。这种表达方式是统计分析起码应该做到的。一般情况下，统计表格中的具体结果有很多，或者说，表中的数字有很多，但它们的重要性并不一样。研究者的责任是将这些具体数字结果进行概括，指出其中最重要的结果，同时引导读者阅读这些结果，以帮助读者抓住统计分析结果的核心。这样做实际上也是在为研究者进一步分析和得出研究的结论展示具体经验证据。下面是这种表达方式的一个例子。

例 1　在一项研究中，研究者对未婚青年期望的夫妻双方年龄大小以及已婚青年实际

的夫妻双方年龄大小进行了调查，得到了表 11—1 中的统计结果，并给出了具体的分析和说明。（下文中方括号内的宋体字为笔者所加，目的是给读者一些分析和写作的提示。）

表 11—1　　青年期望的和实际的双方年龄大小　　%

男女双方年龄	未婚女青年期望	未婚男青年期望	已婚女青年建议	已婚男青年建议	未婚青年总体期望	已婚青年实际状况
男大于女	66.7	56.3	72.8	66.5	61.5	65.0
男女一样大	2.9	4.2	3.2	5.2	3.5	22.1
女大于男	1.4	2.9	1.4	2.1	2.1	12.9
无所谓	29.0	36.6	22.6	26.3	32.8	
N	649	618	279	194	1 269	466

表 11—1 的结果表明，首先，无论是未婚青年还是已婚青年，也无论是男青年还是女青年，男大于女始终是主流的期望与实践。[这是对男女双方年龄 4 种情况整体比较后总结的结果特征。] 但是，相对来说，女青年比男青年更看重这一点，已婚青年比未婚青年更坚持这一点。[这是对男女青年比较、未婚已婚青年比较后总结的结果特征。] 将未婚青年总体期望与已婚青年实际状况比较，可以看到，主要的差别在于，未婚青年中有接近三分之一的人选择了无所谓。但在已婚青年中，这一部分比例基本上分布到了男女一样大（约 20%）和女大于男（约 10%）两类中。或许正是因为有了三分之一的青年不在意双方年龄的大小差别，所以才会出现青年实际婚姻状况中，三分之一左右的人并没有遵从男大于女这一传统规范的现实。我们也可以认为，在关于双方年龄大小的问题上，青年的期望与实践之间没有大的差别。[这是对数据统计分析结果的最终总结。]①

第三种方式是在描述和概括研究结果"是什么"或"怎么样"的同时，尽可能去揭示出"为什么会如此"、"为什么会这样"，或者解释"可能是因为什么"，或者揭示"这一结果意味着什么"。这是统计结果分析中更为重要的内容。因为概括和总结统计表格的内容，只是研究结果分析中的一部分工作，并且常常是基础性的工作。更为重要的工作则是对这些结果的解释和对其内涵的揭示。下面是这种表达方式的一个例子：

例 2　在一项研究中，研究者对青年的城乡背景与青年就业途径之间的关系进行了统计分析，得到了表 11—2 中的结果。

表 11—2　　城市在职青年的城乡背景与就业途径的交互统计　　%

就业途径	城乡背景			合计
	城市	镇	乡村	
学校毕业直接分配的	23.8	18.4	15.1	20.6
单位招工自己应聘的	44.8	51.8	52.2	48.2
父母和家人帮助联系的	14.4	10.2	9.6	12.3

① 风笑天：《城市在职青年的婚姻期望与婚姻实践》，载《青年研究》，2006（2）。

续前表

就业途径	城乡背景			合计
	城市	镇	乡村	
同学朋友帮助联系的	5.8	6.1	6.3	6.0
亲戚帮助联系的	6.3	9.2	11.4	8.1
其他方式得到的	4.9	4.3	5.3	4.8
(n)	(1 242)	(608)	(490)	(2 340)
统计检验	$\chi^2=43.906$　$df=10$　$p=.000$			

表 11—2 中的结果表明，总体上看，不同城乡背景的调查对象在就业途径分布上的总趋势大体一致，但在具体就业途经的比重方面依然存在着明显的差别。[第一句话描述了统计结果所体现的整体趋势，同时说明局部存在差别。] 这种差别表现在：来自城市生活背景的调查对象依靠学校直接分配的比例相对较高，来自镇和乡村背景的对象比例相对较低。而自己应聘的比例则正好相反，城市背景的对象相对较低，镇和乡村背景的对象相对较高。[接着具体指出局部的差别，并提醒读者注意该研究的一个重要发现。] 值得特别注意的是，与一般的看法所不同的是，在利用各种社会关系获得就业方面，三者的总比例相差无几（城、镇、乡的比例分别为 26.5%、25.5%、27.3%）。可以说，这是本研究的一个十分重要的发现。

[接下来，再进一步揭示更细小的差别。]

对表 11—2 中的结果做进一步分析还可以发现，尽管具有城、镇、乡背景的青年在利用各种社会关系就业上的总比重几乎相同，但在具体依靠对象的比例上还是稍有差别的：具有城市生活背景的青年依靠“父母及家人”就业的比例略高于另外二者；而依靠“亲戚”就业的比例则相反，略低于另外二者；三者利用“同学朋友”关系就业的比例则基本相同。①

在对统计表格中的结果进行了上述总结和描述后，作者接着对统计表格中所体现的“在具体依靠对象的比例上”存在“差别”的原因进行了下述分析和解释：

这种差别或许可以通过社会关系的同质性进行解释：乡镇背景的调查对象与其关系最近的“父母和家人”之间的同质性强，且大都居住和生活在乡镇，其关系网络和可利用的人脉资源也更多地局限在乡镇。而比“父母和家人”关系稍远的“亲戚”关系与他的同质性则会相对较弱，即异质性会相对较强，其关系网络和可利用的人脉资源就有可能突破乡镇范围而扩大到其就业所在的城市社区。至于在“同学朋友”关系方面三者状况基本一致，则或许揭示出这种具有业缘关系性质的社会资本对于三者的就业来说，所发挥的作用相当。②

2. 定量研究论文中撰写“结果与分析”部分的两条原则

如何写好定量研究论文的结果与分析部分呢？从笔者的经验来看，大家可以遵循

①② 风笑天：《城市在职青年择业途径及相关因素分析》，载《南京师范大学学报》，2012 (5)。

这样两条基本的原则：一是“先整体后局部”，二是“先描述后解释”。所谓“先整体后局部”，即先对表格中所显示的统计分析结果进行整体性的归纳和总结，让读者了解最主要的结果，然后，再对表格中不同部分所显示的特定结果进行分析和说明。而所谓“先描述后解释”，则是指在将统计结果清楚地进行总结和描述后，还要尽可能对这些结果做出诸如“为什么会如此”、“可能的原因是什么”这样的解释和分析。为了更清楚地说明这种“先整体后局部”、“先描述后解释”的原则的应用，我们来看看下面的两个例子。

例 3　在一项研究中，研究者对青年的文化程度与就业途径之间的关系进行了统计分析，得到了表 11—3 中的结果。

表 11—3　　城市在职青年文化程度与就业途径的交互统计　　%

就业途径	文化程度					合计
	初中	高中或中专	大专	本科	研究生	
学校毕业直接分配的	4.3	30.7	25.7	14.2	11.8	20.7
单位招工自己应聘的	25.0	34.3	46.4	63.7	58.8	48.2
父母和家人帮助联系的	19.0	11.3	11.8	11.8	11.8	12.2
同学朋友帮助联系的	13.0	8.7	5.5	3.0	2.4	5.9
亲戚帮助联系的	32.1	10.3	5.8	3.6	2.4	8.2
其他方式得到的	6.5	4.8	4.7	3.6	12.9	4.8
(n)	—184	—610	—618	—830	—85	—2 327
统计检验	$\chi^2=391.115$　$df=20$　$p=.000$					

［首先是对整体的状况做出概括和描述］表 11—3 的结果表明：首先，在职青年的文化程度的确与自己应聘就业的比例基本上成正比，即文化程度越高者，自己应聘就业的比例也越高。这一结果证实了笔者之前的假设。［再对细节部分进行总结和描述］其次，除初中毕业者外，文化程度与学校分配的比例成反比。即高中、中专、大专毕业者依赖学校分配的比例远高于本科及以上者。［然后再解释为什么会如此］这或许与中专及大专这类学校更具有职业培训的目标和因素，更多地与就业单位对口培养有关。［再对另一个方面的细节进行总结和描述］最后，文化程度与依靠社会资本途径就业的比例之间同样成反比，从初中毕业到研究生毕业，其依靠社会资本就业的比例分别为 64.1%、30.3%、23.1%、18.4%和 16.6%。［再对这一结果的内涵进行解释］如果说青年的文化程度主要反映的是青年在就业市场上所依据的人力资本的话，那么，表 11—3 的结果说明，青年的人力资本越强，其依靠社会资本就业的比例就相应越小。总的趋势是，低文化程度青年、特别是初中文化程度的青年，在就业时更依赖社会资本途径，而具有本科和研究生文化程度的青年则主要依靠自己的人力资本自主应聘就业。①

例 4　一项研究青年择偶方式的报告中给出了表 11—4 中的统计结果，我们来看看

① 风笑天：《城市在职青年择业途径及相关因素分析》，载《南京师范大学学报》，2012（5）。

作者是怎样按照上述两条原则进行分析和表达的。

表 11—4　　未婚青年与已婚青年择偶结识方式分布状况的统计　　%

结识方式	2004 年 12 城市在职青年调查		2007 年 12 城市在职青年调查		2008 年五城市已婚青年调查
	未婚青年	已婚青年	未婚青年	已婚青年	已婚青年
原来的同学	47.6	22.4	47.8	17.6	17.2
在一个单位工作	10.1	11.0	9.3	18.1	13.1
工作关系认识	6.0	5.8	3.2	3.6	6.6
同事或朋友介绍	11.7	26.7	9.2	24.4	28.0
父母和家人介绍	2.7	14.4	2.6	12.7	12.3
偶然机会认识	18.7	15.9	19.2	16.5	15.0
其他方式认识	3.1	3.8	8.8	7.1	7.7
样本规模（n）	(929)	(465)	(1 205)	(722)	(1 207)

表 11—4 的结果中，我们可以看出这样几个特点：[先总结总体的结果和特征] 首先，2004 年与 2007 年的调查结果在各种具体结识方式上的分布状况基本相同。无论是未婚青年的结识方式，还是已婚青年的结识方式，两次调查的各项百分比分布都十分一致。[然后解释为什么会有这一结果] 对于这一结果的形成，笔者分析主要有两方面的原因：一方面可能是由于两次调查的城市相同，调查对象的属性也相同，相隔的时间仅有 3 年，所以调查所得到的结果基本相同。但另一方面，两次调查结果基本一致也可能反映出在当前社会整体背景、特别是在当前社会文化观念的影响下，当代城市青年在择偶过程中，与恋人、爱人的结识途径本身具有相对稳定的特点和规律。

其次，[同样是先总结总体的规律和特点] 仔细分析这种总体上相对稳定的结识途径的分布特点，我们发现，未婚青年择偶的结识方式与已婚青年的结识方式之间有着明显的不同，反映出当青年从未婚走到已婚时，择偶的具体方式发生了一定的变化。这种变化的特征是：在未婚青年中，恋爱对象是“原来的同学”的比例最多，接近总数的一半，成为其最主要的结识方式；而恋爱对象是通过他人介绍结识的比例最小，大约只在 10%～15%之间，特别是通过“父母或家人介绍”结识的比例则更是小到几乎可以忽略不计的地步（不到 3%）。但是，与这种分布相反，在已婚青年中，由他人介绍结识的方式却成为男女青年走到最终结合的主要途径，其比例达到 40%左右。其中通过“同事或朋友介绍”结识的比例超过 25%，成为已婚青年结合过程中最主要的结识方式。相比之下，在未婚青年结识方式中占主导地位的“原来的同学”的比例则下降到 20%左右。[然后揭示这种特点的含义] 未婚青年与已婚青年的两种不同结果启示我们：虽然原有的同学关系是未婚青年择偶结识方式的最主要来源，但真正能走到结婚成家的，只是其中的一小部分，其比例往往只占这类青年总体的三分之一至二分之一。这揭示出，未婚青年择偶方式中最重要的“同桌的你”，在他们进入社会、参加工作后所面临的各种现实面前，往往会大打折扣，只有不到一半的人能最终走进结婚殿堂，成为夫妻。

再次，[同样是先总结总体的规律和特点] 三次不同调查中，已婚青年择偶方式的结果都非常接近，表现出一种十分稳定的分布和趋势：60%的已婚青年是自己结识，40%是通过介绍结识。已婚青年的这种比例与 2004 年、2007 年两次调查中未婚青年的这两类比例反差强烈。在未婚青年中，自己结识的比例高达 88.2%和 85.6%，而通过介绍结识的比例则仅为 11.8%和 14.4%。[然后揭示这种特点的含义] 这种明显差别启示我们：尽管目前社会的文化规范为广大城市青年提供了自由择偶、自己结识恋爱对象的精神环境，但由于体现在青年个体身上的各种客观社会条件的限制，使得这种自由和自主存在相当的局限。正是对这种限制和局限的了解，为本文下面逐一分析已婚青年的年龄、文化程度、职业、城乡背景等因素与择偶方式的关系提出了要求。

最后，[同样是先总结总体的规律和特点] 总体上看，未婚青年通过工作关系结识的不到 15%，通过父母家人和同事朋友介绍的也不到 15%。而偶然机会相识和其他方式相识的比例则超过了 20%。这可以说是未婚青年择偶的又一个特点。[然后揭示形成这种特点的原因] 其原因或许是由于未婚青年参加工作的时间相对较短，因而从工作中结识对象的比例不大。但如果把问卷中"偶然机会相识"和"其他方式相识"的回答中的相当部分理解成目前兴起的网络交友、媒介交友等新的结识方式的话，那么可以看出这些新的结识方式在现代城市青年择偶的结识方式中无疑占据了一定的地位，值得引起重视。实际上，本研究中未将这些新的结识方式单独在调查问卷中列出，或许也是本研究存在的主要不足之一。[①]

正是按照这种"先总体后局部"、"先描述后解释"的表达方式进行写作，使得研究者对结果的分析显得更加条理清晰、层次分明，也非常便于读者阅读。

3. 论文写作中"向自己提问"的方法

在资料分析与论文写作过程中，我们还可以学习英克尔斯等人在其"现代人研究"中所采用的一种独特的，以"自己向自己提问"、"替别人向自己提问"为特征的方法。下面我们以他的研究和写作为例进行说明。

比如，他从数据分析中得到了一个十分明确的结论："把迄今为止已经看到的证据加以考虑之后，我们做出结论：作为个人现代化的指标，大众传播媒介与学校和工厂一起站在前列"，即大众媒介是导致人们走向现代化的一个重要影响因素。他马上从他人的角度向自己提出了疑问，指出这一结论存在偏误的可能性："然而，这一结论会受到挑战。理由是：观察到的零阶系数可能是传播媒介与其他变量（例如教育、居住在城市以及职业）之间关系的一种人为结果。……看起来是由接触大众传播媒介所产生的效果，实际上很可能是由这些相关的变量产生的。"这是一个严重的问题。如果不对这一问题中提到的几种可能性进行验证和排除，上述结论的确实性和可靠性都将不复存在。

① 风笑天：《城市青年择偶方式：未婚到已婚的变化及相关因素分析》，载《江苏行政学院学报》，2012 (2)。

正是这个从他人角度提出的疑问，将研究资料的分析引向更加深入的过程。研究者又采取两种不同的分析方法：一是在进一步控制其他相关变量影响的情况下，重新考察了媒介接触与个人现代性之间的关系。结果，部分相关分析再次表明：在使人们更加现代的问题上，大众传播是一个重要而且独立的因素。二是进行配对程序检验，其结果则又一次确认："大众传播媒介在形成个人的现代性方面是一个真正独立的力量。"① 当读者看到这里时，就会对其上述结论的可靠性确信无疑。

同样，在得出"工人与农民之间在现代性上存在显著差异"的结论后，英克尔斯等并没有立即宣称他们的理论获得了证明，而是自找麻烦似的提出了新的质疑和挑战。"虽然工人与农民之间的差别是惊人的，但是我们还不能宣称这已经提供了决定性的证明，说工厂工作是使人现代化的，直至我们能够应付三项挑战。"这三项挑战是：（1）或许这些农村出身的工人之所以比现在仍然留在农村的农民更加现代，并不是因为他们从工厂里习得了现代性，而是相反，因为他们本来就比那些农民现代，所以他们才选择进了工厂。（2）之所以工厂的工人比农民更加现代，是因为那些传统的人先后离开了工厂，使得留下来的都是那些具有很强现代性的人。（3）工人比农民现代，并不是工厂经历的影响，而是他们比农民更多地接触大众传播媒介，或是更多地参与城市生活等其他因素所致。②

十分明显的是，如果研究者不进一步对这三项挑战给出令人满意的以及合情合理的答复，他前面所得出的结论就会马上失去意义。也正是他向自己所提出的这三项挑战，迫使他在更深入的层面上展开对资料和数据的分析。

对于挑战一，也称作"差异性选择"的观点，研究者从三个方面给予了回击：一是通过配对的方法，控制了教育程度、年龄、宗教这样一些对人们选择进入工厂有影响的早期社会化变量。或者说消除掉这些变量的影响后，再来比较他们的现代性得分。二是对从乡村到城市的迁移进行专门分析，结果不能证实自我选择现象起较大的作用。三是通过对进厂工作后他们的现代性是否年复一年地增加来直接验证工厂经历的效果。统计分析的结果清楚地表明："人们进入工厂工作之后年复一年地习得现代性，这似乎是显然的。"③ 同时，研究者还通过分析在农村工作的农民并没有表现出随时间增长而现代性也提高的事实，来进一步说明工厂工作时间越长的人现代性特征越强这一事实并不是年龄增长和逐渐成熟的结果。

对于挑战二，也称作"差异性保留"的观点，研究者从工人与工厂经理两个方面给予了回应。从工人方面来看，调查发现，如果一个人自愿离开工厂，那么他通常有高超技能并雄心勃勃，愿意冒险建立自己的小企业，这种人更有可能是比较现代的人，而非传统的人。从工厂经理方面来看，如果经理不断进行这种差异性淘汰，那么必定会在不

---

① ［美］阿列克斯·英克尔斯、戴维·H·史密斯：《从传统人到现代人——六个发展中国家中的个人变化》，218～220 页，北京：中国人民大学出版社，1992。

② 参见上书，242 页。

③ 同上书，244 页。

同工龄的人中进行。然而，调查结果发现，筛选一般发生在新人被雇佣后的前几个星期，工人工作一年后就不会因为进一步的筛选而遭淘汰。同时，被解雇的人通常会受雇于另一个工厂。如果是现代性低的人被淘汰，那么那些在几个工厂中工作过的人应该在现代性量表上的得分比较低。可事实正好相反，他们的现代性得分相对更高一些。

对于挑战三，研究者采取了控制变量的方法，同时控制了教育和大众传播媒介的影响后，工厂经历与综合现代性之间的相关性在 0.001 以上的水平上仍然是显著的。另外，为了排除城市生活的影响，研究者选择了 7 组“居住在乡村里的工厂工人”，他们有工厂经历而没有城市生活经历。“如果城市生活能够解释大部分以前所观察到的工人的现代性，那么居住在城市的工人应该比居住在乡村的工人更加现代。但是，无论是在印度还是在孟加拉，测验的结果都不是如此。住在乡村里的工厂工人和同一工厂中住在城市里的工人是同样现代的。”正是经过了对上述三种挑战的有理有据的回应，英克尔斯等最后才明确地宣称：“工厂是一个有效的现代性学校”，“我们可以断定已经证明工业工作本身是促使人现代的一个重要因素”①。

从以上例子中不难看出，正是这种站在读者和他人立场上“自己对自己提问”的质疑方式，使读者跟随着研究者的思路，一步一步地走向令人信服的结论。而那种无论是有意或是无意地回避或忽视对结论构成挑战的各种细节和疑问的做法，往往会受到读者的更多质疑。

英克尔斯等人的写作方式启发我们，在研究报告和论文写作中，我们的目标并不是要强迫读者接受我们的观点，而是要通过论证，让读者自己觉得应该得出这样的观点。在这一过程中，研究者需要依靠的是事实的力量，也需要依靠逻辑的力量。笔者给大家的一个建议是：写作的方式要像正在与读者当面交谈一样，把写作当成当面向他们报告，当面向他们陈述你的研究思路、研究设计、研究结果、论证过程以及你的结论。特别是要像英克尔斯等人那样，“替读者向自己提问”。即要把自己当作读者，当作“假想敌”，严格地对自己论证过程中的每一步提出各种疑问和反驳，就像读者就站在我们面前。只有当我们很好地回答了所有这些疑问和反驳时，我们的论证才会是圆满的。

4. 定性研究论文中“结果与分析”部分的撰写

相比于定量研究论文来说，定性研究论文的写作较少格式化。或者说，定性研究论文在具体写作的形式上相对更加多样化。不同的研究论文不仅在论文的结构上互不相同，不同的研究者在写作的风格上也往往有比较大的差别。但从常见的情况看，比较多的研究者在定性研究论文中常常遵循着“典型现象描述——原因或机制分析”的写作模式来对研究的结果进行表达和分析。

比如，一位研究者在其关于“乡镇的村庄选举”的实地研究论文中，首先用了一节生动描述了白杨村、林荫村、三石村这三个村庄的选举过程，即讲了三个村庄选举

① ［美］阿列克斯·英克尔斯、戴维·H·史密斯：《从传统人到现代人——六个发展中国家中的个人变化》，250～253 页，北京，中国人民大学出版社，1992。

的“故事片段”。在接下来的一节中，作者“基于这些微观层次的故事片断，尝试解释村庄选举制度演变的过程和机制”。其写作方法正如他自己所说：“首先，通过几个具体故事说明在村庄选举中面临的问题及其复杂性；其次，从组织与环境关系的角度研究分析镇政府角色转变及其背后的过程和机制；最后，讨论村庄选举这一制度对中国农村乃至宏观制度变迁过程的意义。”①

二、“总结与讨论”部分的写作

论文的“总结与讨论”（或“小结与讨论”）部分是论文主体内容中的最后一个部分。这一部分的主要作用是简要地总结研究的发现，同时针对研究的结果或发现，在更广泛的意义上展开相对更深入的讨论。因此，一般来说，“总结与讨论”部分在内容上往往包含两个层面，在写作上往往也分成两个部分：一个部分是对研究结果和发现进行总结，另一个部分则是从研究结果和发现中提出相关的问题展开讨论。

1. 对研究结果的小结

前面“结果与分析”部分主要是对细节的详细展示，其内容往往较多，不便于读者抓住研究的主要结果和本质结论。因此，在论文的最后一部分中，作者需要对研究的主要结果或发现进行总结，以便让读者对研究的最重要内容、特别是研究的主要结论有较好的把握。这就需要研究者撰写一个简单、明确的小结。小结的写法要点是：突出重点、短小精练、简明扼要，必要时可用类似“研究结论”、“研究小结”这样的小标题，也可以将结论的要点用 1.2.3.4 进行排列。下面是小结的两个例子。

例 1　笔者在《城市居民家庭生活质量：指标及其结构》一文中所撰写的总结：

研究的主要结论

本项研究以城市居民家庭作为分析的单位，以“家庭生活满意度”作为家庭生活质量的量度，运用多元回归分析的方法，探讨了与城市居民家庭生活相关的各种主、客观指标对家庭生活质量的影响力。研究的主要发现是：

（1）在与城市居民家庭生活相关的各种客观条件和主观感受中，对城市居民“家庭生活满意度”影响最大的因素是“居住满意度”和“婚姻满意度”；同时，无论是横向参照标准还是纵向参照标准，都对家庭生活满意度具有相当大的影响。另外，十分明显的是，众多被认为与居民家庭生活质量有关的客观指标，却都没有通过统计模型的显著性检验，说明它们对家庭生活满意度并没有表现出足够的影响力。

（2）对家庭生活质量第二层次指标的分析结果显示，“居住满意度”主要受“住房拥挤程度”和参照标准这两项指标的影响；而“婚姻满意度”则主要受“夫妻之间理解程度”这一项指标的影响。研究所得出的这两个仅由一、两项预测指

---

① 周雪光：《一叶知秋：从一个乡镇的村庄选举看中国社会的制度变迁》，载《社会》，2009（3）。

标构成的回归模型，对因变量的解释力却都达到了60%以上。说明本研究的结果和模型具有简洁、实用的特征。

(3) 综合本研究的上述发现，可以形成下列模式图，以简要地说明影响城市居民家庭生活质量的主要指标及其结构关系，见图11—1①：

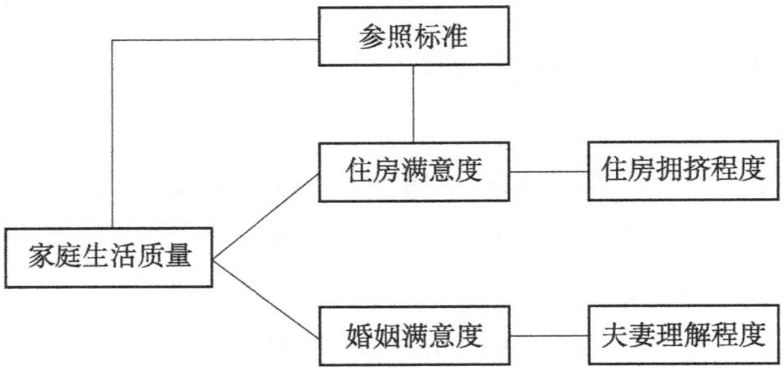

图11—1 城市家庭生活质量的影响因素及其结构

例2 笔者在《独生子女青少年的社会化过程及其结果》一文中所撰写的小结：

研究的基本结论

从总体上看，独生子女青少年的社会化状况与同龄非独生子女基本一致，二者之间的相同之处远远多于不同之处。在同龄非独生子女这一参照系下，在本研究所涉及的经验指标范围内，可以认为：中国第一代独生子女青少年的社会化发展是正常的，他们身上并不存在着与普通儿童大不相同的人格缺陷，他们并非一代"问题儿童"。

从社会化发展的具体方面看，两类青少年之间存在下列主要差别：(1) 在性格及行为特征上，"懒惰"是独生子女青少年的明显不足。此外，"动手能力差"、"责任心差"，也是他们弱于非独生子女的方面，值得引起广大家长和社会的关注。(2) 在生活自理能力上，10岁左右是两类儿童差别最大的时期。低年龄时两类儿童在这方面所存在的差别，随着年龄的增长逐渐消失；到高年龄时仍有差别的方面，则往往是独生子女强于非独生子女。(3) 在社会交往方面，独生子女青少年的能力更强，发展得比同龄非独生子女更好。(4) 在未来职业期望上，独生子女希望从事知识类职业的比例明显高于非独生子女，而希望从事有一定危险性的职业的比例则明显低于非独生子女。②

2. 对相关问题的进一步讨论

论文讨论部分的内容常常包含着对论文导言部分所提出的问题及文献回顾部分所综述的理论观点进行的回应，也包含着与前人的研究结果、研究结论进行的对话。此外，在讨论部分的最后，常常还要指出本研究存在的局限性，或者提出进一步研究的

① 风笑天：《城市居民家庭生活质量：指标及其结构》，载《社会学研究》，2000 (4)。
② 风笑天：《独生子女青少年的社会化过程及其结果》，载《中国社会科学》，2000 (6)。

可能方向或建议。

在写作方式上，可以将论文讨论部分与论文导言部分联系起来进行对比。如果说论文导言部分的写作要求，是要从宽泛的、意义重大的研究背景中逐渐聚焦到研究所关注的相对狭窄、相对具体的问题的话，那么，论文讨论部分的写作要求则恰好相反，即要从研究所得出的相对具体的研究结果中，延伸、拓展到更为宽泛的研究背景中，去讨论一些既与研究结果相关，但又与研究结果有所不同的重要问题。在内容上，这种讨论既包括对论文导言部分、文献回顾部分涉及的相关理论或概念所进行的讨论，也包括对研究结果中的某些重要发现进行的更为深入的探讨，还包括对本研究结果与前人研究结果之间差异的分析和解释等。正是通过这种既与前人结果紧密相连、又跳出具体研究结果范围的深入讨论，使得研究结果的意义得到进一步的增强。下面是论文中讨论部分的两个例子。

例3　笔者在《城市居民家庭生活质量：指标及其结构》一文的讨论中，结合研究结果，探讨了与更广泛意义上的生活质量研究密切相关的三个重要问题：

第一，个人生活质量与家庭生活质量。

主流的生活质量研究都是以个人作为分析的单位，讨论的中心都是社会中的个人。但值得注意的是，从生活质量概念的提出，到生活质量研究的发展历史，我们都不难看到这样一个事实：它起源于并首先发展于西方发达国家。这一事实可以给我们某种启示：生活质量研究中"个人本位"的出发点，也许在很大程度上是与西方的社会和文化传统紧密相连的。对于中国社会和文化传统中浓厚的"家本位"现实来说，"家庭生活质量"或许是同样具有重大理论价值的概念，以及同样具有重大实践意义的研究领域。

一旦我们转换视角，把研究的分析单位从通常的"个人"转换到"家庭"，即从家庭的角度来考察生活质量，我们所看到的或许就会是与现有研究结论大不相同的内容。本研究的结果说明，情况正是如此。林南教授等人的两项研究结果向我们揭示出同一个事实：对于我国城市居民（个人）来说，"工作"、"家庭"和"环境"是影响其生活质量的三大因素；尤其是"职业性的工作对中国城市居民来说是至关重要的，无论从客观上还是从主观上说，它都关系到生活质量和人们对生活的态度和评价，是测量城市居民生活质量的关键性的指标"（林南等，1987）。卢淑华教授的研究结果也表明：居民的"健康"、"家庭收入"、"吃的满意度"等，"可以看作当前我国人民生活质量最重要的方面"。（卢淑华等，1992a）而本研究结果则指出：在城市居民家庭生活质量领域中，这些因素都没有成为关键性的影响因素，真正具有较大影响的却是家庭的"住房满意度"和"婚姻满意度"。

显然，本研究结果中所得出的"婚姻满意度"和"住房满意度"这两个评价家庭生活质量的主要指标，与上述研究中那些评价个体生活质量的主要指标之间，存在着相当大的差别。为了进一步凸显这种差别并分析它所具有的含义，我们特将几项有关"个体生活质量"和"家庭生活质量"主要影响因素的研究结果汇总到表 11—5 中。

表 11—5　　个体生活质量与家庭生活质量的主要影响因素比较

个体生活质量					家庭生活质量		
天津[a]	上海[b]	西安[c]	北京[c]	扬州[c]	北京[d]	西安[d]	武汉[e]
工作	工作	健康	健康	健康	婚姻	婚姻	婚姻
家庭	家庭	家庭收入	家庭收入	家庭收入	交友	家务	住房
环境	环境	吃的方面	家庭生活	吃的方面	吃的方面	穿的方面	参照标准

资料来源：a. 林南等，1987；b. 林南等，1989；c. 卢淑华等，1992a；d. 卢淑华，1992b；e. 1995 年武汉居民生活质量调查数据。

从表 11—5 中我们可以看出，两项涉及家庭生活质量的研究结果（d 和 e）有一点十分地一致："婚姻"都成为影响家庭生活质量的关键性因素。其实，这一相同点更是"家庭生活质量"指标体系与"个体生活质量"指标体系的一个本质性区别点。它说明，就像工作"对每个人的生活现状和以后的生活具有较全面的、决定性的影响……职业性的工作客观上左右了人们的生活质量，也决定了人们对生活的主观态度和评价"（林南等，1987），或者"健康"、"家庭收入"等对个人生活质量具有决定性影响（卢淑华等，1992a）那样，"婚姻"对于家庭生活质量，特别是对家庭生活的满意度具有决定性的影响。我们虽不能说婚姻对（已婚的）个人不重要，但众多不同的实证研究的结果把它排除在影响人们"个体生活质量"的重要因素之外，却让它处于影响"家庭生活质量"关键地位的事实，则是在告诉我们："婚姻"更多地"属于"家庭。家庭生活质量明显地依赖于婚姻质量。

为什么对个体生活质量和对家庭生活质量的实证研究所得到的结果会存在如此明显的差异？笔者认为，其主要原因在于：分属于家庭和个体这两个不同层面的生活内容是很不相同的，而人们在衡量和评价这两个层面的生活质量时所看重的方面也是很不相同的。因此，一些对个体生活质量来说相当重要的影响因素，比如工作、健康等，可能对于家庭生活质量来说却关系不大；而一些对家庭生活质量来说十分关键的因素，比如住房、婚姻等，也无法对个体生活质量产生决定性的影响。

我们知道，家庭生活是全体家庭成员共同的生活，正是这种"全体家庭成员融于一体、共居一处的共同的生活"，决定了"婚姻"与"住房"在评价"家庭生活质量"中所具有的重要地位。这也许是本研究结果中最有价值的发现。事实上，一方面，婚姻生活是家庭生活中最为普遍、最为重要的内容之一。婚姻既是家庭得以形成的基础和前提，又是家庭不断发展和延续的枢纽。人们全部社会生活中最具有"家庭特性"的部分就是婚姻。另一方面，住房又是这种家庭成员共同生活所不可缺少的物质基础。家庭生活的绝大部分内容都建立在这种物质基础之上，都存在于这种物质外壳之中。我们甚至可以这样来描述家庭生活同"婚姻"和"住房"二者之间的依存关系：如果抽去了婚姻，家庭生活就失去了"轴心"，失去了"基本纽带"；而如果抽去了住房，则家庭生活也就没有了其赖以存在和展现的“舞台”。

第二，客观生活质量与主观生活质量。

生活质量的研究具有两个大的方向：其一是把生活质量的研究重点放在影响人们物质与精神生活的客观指标方面，即着重进行社会指标的研究；其二是偏重于对人们主观生活感受方面的研究。（卢淑华等，1992a）也有研究者将二者分别称作“客观生活质量”和“主观生活质量”。（陈义平，1999）客观生活质量关注的主要是一个社会向其成员提供各种物质条件的状况或程度，它既可以作为衡量人们生活质量的指标，又可以作为衡量一个社会发展程度的指标。而主观生活质量关注的则主要是人们对其所处的生活状况的满足程度或满意程度，它所反映的是人们对生活的主观感受。对于全面地描述和评价一个社会中人们的生活质量来说，二者之间是紧密相连、相互补充的。

本研究虽然注意到并试图将客观指标和主观指标结合起来，去分析和探讨二者与家庭生活质量之间的关系。但实际研究的结果却表明：所有涉及城市居民家庭生活的客观指标都在多元回归分析的过程中被一一淘汰掉——它们与家庭生活质量之间似乎毫无关系。卢淑华对北京、西安等地的研究结果也基本如此。（卢淑华，1992b）客观物质条件对家庭生活质量真的没有影响吗？这实在是一个让人难以接受的命题。原因何在呢？进一步的分析可以为我们作出比较明确的解释：通常作为因变量“生活质量”或“家庭生活质量”的测量指标的，是人们“对生活（或对家庭生活）的满意度”。这就是问题的关键所在。它表明，对于主观生活质量来说，有重要作用的影响因素主要是那些建立在客观指标的基础之上、描述人们对各个具体生活领域主观感受的评价指标，即人们对各个具体生活领域的“满意度”，以及同样是反映人们主观认识的参照标准。而各种具体的客观生活质量指标在解释人们主观的“满意度”方面，的确是无能为力。换句话说，以“家庭生活满意度”为量度的“家庭生活质量”，将只受到主观评价指标的影响，而不受客观指标的制约。这条从实际研究结果中推演出来的结论，向生活质量研究中主、客观指标间的关系，以及客观生活质量与主观生活质量之间的关系提出了新的挑战。

第三，研究的结果与现有结论的若干差异。

在现有文献中，仅有卢淑华的一项研究探讨了家庭生活质量及其影响因素的问题。（卢淑华，1992b）除了在“婚姻满意度都是影响家庭生活质量的关键因素”这一点上两项研究的结果相同外，本研究结果与卢淑华的研究结果还有两点主要的差别：一是在本研究结果中，“住房满意度”是与“婚姻满意度”同等突出、同等重要的影响家庭生活质量的因素，但在卢淑华的研究结果中则完全没有住房这一因素；二是在影响婚姻满意度的关键指标上，两项研究所得出的结果也有较大的不同。

笔者分析，造成第一个差别的原因，可能是由于卢的研究将“住房”与“环境”合在一起，排除在了“家庭生活”的维度之外，笔者认为，这也许是该研究中一个小小的疏忽。因为住房这一因素对于家庭生活来说，实在是一个太重要、也太相关的部分。就像前述的“婚姻”一样，虽然我们每个人在生活中都离不开住房，也都有住房，但住房从本质上说似乎也只属于“家庭”，而不属于“个人”。我国古代的《说文解字》中说：“家，居也。”《易·家人》中有释文：“人所居称家。是家仅有居住之意。”① 本研究的这一结果在某种程度上也可以说是对中国传统文化中有关“家”的概念的一种印证。

当然，造成这种差异的另一个原因，则可能是两项研究进行实地调查的时间不同。卢淑华的研究是在20世纪80年代后期进行的，那时整个国家的经济还没有真正搞活，普通居民家庭的经济条件相对紧张，家庭生活还停留在比较传统的层次上，“温饱型”的生活仍是大多数城市居民家庭的实际写照。“人们的主导需求还是生存需求”，“经济因素在当前我国人民生活质量中仍起着举足轻重的作用”，影响人们生活质量的主要因素还是最基本的“吃”、“穿”、“家庭收入”等。（卢淑华等，1992a）因而，住房因素可能还未提到普通居民家庭最经常和最重要的生活议题上来。我们的研究则是在1995年底进行的，此时整个国家的经济在邓小平南方谈话以后，已发生了巨大的变化。城市居民家庭的经济收入明显增加，物质生活资料逐渐丰富，居民家庭生活方式也发生了深刻的变化。居住条件的改善开始成为城市居民家庭的普遍追求。与80年代相比，此时的城市居民家庭更加关心居住条件，因而在评价家庭生活质量时，住房因素所处的位置也变得越来越重要。

城市居民家庭对住房条件的关注和重视，不仅从一个侧面反映出居民家庭整体生活质量的提高，同时也对当前和今后一段时期中我国城市的住房建设提出了更高的标准和要求。如何制定出与大多数城市居民家庭的经济状况、生活质量水平以及生活追求相适应的建房、购房、住房政策，是摆在政府有关决策部门面前的一项艰巨任务。

两项研究结果中的第二个差别出现在影响“婚姻满意度”的主要指标上。卢淑华的研究结果表明，夫妻间“用钱意见不合”，是影响“婚姻满意度”系数最大的一项，其Beta系数在北京、西安两个样本中分别为－0.776和－0.750，远远超过其他各项的系数。（卢淑华，1992b）在我们的研究中，虽然也对这一指标进行了统计，并且它也通过了回归模型中的显著性检验。但是，其Beta系数值却非常小，仅为－0.093，对预测和解释“婚姻满意度”来说，意义不是很大。本研究结果中对“婚姻满意度”影响最大的指标则是“夫妻之间的理解程度”，其Beta系数值也达到0.707。

尽管上述两个结果都出现在坎贝尔所列举的影响美国人“婚姻满意度”的4个主要因素当中，但我们还是应对这种差别作适当的说明。笔者分析，两份问卷

① 转引自潘允康：《家庭社会学》，33页，重庆，重庆出版社，1986。

中对同一指标在提问上存在一定差异，这可能是其中的一个原因。卢的研究中用的是“您和您爱人曾经为了家里怎样用钱意见不合过吗?”似乎重在“是否出现过意见不一致的情况”。而本研究中用的则是“你和你爱人常为家里怎样用钱而闹意见吗?”重在“闹意见”或“争吵”上。问题的含义有所不同，人们的理解就会出现差异，回答的分布自然也就不大相同。当然，笔者同样也不排除这种差别是由两项调查在空间上、特别是在时间上的差异所造成的可能性。[①]

显然，这三个方面的问题，既与笔者研究的结果直接相关，又超出了笔者研究的具体结果范围。这种讨论无论是在内容的深度上，还是在所涉及的广度上，都比研究的具体结果进了一大步。因此，它也就大大地提升了研究结果和结论的意义。

例 4　笔者在撰写《独生子女青少年的社会化过程及其结果》一文的讨论部分时，同样依据研究的具体发现，提出了下列几个与研究结果密切相关的问题，进行了更深入的讨论：

对若干发现的讨论

(1)“消磨—趋同”与“变异关键年龄”。本研究的一个重要发现是得出了一些反映独生子女社会化过程特征的结论，这是现有文献中最为缺乏的内容。特征之一是：独生子女社会化的发展及其与非独生子女之间的差异，随着他们年龄的不同而发生变化。研究表明，初中时期两类青少年在能干、生活自理能力、文化期望、成人意识等方面所表现出的一些明显差异，都随着他们的成长而逐渐消失。对这一结果，笔者尝试提出一种“消磨—趋同”的理论来进行解释。所谓“消磨—趋同”，指的是两类儿童在幼年时期所存在的一些明显差异，会随着他们后期接触的社会化环境的变化和他们年龄的成长而逐渐变小和消失。在基本社会化的末期，二者的发展状况趋于一致。社会化环境的变化所带来的影响可以称作“环境消磨”，而年龄的增长所带来的影响则可以称作“时间消磨”。

在儿童成长的不同阶段（比如学龄前期、学龄期、青年初期等），各种不同的社会化环境（家庭、学校、同辈群体、大众传媒等）对儿童成长的影响不同。儿童年龄越小，所面临的社会化环境越单一，父母、家庭的影响和作用越大。随着儿童年龄的增大，特别是当儿童进入中小学后，他们和社会接触的范围扩大了，社会化环境增加了。加上青春期心理的变化（独立性要求、逆反心理等），他们开始和父母及成人疏远甚至对立，开始向同龄群体靠拢。此时，学校、同龄群体、大众传播媒介的影响变得越来越大，而父母和家庭的影响相对变小。并且，家庭是每个儿童间各不相同的环境，而学校、大众传媒等则是对所有儿童来说都相同的环境。不同的家庭和父母对儿童社会化影响的“不一致性”与相同的学校、同辈群体、大众传播媒介对儿童社会化影响的“一致性”形成鲜明的对照。独生子女在这两种环境中受到的影响不同，他们自己的感受也明显不同。在家庭环境中，

① 风笑天：《城市居民家庭生活质量：指标及其结构》，载《社会学研究》，2000（4）。

其作为“独生子女”的感受很强，而在学校、同辈群体、大众传媒等环境中，其作为独生子女的意识则明显下降。因此，如果说家庭环境的不同是造成两类儿童存在差异的主要原因，那么，这种后期生活环境中越来越多的一致性、共同性，则是逐渐洗磨这种差异的重要机制。当然，在某些特殊的方面，比如安全、文化期望、吃苦性等，独生子女家庭和父母所给予的影响特别强，因而依然会导致独生子女在这些方面与同龄非独生子女有明显的不同。

特征之二是，独生子女青少年的社会化发展过程不是直线的，而是阶梯式的。本研究所得出的小学四年级时两类儿童在生活技能上具有明显差异的结果就是一个例证。或许10岁左右正是一个人从儿童到少年的转折点，是儿童在生活技能学习和培养上最不稳定、变化最大的时期，而此时的两类家长在培养和教育孩子上的心态、方法，以及评价孩子的标准等方面，差别也最大。因此，处于“独生”与“非独生”两种不同家庭环境的儿童在这方面会产生十分显著的差别。对于这一结果，我们用独生子女青少年社会化过程中的“变异关键年龄”理论来进行解释和概括。这一理论解释的含义是：在某些特定的年龄上，独生子女社会化的某些方面会发生较大的变化，表现出明显的阶段性和突变性特点，他们与同龄非独生子女之间的差别也特别突出。

(2)“社会交往补偿”。本研究的另一个重要发现是：没有兄弟姐妹这种特定的人生经历，并没有对独生子女青少年的社会交往状况带来不利的影响。与同龄的非独生子女相比，独生子女青少年的社会交往能力更强、好朋友更多、合群性更好、孤独感更少。在研究所测量的各种指标上，凡是有显著差别的，都是独生子女强于非独生子女。这一结论与常识以及现有一些研究的结果明显不同。人们一般认为，独生子女由于缺少兄弟姐妹，因而与同辈群体进行交往的条件较差、机会较少，不利于其社会化的正常进行，容易形成性格孤僻、社交能力差等人格缺陷。上海的一项研究结果也表明：独生子女青少年在社会交往方面存在较大问题。研究者根据独生子女的生活环境特征，对形成这一问题的原因作了如下理论解释：“因为‘独生’而失去兄弟姐妹关系的基本模式，就使他们在生活中有可能不善于处理相应的各种人际关系。”①

那么，我们该怎样从理论上来解释本研究所得出的这种与常识和现有结论都不相同的结果？这两种完全相反的结果中，哪一种更接近社会现实？笔者认为，常识中对独生子女交往能力弱、合群性差的认识主要来自对幼儿和低龄儿童行为的观察与分析。在幼儿时期，独生子女在父母等成年人的过度“保护”下，交往能力可能的确赶不上那些有兄弟姐妹为其提供大量“交往实践机会”的非独生子女。然而，到了青少年时期情形就大不一样了。青少年时期的重要心理特征之一是对成人世界的“逆反”和“反叛”。青少年开始将信任和依赖的对象从成人（父母和教师）转向自身和同龄群体，他们交往的对象也越来越多地指向同龄伙伴。

① 苏颂兴：《上海独生子女的社会适应问题》，载《上海社会科学院学术季刊》，1997（2）。

这种同龄群体中的交往对青少年社会化的发展具有十分重要的影响。① 由于缺少同兄弟姐妹交往的家庭环境，独生子女“被迫”更多地与同学、同龄伙伴往来；相反，非独生子女有条件、也有相当多的时间与其兄弟姐妹一起在家庭环境中度过，这种手足之间的交往在一定程度上限制了他们在家庭外与同学、朋友的交往。同时值得注意的是：青少年在家庭范围内与兄弟姐妹的交往，同他们在学校、社区、社会中与同学、同龄伙伴、社会成员的交往之间，有一个重要的差别：不同社会群体的差别。这种差别使得青少年在家庭这一具有首属关系的“我群体”中所学到的交往规则和行为规范，不同于家庭之外众多具有次属关系的“他群体”中所实际实行的交往规则和行为规范。独生子女在家庭环境中由于交往对象的缺乏、尤其是同辈对象的缺乏所带来的不足，在其更经常地同家庭外的对象交往的过程中得到了更大的补偿，因而他们的社会交往能力和表现相对强于同龄非独生子女。因此，我们可以用“社会交往补偿”的理论来对这一研究发现进行解释和概括。这一理论解释的含义是：客观条件的不足和欠缺使得独生子女青少年在社会交往方面学到了更多，得到了更大的锻炼，能力也更强。

至于上海研究所得出的不同结果，笔者认为可以从两方面进行分析。首先，该研究是依据其“得出的百分比差异经卡方检验达到0.05的显著度”而得出结论的。根据统计学理论，当样本规模相当大时，这种差异的显著性检验就会失去意义。此时更重要的是看差异大小，或看相关程度的强弱。② 该研究的样本规模达到916人，而所得出的百分比差异只有3%左右，可见两类青少年在这一指标上的实际差别并不大。其次，该研究未能将两类青少年总体的年龄、身份状况（如中学生、大学生、企业员工）等重要变量进行控制，加上测量指标比较单一，因而不能排除其他因素（比如低年龄和学生中独生子女比例大，而高年龄中、职工中非独生子女比例大等）干扰统计结果的可能。相比之下，本研究结果所用的测量指标较多，指标对被调查对象的针对性较强，且样本的同质性较高，调查范围也相对广泛，因而所得结果更为可信。③

通过上述例子，可以看出，好的讨论中所提出来的问题相比研究的具体结果来说，往往更加深入、更加宽泛，意义更加重大。因此，写好对研究结论的相关讨论，可以大大提升论文的意义和价值。当然，这恰恰也是我们在撰写论文中最为困难、同时也最体现研究者水平的一部分内容。

3. 对研究不足和局限性的说明

由于社会研究对象的特殊性以及社会研究面临的各种客观困难，任何一项具体的经验研究都会或多或少地存在某种局限性，存在这样或那样的不足。作为研究者，我们既要承认这种局限性，又要正确认识这种局限性，同时还要实事求是地向读者报告

---

① 参见风笑天等：《论独生子女社会化的特定环境》，载《社会科学辑刊》，1993（5）。
② 参见［美］布莱洛克：《社会统计学》，296～297页，北京，中国社会科学出版社，1988。
③ 风笑天：《独生子女青少年的社会化过程及其结果》，载《中国社会科学》，2000（6）。

和说明自己研究中的局限性。

从理论上，人们往往都会承认这种局限性的存在，思想上也会十分清楚地意识到这种局限性，特别是对于旁观者和评论者。但是，当研究者自己进行经验研究时，特别是研究者在总结通过自己的经验研究所得到的结论时，则往往又会自觉不自觉地忽视这种局限性，忘掉这种局限性，甚至完全意识不到这种局限性，在论文中自然也就不会去讨论这种局限性了。在承认并如实报告研究的局限性这方面，英克尔斯等人的“现代人研究”同样给我们做出了榜样。

比如，在“家庭与学校背景”一章中，研究者通过细致的分析，得到了这样的结论：“一旦其他因素，尤其是后期的生活经历受到控制之后，在一个有优良气氛的家庭环境中获得的好处，作为一种塑造现代人的一贯因素，失去了其重要性的一大部分。”紧接着这一结论的，是对其局限性的详细讨论。作者提醒读者：“我们的结论就是在这些局限性的范围内加以应用的。第一，我们并不是断言，父亲的教育在任何情况下对于形成较大的个人现代性均无持久的好处，我们的结论只限于我们搜集的那一种类型的样本。”①

在研究的总结部分，英克尔斯等一方面如实地报告了其研究中所采用的自变量组产生的复相关系数范围，指出它们“解释了综合现代性分数中 32 %到 62 %的变化”。同时，他又明确指出“还有许多变化尚待解释”。“这些尚待解释的变化，一部分无疑是由于测量错误，因为无论是综合现代性量表还是自变量或解释性变量的测量都远不是完美可靠的。必定还有一些我们没有加以测量的因素，它们很可能发挥了实际的作用。”②将作者的这段话转换成另一种说法，实际上是在告诫读者：本研究无论是在对研究变量的测量上，还是在影响因素的选取上，都存在着明显的缺陷。或者更直接地说，本研究的结果具有十分明显的局限性和相对性。

又比如，在“好不容易”否定了有关家庭和学校对人们现代性的早期影响的“竞争理论”后，研究者并没有沾沾自喜，而是非常实事求是地检讨自己的研究结论的局限性：“我们犹豫是否把这些结果看成是早期经历的质相对不具重要性的明确证据。”“首先，我们认为，在选择确定哪些特殊问题为教育儿童的现代方法上，我们有些武断。……其次，我们承认，在某一事件发生后 20 年或更长时间之后回忆时，一个人对当时家庭或学校的社会心理的记忆是否可靠，是颇有问题的。”③ 正是这种细致入微的，对自己研究中任何一点可疑之处都不放过，对研究结论的任何一点局限性都说得清清楚楚的做法，使得英克尔斯等的“现代人研究”具有了更高的可信度和科学性。

对于“人的现代化过程是持续的和终身的，还是存在某个高峰，达到这一高峰之

---

① ［美］阿列克斯·英克尔斯、戴维·H·史密斯：《从传统人到现代人——六个发展中国家中的个人变化》，354 页，北京，中国人民大学出版社，1992。

② 同上书，439～440 页。

③ ［美］阿列克斯·英克尔斯、戴维·H·史密斯：《从传统人到现代人——六个发展中国家中的个人变化》，350～351 页，北京，中国人民大学出版社，1992。

后，就不再继续变得现代了”的问题，英克尔斯等的结论是：“在工厂中，至少12年的一段时间内（在样本中这是我们最高的工作年数），工人们在工厂中就业每多一年，就变得更加现代。”但是，他同时也明确指出：“我们不能确定变得日益现代是终身的过程，因为我们的样本截至35岁。”同样，对于失去与现代化机构的接触，人的现代性是否会转向更传统的问题，研究者更是坦陈“我们不能根据任何实质的经验证据来回答这些问题”①。短短两句话明确告诉我们：从研究的资料中能得出什么、得不出什么，研究者心里一定要十分清楚，在表达研究结果和结论时，更要清楚、明确，不能任意夸大研究的作用，也不能超出研究的限制条件得出结论。表面上看起来，当一项研究具有的上述局限越多，研究者对局限表述得越详细时，研究结论的意义和价值似乎会越小。但实际上，能不能如实地指出研究自身的局限，恰好是经验研究所得结论有无意义、有无价值的一种更客观、更科学的衡量标准。

对研究中所使用的方法，也应有一个正确的认识，特别是对方法局限性的认识。因为“每一种分析方法都有其内在的局限性”。英克尔斯等在探讨影响个人现代性的各种社会相关因素时，首先坦陈了他们所面临的问题、考验和挑战：“我们面临着一系列的关联性，例如城市生活和工厂经历的关联，父母的背景和他自己受教育状况的关联，一个种族群体的文化遗产和这种遗产导致这个人从事一种特殊职业之间的关联，等等。”为了解决这些问题和挑战，英克尔斯等采用了两种主要的方法。一种是“配对技术”，即挑选两组人，他们在众多的特征上不存在显著的统计差异，而只在研究者希望评价其单独影响的那个变量上是不同的。这样，研究者就可以逐一地对他所感兴趣的变量进行配对和分析，同时又避免了上述各种关联的影响。但是，英克尔斯等马上指出：他们所使用的“这种配对的方法亦有其缺点。第一，由于配对程序的条件严格，我们只能得到很少的个案。因而，由配对群体所产生的统计结果的可信度经常是不确定的。……而且，排队的必要条件有时致使选出来许多组的人，在其同伴整体中相当没有代表性”。这无疑是研究者所面临的另一个问题和挑战。为了解决这一问题，研究者又采用了“部分相关技术”。这种定量的统计分析技术能够使研究者在同时控制其他相关变量影响的情况下，集中考察他所关心的两个因果变量。看起来问题完满地解决了。但是，英克尔斯等同时指出：这种方法也有其局限，“它是一种相对盲目的技术。它依赖于一套复杂的统计假设，一旦获得了结果，便难以精确确定在这一结果背后究竟是什么”②。

英克尔斯等人为什么要将自己所用的方法的局限性一一明确地指出？这是其实事求是的科学精神的另一种体现。只有对研究方法的内在局限有了十分清楚的认识，研究者才能在探讨问题和推断结论时保持清醒的头脑。只有明白了各种方法的功能和不足，明白了各种方法能做什么和不能做什么，在推断结论时才能充满信心，才能恰如其分。

任何一项研究都不会是完美的，当我们结束了自己的这项研究，回过头来进行总

---

① 同上书，446～447页。

② ［美］阿列克斯·英克尔斯、戴维·H·史密斯：《从传统人到现代人——六个发展中国家中的个人变化》，188～190页，北京，中国人民大学出版社，1992。

结时，往往会发现一些遗憾，或者有一些事后认识到十分重要但自己并未在研究中探讨的概念、变量和问题等等。因此，在论文的讨论部分中，我们可以将这些问题提出来，告诉读者自己的研究中有哪些主要的不足，提醒他们在阅读研究结论时加以注意。比如，下面几篇论文中的讨论部分都涉及论文不足的内容。

例 5　前述的采用内容分析方法研究我国腐败问题的论文中，作者在最后一段提醒读者注意该研究的局限性：

本文有一定的局限性。一是《检察日报》对理解我国的腐败形势有一定的参考价值，不过其案件的报道受到国家媒体政策及其他因素的影响，因此在实践中不能将此数据库所反映的腐败态势与全国范围内实际的腐败态势完全相提并论。前已述及，腐败案例是由办案机构提供，新闻机构不必进行长期、有意识的扭曲。另一方面，我国的媒体政策处于变动过程，个别年份或者某些类型的（如组织腐败）案件报道可能受到一些影响，因此需要注意本文研究发现的局限性；二是报道的案件体现的是腐败的强度还是反腐败的力度，实践中也是有一些争议的（参见张军等，2007；周黎安、陶婧，2009）。政府的反腐力度事实上是同腐败状况密切相关的。力度的增强往往是回应腐败状况恶化的问题，把两者截然分开恐有不妥。本文作者梳理了中国腐败和廉政建设相关的文献，认为案件数据库的数据变动可以在一定程度上反映腐败现状。此外，我们期待此领域学者的研究可以提供新的证据和解释。①

例 6　笔者在“独生子女青少年的社会化过程及其结果”一文中，也在讨论的最后一段写道：

本研究也还存在一些缺陷和遗憾之处。比如在调查内容上，对道德规范、自私特性等一些重要方面还涉及不够；对作为参照对象的非独生子女，也没有进一步细分为老大、中间和老幺等不同类别来与独生子女进行比较；在资料来源上还缺乏深入的个案与典型材料等等。这些都是将来进一步研究时应有所考虑和改进的。同时，笔者还想提醒读者注意以下几个与方法有关的问题：第一，对青少年社会化现状的测量，是本研究的基础。由于定量研究的操作化要求，我们只能将原本十分复杂、内涵十分丰富的概念转化为若干具体的、相对简单的测量指标。这种指标的选择以及指标数目的确定，既受到研究者学识水平的影响，也受到一项具体研究所拥有的人力、物力和时间等客观条件的制约。因此，本研究的操作化只是众多可能的途径中的一种。读者在解读本研究的结果时，应留意这些结论所依据的经验基础；第二，关于调查对象的选择，或许更为客观也更为全面的方法是增加教师作为第三类评价者。因为教师对于学生与家长对于自己的孩子，其评价的角度和方式是有很大不同的；第三，自填问卷所收集的资料具有一个鲜明的特征：它们都是被调查者的自我报告，而非研究者的实地观察。尽管本研究考虑了学生与家长的不同角度、也考虑了时间变量，但这些都没有改变资料本身的

① 公婷等：《我国 2000～2009 年腐败案例研究报告》，载《社会学研究》，2012（4）。

性质。如果今后有采用心理学实验方法和人类学实地观察方法所得资料的进一步佐证，本研究所描绘的情形就将具有更大的真实性和可靠性。①

4. 对进一步研究的建议

在指出自己的研究所存在的不足的同时，研究者还可以依据自己研究的结果和研究的局限，指出今后有哪些问题值得进一步研究，有哪些方向值得今后进一步探索。这样的内容往往会给以后的研究者提供一定的方向和启发。下面是两个这方面的例子。

例 7　在《城市居民家庭生活质量：指标及其结构》一文的最后，笔者专门提出了一些与研究相关、但研究本身并没有探讨和回答的、值得将来探讨的问题：

值得进一步探讨的问题

研究结果表明，以“家庭生活满意度”为量度的“家庭生活质量”，只受到主观评价指标的影响，而不受客观指标的制约。如果我们将这一结果与在个人生活质量领域中完全一样的结果联系起来，就不能不提出这样的问题：为什么会有这样的结果？对这一结果可能的解释是什么？从这一结果中我们能得到有关生活质量和社会指标之间关系的什么启示？它是否意味着在实证研究中，客观生活质量与主观生活质量之间，或者生活质量研究中的主、客观指标之间，只能像两条永不相交的平行线？

参照标准对主观满意度的影响力，在本研究中再次得到证实。然而，正是由于参照标准的影响，使得通常用来衡量生活质量的主观评价指标具有某种不确定性，‘进而失去了它应有的可比性’。（卢淑华等，1992a）这无疑又是一个重要的问题。本来，生活中可以作为参照标准的一些指标，比如人均 20 平方米的房子、人均 400 元的月收入、每天看 1 个小时的电视等等，都是明确的、具体的、客观的。许多有关客观生活质量或社会指标的研究都采用了类似的参照标准来衡量一个具体社会中人们的生活质量水平。但是，在被调查者对生活的满意度进行评价时，这些指标实际上又变成了一种既不明确、也不具体、主观性很大的‘浮动指标’。这样的指标对我们认识实际生活中人们的生活质量究竟起着一种什么样的作用？

由于本研究是第一次从城市居民家庭的角度来探讨生活质量问题，因而对测量和评价指标的选取也只能是一种初步的尝试。从研究的结果看，家庭生活质量第一层次模型的解释力还不是很高，只是达到了社会科学领域中对模型的一般要求。它说明还有其他一些同样重要的影响城市居民家庭生活质量的因素没有被我们捕捉到，或者说还有一些解释力较强的指标没有被我们的研究所采用。因此，在后续研究中继续寻找和发现新的、更为全面、更为有效的指标体系，将是家庭生活质量研究领域中的一项重要任务。②

① 风笑天：《独生子女青少年的社会化过程及其结果》，载《中国社会科学》，2000（6）。
② 风笑天：《城市居民家庭生活质量：指标及其结构》，载《社会学研究》，2000（4）。

[作者提出了“生活质量研究中的主、客观指标之间”是否“只能像两条永不相交的平行线?”的问题；提出了由于参照标准的作用，一些客观指标“对我们认识实际生活中人们的生活质量究竟起着一种什么样的作用?”的问题；同时提出了因本研究“模型解释力还不是很高”、“一些解释力较强的指标没有被我们的研究采用”等不足所导致的开发“新的、更为全面、更为有效的指标体系”的问题。]

例 8　笔者在一篇探讨跨省外迁三峡移民社会适应的论文结尾，也依据研究发现提出了一个值得进一步研究的问题：

本研究中一个十分重要的发现是，移民与当地居民之间的交往状况对他们的社会适应具有重要的影响。这一点是以往研究中所未曾注意到的，也是跨省外迁移民的这种分散安置方式所带来的一个重要变化。原来的移民安置形式多为几十户移民成建制的集中安置，即在安置地建立新的移民村。在那种情况下，在小的社区范围内，无论是语言、习俗，还是生活方式，都是相同的、故有的、移民熟悉的。移民相互之间的交往也相对频繁，与当地居民之间的交往则相对较少。移民的社会适应也成为在小社区范围内具有相同文化背景条件下的适应。而现在这种分散安置打破了原有安置方式的那些条件，移民们更多的是单家独户地置身于当地居民、当地社区环境中，面临新的生活环境、语言、习俗、文化背景。正是在这种条件下，与当地居民之间的交往就成为了移民适应当地社会生活的一种重要途径。无论是自觉的还是被迫的，与当地居民交往越多，移民的社会适应就会越好。由此我们可以提出一种假设：与通常认为的移民集中安置有利于其适应当地社会生活的看法相反，似乎越是分散安置，越有利于移民的社会适应。当然，验证这种假设将是今后研究的一项任务。①

这篇论文的最后，作者根据研究的发现，提出了一个新的假设。而正是针对与这一假设有关的问题，笔者后来又进行了一项专门的研究，专门探讨了跨省外迁移民的社会适应问题，特别是集中检验了安置方式、人际交往与跨省外迁移民社会适应之间的关系，从而将这一领域中的研究和探讨向前推进了一步。有兴趣的读者可查阅这篇论文。②

5. 定性研究论文中“总结与讨论”部分的写作

一般来说，定性研究论文的逻辑是归纳的，因此在论文的“总结与讨论”部分中，除了与定量研究论文一样要对研究的结果进行小结外，十分重要的一点是要在此基础上概括、抽象出某种理论性的概念或范式。而做好这一点恰恰是定性研究中最为困难的一部分。下面我们展示一个定性研究论文的例子。

例 9　一篇关于“乡镇的村庄选举”的定性研究论文中的“总结与讨论”部分：

首先，制度变迁需要时间，而时间又是理解制度变革过程的重要维度。以这

① 风笑天：《生活的移植：跨省外迁三峡移民的社会适应》，载《江苏社会科学》，2006 (3)。

② 参见风笑天：《安置方式、人际交往与移民适应》，载《社会》，2008 (2)。

一地区的村庄选举为例，根据我在实地研究中所收集的逸闻趣事，自20世纪80年代末以来的很长一段时期内，村庄选举在很大程度上只是镇政府操纵下的象征性行为。我们看到，几个重要过程的演变——镇政府角色的转变、村民之间的学习过程、镇政府和村之间关系的松散化，都经过了长时间的过程。在这个过程中，选举行为有了明显的质的变化。这意味着，如果我们在不同的时点进入这一漫长的过程，将会得到或者过于悲观、或者不切实际过于乐观的不同结论。

其次，制度变迁涉及多重过程，而这些过程大多是彼此独立的。比如，地方政府角色的转变依赖于发生在其他领域中的几个关键过程，有些甚至发生在十多年前。20世纪90年代中期的财政改革，是中央政府实现资源分配集权化举措的一部分，但这一政策实施过程中一个没有预测到的后果就是削弱了地方政府对农村地区的控制力。随着时间的变化，这一状态促成地方政府在村庄选举中扮演了一个中立角色。新近的废除农业税的举措也与村庄选举没有直接关系，但却在很大程度上使得镇政府从与村干部的庇护主义关系中脱离出来。城市和农村之间的农民工流动，以及附近地区商业机会的出现，经济的快速增长，都增加了那些有意进入政治的村民的“退出”激励，从而在一定程度上缓和了选举过程中的冲突对峙情形。我们看到，这些过程产生于各自的领域，大多是彼此不同、相互独立的，与村庄选举制度并没有直接关联。但是，它们在特定时空条件下的交织则可能会产生推动村庄选举制度化所需的制度条件。

最后，重大制度的变迁通常不是出自于理性设计，而是来自多种相互独立的过程之间的互动及其始料未及的结果。很明显，镇政府的转变并不是因为官员们有了推动政治改革的意图，而是由逃避责任和避免过失的动机所驱使。但正如本研究所提出的，这些行为的结果的确对中国正在发生的制度变迁有着不可低估的贡献。再如“党领导下的村民自治”是政府设计村庄选举政策的初衷，但是，村庄选举的重心却慢慢地转移到当选村干部身上，从而削弱了现存权威的合法性基础。这些多重、独立过程的相互作用，其结果往往难以预料，有时甚至连那些深深卷入这一过程的当事人也对这些结果感到意外。

[从制度变迁的时间、多重过程，以及这种多重过程的相互作用三个方面，总结了该研究的主要结论。]

这些观察提出了如何分析转型经济中制度变迁的方法论问题。首先，我们需要在调查中采用过程视角。这意味着我们对正在发生的制度变迁下结论的时候需要耐心。其次，虽然因果关系的理论模型在社会科学中有着独特魅力，但我们所关心的多个过程相互作用及其意外结果意味着，实际的过程可能更为复杂。所以近距离的观察和阐释的方法有着独特的优势，使得我们能更好地分析和把握变迁过程的复杂性和微妙性（Zhou，2000）。

在我看来，村庄选举的制度化可能是中国政治改革的重要推动力量。在现代中国，农村地区经常扮演社会变革催化剂的角色。“农村包围城市”的战略最终使得中国共产党于1949年执掌政权。在20世纪70年代末，正是农村地区的土地改革启动了中国的经济改革。在我看来，村庄选举的成功制度化极有可能对中央政府的进一步改革提供正面反馈，而农村政权和国家政权之间的松散化，有可能促使独立于国家干预的公共空间的扩大，从而分散改革的政治压力和政治风险，降低无组织的集体行为的可能性（Zhou，1993），为其他领域和城市地区的政治改革拉开序幕。

当然，并不是每个人都对村庄选举拍手称快，尤其那些职位和利益受到威胁的村干部对此很有意见。一位村支书这样抱怨道："跟我们相比，城里人文化程度更高，也更有知识，政府不允许他们选举他们单位的领导，却偏偏给农民最重要的选举权。这是一件很荒谬的事情……"实际上，当占中国总人口2/3的农民习惯于运用他们手中的权力去选举自己的领头人的时候，城市地区和其他领域的公民距离这个目标也就不远了。不过，与所谓的特洛伊木马故事不同的是，村庄选举作为一种新兴制度，它的轨迹并不是按照人们理性设计或西方民主制度的版本那样如期展现的，而是在中国社会多重的、互为独立过程的交互作用下，在历史条件和已有制度环境的制约下发展演变的（Stark，1996），在这个意义上，FS镇的村庄选举故事告诉我们，应该以一种开放、耐心的态度去看待中国社会正在经历的恢宏转型，同时要有心理准备去迎接这个过程中那些始料未及的变化。[①]

[从研究的具体结论中，研究者进一步拓展到对制度变迁研究的方法论问题的讨论、对村镇选举制度化对于中国政治改革所具有的意义的讨论，以及对应该如何看待这种制度变迁过程的讨论。这使得本研究结论的意义得到了升华。]

三、参考文献与注释

1. *参考文献及其表示方法*

论文中的"参考文献"指的是研究者在撰写论文的过程中所参考和引用过的各种文献。在撰写论文时，需要将这些参考文献的目录列在论文正文的后面。这既是规范的学术论文的一种格式要求，也是科学研究结果表达的一种要求。

研究生在写作学位论文或写作用于在期刊上发表的论文的时候，常常对参考文献的数量、类型等存在一些疑问。一篇用于在学术期刊上发表的论文需要列出多少篇文献？研究生的学位论文又需要列出多少篇文献？这既是一个没有具体答案的问题，同时又是一个有唯一答案的问题。说没有具体答案，是因为不同的论文实际引用和提及的文献数目显然是不同的；说有唯一的答案，则是因为无论哪篇论文，在列出参考文献方面所遵循的都是完全一样的原则。因此，一般来说，根据参考文献的定义，我们在用于期刊发表的论文中主要列出论文中引用过、提及过的文献的目录就行了。至于研究生学位论文，则可以在此基础上适当增加一些在选题、研究和写作过程中曾经阅

① 周雪光：《一叶知秋：从一个乡镇的村庄选举看中国社会的制度变迁》，载《社会》，2009（3）。

读、参考过的其他文献，特别是一些经典的文献。

关于参考文献的具体格式和标注方法，中国国家标准委员会有一个十分详细的规定，即《文后参考文献著录规则》①。其内容涉及与此相关的众多方面，十分繁杂。在其规定中，以附录的形式展示了我们在撰写论文时最常遇到的几种文献形式的表达方式（详见下面引文）。我们在撰写论文时可以参考。

附录 A

（资料性附录）

顺序编码制文后参考文献表著录格式示例

A.1 普通图书

[1] 广西壮族自治区林业厅．广西自然保护区 [M]. 北京：中国林业出版社，1993.

[2] 蒋有绪，郭泉水，马娟，等．中国森林群落分类及其群落学特征 [M]. 北京：科学出版社，1998.

[3] 唐绪军．报业经济与报业经营 [M]. 北京：新华出版社，1999：117－121.

[4] 赵凯华，罗蔚茵．新概念物理教程：力学 [M]. 北京：高等教育出版社，1995.

[5] 汪昂．（增补）本草备要 [M]. 石印本．上海：同文书局，1912.

[6] CRAWFPRD W，CORMAN M. Future libraries：dreams，madness & reality [M]. Chicago：American Library Association，1995.

[7] International Federation of Library Association and Institutions. Names of persons：national usages for entry in catalogues [M]. 3rd ed. London：IFLA International Office for UBC，1977.

[8] O' BRIEN J A. Introduction to information systems [M]. 7th ed. Burr Ridge，III.：Irwin，1994.

[9] ROOD H J. Logic and structured design for computer programmers [M]. 3rd ed. [S. l.]：Brooks/Cole-Thomson Learning，2001.

A.2 论文集、会议录

[1] 中国力学学会．第 3 届全国实验流体力学学术会议论文集 [C]. 天津：[出版者不详]，1990.

[2] ROSENTHALL E M. Proceedings of the Fifth Canadian Mathematical Congress，University of Montreal，1961 [C]. Toronto：University of Toronto Press，1963.

① 见 http：//wenku. baidu. com/view/236cf21fff00bed5b9f31db9. html。

[3] GANZHA V G，MAYR E W，VOROZHTSOV E V. Computer algebra in scientific computing：CASC 2000：proceedings of the Third Workshop on Computer Algebra in Scientific Computing，Samarkand，October 5－9，2000 [C]. Berlin：Springer，c2000.

A. 3 科技报告

[1] U. S. Department of Transportation Federal Highway Administration. Guidelines for handling excavated acid-producing materials，PB 91－194001 [R]. Springfield：U. S. Department of Commerce National Information Service，1990.

[2] World Health Organization. Factors regulation the immune response：report of WHO Scientific Group [R]. Geneva：WHO，1970.

A. 4 学位论文

[1] 张志祥. 间断动力系统的随机扰动及其在守恒律方程中的应用 [D]. 北京：北京大学数学学院，1998.

[2] CALMS R B. Infrared spectroscopic studies on solid oxygen [D]. Berkeley：Univ. of California，1965.

A. 5 专利文献

[1] 刘加林. 多功能一次性压舌板：中国，92214985. 2 [P]. 1993－04－14.

[2] 河北绿洲生态环境科技有限公司. 一种荒漠化地区生态植被综合培育种植方法：中国，01129210. 5 [P/OL]. 2001－10－24 [2002－05－28]. http：//211. 152. 9. 47 /sipoasp/zlijs/hyjs-yx-new. asp? recid=0129210. 5&leixin.

[3] KOSEKIA，MOMOSE H，KAWAHITO M，et al. Compiler：US，828402 [P/OL]. 2002－05－25 [2002－05－28]. http：// FF&p=1&=u=netahtml/PTO/search-bool. html&r=5&f=G &l= 50&col=AND&d=PG01&s1=IBM. AS. &0S =AN/IBM&RS=AN/IBM.

A. 6 专著中析出的文献

[1] 国家标准局信息分类编码研究所. GB/T 2659—1986 世界各地和地区名称代码 [S] //全国文献工作标准化技术委员会. 文献工作国家标准汇编：3. 北京：中国标准出版社，1988：59－22.

[2] 韩吉人. 论职工教育的特点 [G] //中国职工教研究会. 职工教育研究论文集. 北京：人民教育出版社，1985：90－99.

[3] BUSECK P R，NORD G L，Jr.，VNEBLEN D R. Subsolidus phenomena in pyroxenes [M] PREWITT C T. Pyroxense. Washington，D. C.：Mineralogical Society of America，c1980：117－211.

[4] FOURNEY M E. Advances in holographic photoelasticity [C] // Ameri-

can Society of Mechanical Engineers. Applied Mechanics Division. Symposium on Application of Holography in Mechanics, August 23－25, 1971, University of Southern California, Los Angeles, California. New York: ASME, c1971: 17－38.

[5] MARTIN G. Control of electronic resources in Australia [M] // PATTLE L W, COX B J. Electronic resources: selection and bibliographic control. New York: The Haworth Press, 1996: 85－96.

A.7 期刊中析出的文献

[1] 李炳穆．理想的图书馆员和信息专家协素质与形象 [J] 图书情报工作，2000 (2)：5－8.

[2] 陶仁骥．密码学与数学 [J]. 自然杂志，1984，7 (7)：527.

[3] 亚洲地质图编目组．亚洲地层与地质历史标概述 [J]. 地质学报，1978，3：194－208.

[4] DES MARAIS D J, STRAUSS H, SUMMONS R E, et al. Carbon isotope, evidence for the stepwise oxidation of the Proterozoic environment [J]. Nature, 1992, 359: 605－609.

[5] HEWITT J A. Technical services in 1983 [J]. Library Resource Services, 1984, 28 (3): 205－218.

A.8 报纸中析出的文献

[1] 丁文祥．数字革命与竞争国际化 [N]. 中国青年报，2000－11－20 (15).

[2] 张田勤．罪犯 DNA 库与生命伦理学计划 [N]. 大众科技报，2000－11－12 (7).

A.9 电子文献（包括专著或连续出版物中析出的电子文献）

[1] 江向东．互联网环境下的信息处理与图书管理系统解决方案 [J/OL]. 情报学报，1999，18 (2)：4 [2000－01－18]. http: //www. chinainfo. gov. cn/periodical/qbxb/qbxb99/qbxb990203.

[2] 萧钰．出版业信息化迈入快车道 [EB/OL]. (2001－12－19) [2002－04－15] http: //www. creader. com/news/20011219/200112190019. html.

[3] CHRISTINE M. Plant physiology: plant biology in the Genome Era [J/OL]. Science, 1998, 281: 331－332 [1998－09－23]. http: //www. sciencemag. org/cgi/collection/anatmorp.

[4] METCALF S W. The Tort Hall air emission study [C/OL] // The International Congress on Hazardous Waste, Atlanta Marriott Marquis Hotel, Atlanta, Georgia, June 5－8, 1995: impact on human and ecological health [1998－09－22]. http: //atsdrl. atsdr. cdc. gov: 8080/cong95. html.

[5] TURCOTTE D L. Fractals and chaos in geology and geophysics [M/OL]. New York: Cambridge University Press, 1992 [1998－09－23]. http: //

www. seg. org/reviews/mccorm30. html.

[6] Scitor Corporation. Project scheduler [CP/DK]. Sunnyvale，Calif. Scitor Corporation，c1983.

2. *注释及其表示方法*

论文中的注释主要有两种基本功能：一是标注并说明论文中所引用的文字、材料或观点的来源或出处，以体现学术规范的要求；二是对正文中某些需要专门解释的内容进行补充说明。从目前情况看，各种不同的学术著作和刊物中，对注释方式的要求往往各不相同，这无疑会给研究生和初学者带来一些困惑。笔者在这里仅简单介绍西方学术界中常用的 APA（美国心理学会）格式，以及国内《中国社会科学》、《社会学研究》两本学术杂志所采用的注释格式。

APA 格式采用的是文中注释的格式。即在所引用的文字后，用圆括号将这段文字的作者名以及文献发表的年代表示出来，二者之间用逗号连接。

比如：“科学精神是社会研究的立命之本”（风笑天，2004）。

如果括号中的文献是著作，则还要在年代后面加上分号，再列出引用的这段文字所在的页码。

比如：“大众传播媒介在形成个人的现代性方面是一个真正独立的力量”（英克尔斯等，1992；P220）。

然后在参考文献中，分别列出括号中所注释的文献的全部信息。

《中国社会科学》杂志采用的注释方式是页下注的格式。即在所引用的文字后右上角，标上一个比引文字体小一号的阿拉伯数字，比如：

“大众传播媒介在形成个人的现代性方面是一个真正独立的力量”①

同时在该页的下面，用一条短横线将注释与正文隔开，按注释的号码顺序，完整地列出这段话的出处。即：

---

① [美] 阿列克斯·英克尔斯、戴维·H·史密斯，从传统人到现代人——六个发展中国家中的个人变化，中国人民大学出版社，1992 年版，第 220 页。

需要说明的是，这种脚注的方式中，不同的刊物所用的阿拉伯数字序号表达形式不太一样，有的用①②③④，如上例；有的用 [1] [2] [3] [4]；还有的则直接用 1. 2. 3. 4. 。

《社会学研究》杂志采用的则是文后注的注释方式。即在所引用的文字后右上角，按顺序标上一个字体小一号的阿拉伯数字，然后在论文的末尾，用一个“注释”作为小标题，将所有这些注释所引用的文献按顺序详细列出来。即：

注释：

① [美] 阿列克斯·英克尔斯、戴维·H·史密斯，从传统人到现代人——六个发展中国家中的

个人变化，中国人民大学出版社，1992年版，第220页；

②风笑天，英克尔斯"现代人研究"的方法论启示，中国社会科学，2004年第1期；

……

⑥风笑天，社会学研究方法，中国人民大学出版社，2001年，第102页。

3. 学术规范与抄袭行为

前面说到参考文献和注释的作用时，都提到二者是学术规范的一种要求。事实上，无论是参考文献还是注释，都具有这样一个功能，就是向读者表明研究者所撰写的论文中，哪些内容并不是作者自己的。而我们在撰写论文的最后，讨论参考文献和注释的写作问题，实际上也是在提醒研究生：在写作论文时，要严格遵守学术规范的要求，避免犯抄袭他人成果的错误，无论是有意的抄袭，还是由于研究者无意（不懂得或无察觉）所造成的抄袭。

首先要清楚什么样的行为叫抄袭。Booth等人在其著作《研究的艺术》中指出："无论是否蓄意，使用他人文字或想法却没有注明原作者，导致读者认为这些文字是你自己的，这便构成抄袭。"① 这段话十分明确地界定了抄袭的本质，这就是将他人的文字和想法作为自己的展现在读者面前。Booth等人在这本著作中还指出了几种抄袭的具体表现②：

一种是直接对文字进行抄袭。即有些学生在写作过程中，见到他人文章或著作中的一段话或者一段分析十分符合自己的想法，就将其一字不漏地直接写进自己的论文，而不注明原作者及这段话的来源。这样，原本属于他人的文字及这段文字所反映的思想，就变成了自己的了。

另一种是对他人思想的抄袭。有的学生虽然没有直接将他人的文字一字不差地写进自己的论文而不注明出处，但是将他人的某个观点、或者他人在某段话中的主要思想用自己的语言写进了自己的论文中，并且也没有提到原作者的名字。这种行为也构成了抄袭。研究生在自己的论文中，无论是直接用其他作者的原话，还是用自己的话来表述原作者的观点和思想时，都要注明原作者的名字，并注明出处。

还有一种是间接的文字抄袭。这种情况常常发生在概述或改写他人资料时。笔者自己就曾经遇到这样的事情。

现实生活中，有的抄袭行为，影响了学术研究的声誉。我们在这里根据Booth等人的论述，讨论了几种抄袭的常见表现，希望大家在实际撰写研究报告的过程中避免犯这样的错误。给大家的建议是，在写作自己的论文和研究报告时一定要记住：别人的就是别人的，不要企图以各种方式将它们变成自己的；在采用他人的任何一点材料、观点、结论时，一定记得加上原作者的名字和资料的来源。

---

① Wayne C. Booth, Gregory G. Colomb & Joseph M. Williams：《研究的艺术》，224页，台北，台湾巨流出版公司，2009。

② 参见上书，225～227页。

通过第九、第十、第十一章的介绍，我们对论文结构中的每一个部分，对论文写作中的方方面面都进行了讨论，也列举了大量实例进行说明。在这里笔者还想特别提醒的是，我们所介绍的论文写作虽然有一定的格式，有一定的方法和技巧，但读者千万不能把它们当成绝对的、唯一的、固定的、一成不变的东西。特别是由于笔者个人能力、知识水平、研究领域等方面的客观限制，很难全面地、准确地概括实际社会研究中各种类型的研究者所撰写的各种各样的论文。本教材中的介绍主要也只是给大家一个基本框架和一种初步引导。读者还可以通过阅读发表在学术期刊中的优秀论文来进一步加深对如何撰写论文的认识。此外，每位研究者还应该记住，论文始终是写给读者看的，"清楚明白"是第一要件。而且，写论文就如同"讲故事"，研究者要把自己所做的研究这个"故事"讲好，在写作论文中就不能不记住这样几个重要的标准：语言简明、证据充分、逻辑严密、条理清楚。

教学建议与练习题

1. 找出几篇学术刊物上发表的论文，让学生讨论作者写作"结果与分析"、"总结与讨论"的方法。

2. 找定量与定性研究的论文各一篇，组织学生讨论两种类型论文在"结果与分析"、"总结与讨论"部分的写作方法上有什么不同。

3. 组织学生讨论对三种不同的注释方法的看法。

4. 参考文献的作用是什么？在论文中应该如何写作参考文献？

5. 组织学生讨论在写论文时应该如何遵守学术规范。

推荐阅读

1. 风笑天．生活质量研究：近三十年回顾及相关问题探讨．社会科学研究，2007（6）．

2. 风笑天．独生子女：他们的家庭、教育和未来．北京：社会科学文献出版社，1992.

3. 风笑天．中国独生子女研究：回顾与前瞻．江海学刊，2002（5）．

4. 风笑天．结果呈现与方法应用——141 项调查研究的解析．社会学研究，2003（2）．

5. 风笑天．城市居民家庭生活质量：指标及其结构．社会学研究，2000（4）．

6. 风笑天．独生子女青少年的社会化过程及其结果．中国社会科学，2000（6）．

7. 周雪光．一叶知秋：从一个乡镇的村庄选举看中国社会的制度变迁．社会，2009（3）．

8. Wayne C. Booth，Gregory G. Colomb & Joseph M. Williams. 研究的艺术．台北：台湾巨流出版公司，2009.

第十二章　实例解析

在本书的最后，笔者将给读者一个实际的例子。希望通过对一个实例的详细介绍和具体解析，尽可能全方位地、综合地说明实际研究的过程，说明这一过程中所涉及的各种研究设计、研究方法以及更细小的技术环节，包括论文的撰写方法，以便更好地帮助读者理解本书前面章节中的各种内容和要点。

需要说明的是，将笔者自己的这项研究作为实际例子进行解剖，并不是因为这项研究特别优秀，而主要是因为这项研究是笔者自己做的。正因为研究是自己做的，所以，一方面，笔者可以非常详细地把自己在研究过程中的所思所想、所作所为，一五一十地告诉读者。这种亲身经历的介绍，包括对作为研究者的认识、感受、体会等方面的介绍，可以让读者身临其境般地切身感受研究的实际过程。另一方面，还有一个很重要的原因，就是这个研究中很好地包含了从研究问题的来源、形成，到研究的构思、设计，以及对多种不同性质资料收集、分析，最后到结果表达和发表的所有方面。特别是该研究中正好既包含调查研究、内容分析、现存统计数据分析等多种定量研究方法的运用，又包括对定性资料分析在内的多种不同的方法内容（事实上这项研究也是笔者所从事的研究中使用方法最多、设计上最为复杂的一个）。希望它能给大家更多启发。

一、研究的缘起、问题及研究设计

1. 问题的来源

笔者本章所介绍的是关于大众媒介对独生子女的“妖魔化”问题的研究。客观地说，笔者的这项研究实际上经历了一个相对较长的过程。最初在笔者 1990 年完成的博士论文中，就涉及这方面结果（即关于独生子女是不是“小皇帝”的研究[①]），只不过那时笔者没有太多研究经验，也没有现在这么多的研究积累。所以，当时只是仅仅完成了对社会上存在的某种偏误的反驳工作。或者说，当时仅仅得到了“现实中的独生子女并非都是‘小皇帝’”的结论，而没有意识到大众媒介对“独生子女是‘小皇帝’”这一普遍认识的形成和传播所具有的影响。

笔者真正开始意识到大众媒介可能存在“妖魔化”独生子女现象的时间大约是在

① 参见风笑天：《独生子女：他们的家庭、教育和未来》，北京，社会科学文献出版社，1992。

2002 年前后。当时是因为看到报纸上接二连三地发表了对第一代独生子女不适应社会的现象的相关报道。由于那时笔者已经持续研究与独生子女相关的问题有十几年了，头脑中隐隐约约感到媒介的报道与自己的研究结果不大一致，因此，笔者当时头脑中产生了一个疑问：我国社会现实中的情况真的如此吗？

为了系统探讨和回答这一问题，笔者在 2003 年设计并申报了一项国家社会科学基金的自选课题，题目是“中国第一代独生子女的社会适应研究”，并很幸运地获得了批准。于是，2004 年，笔者开始设计并组织进行了全国 12 城市在职青年的调查，2005 年完成了对资料的分析与论文写作工作，并在《教育研究》杂志上发表了题为“长大的‘小皇帝’？——中国第一代独生子女的社会适应”[①] 的论文。应该说，那是本研究的一个初步研究。

笔者 2004 年的研究只是针对当时大众媒介的某些具体议论，单纯地去回答“中国第一代独生子女究竟是不是不适应社会”的问题，依旧没有从大众媒介“妖魔化”独生子女的角度来考虑。可是从 2006 年到 2007 年，笔者还是不断看到媒介对独生子女及其相关现象的各种负面报道和社会的负面舆论，这些报道和舆论涉及对独生子女评价的多个方面，而各种评价的总基调是：“独生子女是大有问题的一代。”

一方面，大众媒介造成越来越强烈的感性冲击，另一方面，笔者自己多年的研究结果，比如 1998 年至 2000 年进行的有关中学独生子女社会化的研究结果[②]、2004 年至 2005 年进行的第一代独生子女独立生活能力的研究结果[③]和社会适应的研究结果[④]等所得出的结论又与之有很大差别。这种冲击和差别使得笔者感到问题似乎并不那么简单，这里面应该还有其他方面的问题。笔者联想到自己多次接受国内外媒体记者就各种社会问题、特别是独生子女问题进行采访的经历，加之对大众媒介的新闻生产方式和过程的了解，头脑中开始隐隐约约感到问题可能很严重——独生子女的形象有可能被大众媒介“妖魔化”了。而一旦真的如此，就将造成社会对独生子女一代人的误解，形成某种负面的刻板印象。当意识到这一点时，笔者就有一种强烈的冲动，感到有必要去弄清楚，特别是有责任去用科学方法给出正确的回答——尽管当时自己也不能确定客观的答案会是什么。可以说，在 2007 年笔者就形成了本研究的基本问题，这就是：在当前的中国社会中，大众媒介是不是存在着对独生子女的“妖魔化”倾向？

阅读提示：

（1）通过上述有关问题来源的介绍，读者可以从中详细了解到这一问题的形

① 这是笔者投稿时用的题目，之所以在正题中提出独生子女是不是“长大的小皇帝”的问题，是想突出研究结论对这一观点的否定。但遗憾的是，在论文正式发表时，编辑将其改为“中国第一代城市独生子女的社会适应”，题目原有的观点就看不到了。参见风笑天：《中国第一代城市独生子女的社会适应》，载《教育研究》，2005 (10)。

② 参见风笑天：《独生子女青少年的社会化过程及其结果》，载《中国社会科学》，2000 (6)。

③ 参见风笑天：《关于已婚独生子女独立生活能力的实证研究》，载《中国青年研究》，2005 (9)。

④ 参见风笑天：《中国第一代城市独生子女的社会适应》，载《教育研究》，2005 (10)。

成过程。这其中既有笔者个人特定经历因素（一直从事独生子女问题的研究，长期关注与独生子女相关的现象）的作用，也有文献因素（各种大众媒介的报道和相关信息）的作用。特别是，这一研究问题的形成实际上经历了一个相对较长的时间。

（2）这一研究问题的来源以及研究问题的提出，同时也意味着本研究的主要目的或动机是探讨大众媒介是否存在着对独生子女的“妖魔化”倾向。换句话说，本研究主要是一个应用性的研究，而主要不是一个理论性的研究。

致读者：在介绍笔者的研究设计之前，请暂停阅读。先认真地思考一下：在面对这一研究问题时，你准备采用什么样的研究设计（即开展研究的方式和具体方法）？为什么采取这种研究设计？然后再接下去看看笔者是如何进行研究设计的。

2. 研究设计

确定了研究的问题，笔者开始设计开展研究的方式和具体方法。笔者的思路是：要回答大众媒介是否存在“妖魔化”独生子女的问题，就必须回答这样三个密切相关的问题：

第一，现实社会中大众媒介对独生子女的评价是什么？特别是，大众媒介对独生子女的评价是否主要是负面评价？

第二，现实社会中独生子女的实际表现如何？特别是，如果大众媒介中的确存在着对独生子女的负面评价，那么，现实社会中独生子女的实际表现是否如大众媒介所描述的那样具有负面性？

第三，如果大众媒介的评价与独生子女的现实表现之间的确存在明显差异，即大众媒介的确存在“妖魔化”独生子女的倾向，那么大众媒介是如何形成对独生子女的这种误解的？或者说，大众媒介是如何将独生子女“妖魔化”的？

本研究的设计正是依据这种思路，紧紧围绕着上述三个问题进行考虑和选择的：

研究设计的第一步，是要系统、客观、全面地收集和了解大众媒介对独生子女的评价。根据这一目标，笔者决定采用内容分析的方法，对大众媒介中有关独生子女的新闻报道进行系统的、定量的分析，从总体上描述大众媒介的新闻报道对独生子女所持有的评价倾向，以说明大众媒介所建构的独生子女形象是什么。

研究设计的第二步，是针对大众媒介的普遍认识和看法，有针对性地开展实地调查以及收集现有统计数据资料，通过对资料的分析，用所得的经验结果与媒介的认识和看法进行比较，以说明媒介的认识评价与社会现实之间是否存在差距。

研究设计的第三步，即是要在定量分析的基础上，选取具有典型意义的新闻报道，对大众媒介报道独生子女的方式、材料和推断的逻辑进行定性分析，以考察媒介新闻得出某种评价倾向的特定机制，揭示媒介新闻报道方式与独生子女形象的建构之间的关系。

在明确了研究思路、论证逻辑过程和主要步骤后，研究者开始对每一个步骤中的研究方式进行具体的设计：

(1) 针对第一个步骤所进行的内容分析的设计。

为了客观地展现大众媒介“妖魔化”独生子女的证据，必须系统地收集大众媒介的相关内容。这里有几个具体问题要解决：

第一，如何界定大众媒介。显然，一般来说，大众媒介至少包括报纸、杂志、广播、电视以及网络等具体形式。而要在研究中去系统收集所有这些方面的资料显然又超出了笔者的能力与时间范围。所以，必须从可行性方面做出某种选择。实际设计中，笔者主要从媒介传播的现实影响力、同时也从资料收集的可行性考虑，将本研究的对象大众媒介主要限定在网络媒介上。

第二，如何从网络媒介中抽取有代表性的样本，即对媒介新闻的抽样。考虑到研究的可行性以及媒介资料的全面性和可得性，研究者将本次分析的媒介新闻限定在新浪网。(预先的探索性搜索结果表明，在百度、谷歌等搜索系统中所得到的结果与在新浪中得到的结果基本相似。) 具体操作步骤是：在新浪网“爱问”搜索系统中选择“新闻搜索”，关键词为“独生子女”，限定搜索时间为“1998年7月10日到2008年5月12日”(由于该系统每段时间只保留容量为88页、每页20条的信息条目，所以我们分别于2007年3月28日和2008年5月12日两次进行了搜索)，查询关键词位置为“在新闻标题中”，并默认全部新浪网新闻源作为我们的搜索源。搜索结果显示“找到9 180篇新闻”。但是实际上搜索到且能看到的新闻共计只有3 520篇 (每次88页，每页20篇，共1 760篇，两次共3 520篇)。新浪网显示的9 180篇是包含大量重复新闻在内的。

在搜索到的3 520篇新闻中，既包含了大量与我们研究主题无关的新闻，同时也包含了标题稍有改变而内容完全相同的新闻，即重复的新闻。为此，我们首先对这3 520篇新闻逐条进行审核和筛选。根据研究目标，我们只选择其中对独生子女 (群体、家庭) 进行描述报道、议论、评价的新闻作为我们的分析样本，而将下列各种情况的新闻剔除在外：1) 报道独生子女政策的新闻。如“贵州出台规定：办理独生子女证，不能超过一个月”、“个体户怎么领取独生子女费”等。2) 独生子女人口统计的新闻。如“中国已累计出生9 000万独生子女”等。3) 重复的新闻。如“独生子女步入消费年龄，第三个消费高峰来临”、“独生子女更爱享受”、“中国迎来第三个消费高峰”等。我们只取其中一条，而将其他新闻作为重复新闻计数。4) 少数无法打开的新闻。经过这样的剔除后，我们实际共得到符合要求的新闻586条，这586条新闻就成为本次内容分析的最终样本。

第三，如何对新闻报道进行编码。对于新闻报道的内容分析，笔者自己首先进行了尝试，对网络新闻的形式、内容等有了基本的了解和经验后，制定了具体的编码指标、内容和方法。笔者共设立了7个内容分析的变量及其取值，然后指导笔者的两个研究生掌握编码方法，进行新闻报道的编码工作。考虑到两个人编码有可能形成的编码误差（即对同一篇论文两人编码的结果不同），事先进行了对同一批新闻报道编码结果的比对，然后对不一致的地方进行讨论，统一认识。全部编码结束后，又从编码的结果中抽取一部分进行交换检查。

（2）调查研究的设计。

为了检验大众媒介所报道的独生子女形象是否符合现实中独生子女的行为表现，笔者针对媒介的宣传开展了调查研究。调查研究对象是城市在职青年，包括独生子女与同龄的非独生子女（将同龄非独生子女作为一种自然的参照对象）。然后设计抽样方法、变量测量等（为节省篇幅，具体抽样设计详见笔者的相关论文①）。变量测量明确针对大众媒介的宣传，比如独生子女的性格特征、独生子女的独立生活能力、独生子女对子女的抚育方式等。

（3）现存统计资料和二手资料的收集。

由于大众媒介所宣传的独生子女离婚问题很难在调查研究中涉及（一般调查对象的样本中离婚者所占比例太小），因此笔者又充分利用了现有统计资料和二手资料来进行分析论证。比如，笔者找来了 2007 年全国人口变动情况抽样调查统计资料和 1995 年全国 1%人口抽样调查数据资料，并收集到一批有关离婚问题的经验调查结果。正是由于充分利用了这些资料，因此较好地论证了独生子女离婚比例的问题。

二、论文的撰写与解析

现在读者知道了笔者这项研究从提出问题、研究设计，直到资料收集和分析资料的整个过程，剩下的问题是如何将研究的结果很好地表达出来。笔者完成资料的分析，得出结果后，也同样面临这项最后的、同时也是十分重要的任务。经过四个多月紧张的写作和修改，终于在 2009 年底完成了论文（如果从 2008 年撰写在学术会议上发表的论文的初稿算起的话，写作时间就长达近两年）。下面笔者结合这篇发表在《社会学研究》杂志上的论文②，对论文撰写的方法及表达方式进行解析。

1. 论文的总体结构

为了帮助读者学习论文写作方法，有必要先简要介绍一下论文的基本结构。这篇论文在结构上基本遵循了定量研究论文规范的表达方式，即主要分为“问题与背景”、“文献回顾”、“研究设计”、“结果与分析”、“总结与讨论”几个大的部分。只是由于“结果与分析”部分所包含的内容篇幅过大，故又将其进一步细分为“媒介建构的独生子女形象是什么”、“媒介建构的形象与现实之间的差距”、“大众媒介建构独生子女负面形象的方式和逻辑”三个方面，层层递进地展开论述。论文的整体结构框架如图 12—1：

① 参见风笑天：《独生子女父母的空巢期：何时开始？会有多长？》，载《社会科学》，2009（1）。

② 参见风笑天：《独生子女：媒介负面形象的建构与实证》，载《社会学研究》，2010（4）。

一、问题与背景——1. 大众媒介与社会认知的关系
　　　　　　　　2. 独生子女现象及媒介的评价问题

二、文献回顾——1. 国外相关文献综述
　　　　　　　2. 国内相关文献综述

三、研究设计——1. 研究的思路
　　　　　　　2. 内容分析设计
　　　　　　　3. 调查研究设计

四、结果与分析——1. 媒介建构的独生子女形象是什么
　　　　　　　　2. 媒介建构的形象与现实之间的差距
　　　　　　　　3. 大众媒介建构独生子女负面形象的方式和逻辑

五、总结与讨论——1. 研究的主要结论
　　　　　　　　2. 几点讨论

图 12—1　论文的整体结构框架

2. *论文解析*

下面我们对照论文的原文，从标题开始，直到参考文献为止，一个部分一个部分地进行解析，详细说明写作要求。为了区分原文和笔者的解析文字，特将解析文字以仿宋体显示，并用方括号括起来，对应插入所解析的内容后面（原文中也有一部分转录的文字是用仿宋体表示的，但没有用方括号括起来）。

独生子女：媒介负面形象的建构与实证①

风笑天

[笔者投稿时采用的论文标题是："独生子女的'妖魔化'：媒介证据与调查结果"。笔者用这样的标题，主要是想突出大众媒介"妖魔化"独生子女这一核心结论。但匿名审稿人认为"妖魔化"一词带有一些政治色彩，建议改为相对中性的标题。根据这一意见，笔者最后将题目改为现在的题目。标题右上角的星号和页下注释给出了本课题基金的来源说明、研究致谢人员说明以及文责自负说明等内容，这是学术论文进行这类说明的一般形式。]

提要：论文采用内容分析的方法，对大众媒介新闻报道中的独生子女形象进行了系统解读。结果表明，大众媒介新闻报道中的独生子女主要是一种负面形象。通过将相关调查统计结果与媒介建构的形象进行比较，发现当前大众媒介所建构的独生子女形象与独生子女在社会中的客观表现之间，存在着明显的差距。论文进一步对媒介新闻的形成方式、叙事逻辑和所用材料进行了分析，揭示出大众媒介对独生子女的形象建构存在着明显的"妖魔化"倾向。

---

① 本文为国家教育部 2006 年度哲学社会科学研究重大课题攻关项目《中国独生子女问题研究》的主要成果之一，项目批准号：06JZD0027。笔者感谢参与项目调查的众多老师和同学，感谢笔者的研究生孙含钰、王晓焘协助笔者进行网络文献的查找、编码和录入工作，也感谢匿名审稿人的修改意见。当然，文中的错漏之处完全由作者负责。

关键词： 独生子女　大众媒介　新闻报道　刻板印象

[读者可注意内容提要和关键词的写法。内容提要应把论文中最关键的东西用最简洁的语言表示出来。本提要中，主要陈述了研究对象、研究方法、研究结果和主要结论。关键词则主要用来提示这篇论文的重要主题，不能简单地把论文标题拆分成几个词语，直接作为关键词。]

一、问题与背景

大众传播媒介是现代社会生活中不可缺少的一部分，也是现代社会的主要标志之一。随着大众传播媒介的快速发展，它们对社会生活的渗透力、影响力越来越强，对人们认识和观念形成的影响也越来越大。"媒介通过描述说明而提出的对现实的解释有潜移默化其受众的作用。人们可以从所读到、看到和听到的内容发展出对物质现实和社会现实的主观及公认的意义构想。"（德弗勒等，1990：42）而随着人们对从大众媒介中获取信息的依赖性增加，其所建构的各种"社会现实"，即"媒介现实"，往往会在不知不觉中迅速演变成受众头脑中的社会现实。"'媒介现实'成了人们认识世界的主要来源"，人们"对事物的感知、判断及采取的行动，大都以他们看到、听到的媒介现实为依据"。（张国良，2001：63）

[论文开头从最广泛的媒介与社会的关系谈起，引用专家的结论指明媒介对社会、特别是对人们认识的影响，为论文的焦点问题做好铺垫。]

独生子女（only child）作为一种客观的社会现实，自一百多年前在西方各国大批出现以来，对它的认知和评价就一直是学术界和社会关注的重要问题。西方研究独生子女问题的学者普遍意识到，在社会的舆论、传统以及民间的看法中，存在着一种对独生子女及其家庭的负面刻板印象。"在西方社会，人们普遍奉行的信条之一就是，与有兄弟姐妹的孩子相比，独生子女伴随着某种'不良后果'"（Claudy，1984）；"'众所周知'，独生子女受宠爱、孤独以及不适应环境。来自联合国多方面的调查显示这种偏见根深蒂固"（莱本，1994）；"社会调查发现，社会对自愿无孩的个人以及独生子女的父母的评价最为负面"（Polit，1978）；更为严重的是，"许多人已为民间有关独生子女及其父母的否定性陈旧偏见所引导"（Cooper，1984）。而"由于公众舆论如此消极地看待独生子女，因此大多数人生育第二个孩子的原因，就是为了不使他们的第一个孩子成为独生子女"（Falbo，1984）。

[概述国际上自从独生子女出现以来所存在的负面刻板印象。这是为论文关于"妖魔化"的观点和论述提供一种大的背景。]

我国独生子女则是改革开放以来才出现在社会中的一代特殊人口。30 年来，他们的发展状况和成长过程也一直为学术界、大众媒介以及整个社会所关注。这种关注的中心同样是对独生子女的认识和评价问题。中国独生子女究竟是怎样的一代人？他们的成长和发展状况究竟如何？对于这些问题，学术界和大众媒介都在给出他们的回答。从学术界看，在独生子女人口产生初期，较多的研究结论都延续了西方“问题儿童”的观点，认为独生子女是具有这样或那样性格缺陷和行为问题的孩子。但20世纪90年代以后的许多研究结果却并不支持这种负面的评价。越来越多的研究结果表明，独生子女与同龄非独生子女之间在个性特征、人际交往、社会适应等众多方面并不存在显著的差别（风笑天，2002，2005）。而大众媒介对独生子女的评价则不像学术界那样明确系统。尽管在某些特定时期，人们从大众媒介对某些特定现象的集中报道中，可以明显感受到其对一代独生子女或贬或褒的看法和评价。但从总体上看，大众媒介对独生子女的各种认识和评价基本上处于一种偶发的、零散的、不系统的、无规律的状态。目前还没有客观的证据来反映大众媒介对独生子女认识和评价的总体状况。

[引入中国独生子女的评价问题，这是本文所要探讨的中心问题。指出虽然学术界已有一些相对明确的研究结论，但大众媒介对独生子女的总体评价状况却还不清楚。]

留美学者黄刚曾在一篇探讨成年独生子女人际关系的论文中指出：“美国社会舆论对独生子女及其家庭存有相当严重的偏见。人们凭‘常识’相信独生儿童多少有‘病态’或反常的情感与行为特征，大众媒介对此的宣传也有点夸大其词。”（黄刚，1990）。在当前的中国社会中，以大众媒介为代表的社会舆论会不会同样存在着西方社会那种对独生子女的偏见？大众媒介会不会“对此的宣传也有点夸大其词”？如果真是那样，那么由大众媒介所建构的一代独生子女的形象，将会在很大程度上形成并增加社会认知中对独生子女的“否定性陈旧偏见”。现在的问题是，大众媒介所建构的独生子女形象是什么？这种形象是否反映了客观现实？大众媒介对独生子女的形象建构中是否存在着“严重的偏见”？探讨和回答这些问题正是本文的目标。

[由国外学者研究引出本研究的中心问题，同时明确提出本研究的目标。]

二、文献回顾

针对社会舆论以及大众媒介中存在的对独生子女的偏见和负面刻板印象，西方学者一直在进行努力探索（Cooper，1984）。许多研究结果都印证了独生子女并不比同龄非独生子女差的结论，研究的发现也不支持长期存在的对独生子女的负面刻板印象（Polit，1978；Blake，1981；Falbo，1984）。笔者注意到，这些研究有一个共同的特征，就是研究者往往都是以某种社会舆论（比如民意测验的结果、“公众的看法”、“民间的偏见”、“传统的偏见”等）作为前提，然后通过各种经验研究去质疑它、挑战它。目前还没有研究者去关注大众媒介对独生子女的偏见或者负面刻板印象，也没有人去系统收集和分析存在于大众媒介之中的对独生子女及其家庭的各种偏见的经验证据。

[概述国外学者的研究结论，指出其所存在的缺陷——没有关注大众媒介对独

生子女的偏见，也没有系统收集和分析存在于大众媒介之中的对独生子女及其家庭的各种偏见的经验证据。]

国内的独生子女研究虽然也一直关注独生子女一代人的成长和发展过程（风笑天，2002），但对于社会舆论及大众媒介对独生子女的认识和评价的关注同样不够。在现有的文献中，仅有3篇涉及社会舆论或者大众媒介对独生子女的认识和评价。其中两篇来自于同一项研究课题。该研究者从心理学角度，采取形容词自由联想法和社区调查，筛选出与独生子女群体相关的15个高频形容词。其中5个具有正向积极意义（自信、漂亮时尚、物质条件好、聪明、有个性），10个具有负向消极意义（自私、社交性差、骄傲、孤独、依赖、浪费、任性、娇惯、爱发脾气、自我中心）。在此基础上，研究者编制了态度量表，并在上海市对拥有9～18岁子女的父母进行了随机抽样调查。研究者让调查对象用上述量表对独生子女群体的符合程度进行评价。调查结果表明，在1 088份父母问卷中，分值最高的5个与独生子女群体相关的形容词分别是“依赖”、“任性”、“娇惯”、“自我中心”和“爱发脾气”，均为消极意义。研究得出结论：“在与独生子女有直接接触的城市居民中，独生子女群体的社会印象以负面刻板印象为主。”（包蕾萍，2008a，2009）

该研究还探讨了这种负面印象的形成机制问题。研究者“着重分析了父母生育观对独生子女刻板印象的影响，逐步回归的结果显示，父母生育观、子女性别是影响对独生子女刻板印象的最为重要的两大因素：越反对独生子女的父母刻板印象越强，对独子的刻板印象强于独女”（包蕾萍，2008a）。然而，一方面，父母的生育观念与对独生子女的负面印象之间存在着相关，并不能肯定是“父母的生育观念”影响了“父母对独生子女的负面印象”。倒是“父母对独生子女的负面印象”有可能影响到“父母的生育观念”。另一方面，该研究结果也没有解释父母对独生子女的这种负面印象来自哪里。因此，研究者最后指出：“这方面的实证资料目前还相当有限，亟待进一步深入研究。”（包蕾萍，2008a）

另一篇相关研究是风笑天2005年针对大众媒介中的观点，对第一代城市独生子女社会适应问题所进行的探讨。该研究通过对全国12个城市1 786名在职青年调查结果的定量分析，得出了在职青年独生子女与同龄非独生子女在社会适应方面不存在显著差别的结论，即得到了与当时的媒介宣传和社会舆论不一致的结果。研究者也提出了“应该对现有认识和媒介宣传进行反思，并改变长期以来形成的对独生子女的这种偏见”的看法（风笑天，2005）。但是，该研究有关大众媒介的观点和看法仅仅来自研究者个人对媒体上一些典型报道的主观印象，研究者并没有去系统收集和分析大众媒介中的经验证据。因此，该研究同样没有反映出大众媒介对独生子女的总体评价和看法，也没有揭示这种偏见的可能来源。

[概述国内两项相关研究，指出一方面“实证资料目前还相当有限，亟待进一步深入研究”；另一方面“仅仅来自研究者个人对媒体上一些典型报道的主观印象，研究者并没有去系统收集和分析大众媒介中的经验证据”——这也就是说，现有研究结果都无法回答本研究问题。]

三、研究设计

（一）研究思路

根据研究目标，笔者首先采用内容分析的方法，对大众媒介中有关独生子女的新闻报道进行系统的、定量的分析，从总体上描述大众媒介的新闻报道对独生子女所持有的评价倾向，以说明大众媒介所建构的独生子女形象是什么；其次，针对大众媒介的普遍认识和看法，有针对性地收集现有统计数据并开展实地调查，用所得的结果与媒介的认识和看法进行比较，以说明媒介的认识评价与社会现实之间是否存在差距；最后，在定量分析的基础上，选取具有典型意义的新闻报道，对其报道独生子女的方式、材料和推断的逻辑做定性分析，以考察媒介新闻得出某种评价倾向的特定机制，揭示媒介新闻报道方式与独生子女形象的建构之间的关系。

[这一部分以简洁的语言告诉读者研究者打算按什么思路来达到目标，并具体指出每一种方法所要达到的目的。这样做可以让头脑中并不十分清楚该怎么去做的读者心中有一个基本的思路和框架，相当于给读者一个简略的研究路线图。]

（二）媒介新闻的内容分析设计

首先，媒介新闻的抽样。大众媒介包括报纸、杂志、广播、电视以及网络等。考虑到研究的可行性以及媒介资料的全面性和可得性，本次分析的媒介新闻样本取自新浪网的新闻搜索系统（预先的探索性搜索结果表明，在百度、谷歌等搜索系统中所得到的结果与在新浪中得到的结果基本相似）。具体操作步骤是：在新浪网“爱问”搜索系统中选择“新闻搜索”，关键词为“独生子女”，限定搜索时间为“1998 年 7 月 10 日到 2008 年 5 月 12 日”（由于该系统每段时间只保留容量为 88 页、每页 20 条的信息条目，所以我们分别于 2007 年 3 月 28 日和 2008 年 5 月 12 日两次进行了搜索），查询关键词位置为“在新闻标题中”，并默认全部新浪网新闻源作为我们的搜索源。搜索结果显示“找到 9 180 篇新闻”。但是实际上搜索到、且能看到的新闻共计只有 3 520 篇（每次 88 页，每页 20 篇，共 1 760 篇，两次共 3 520 篇）。我们估计新浪网显示的 9 180 篇是包含大量重复新闻在内的，如“‘85 后’独生子女遭就业歧视，不能吃苦成代名词”一则条目，新浪网就显示有“41 条相同新闻”。

在搜索到的 3 520 篇新闻中，既包含了大量与我们研究主题无关的新闻，同时也包含了标题稍有改变而内容完全相同的新闻，即重复的新闻。为此，我们首先对这 3 520 篇新闻逐条进行审核和筛选。根据研究目标，我们只选择其中对独生子女（群体、家庭）进行描述报道、议论、评价的新闻作为我们分析的样本，而将下列各种情况的新闻剔除在外：（1）报道独生子女政策的新闻。如“贵州出台规定：办理独生子女证，不能超过一个月”、“个体户怎么领取独生子女费”等。（2）独生子女人口统计的新闻。如“中国已累计出生 9 000 万独生子女”等。（3）重复的新闻。如“独生子女步入消费年龄，第三个消费高峰来临”、“独生子女更爱享受，中国迎来第三个消费高峰”等，我们只取其中一条，而将其他新闻作为重复新闻计数。(4) 少数无法打开的新闻。经过这样的剔除后，我们实际共得到符合要求的新闻586条，这586条新闻就成为本次内容分析的最终样本。

其次，媒介新闻的编码。根据研究目标，笔者共设立了7个内容分析的变量，并依据这7个变量及取值对586条新闻的形式和内容进行编码。这7个变量及其取值分别是：

变量一，新闻的标题所体现的对独生子女的评价。取值分为：正面、负面和中性。判断的依据主要是关键概念及其标题整体含义。比如“自立”、“孝顺”等为正面，“不能吃苦”、“不做家务”、“离婚多”等为负面，“生育意愿提高”等为中性。

变量二，新闻的来源。取值分为：网络和报纸。来源中也出现了极少数杂志，分析时作为缺省处理。

变量三，新闻来源媒体的性质。取值分为：主流和一般。主流媒体指中央媒体，各省、市党委机关报（如《××日报》）以及相应的网站，比如新华社、《人民日报》、《光明日报》、新华网、人民网、光明网等；其他则为一般媒体。

变量四，新闻来源媒体的级别。取值分为：国家级和地方级。

变量五，新闻内容所反映的对独生子女的评价。通过阅读新闻报道的内容，根据其对独生子女的评价，取值分为：正面、负面和中性。

变量六，新闻出现的次数。新浪网如果显示有10条相同新闻的话，我们直接计为10；如果我们自己阅读到相同新闻的话，则在原数据上加上重复新闻数。

变量七，新闻报道中采用的分析方式或手段。取值分为：泛泛而谈、运用个案、运用非正规调查资料和运用正规调查资料4类。如果报道中既运用了个案又运用了调查资料，我们就把它归到运用调查资料一类。

具体的文献搜索、阅读和编码工作由笔者的两名研究生共同完成。为了保证两人在阅读同一条新闻后给出的编码具有一致性，笔者采取了3种方法：一是先让他们对若干条新闻分别进行编码，然后进行比较，找出差别并进行相应调整；二是编码时两人在一起进行，遇到拿不准的条目及时商量确定；三是各自编码全部结束后，分别从对方编码的结果中抽取一部分进行交换检查。

[这一部分详细介绍了内容分析方法的设计和操作过程。注意笔者是如何陈述和处理在内容分析过程中所出现的各种现实问题的。原稿中本来还有两项相关调查研究的方法设计和介绍的内容，后来由于论文篇幅过大（有3万多字），根据编辑的意见，在删减论文篇幅时将其删去，仅在论文后面以注释的方式稍作介绍。给读者的建议是：如果不存在篇幅问题，应该将调查研究的设计和具体实施过程也在此一并详细介绍。]

四、媒介建构的独生子女形象是什么？

（一）新闻报道对独生子女的总体评价

我们从新闻标题以及新闻内容两方面所反映的媒介对独生子女的评价进行了统计，结果见表12—1。

表12—1　　新闻标题和新闻内容所体现的媒介评价

媒介评价	新闻标题		新闻内容	
	频数	百分比	频数	百分比
正面	72	12.3	89	15.2
中性	152	25.9	86	14.7
负面	362	61.8	411	70.1
合计	586	100.0	586	100.0

表12—1的结果表明，无论是在新闻标题中，还是在新闻内容中，对独生子女的负面评价都占了绝大部分，其比例在60%～70%之间。换句话说，在大众媒介的新闻中，独生子女更多的是以一种负面的形象出现在人们面前的。有研究者根据全国重要报纸全文数据库的检索，发现从2000年到2004年2月共有97篇有关独生子女的报道，除相关政策法规宣传和内容重复的篇目外，余下53篇。按新闻所表现的态度的偏向性进行分类，结果为：正面的7篇，中性的11篇，负面的35篇。（包蕾萍，2008b）其统计的正面、中性和负面3种类型报道的百分比分别为13.2%、20.8%和66%，与本研究3种类型的比例分布十分相近。上述两种统计结果都表明，大众媒介新闻报道中的独生子女，三分之二左右是负面的形象。

[本研究的统计结果与其他研究者的结果展示，就是为了得到最后一句客观的结论。]

（二）媒体新闻中独生子女负面形象的主要方面

为了归纳媒介新闻中独生子女负面形象的主要方面，笔者选取了这586篇新闻报道中重复次数最多的20篇新闻进行分析。由于这20篇新闻总共转载次数达到701次，占了全部586篇新闻总的转载次数2 048次的三分之一以上，因此，既可以将它们看作全部新闻内容的一个样本，同时也可以将它们看成是全部新闻中传播最广泛、对受众影响最大的一部分新闻。表12—2是这20篇新闻的题目、转载次数及对独生子女的评价。

表12—2　样本中转载最多的前20篇新闻的题目、转载次数及其对独生子女的评价

序号	新闻标题	转载次数	评价
1	“80后”独生子女离婚多	75	负面
2	南京节后出现离婚高潮 离婚者中独生子女比例高	64	负面

续前表

序号	新闻标题	转载次数	评价
3	养老压力大　“80后”独生子女夫妇生育意愿提高	58	中性
4	独生子女家庭结构是支撑中国房价上涨的重要因素	53	负面
5	为蹭饭　独生子女结婚愿与父母做邻居	52	负面
6	全国有近1亿独生子女　低收入者结婚难度加大	49	负面
7	“85后”独生子女遭就业歧视　不能吃苦成代名词	41	负面
8	于丹忧心独生子女素质教育　呼吁小学增加公益教育	28	负面
9	90%小学生诉父母侵隐私　独生子女有攻击性需要	28	负面
10	中国9成独生子女不做家务　一起动手有多难	27	负面
11	高额成本吓退双独生子女夫妇生二胎念头	26	中性
12	城市独生子女靠边站	25	负面
13	河南部分企业招聘卡“出身”　不要城市独生子女	24	负面
14	春节：独生子女婚姻“年检”?	24	中性
15	孩子像宠物没学会感恩　新一代独生子女“草莓化”	23	负面
16	六成独生子女夫妻不要二胎	21	中性
17	企业拒聘“城市独生子女”　就业歧视折射教育缺失	21	负面
18	中国第一代独生子女迎来婚恋高峰	21	中性
19	双独生子女父母“只生不养”?	21	负面
20	独生子女当父母　会生不会养?	20	负面
合计次数		701	

对上表最右边的评价进行统计表明，转载最多的这20篇报道中，从标题到内容直接呈现负面评价的12篇，间接呈现负面评价的3篇，呈现中性评价的5篇，呈现正面评价的一篇也没有。这一结果再次证明了媒体新闻中对独生子女以负面评价为主的事实。而从这15篇具有负面评价的新闻标题以及内容综合起来看，它们所表述的独生子女的负面形象主要集中在以下几方面：(1) 婚姻不稳定，离婚比例高；(2) 不能吃苦，就业不受欢迎；(3) 不做家务不做饭，总是到父母家蹭饭；(4) 不会养育子女，对孩子只生不养；(5) 性格上缺陷多。

[这一结果相当于从量和质两方面来给出客观证据，就是为了证明大众媒介的确存在着对独生子女的负面评价。而最后综合这种负面评价的5个主要方面，则是为下文与调查结果的比较打下基础。]

五、媒介建构的形象与现实之间的差距

社会现实中独生子女的情况究竟如何呢？下面笔者利用相关统计数据和具体调查结果对上述独生子女负面形象中的4个方面进行对比分析。

[由于上节中的第 (2) 点“不能吃苦，就业不受欢迎”暂时找不到经验的证据来进行比较，故笔者实际研究中略去了这一点。读者可以思考一下：你有没有什么好的思路和想法，可以设计出一种研究方式来验证这一点？如果有，那你的研究就可以看作是在本研究基础上的进一步研究，是对本研究结论的完善和验证。]

（一）独生子女的离婚比例高吗？

由于现有的各种离婚调查和统计中，都没有加入离婚者“是否独生子女”这一变量。因此，目前尚没有能直接回答这一问题的调查结果。笔者下面尝试利用相关调查和统计数据从逻辑上来对此进行一定程度的推断和证明。

[一开始就实事求是地说明，没有能直接回答这一问题的调查结果。作为一种替换，尝试进行间接的论证。]

目前进入婚姻的第一代独生子女（即出生于1976—1985年的独生子女）只是同龄人口中的一部分。因此，如果说在成年人口中，独生子女离婚的比例明显高于其他人口（包括同龄非独生子女人口）的离婚比例，那么，应该有下列两种逻辑结果：一是第一代独生子女所在年龄段人口的离婚比例应高于（至少不低于）同一时期其他年龄段人口总体的离婚比例，二是第一代独生子女所在年龄段人口的离婚比例还应该高于（至少不低于）独生子女人口出现以前相同年龄段人口的离婚比例。

[即需要从纵横两个方面来分析论证。]

实际情况究竟如何呢？2007年全国人口变动情况抽样调查给出了下列统计结果：2007年城市样本中，22～31岁（即1976—1985年出生者，也即第一代独生子女所在年龄段）的人口为46 635人，其中离婚者为319人，约占该年龄段人口的0.68%；而样本中32岁以上总人口为197 433人，其中离婚者为4 363人，约占城市32岁以上人口的2.21%（国家统计局人口和就业统计司，2008）。这一结果表明，从总体上看，第一代独生子女所在年龄段人口的离婚比例远低于当时其他人口的离婚比例（不到其水平的三分之一）。即使是按每年平均来计算，该年龄段人口的离婚比例也与32岁以上人口的比例相当。换句话说，相比于城市其他年龄段人口的离婚比例，城市第一代独生子女所在的年龄段人口的离婚比例并不高。如果该年龄段人口中独生子女与非独生子女离婚的比例相差不太大的话，显然是得不出独生子女离婚比例高的结论的。因此，媒体关于“独生子女离婚比例高”的第一个逻辑结果没有被证实。

虽然从横截面数据的比较来看，得不出独生子女离婚比例高的结论，但是，如果在独生子女一代人出生之前，这个年龄段的人离婚的比例更低，而现在这个年龄段的人离婚比例相对上升，那么，仍有可能得出独生子女离婚比例高的结论。因为正是独生子女的离婚比例提高，才使得目前这一年龄段的离婚比例高于以前同一年龄段的离婚比例。

我们以2007年数据作为目前的情况，同时找来了比2007年早12年的统计数据，即1995年全国1%人口抽样调查数据。由于时间提前了12年，因此，2007年时22～31岁的青年（第一代独生子女所在的年龄段），1995年时就只有10～19岁。这也就是说，在当时超过20岁的已婚人口中，基本上不可能出现已婚独生子女的情况。或者说，那个时候22～31岁人口的离婚统计中，完全不存在独生子女因素的影响。那时该年龄段人口的离婚比例又是多少呢？

1995年全国1%人口抽样调查数据的城市样本中，22～31岁人口为516 996人，其中离婚者为4 169人，约占该年龄段人口的0.81%；而样本中32岁以上总人口为1 242 469人，其中离婚者为16 311人，约占城市32岁以上人口的1.31%（国家统计局人口和就业统计司，1996）。这一结果表明，1995年，当独生子女人口没有进入婚育年龄时，22～31岁人口的离婚比例与32岁以上人口的离婚比例虽然有一定差别，但相差不大（0.81%与1.31%）。2007年，当独生子女人口进入婚育年龄后，人口总体中的离婚者比例提高了将近一倍（从1995年的1.31%，提高到2007年的2.21%）。如果仅依据这一点，认为这正是独生子女离婚比例提高的后果和体现，那就错了。因为与独生子女人口进入婚育年龄之前相比，目前22～31岁人口中离婚者的比例不但没有上升，相反还有所下降（从1995年的0.81%，下降到2007年的0.68%）。这也就是说，目前人口总体中离婚比例的上升，并不是第一代独生子女所在的22～31岁人口的离婚比例提高所致，而是其他年龄段人口的离婚比例提高所致。

现有文献中各地调查的结果也同样给我们提供了与上述全国调查结果十分一致的证据：

上海市宝山区妇联对上海宝山区2000年和2004年各500份、共计1 000份离婚案件进行了统计分析，结果发现，离婚者的年龄在20～29岁的占33.8%（上海市宝山区妇联，2008）。根据年代计算，这一部分离婚者是在1971—1984年之间出生的，即他们中的大部分人已经进入到独生子女出生的年代。金美子等对吉林省延吉市2001—2003年4 776份离婚案件进行了统计分析，发现离婚者中年龄在20～29岁的占30.5%（金美子等，2006），根据年代计算，这一部分离婚者是在1972—1983年出生的，他们中的大部分人同样进入了独生子女出生的年代。而上海市民政局最近的一项统计数字则显示出更为直接的证据①：“2008年在市民政部门办理离婚登记的有36 811对。从年龄结构看，30岁以下办理离婚登记的有17 412人，30至40岁之间办理离婚登记的有22 135人，40至50岁有20 729人，50至60岁之间有11 405人。”②（周其俊，2009）根据该统计数据计算③，30岁以下离婚者的比例为23.7%，而30～40岁、40～50岁离婚者的比例则分别为30.1%和28.2%，均高于30岁以下离婚者的比例。30岁以下的这部分人的出生年代全部是在1978年以后，即他们全部进入了独生子女出生的年代。这也就是说，2008年时上海独生子女人口所在年龄段（即30岁以下）的离婚者比例低于30～40岁、40～50岁两个年龄段的离婚者比例。

---

① 前述统计中使用的是调查当年“婚姻状况”为离婚的人口数，而不是调查当年“发生”离婚的人口数。上海的数据则是2008年“发生”离婚的人口数。

② 原文数据如此，由于计算时略掉了60岁以上人口，故与总数之间有一定差距。——作者注

③ 该计算以离婚总人数为分母，由离婚总对数36 811乘以2得到。

那么，在独生子女人口进入婚姻阶段以前相同年龄段人口的离婚者比例又如何呢？吴丽敏等对山东威海、荣成、曲阜、海阳四个城市 1994—1996 年的 4 709 件离婚案件的统计分析表明，“离婚当事人在 35 岁以下者占 80%”（吴丽敏等，1998）。如果以 1995 年为时间点计算，这 80%的离婚者（20～35 岁）的出生时间介于 1975—1960 年之间，即他们都没有进入独生子女出生的年代。张布对江苏南通市青年离婚情况的调查表明，“该市 1982 年离婚数为 113 对，226 人。其中 35 岁以下的青年 140 名，占离婚总人数的 61.9%”（张布，1984）。倪金仲等对北京市宣武区法院 1983 年至 1984 年 7 月所审理的 1 075 件离婚案件进行了调查研究，结果表明，离婚者中，20～35 岁的占 65.4%（倪金仲等，1986）。李伟民对邯郸市邯山区青年离婚案件的抽样调查结果也表明，“1984 年，发生离婚纠纷案件 174 起，其中 35 岁以下的 129 对，258 人。青年离婚案件占全区离婚案件的 74%”（李伟民，1985）。上述这些 20 世纪 80 年代调查中，青年离婚者的出生时间都在 1960 年以前，都没有进入独生子女出生的年代。

这 7 项离婚调查统计的结果告诉我们的共同事实是：在已婚独生子女人口出现以前，离婚者中年龄在 20～35 岁的人的比例很高（占到了 60%～80%）；而当已婚独生子女人口出现以后，离婚者中 20～29 岁（即包含独生子女人口的部分）的比例却大大下降了（只占到了 30%左右）。尽管不同调查的年龄统计口径不完全一致，但即使将目前独生子女所在年龄段的离婚人口按调查统计数据推算到 35 岁，其比例也大约只在 45%左右，还是明显低于独生子女出生以前的离婚比例。

[用各地的抽样调查结果与全国的统计数据资料相互印证，增强了说服力。]

从上述全国统计数据以及各地调查结果的纵向比较中，都无法推导出独生子女离婚比例提高的结果。因此，媒体关于“独生子女离婚比例高”的第二个逻辑结果也没有被证实。

无论是横向的比较还是纵向的比较，也无论是全国调查结果还是各地调查结果，都得出一个事实：第一代独生子女所在年龄段人口的离婚比例相对来说并不高。因此，如果能够证明第一代独生子女的离婚比例与同龄非独生子女离婚比例相差不大的话，就可以得出独生子女离婚比例并不高的结论。最近吴瑞君等人利用上海市 2005 年 1%人口抽样调查的数据，对第一代独生子女的婚姻稳定性状况进行了分析。该研究结果表明，“2005 年 20～30 岁上海户籍的已婚独生子女人口中，离婚与再婚人口占全部已婚人口的比重，男性为 1.68%，女性为 2.04%，均略低于非独男性与非独女性。说明迄今为止，第一代独生子女与同时代的非独生子女之间的婚姻稳定性并未表现出明显的差异性”（吴瑞君等，2009）。在独生子女和同龄非独生子女的离婚与再婚比例相当的前提下，该研究所得的结论，为上述逻辑推断的结果提供了明确的支持。因此，媒介新闻对独生子女离婚比例高的负面宣传、将他们描绘成婚姻不稳定的负面形象是不符合客观现实的。当然，要将上海的结果推广到全国范围，还需要利用全国的数据进行统计分析。同时，如果有分年龄和独生子女身份的年度离婚统计数据，对这一问题的证明将更为直接，也更为有力。

[前面只是证明了“独生子女所在年龄段的离婚比例不比其他年龄段高”，但更关键的问题是“独生子女离婚比例是否比同龄非独生子女高”。在利用他人研究结果对此进行论证的同时，指出依然存在的不足：他人的结论来自于上海一个城市，是否能反映全国还是一个问题。这是一种科学的态度。]

（二）独生子女的性格特征是否更差？

许多媒介新闻在评价独生子女性格特征方面的问题时，常犯的一个错误是不自觉地将他们与以往的非独生子女进行比较。这样比较的结果实际上并不是独生子女所具有的特异性，而是不同时代、不同历史时期中的青年之间的差别。正确的比较方式应该是横向比较，即将独生子女与同龄的非独生子女进行比较。这样比较所得到的结果才是独生子女所具有的特异性。根据这一思路，笔者利用 2007 年全国 12 城市在职青年调查的结果①，对独生子女与非独生子女的一部分性格特征进行了比较分析。与一般调查中让被调查者直接评价独生子女的做法有所不同的是，本次调查中采用了让被调查对象对自我特征进行评价的方法，即在不涉及有关独生子女的话题的前提下，测量独生子女与同龄非独生子女对自身性格特征的主观评价。具体结果见表 12—3。

表 12—3　　下列各项特征中，哪些符合你的情况？　　%

性格特征	独生子女自评	非独生子女自评	差异显著性检验
懒惰	49.6	37.6	$p<.01$
娇气	22.8	20.4	$p>.05$
任性	48.4	44.3	$p>.05$
孤僻	21.3	17.4	$p>.05$
自我中心	32.2	35.1	$p>.05$
交往能力弱	29.1	36.3	$p>.05$
难与人合作	9.8	10.8	$p>.05$
自私	19.8	24.8	$p>.05$
自理能力弱	28.7	23.6	$p>.05$
责任心差	10.7	12.8	$p>.05$

表 12—3 最后一列的统计显著性检验结果表明，在总共 10 项特征中，独生子女的自我评价与同龄非独生子女的自我评价只在懒惰这一项特征上存在显著差别（二者相差 12 个百分点），而在其他 9 项特征上都不存在显著差别。笔者 10 年前对中学生所做的同一主题的调查研究也得到了类似的结果。（风笑天，2000）

如果被调查者的自我评价与其实际表现基本相符，那么，表 12—3 的结果说明了两点：第一，以同龄非独生子女作为参照标准，城市在职青年独生子女的性

① 本项调查的对象是 1976 年及以后出生的城市在职青年。样本采用按比例分层的抽样方法进行抽取。样本规模为 2 357 份，其中，从小生长在城市的在职青年为 1 245 名构成了本文分析的样本。有关该项研究具体方法的详细介绍可参见风笑天：《独生子女父母的空巢期：何时开始？会有多长？》，载《社会科学》，2009 (1)。

格特征并不显得格外不同。[①] 如果同龄非独生子女是正常的人群，那么，独生子女总体上也是正常的人群。因此，媒介对他们的性格特征的负面宣传、将他们描绘成普遍有性格缺陷的负面形象很可能是不符合客观现实的。第二，上表中的百分比表明，具有负面性格特征的青年（包括独生子女与非独生子女）都只是总体中的一小部分。因此，它一方面说明，在社会现实中我们总可以看到一些存在这样或那样性格缺点的独生子女（以及非独生子女），另一方面也说明，如果用这一小部分独生子女身上的负面特征来代表独生子女的整体特征，那将是不正确的和不合适的。

[对调查结果进行仔细解读，很好地揭示出调查结果具有的各种内涵。]

（三）独生子女结婚后是否总是到父母家“蹭饭”？

笔者利用 2008 年对五大城市已婚青年夫妇的调查资料来对此进行分析和验证。[②] 我们知道，到父母家“蹭饭”有两个前提：一是青年夫妇与父母不住在一起，二是青年夫妇要和父母住在同一城市。根据这两个条件在样本中进行筛选，共得到 410 对符合条件的已婚青年夫妇。调查中对他们在上一周去父母家吃饭的餐数进行了统计。我们将一周中去父母家吃饭餐数在 4 餐及以上作为“总是”或“经常”的标准。为了考察独生子女变量的影响，我们将青年夫妇分成“双方均为独生子女”、“一方为独生子女”，以及“双方均为非独生子女”三组（即双独、单独和双非）进行比较。同时，考虑到青年夫妇目前是否有孩子可能会对他们去父母家吃饭的行为有影响，所以在统计分析中对这一变量进行了控制。表 12—4 就是三类夫妇到父母家吃饭频率的交互统计及其卡方检验结果。

表 12—4　　上一周 7 天中，你们去父母家吃的有几餐？　　%

		夫妇身份			
有无孩子	到父母家吃饭餐数	双独	单独	双非	合计
无孩子	0～3 餐	79.3	81.9	82.1	80.8
	4 餐及以上	20.7	18.1	17.9	19.2
	(n)	(82)	(83)	(28)	(193)
	$\chi^2=0.225$　$df=2$　$p=.894$				
有孩子	0～3 餐	76.1	81.7	83.6	81.1
	4 餐及以上	23.9	18.3	16.4	18.9
	(n)	(46)	(104)	(67)	(217)
	$\chi^2=1.051$　$df=2$　$p=.591$				

表 12—4 的结果表明，尽管双独夫妇经常去父母家吃饭（每周 4 餐及以上）

① 当然，性格的自评结果并不等于性格的心理学测量结果。如果将来有直接的心理学测量结果的支持，本研究的结论将会更有说服力。

② 该项调查的对象是“夫妻双方至少一方是在 1975 年及以后出生”的城市青年夫妇。调查地点为北京、上海、南京、武汉、成都五大中心城市。样本的抽取采用多段分层抽样的方法。样本规模为 1 600 个个案。调查实际成功完成有效问卷 1 216 份。有关该研究具体方法的详细介绍可见风笑天：《城市独生子女与父母的居住关系》，载《学海》，2009（5）。

的比例略高于单独夫妇和双非夫妇，但统计检验表明，这种百分比的差异并没有达到统计检验的显著性。这说明，总体中三类青年夫妇在是否经常去父母家吃饭的分布上，并不存在明显的差别。因此，媒介新闻报道中有关独生子女婚后经常到父母家“蹭饭”的判断和评价也是没有事实根据的。

[充分考虑到与“蹭饭”有关的两个前提、“多”与“少”的区分，以及有无孩子等相关因素的影响。]

（四）独生子女对孩子是否“只生不养”？

笔者同样利用2008年5大城市已婚青年夫妇的调查数据来对此进行验证。我们对样本中657对有0～6岁子女的青年夫妇“目前孩子主要由谁照料”的情况进行了统计。考虑到孩子年龄不同时，需要父母照料的情况有较大差别，因而分析中根据孩子的年龄将调查对象分为有0～3岁孩子、有3～6岁孩子两组来进行控制。同时，依旧将已婚夫妇分为双独、单独和双非三类来进行比较。具体结果见表12—5、表12—6。

表12—5　有0～3岁孩子的青年夫妇孩子主要由谁带？　%

	夫妇身份			
	双独	单独	双非	合计
我们自己带	31.6	40.3	56.1	41.5
双方父母带	46.9	41.3	39.0	42.3
保姆带	21.4	18.4	4.9	16.2
(n)	(98)	(196)	(82)	(376)
$\chi^2=16.027$　$df=4$　$p=.003$				

表12—6　有3～6岁孩子的青年夫妇孩子主要由谁带？　%

	夫妇身份			
	双独	单独	双非	合计
我们自己带	48.0	47.5	70.7	55.2
双方父母带	40.0	42.4	29.3	37.7
保姆带	12.0	10.1	.0	7.1
(n)	(50)	(139)	(92)	(281)
$\chi^2=18.482$　$df=4$　$p=.001$				

表12—5的结果表明，当孩子处于0～3岁之间时，三类夫妇中主要照料孩子者的分布有显著不同。双独夫妇自己带孩子的比例最低，单独夫妇次之，双非夫妇自己带孩子的比例最高。但是，需要指出的是，这一结果并不意味着双独夫妇和单独夫妇将孩子交给双方父母带的比例明显比双非夫妇高（三者的比例差不多）。实际上，双独夫妇和单独夫妇自己带孩子的比例较低，主要是因为他们请保姆带孩子的比例明显比双非夫妇高的缘故。

表12—6的结果表明，当孩子处于3～6岁之间（即上幼儿园阶段）时，三类

夫妇中主要照料孩子者的分布依然显著不同。双独夫妇和单独夫妇自己带的比例有所提高，交给保姆带的比例相应降低，而交给父母带的比例则依旧维持在40%左右。但与此不同的是，双非夫妇交给父母带的比例进一步降低，自己带孩子的比例明显上升，形成了双独与单独之间没有差别，但这二者与双非之间差别明显的状况。笔者分析，造成双非夫妇这一变化的一个可能的原因是他们的父母往往会面临其他子辈同样的带孙辈的需要。因而，当这个孩子度过了0～3岁最困难的抚育阶段后，更多的双非夫妇客观上只能依靠他们自己了。

综合表12—5、表12—6的结果，可以看出，当孩子处于较小的年龄时，双独夫妇和单独夫妇自己带孩子的比例的确比双非夫妇低。但是，一方面，这种较低的比例有可能是他们的父母更积极、更主动地（甚至是双方父母争着）要带他们的孙辈所造成的，而不一定是年轻夫妇自己不想带或不会带造成的；另一方面，他们自己带孩子的比例较低是以请保姆带孩子的比例较高作为补充的（若加上请保姆带孩子的比例，则三类夫妇自己带孩子的比例相当）。而总体上，三类夫妇将孩子交给父母照料的比例实际相差并不大。这种结果说明，独生子女并非像媒介新闻所报道的那样，自己不养孩子，完全将孩子交给父母养。他们请保姆带孩子，实际上孩子还是在他们身边。这和将孩子完全交给父母带是不同的。此外，双非夫妇自己带孩子的比例相对较高的原因，究竟是他们"既生孩子又养孩子"的主观表现，还是他们相对缺少父母支持的客观结果，也还值得进一步探讨。

[同样充分考虑到与照料孩子相关的孩子年龄等因素，同时仔细解读调查的结果，揭示出各种比例背后的可能现实。]

综合上述四个方面的结果，可以看出，大众媒介关于独生子女的离婚比例高、性格特征不好、常去父母家"蹭饭"、对孩子只生不养等方面的评价和描述，与独生子女在社会中的实际表现之间存在明显差异。实地调查和统计分析的结果并不支持大众媒介的新闻报道对独生子女在这些方面表现所给出的负面评价。

[上述的层层分析就是为了得到这一小段中的结论。并且是由"实地调查和统计分析的结果"给我们的客观的结论，而不是作者仅凭主观分析得到的结论。]

六、大众媒介建构独生子女负面形象的方式和逻辑

（一）新闻报道内容的定性分析

需要说明的是，由于新闻报道并不是学术论文，因而，我们分析的重点不是放在对其观点的讨论上，而是放在其得出各种观点和评价时所采用的方式和所使用的推断逻辑上。换句话说，我们主要集中说明新闻报道对独生子女的负面评价为什么不能成立，以揭示这些新闻报道将独生子女"妖魔化"的方式和机制。受篇幅限制，仅列举上述20篇新闻报道中的两篇为例进行分析。

新闻报道1:"80后"独生子女离婚多①

这篇被媒介转引频数最高（75次）的新闻报道的标题，非常直截了当地告诉人们：独生子女的婚姻状况十分不妙。笔者分析，这样的标题或许正是这篇新闻报道获得高转载率的一个重要原因。下面是这篇新闻报道的主要内容：

"目前，婚姻濒临破裂而走进婚姻咨询室的人群比例中，有一半是20多岁的年轻人。而来自广州一家律师所的数字显示，'80后'委托离婚或咨询离婚的案例也明显在增多。全国妇联婚姻指导师项目督导员胡慎之教授分析，'80后'独生子女成为离婚高发人群，跟父母从小过分溺爱，凡事帮孩子拿主意，养成孩子缺少忍让性、宽容度有直接关系。"

"据全国妇联婚姻指导师项目督导员胡慎之介绍，仅今年以来，他就接受了20多名'80后'夫妻的婚姻咨询。""而在去年以前，因为夫妻不和闹离来求助的约有90%以上都是30多岁至40多岁的青壮年，现在，20多岁的年轻人已占了半数之多，他们绝大部分都是1980年后出生的独生子女。另外，这些年轻人当中，绝大部分都是'闪婚'一族，普遍是认识两三个月就'闪电式'结婚。"

首先应该指出，"80后"并不等同于"独生子女"，不能将这两个概念混为一谈。确凿的证据来自国家统计局2005年全国1%人口抽样调查的结果（见表12—7②）：

表12—7　"80后"人口与同龄独生子女人口的统计与比较

	1980—1989年出生人口数	1980—1989年出生独生子女人数	1980—1989年出生人口中独生子女的比例
全国	2 344 961	455 653	19.4%
城市	742 596	269 618	36.3%
镇	391 252	68 419	17.5%
乡村	1 211 113	117 616	9.7%

十分明显的是，从全国来看，独生子女仅仅只占"80后"（即1980—1989年出生者）人口的五分之一。不仅90%以上的农村"80后"不是独生子女，即使在城市"80后"人口中，独生子女所占的比例也只有36.3%，即三分之一多一点。说明独生子女也只是城市"80后"人口中的一小部分。因此，在对独生子女进行评价时，要将他们从"80后"中分离出来，不能将属于整个"80后"一代的特征和问题都归结到独生子女身上。

[思考一下笔者为什么首先要指出这一问题并进行论证。同时，注意这一段分析中证据的来源，以加深对现存统计数据分析方式和作用的理解。]

---

① 见http://news.sina.com.cn/o/2006-12-11/103310736706s.shtml。

② 表中数据系根据2005年全国1%人口抽样调查结果中表6—1、表6—1a、表6—1b、表6—1c和表8—7、表8—7a、表8—7b、表8—7c整理得到，见http://www.stats.gov.cn/tjsj/ndsj/renkou/2005/html。

明白了这一点，再来看该新闻报道就知道其错误所在了。该新闻报道得出独生子女离婚率高的评价时，所依据的只是有关“80后”的两条事实。但接着引用专家分析时，评价的对象却变成了“‘80后’独生子女”。这样做既不科学，也不公平。到底是“80后”离婚多，还是独生子女离婚多？这是一个必须区分清楚的问题。因为，即使“80后”成为了离婚高发人群，也并不意味着独生子女就是离婚高发人群。而且，“走进婚姻咨询室的人”，实际上也并不是“离婚的人”。这里的关键是：该新闻报道**是在没有事实依据证明独生子女是离婚高发人群的前提下，就来分析和总结他们成为离婚高发人群的原因的**。即它是以一种并非事实的情况作为前提，从而形成了对独生子女形象的“妖魔化”。

另外，如果说这些离婚的青年夫妇中，“绝大部分都是‘闪婚’一族”，那么，就更不能证明“80后”或者独生子女离婚多。因为这些人实际上是“80后”或者独生子女中十分特殊的一部分（即“闪婚”一族），所以他们恰恰代表不了更多正常的“80后”或独生子女（即“非闪婚”一族）。这种新闻报道中存在的**错误推理逻辑是：当接触到的都是有问题的孩子时，就推导出所有的孩子都是有问题的**。实际上，从媒介新闻所列举的这些特殊的对象中，是得不到有关一般的、普通的、同时也是正常的对象的结论的。而媒体的新闻报道中通过采用这样的标题，非常容易在受众心目中形成“独生子女容易离婚”的负面印象。这是媒体“妖魔化”独生子女的一个典型例子。

[注意论文中是如何指出其错误所在、特别是逻辑上的错误的。见文中黑体字部分。这种对错误本质的揭示往往会让结论更有说服力。]

新闻报道2：双独生子女父母“只生不养”？①

该新闻首先援引《北京晨报》一份针对“双独生子女婚姻”的问卷调查结果，说明“被调查对象中，超过70%的‘双独生子女’年轻父母‘只生不养’，将孩子的养育抛给双方父母。由年轻妈妈照顾小孩的家庭仅占15.8%”。接着，对于上面的调查结果，记者借专家之口做出了下列看似权威、但实质上有很大偏见和错误的分析和提示：“专家分析指出，二十出头的独生子女夫妇，本身还是大孩子，也缺少带弟弟妹妹的经历，再加上忙于事业，在养育子女方面往往手足无措。大部分独生子女在生活中仍然不可避免地出现未‘断奶’现象，婚前对父母是经济依赖，婚后是养育小孩的依赖。这很容易培养出新一代的‘皇帝孙’。”

本来，在报道调查结果的基础上做适当分析和提示是正常的，但问题往往就出在记者带有偏见的分析和提示上。这也是媒介新闻报道“妖魔化”独生子女的一种常见模式。比如，上面一段话中，是什么方面的专家做的分析暂且不论，别人的调查明明清楚地写着“调查对象平均年龄29岁”，可报道中却要突出“二十出头的独生子女夫妇”，以说明他们还是“大孩子”，因此不会带孩子。这种主题

① 见http：//news.sina.com.cn/c/2007-10-12/155812716863s.shtml。

先行、观点先行、根据观点来找适合的材料的做法，是其不当之一；而想当然地把独生子女“缺少带弟弟妹妹的经历”作为他们不会带孩子的原因，这是其不当之二。其内在的推理逻辑实际是：

缺少带弟弟妹妹的经历就不会带孩子（大前提）；

独生子女缺少带弟弟妹妹的经历（小前提）；

所以独生子女不会带孩子（结论）。

这里的关键是：缺少带弟弟妹妹的经历就不会带孩子吗？我们还可以问：天下的父母都是靠带弟弟妹妹的经验来带孩子的吗？实际上，由于新闻报道中所暗含的大前提是错误的，所以，其逻辑推断的结果自然也就不成立。至于新闻中进一步借用专家之言，把独生子女描绘成“婚前对父母经济依赖，婚后是养育小孩的依赖”的无用的一代、不能自立的一代的做法，则更是其“妖魔化”独生子女的一种具体表现。因为即使退一步说，就算双独夫妇在现实生活中的确没有带孩子，也不能说他们“只生不养”，因为这种情况也很可能是由于双独夫妇双方的父母（即孩子的祖父母、外祖父母们）抢着带孙子造成的。

[注意文中是如何对媒介报道中用来支持其观点的各种证据一一进行分析和反驳的。]

（二）新闻报道建构独生子女负面形象的方式和逻辑

上述两个例子虽然不能代表所有媒介新闻的情况，但它们至少能告诉我们，一些被广泛传播的媒介新闻报道是怎样制造、形成和夸大独生子女的负面形象的。概括起来看，这些新闻报道之所以会形成对独生子女的“妖魔化”倾向，主要有以下三点原因：

第一，所采用的事实太特殊。虽然新闻报道中所采用的事实或许都是真实的，但是由于“新闻采集常常只限于能使事件突出的事实”（德弗勒，1989：440），因而其所采用的事实常常是极端的和片面的。用社会研究方法的术语来说，新闻报道在采用事实方面的错误是“选择性观察”。他们较多地采用典型的、个别的、特殊的事实，而不是一般性的、全体的、普通的事实。特别是偏向于采用那些与他们头脑中事先形成的、或者他们希望看到的形象相符合的事实，而忽略掉许许多多与他们的期望不相符合的例子以及与他们的想法相冲突的信息。显然，对于反映整体的客观现实来说，这样的事实往往不可靠。

第二，所采用的分析方式不科学。对于常识、传统、经验和权威的依赖，是大众媒介的新闻报道中对独生子女现象进行分析、得出结论和评价的最主要方式。但恰恰是在这几种既普遍存在、同时又相对易得的知识来源中，夹杂着大量的偏见和负面刻板印象，容易形成对现象的错误认识。更为严重的是，“旧观念一旦形成，就会自我强化。对得上号的人就被用作证明，对不上号的就当例外被抛弃”（莱本，1994）。

第三，所采用的推理逻辑不正确。此类新闻中最常见的推理逻辑是一种以点代面、在不具备任何必要的前提的情况下，直接由特殊推及一般、由个别推及全体的错误逻辑。这是其误导受众、“妖魔化”独生子女形象的关键所在。实际上，在此类新闻所报道的特定事实与他们所得出的普遍性结论之间，往往并不能建立起合乎逻辑的联系。

[注意论文是如何进一步从实质上总结和揭示大众媒介形成“妖魔化”独生子女的基本方式和错误逻辑的。]

七、总结与讨论

（一）研究的主要结论

本研究通过对媒介新闻报道进行系统的内容分析，表明媒介报道是以独生子女的负面形象为主，它反映出国内大众媒介对独生子女的总体认识和评价是负面的。而通过将实地调查结果与媒介新闻中所报道的独生子女负面形象进行比较，发现当前大众媒介所建构的独生子女形象与独生子女在社会中的实际表现之间，存在着明显的差距。现有的调查统计数据所涉及的 4 个方面的具体结果，都不支持大众媒介所建构的独生子女负面形象。通过对典型的媒介新闻报道所采用的方式、材料和逻辑的进一步解析，发现媒介新闻常常是以错误的方式和逻辑得出对独生子女的认识、观点、评价和结论的。研究结果揭示出一些大众媒介的新闻报道在对独生子女的形象建构中的确存在着某种“妖魔化”倾向。

[研究结论的撰写标准是简洁明确、直截了当。它是对前面结果与分析部分的总结。其目的是让读者在脑袋中对研究的主要结论加深印象。]

（二）若干问题的讨论

首先，关于独生子女负面刻板印象的来源问题。英国学者莱本在其研究中指出：“独生子女问题呈现出一种似是而非的论点。一方面，流行的偏见将独生子女看成是孤独的和被宠坏了的；另一方面，调查勾勒出一个独生子女的完整形象：聪明、合群、环境适应性强。许多调查者都注意到了世俗的偏见与调查证据的分歧，这就产生了一些问题：偏见来自何方？”而其回答是：“许多历史性的解释争论悬而未决，其中包括 19 世纪至 20 世纪鼓励提高出生率的政策及宣传、少量的带诽谤性的调查报告以及文学中对独生子女持反对态度的描述。”（莱本，1994）

目前我国社会中的情况与莱本所描述的情形十分相似：一方面社会中大量存在着对独生子女的负面偏见，另一方面越来越多的研究都得出了独生子女与非独生子女并无大的差别的结论。那么，我国社会中对独生子女的这种偏见又是什么因素造成的？国家的计划生育政策和宣传显然不会有意去贬低独生子女的形象。少数不科学的调查结果连同“中国的小皇帝”那样的文学作品所持有的对独生子女的负面评价的确会对人们的认识产生一定影响，但影响更为重大的，则很可能是本研究结果所揭示出的大众媒介对独生子女的“妖魔化”倾向。这正是本研究结论最大意义和价值所在。正是在大众媒介的帮助下，社会才形成了对独生子女的负面刻板印象。也正因为如此，莱本指出："由调查报告勾画的独生子女正面形象应当家喻户晓。"（莱本，1994）这或许也是今后我国学术界在独生子女研究领域中所同样面临的一项任务。

[由负面刻板印象的来源问题，引申出今后国内学术界也应该借助大众媒介，将真实的独生子女形象告知社会大众，以增加人们对这一社会现象的正确认知。]

其次，关于社会科学研究成果的转化问题。这是与上述第一点讨论密切相关的问题。自然科学的成果要转化成为生产力，社会科学的成果则要转化成为大众对社会现象的正确认知，转化成为政府决策的重要依据。社会科学研究的使命是对人类社会各种现象和规律进行探索，其学术成果应该增加人们对生存其中的社会的了解和认识。尽管社会科学知识的生产主要是在学术界范围内进行的，但是，由于这种知识与人们社会生活之间的紧密关系，也由于大众传播媒介天生的信息传播使命，因此，除了正规的学校教育、正规的著作出版等途径以外，大众传播媒介也是社会科学成果转化成为人们头脑中对社会现象正确认识的一个重要途径，也是社会科学成果向社会大众普及的一个重要途径。不管社会科学研究者愿意不愿意，也不管他们是否意识得到，这种知识总是会在普通的社会生活领域中传播，并且常常处于一种不系统、不全面、不科学的传播状态中。正是针对这样一种现实，笔者认为，学术界的社会研究不仅需要针对大众媒介和社会舆论的各种误解进行质疑和展开探讨，同时也需要更加积极主动地用研究成果去影响大众媒介。

[这是在上一点讨论的基础上，进一步提出各种社会科学都应该积极主动地用自己的研究成果去影响社会大众。]

再次，关于媒介新闻的生产及其大众媒介的社会责任问题。大众媒介在现代社会中所具有的重要功能，使我们有理由特别关注和研究媒介新闻的生产方式及其社会后果，特别关注大众媒介所承载的社会责任。大众媒介的组织形式以及媒介新闻的生产方式决定了媒介新闻的生产与从事该工作的大量的具体个人有关。从新闻主题的选取、新闻素材的收集，直到对客观事实的取舍，甚至新闻标题的确定，都与这些个人的新闻理念、价值取向、认知方式、知识素养、专业技能有关。这些个人既包括一线的记者、编辑，也包括相关部门的领导和机构负责人。这些个人应该充分意识到大众媒介的宣传报道与各种观念的传播、各种社会舆论的形成之间的密切关系。大众媒介的目标不能只是吸引受众的眼球，同时也要对应该如何建构社会现实，如何正确影响人们对社会现象的认知有清醒的、正确的和充分的认识。

[既然研究表明了大众媒介有"妖魔化"独生子女的倾向，那么在其他领域中会不会同样存在类似的问题呢？正是从这一考虑出发，研究者进一步对大众媒介的生产者提出了社会责任的要求。]

最后，关于对包含第一代独生子女在内的"80后"一代人的认识问题。与长时期、大范围的负面刻板印象相比，2008年以来大众媒介对"80后"一代人的正面评价显得异常突出。大众媒介之所以会在汶川地震和北京奥运会两个事件发生后对这一代人的表现感到惊奇，一个重要的原因，就是它们以往对这一代人的认知和评价并不符合实际。一代人不会一夜长大。两个重大的社会事件只是给这一代人提供了某种特定的展现自我形象的舞台。实际上，“80后”还是原来的“80后”，独生子女也还是原来的独生子女。在大众媒介惊叹“80后”或者独生子女原来是如此“有责任的一代”、“觉醒的一代”、“成熟的一代”、“敢于承担的一代”，或者“鸟巢一代”时，的确应该认真反思自己所固有的那种并非正确的认识和评价，应该意识到是这种原有的认识和评价存在问题。同时，也应该进一步反思由大众媒介所建构的独生子女形象本身是否客观，以及为什么不客观的问题。只有抹去遮盖在这一代人面孔上的浮尘，我们才能真正看清他们的本来面目。只有去掉挡在眼前的有色的镜片，我们所看到的才是他们真实的本色。

［这是从另一个侧面，用大众媒介自己的例子，来揭示问题并不在于它们所反映的客体发生了变化，而在于它们的反映本身存在偏误。］

［上述这几点讨论，是在回答完本研究的主要问题后，在所得出的研究结果和研究结论的基础上，进一步拓展开来，提出的几个既与本研究问题相关，又不局限于本研究问题的新的观点和看法。］

在解析完这篇论文后，笔者还希望再次强调：让读者明白你的研究（包括研究问题、研究设计、研究结论），是论文撰写和表达中最重要的指导思想，而在语言表述上清楚明白、论证逻辑上有条有理，则是论文写作中最重要的两条标准。不要不顾研究的问题和内容，盲目套用一些专业上的时髦概念，说一些读者看不明白的话，也不要杂乱无章地往论文中堆砌各种数据、案例和资料。要很好地表达自己的研究成果，要写好一篇明晰的论文，笔者的一条经验是：写完论文后，把论文朗读两遍，从中你一定会发现有许多不通顺、不恰当、值得推敲和需要修改的地方。只有当你可以一口气流利、顺畅地把论文读完时，论文在表达上（当然仅仅只是在表达上）才不会有大的问题。

教学建议与练习题

1. 组织学生讨论本研究的形成过程。

2. 试比较笔者此研究报告的原标题与正式发表时所用的标题，分析两个标题各自的特点，你自己更喜欢哪个标题？

3. 为什么说定性分析中的那二十篇新闻“既可以将它们看作全部新闻内容的一个样本，同时也可以将它们看成是全部新闻中传播最广泛、对受众影响最大的一部分新闻”？笔者为什么要强调这一点？

推荐阅读

1. 风笑天．社会研究方法（第四版）．北京：中国人民大学出版社，2013.

2. 风笑天．结果呈现与方法运用：141篇调查项目的解析．社会学研究，2003（2）．

参考文献

1. ［美］唐·埃思里奇．应用经济学研究方法论．北京：经济科学出版社，1998.

2. ［美］艾尔·巴比．社会研究方法（第八版）．北京：华夏出版社，2000.

3. Wayne C. Booth，Gregory G. colomb &Joseph M. Williams. 研究的艺术．台北：巨流出版公司，2009.

4. ［英］A. R. 拉德克利夫-布朗．社会人类学方法．济南：山东人民出版社，1988.

5. ［澳］戴维·德沃斯．社会研究中的研究设计．北京：中国人民大学出版社，2008.

6. 风笑天．社会研究方法（第四版）．北京 ：中国人民大学出版社，2013.

7. 风笑天．社会研究：科学与艺术．北京：北京大学出版社，2014.

8. 风笑天．社会调查中的问卷设计（第三版）．北京：中国人民大学出版社，2014.

9. 风笑天．现代社会调查方法（第五版）．武汉：华中科技大学出版社，2014.

10. Keith F. Punch. 社会科学研究法——量化与质化取向．台北：心理出版社，2005.

11. ［美］约翰·W·克雷斯威尔．研究设计与写作指导：定性、定量与混合研究的路径．重庆：重庆大学出版社，2007.

12. Matthew David & Carole D. Sutton. 社会研究方法基础．北京：高等教育出版社，2008.

13. ［美］马克斯威尔．质的研究设计：一种互动的取向．重庆：重庆大学出版社，2007.

14. ［英］马丁·丹斯考姆．做好社会研究的 10 个关键．北京：北京大学出版社，2007.

15. ［英］迪姆·梅．社会研究：问题、方法与过程（第 3 版）．北京：北京大学出版社，2009.

16. ［美］丹尼·L·乔金森．参与观察法．重庆：重庆大学出版社，2009.

17. ［美］劳伦斯·纽曼．社会研究方法：定性与定量的取向（第五版）．北京：中国人民大学出版社，2007.

18. ［美］理查德·沙沃森，等．教育的科学研究．北京：教育科学出版社，2006.

19. ［美］罗伯特·K·殷．案例研究：设计与方法．重庆：重庆大学出版社，2007.

20. ［美］罗伯特·K·殷．案例研究方法的应用．重庆：重庆大学出版社，2009.

21. ［美］阿列克斯·英克尔斯，戴维·H·史密斯．从传统人到现代人——六个发展中国家中的个人变化．北京：中国人民大学出版社，1992.

22. ［德］伍威·弗里克．质性研究导引．重庆：重庆大学出版社，2011.

23. ［美］德尔伯特·C·米勒，内尔·J·萨尔金德．研究设计与社会测量导引．重庆：重庆大学出版社，2004.

24. K. D. Bailey. Methods of Social Research. 3rd ed. New York：Free Press，1987.

25. Chava Frankfort-Nachmias & David Nachmias. Research Methods in Social Sciences. 6th Ed. New York ：Worth Publishers，2000.

26. Keith F. Punch. Introduction to Social Research：Quantitative and Qualitative Approaches. London：Sage，1998.

图书在版编目（CIP）数据

社会研究：设计与写作/风笑天著．—北京：中国人民大学出版社，2014．10
21世纪社会学研究生系列教材
ISBN 978-7-300-20154-2

Ⅰ．①社…　Ⅱ．①风…　Ⅲ．①社会学-研究生-教材　Ⅳ．①C91

中国版本图书馆CIP数据核字（2014）第239284号

21世纪社会学研究生系列教材
社会研究：设计与写作
风笑天　著
Shehui Yanjiu：Sheji yu Xiezuo

出版发行	中国人民大学出版社		
社　　址	北京中关村大街31号	**邮政编码**	100080
电　　话	010－62511242（总编室）		010－62511770（质管部）
	010－82501766（邮购部）		010－62514148（门市部）
	010－62515195（发行公司）		010－62515275（盗版举报）
网　　址	http://www.crup.com.cn		
经　　销	新华书店		
印　　刷	北京捷迅佳彩印刷有限公司		
开　　本	787 mm×1092 mm　1/16	**版　　次**	2014年10月第1版
印　　张	16.25 插页1	**印　　次**	2024年11月第7次印刷
字　　数	364 000	**定　　价**	49.00元